Ferdinand Bitz | Manfred Speck (HG.)

30 JAHRE DEUTSCHE EINHEIT

Ferdinand Bitz | Manfred Speck (HG.)

30 JAHRE DEUTSCHE EINHEIT

»Wir sind dabei gewesen«

**Bibliografische Information
der Deutschen Nationalbibliothek**
Die Deutsche Nationalbibliothek verzeichnet diese
Publikation in der Deutschen Nationalbibliografie;
detaillierte bibliografische Daten sind
im Internet über http://dnb.d-nb.de abrufbar.

**ISBN 978-3-95768-205-5
© 2019 Lau-Verlag & Handel KG, Reinbek
Internet: www.lau-verlag.de**

Umschlagentwurf: pl, Lau-Verlag, Reinbek
Umschlagabbildungen: © ullstein bild - Röhrbein (oben),
© ullstein bild - Bodig (unten)
Satz und Layout: pl, Lau-Verlag, Reinbek
Druck- und Bindearbeiten: GK Druck Gerth und Klaas GmbH & Co. KG, Hamburg
Printed in Germany

Inhalt

Vorwort der Herausgeber

Der damalige Chef des Bundeskanzleramtes und spätere Bundesinnenminister Dr. h. c. Dr. h. c. Rudolf Seiters, eine der zentralen Figuren auf dem Weg zur Deutschen Einheit, zitiert in seiner Autobiografie den ehemaligen Mitherausgeber der Wochenzeitung *Die Zeit*, Dr. Theo Sommer. Dieser urteilte noch am 22. September 1989, als bereits die ungarische Grenze offen war: »Die Frage der deutschen Einheit ist nicht ›heißer‹ denn je. Im Gegenteil: Sie steht auf einer der hintersten Herdplatten der Weltpolitik, und es ist kein Feuer unter dem Topf.« Das bezeugt nicht nur, dass selbst Intellektuelle, die sich auf der Höhe des Zeitgeistes wähnen, fehl in ihrem Urteil gehen können, sondern auch, wie unvorstellbar diese Epochenwende für die meisten Zeitgenossen damals gewesen sein muss.

Heute, 30 Jahre danach, wo eine neue Generation nachgewachsen ist, beginnt in unserem Gedenken an den 9. November 1989 und den 3. Oktober 1990, zwei denkwürdige Tage, die als Einheit zu sehen sind, zunehmend die lebendige Vorstellung von dem zu verblassen, was damals als historischer Moment der Freiheit von Millionen Menschen hautnah empfunden wurde. Dieses Erlebnis der Freiheit, Geschichte eigenverantwortlich zu gestalten und im Gedenken wachzuhalten, sollte identitätsstiftender Bestandteil unserer Erinnerungskultur sein und ebenso historisches Lehrstück dafür, demokratisch gewährte Freiheit engagiert zur Mitgestaltung unseres Gemeinwesens zu nutzen.

Unserer Vorstellungskraft helfen dabei die Erinnerungen derer, die mit ihrer authentischen Erfahrung die dramatischen Ereignisse im Zeitfenster zwischen Mauerfall und Deutscher Einheit wieder lebendig werden lassen, weil sie von sich sagen können: Wir sind dabei gewesen! Darum haben wir prominente Zeitzeugen gebeten, ihre persönliche Geschichte zu erzählen, wie sie diese historische Sternstunde erlebt haben, wie sie die Deutsche Einheit in einem neuen Europäischen Haus mitgebaut haben, von welchen Hoffnungen sie getragen wurden und mit welchen Befürchtungen sie gerungen haben, wie sie das Erreichte im Rückblick bewerten und wo sie die zukünftigen Herausforderungen verorten.

Während der Erstellung dieser Publikation mussten bedauerlicherweise einige Autoren ihre Mitwirkung aus gesundheitlichen Gründen aufgeben. Mit Bestürzung und tiefer Trauer haben wir vom Tod des damaligen Nachfolgers im FDP-Vorsitz von Hans-Dietrich Genscher, dem Vizekanzler und Bundesminister des Auswärtigen, Dr. Klaus Kinkel, erfahren, der ebenfalls einen Beitrag für diesen Zeitzeugenband zugesagt hatte; seine Verdienste um die Vollendung der Deutschen Einheit werden wir in unserer Erinnerung mit Dankbarkeit wach halten.

Wir wollten unseren Zeitzeugen die volle Freiheit des Erzählens lassen. Wir sind an dieses Projekt nicht mit dem Anspruch auf Wissenschaftlichkeit oder Vollständigkeit herangegangen. Auch jede thematische Systematik wäre zum Scheitern verurteilt gewesen. Deshalb haben wir diese Geschichten alphabetisch angeordnet. Somit haben Sie, verehrte Leserinnen und Leser, die Freiheit, wie sie diese Geschichten, für sich lesend, in Erinnerung rufen und zu einem Gesamtbild zusammenfügen.

Wir sind sehr dankbar, dass sich so viele prominente Zeitzeugen bereit erklärt haben, für die Publikation einen Beitrag zu verfassen. Danken möchten wir auch den Förderern für ihre großzügige Unterstützung (Bonner Akademie für Forschung und Lehre praktischer Politik GmbH, Haus Rabenhorst O. Lauffs GmbH & Co. KG, Deutscher Steuerberaterverband e.V. Berlin, Stifterverband für die Deutsche Wissenschaft e.V., Zurich Gruppe Deutschland) sowie den Verlegern Willi J. Lau und Patrick Lau vom Lau-Verlag, ohne deren Mitwirkung dieses Buch nicht zustande gekommen wäre.

Für die Zukunft einer lebendigen Demokratie gilt das Wort von Reichspräsident Friedrich Ebert: »Demokratie braucht Demokraten!« Darum widmen wir dieses Buch allen Bürgerinnen und Bürgern der Bundesrepublik Deutschland, und wünschen Ihnen, dass Sie in der lebendigen Erinnerung an die Deutsche Einheit Verpflichtung und Ermutigung für das eigene Engagement finden.

Berlin im September 2019   Dr. Ferdinand Bitz
                                                     Manfred Speck

Grußwort der Bundeskanzlerin
Angela Merkel

Liebe Leserinnen und Leser,

vor dreißig Jahren, am 9. November 1989, fiel die Berliner Mauer. Noch kurz zuvor hatte dies kaum jemand für möglich gehalten – erst recht nicht während der Feierlichkeiten zum 40. Jahrestag der Gründung der DDR, mit denen sich das SED-Regime mit großem Pomp selbst inszenierte. Doch es war nicht mehr zu übersehen, dass es in der Gesellschaft gärte. Mehr und mehr Bürgerinnen und Bürger wollten und konnten sich mit staatlicher Bevormundung, Willkür und Unfreiheit nicht mehr abfinden. Der Ruf nach einem demokratischen Staat, nicht nur dem Namen nach, wurde laut und lauter.

Die Staatsführung aber verschloss sich Reformen. Sie war erstarrt. Die Menschen jedoch waren in Bewegung. Bürgerinitiativen formierten sich. Sie trugen ihren Protest auf die Straße – erst Hunderte, später Hunderttausende. Über die durchlässig gewordene ungarische Grenze kehrten viele der DDR den Rücken. Andere suchten ihr Heil in der Flucht über die bundesdeutschen Botschaften in Prag, Warschau und Budapest. Die über Jahre angestaute Sehnsucht nach Freiheit bahnte sich ihren Weg.

Und doch konnten wir es in der DDR kaum fassen, als die Berliner Mauer schließlich tatsächlich fiel – friedlich, ohne Gewalt; und das an einer Grenze, die so viele Opfer gefordert hatte. An der Bornholmer Straße schloss ich mich am Abend des 9. November 1989 den vielen Menschen an, die teils ungläubig staunend, teils freudetrunken, in jedem Fall hoffnungsfroh an den offenen Schlagbäumen vorbei nach West-Berlin liefen. Das werde ich nie vergessen.

Was danach geschah, zählt zu den glücklichsten Zeiten der deutschen Geschichte. Schon im März 1990 bestimmten die Bürgerinnen und Bürger der DDR in erstmals freien, gleichen und geheimen Wahlen eine demokratisch legitimierte Volkskammer und Regierung. Im Mai 1990 war die Währungs-, Wirtschafts- und Sozialunion besiegelt, und bereits im August des Jahres folgte die Unterzeichnung des Einigungsvertrags. Am 3. Oktober 1990 war Deutschland wiedervereinigt. Ein einzigartiges historisches Glück – herbeigeführt durch politisches Gespür und diplomatisches Geschick, durch die Freiheits- und Demokratiebewegungen in mittel- und osteuropäischen Staaten und vor allem durch die Entschlossenheit und Zivilcourage freiheitsliebender Menschen in der DDR.

Der historische Umbruch bedeutete für die Bürgerinnen und Bürger der DDR natürlich zugleich auch persönlich eine Zäsur in ihren Biografien. Wir mussten uns in kürzester Zeit neu zurechtfinden. Die einen stürzten sich mit Begeisterung auf neue Chancen im beruflichen und öffentlichen Leben. Anderen wiederum fiel es schwer, im neuen Staat unter neuen Bedingungen Fuß zu fassen. Viele plagte das Gefühl, ihre Ausbildung, ihr Wissen würden nicht mehr gebraucht, ihre Lebensleistung werde nicht geschätzt. Die Frage, wer sich im Überschwang der allgemeinen Aufbruchsstimmung für unsere persönlichen Geschichten interessieren sollte, stand, oft auch unausgesprochen, im Raum. Und sie wirkt bis heute nach.

So gibt es auch 30 Jahre nach diesen politischen und persönlichen Umwälzungen ein breites Bedürfnis, das Geschehene zu reflektieren. Das Jubiläum ist für einen Rückblick aus verschiedensten persönlichen Perspektiven ein wichtiger Anlass. Wichtig ist es vor allem deshalb, weil sich so in besonderer Weise zeigt, dass der Mauerfall und die Wiedervereinigung, der wirtschaftliche Aufschwung Ost und das Zusammenwachsen unseres Landes ein großes Gemeinschaftswerk sind, in das sich sehr viele eingebracht haben.

Der Mauerfall und die Deutsche Einheit lehren uns, dass – und wenn es noch so unwahrscheinlich erscheint – Veränderung zum Guten möglich ist. Diese Erfahrung gehört zu den besten der deutschen Geschichte. Niemand kann davon überzeugender erzählen als Zeitzeugen, die dabei gewesen sind, denn die interessantesten Geschichten schreibt das Leben immer noch selbst.

Und so wünsche ich Ihnen, liebe Leserinnen und Leser, eine spannende Lektüre, die dazu einlädt, sich noch mehr über die einzigartige Geschichte auszutauschen, die uns Deutsche – ob alt oder jung, ob in Ost oder West – verbindet.

Der lange Weg zum Annus mirabilis – Zur Vorgeschichte von Mauerfall und Deutscher Einheit

Wolfgang Schäuble
Präsident des Deutschen Bundestages

»*German unity soon*« – am 4. September 1989 überraschte die *International Herald Tribune* mit dieser Schlagzeile, einem Zitat vom Vernon Walters, dem damaligen Botschafter der Vereinigten Staaten von Amerika in Bonn. Der erfahrene Diplomat hatte die Zeichen der Zeit früh erkannt. Und er traute sich öffentlich auszusprechen, was für viele damals unsagbar oder unvorstellbar war, was die einen fürchteten und wonach andere sich sehnten: Die Deutsche Einheit.

Zwei Monate vor dem Fall der Mauer klang Walters' Vorhersage fast utopisch. Die Destabilisierung der DDR hatte sich in dieser Zeit zwar erheblich beschleunigt, aber dass die Friedliche Revolution nicht – wie in China – in die gewaltsame Niederschlagung der Demonstrationen münden würde, war keineswegs ausgemacht. Und der Verhandlungsweg, der bereits im folgenden Jahr in die staatliche Einheit führte, war zu diesem Zeitpunkt erst recht noch nicht zu erkennen. Zwangsläufig oder vorgezeichnet jedenfalls war der Weg zur Einheit nicht – niemand hatte eine Wegbeschreibung in der Schublade.

Im Herbst 1989 überschlugen sich die Ereignisse – und sie sind nicht vergessen. Das eint übrigens die Menschen in Ost- und in Westdeutschland: Der Mauerfall ist in unserer Erinnerung fest verankert, im kollektiven wie im persönlichen Gedächtnis Einzelner. Wer dabei gewesen ist, erinnert sich, wie es war, als die weltumstürzende Nachricht von der Maueröffnung eintraf – ganz gleich, ob diese Nachricht Freude oder Irritation auslöste. Bei vielen Menschen weckte sie Staunen oder Neugier. Andere quittierten sie mit Gleichgültigkeit. Bei manchen löste sie Befürchtungen aus, bei einigen sogar Unmut – bei den allermeisten aber Hoffnung. Die Herausgeber dieses Bandes haben eine bemerkenswerte Auswahl individueller Sichtweisen, Erlebnisse und Erfahrungen von Zeitzeugen festgehalten.

Ganz gleich, ob man die Nacht von 9. auf den 10. November 1989 verschlafen, die Berichterstattung in den Medien verfolgt oder sich selbst auf den Weg gemacht hat, um das Unglaubliche jener Nacht an einer der plötzlich passierbaren Grenzübergangsstellen mitzuerleben – dieser historische Moment haftet im Gedächtnis. Seine historische Bedeutung aber erschließt sich nur im Zusammenhang mit der Zeit davor: der Deutschen Teilung.

Seit 1949 existierten zwei deutsche Staaten – nebeneinander und eben doch streng voneinander getrennt, im Wettstreit und der Gegnerschaft zweier ideologischer Systeme gefangen. Zu Beginn des Kalten Krieges hatte es keine Beziehungen gegeben, die Neue Ostpolitik unter Willy Brandt eröffnete in den 1970er-Jahren immerhin offizielle Kontakte über die Mauer hinweg. Die Bundesrepublik erkannte die Zweistaatlichkeit staatsrechtlich, aber nicht völkerrechtlich an – ein feiner, aber für die deutsch-deutschen Beziehungen zentraler Unterschied. Die DDR war auf volle staatliche Souveränität bedacht, die Bundesrepublik hielt an der Unteilbarkeit der Nation fest. Das Grundgesetz stellte in seiner Präambel ausdrücklich den provisorischen Charakter der Bundesrepublik und die Einheit der Nation heraus.

Dennoch war das Leben in zwei Staaten nach vierzig Jahren der Teilung für die Deutschen zur Normalität geworden. Die Bundesrepublik hatte sich gen Westen orientiert. Und auf der östlichen Seite der Mauer hatten sich die Menschen mehrheitlich mit der schmerzlichen Realität abfinden müssen – mit der Einschränkung ihrer persönlichen Freiheit, der Trennung von der Familie im Westen, dem Erstarren der in alles, auch das Privatleben, hineinregierenden politischen Führung und den Unterdrückungsmechanismen der Diktatur.

Die Deutschlandpolitik der Bundesrepublik setzte auch in der Kanzlerschaft von Helmut Kohl auf Kontinuität. Auf Mäßigung und Ausgleich in den schwierigen Beziehungen, die den Menschen in beiden Teilen Deutschlands Erleichterungen bringen und die teilungsbedingten Lasten verringern sollten. Die Regierung Kohl war um gutnachbarliche Beziehungen bemüht, ohne den Grundsatz der Einheit der Nation preiszugeben. Die Mauer durchlässig machen, möglichst viele Verbindungen schaffen, Beziehungen herstellen und aufrechterhalten, damit mehr Menschen einander begegnen konnten – das war das Ziel. Nötigenfalls wurde Geld gegeben, wurden Zugeständnisse in humanitären Fragen gegen wirtschaftliche Vorteile getauscht.

Die Bundesregierung konnte in Verhandlungen mit der DDR eine Ausweitung des Besucherverkehrs in einem Ausmaß erreichen, das für die DDR bedrohlich wurde. Die Reisen in den Westen mehrten nicht etwa die Loyalität der zurückkehrenden DDR-Bürger zu ihrem Staat, sondern bewirkten das Gegenteil: der Unmut wuchs und war für die DDR alles andere als systemerhaltend. Abwanderung – insbesondere gut ausgebildeter Menschen – hatte es in der DDR schon seit den 1950er-Jahren gegeben – der Bau der Mauer 1961 war eine Reaktion auf die »Abstimmung mit den Füßen«. Der »antifaschistische Schutzwall« sollte die Ost-West-Migration unterbinden, auch wenn die ideologiegeladene Bezeichnung vergeblich eine andere Bedeutung zu vermitteln versuchte.

Erich Honecker erlebte bei seinem offiziellen Besuch in Bonn 1987 – der kein Staatsbesuch, sondern zur Enttäuschung des Generalsekretärs der SED nur ein Arbeitsbesuch sein konnte – die Unerschütterlichkeit Helmut Kohls in den innerdeutschen Fragen. Honecker war stets sorgsam darauf bedacht, die DDR als souveränen Staat zu repräsentieren und legte viel Wert auf protokollarische Ehren.

Beim festlichen Abendessen, das der Bundeskanzler ihm zu Ehren gab, wähnte er sich vermutlich am Ziel seiner diplomatischen Träume. Bis der Bundeskanzler zur Tischrede anhob: »*Die Menschen in Deutschland leiden unter der Trennung. Sie leiden an einer Mauer, die ihnen buchstäblich im Wege steht und die sie abstößt. Wenn wir abbauen, was Menschen trennt, tragen wir dem unüberhörbaren Verlangen der Deutschen Rechnung: Sie wollen zueinander kommen können, weil sie zusammengehören. Daher müssen Hindernisse jeder Art abgebaut werden. Die Menschen in Deutschland erwarten, dass nicht Barrieren aufgetürmt werden. Sie wollen, dass wir – gerade auch in diesen Tagen – neue Brücken bauen. Auch deswegen sollten wir uns noch intensiver darum bemühen, für die Deutschen ein Maximum an Miteinander und Begegnungen, an Reisen und Austausch zu ermöglichen.*« Der Appell dürfte Erich Honecker den Appetit verdorben haben. Vor allem, weil das geteilte Volk via Fernsehen dabei sein konnte. Die Tischreden wurden im Fernsehen live übertragen – auch im DDR-Fernsehen.

Trotz der erleichterten Reisebedingungen und der abschrecken-
den scharfen Bewachung der Grenze nahm die Zahl derer, die »raus
wollten« zum Ende der 1980er-Jahre wieder erheblich zu: Die rasant
angestiegene Zahl von Ausreiseanträgen, die massenweise Flucht
über Ungarn und spektakuläre Botschaftsbesetzungen, über die vor
allem junge Menschen ihre Ausreise erzwingen wollten, setzten die
führende Staatspartei erheblich unter Druck. Sie lobte sich zwar fort-
während weiterhin selbst – doch auch überzeugte Genossen konnten
die marode Wirtschaft nicht mehr schönreden. Und sie konnten nicht
daran vorbeisehen, dass immer mehr Bürger dem Realsozialismus
zu Tausenden den Rücken kehren wollten. Die Ausreisewilligen und
Übersiedler hatten erheblich Anteil an der »Wende vor der Wende« –
sie trugen zur Erosion der Macht der SED-Führung bei. Ebenso wie
die Demonstranten, die inzwischen offen Reformen einforderten.

Ihr Ruf »Wir bleiben hier!« war raffiniert gewählt – gegen ein
wortwörtliches Bekenntnis zum Leben in der DDR konnte die Staatsmacht schwerlich einschreiten, auch wenn zwischen den Zeilen der
Wunsch nach Veränderung und Öffnung abzulesen war. Die Menschen in der DDR hatten keine Geduld mehr, sie trugen – nicht allein
auf den Montagsdemonstrationen in Leipzig – ihre Forderungen auf
die Straße, friedlich und unter hohem persönlichen Risiko.

Die Partei- und Staatsführung feierte dennoch ungerührt den
40. Jahrestag der Staatsgründung am 7. Oktober 1989 mit sozialis-
tischem Pomp. Mitglieder der Partei- und Massenorganisationen
marschierten jubelnd an der Ehrentribüne vorbei und im Palast der
Republik wurde ein Fest mit dem sowjetischen Ehrengast Michail
Gorbatschow ausgerichtet.

Die Staatssicherheit ging mit Gewalt gegen Demonstranten vor –
selbst am Republikgeburtstag. Gänzlich unterbinden konnte sie Kundgebungen trotzdem nicht mehr. Rufe nach »Gorbi!« begleiteten die
offiziellen Feierlichkeiten – doch der Appell, Perestroika und Glasnost, den Umbau des Herrschaftsapparates und Transparenz auch
in der DDR zu versuchen, wurden unterdrückt. Die DDR-Führung
zelebrierte zwar demonstrativ die Nähe zur Sowjetunion, ihrer wichtigsten Garantiemacht. Reformen nach sowjetischem Vorbild aber
verweigerte sie sich.

Das hatte Politbüro-Mitglied und Chefideologe Kurt Hager ausgerechnet im Interview mit dem westdeutschen *Stern* unmissverständlich festgestellt: »Würden Sie, wenn der Nachbar seine Wohnung tapeziert, sich verpflichtet fühlen, Ihre Wohnung ebenfalls neu zu tapezieren?« Die Bürger der DDR fühlten sich provoziert, dass die Parteiführung keine Beweglichkeit signalisierte. Auch die Bürgerrechts- und Umweltbewegung, die sich unter dem schützenden Dach der evangelischen Kirche formiert hatte, trat im Herbst 1989 immer mehr an die Öffentlichkeit. Es war nicht zu übersehen: Die Bevölkerung ließ sich nicht mehr mit Parolen abspeisen.

Auch in der SED, die um den Machterhalt bangte, wuchs schließlich das Bewusstsein dafür, dass die Lage nicht zu halten war – und ein Teil der Parteiführung wagte einen Schnitt: Sie beugte sich den Forderungen nach Veränderung und setzte am 18. Oktober 1989 Erich Honecker von sämtlichen Posten ab. Inthronisiert wurde mit Egon Krenz weder ein ausgewiesener Hoffnungsträger noch ein glaubhafter Reformer. Ministerrat und Politbüro der SED traten geschlossen zurück – zwei eigentlich erstaunliche Ereignisse, die das System letztlich nicht stabilisieren konnten. Und die rasch in den Hintergrund rückten: Denn am Tag nach dem Rücktritt zog mit der Öffnung der Berliner Mauer und der innerdeutschen Grenze eine noch viel größere Veränderung die Aufmerksamkeit der Weltöffentlichkeit auf sich. Was das politisch heißen würde, war im Detail noch nicht abzusehen – doch eröffnete sich an diesem Tag eine kaum noch für möglich gehaltene Chance für alle Deutschen.

Helmut Kohl ergriff in dieser historisch einmaligen Lage rasch die Initiative. Er erkannte früher als andere, dass das *window of opportunity* offenstand und es nun rascher, klarer Schritte in der Außen- und Deutschlandpolitik bedurfte, parallele Veränderungen in Ost-Berlin und auf internationaler Ebene. Am 28. November stellte der Kanzler im Bundestag sein 10-Punkte-Programm vor. Er hat international Unterstützung für die Wiedervereinigung erreicht, obwohl François Mitterand so wenig wie Margaret Thatcher glühende Anhänger der Deutschen Einheit waren. Seiner Strickjackendiplomatie ist zu verdanken, dass Michail Gorbatschow in der außerordentlich schwierigen Lage, in der sich die Sowjetunion befand, der Einheit zustimmen konnte.

Die Veränderungen vollzogen sich auf friedlichem Weg – das war ein großes Glück. Die führende Rolle der SED wurde aus der Verfassung gestrichen, die Ost-CDU und die LDPD traten aus dem sogenannten Demokratischen Block aus, die Runden Tische kanalisierten politische Forderungen der Opposition und führten den Dialog mit den Funktionären, und schließlich gab es Wahlen in der DDR – die ersten und einzigen freien in ihrer Geschichte.

Nur so konnten sich die Bundesrepublik und die DDR aufeinander zu bewegen, die westeuropäischen Partner, die Sowjetunion und die östlichen Nachbarn überzeugen und schließlich in gemeinsamen politischen Schritten zur Einheit gelangen. Der Kanzler gab das Tempo vor, aber er agierte nie im Alleingang. Nicht zuletzt versicherte er sich bei seinem Besuch im Dezember in Dresden, dass er im Interesse der DDR-Bürger handelte. Die Menschen riefen nicht mehr »Wir sind das Volk!«, sondern »Wir sind ein Volk!« Am 1. Februar erklärte selbst Hans Modrow, inzwischen Chef der DDR-Regierung und als Reformer Vorsitzender der umbenannten SED-PDS: »Die Vereinigung rückt auf die Tagesordnung.«

Die Geschichte der Wiederherstellung der Einheit zeigt, wie wirkmächtig einzelne Akteure sein können. Davon erzählen die hier versammelten persönlichen Erinnerungen. Sie lehren auch, dass nichts unveränderlich ist und wie viel politisch machbar ist – selbst in einer fest zementierten Weltlage sind Veränderungen möglich. So ist diese glückliche Phase der deutschen Geschichte auch ein Lehrstück dafür, dass Unrecht nicht ewig Bestand hat.

Wir wissen auch: Fundamentale Umwälzungen lösen unabsehbare Nachbeben aus. Die Sorgen, die wir uns über die innere Einheit machen, sind heute, 30 Jahre später, im wiedervereinigten Deutschland selbstverständlich andere als damals. Gerade auch im Vergleich zwischen Ost und West. In den längst nicht mehr »neuen Bundesländern« ist die Zustimmung zur Demokratie als bester Staatsform niedriger als in den »alten« Ländern. Das mag erschrecken, aber verwunderlich ist es nicht. Die Menschen in Ost und West haben nicht nur vor dem Mauerfall unter einem autoritären Regime, sondern auch im Transformationsprozess nach der Wiedervereinigung unterschiedliche Erfahrungen gemacht, sie sind anders. Erlebte Geschichte hat unzählige Facetten.

Die staatliche Einheit ist seit 30 Jahren vollendet. Die innere Einheit in unserem Land herzustellen – das bleibt eine fortdauernde Aufgabe. Sie stellt sich der Politik, der Verwaltung und den Bürgerinnen und Bürgern immer wieder neu. Für die staatliche Einheit brauchte es den Zwei-plus-Vier-Vertrag und den Einigungsvertrag. Für das Zusammenleben in Freiheit aber braucht es mehr: Alltägliche Übereinkünfte, Aushandlungsprozesse in Schulen, am Arbeitsplatz, in der Kommune, in den Parlamenten.

Es geht immer wieder darum, dass sich Ost- und Westdeutsche in ihrer Unterschiedlichkeit akzeptieren, die Haltung anderer anhören und gelten lassen. In der freien, nicht autoritär regierten Gesellschaft ist das mühsam. »Vierzig Jahre Teilung brauchen vierzig Jahre Heilung«, hat Marianne Birthler einmal geschrieben. Aus diesem Reim spricht ihre Erfahrung als Katechetin in der atheistischen DDR ebenso wie das, was Frau Birthler als Bundesbeauftragte für die Unterlagen der Staatssicherheit erlebt hat: nicht verheilte Wunden. Viele Ostdeutsche schmerzt bis heute, dass ihre Erfahrungen lange nicht in angemessener Weise Gehör fanden. Zu einem funktionierenden Miteinander aber gehört, dass die Partner einander anerkennen und Einendes statt Trennendes hervorheben – so schwierig das bisweilen auch sein mag. Dann könnte wieder ein Satz von Vernon Walters international Schlagzeilen machen: »Die Deutschen haben die Lektion der Geschichte gelernt.«

Zeitzeugen erzählen die deutsche Einheit

Wegmarken zur Einheit
Claus J. Duisberg

Aufbruch

Zu Beginn des Jahres 1989 hatte wohl kaum jemand erwartet, dass dieses Jahr eine historische Wende einleiten und sowohl zur Wiedervereinigung Deutschlands und Europas als auch zu einer fundamentalen Änderung der weltpolitischen Konstellation führen würde. Die Wiederherstellung der deutschen Einheit wurde damals schon in weiten Kreisen Westdeutschlands als unrealistisch angesehen; und wenn es nicht die Probleme des geteilten Berlins und immer wieder dramatische Zwischenfälle an der Mauer und der innerdeutschen Grenze gegeben hätte, so wäre das Bewusstsein, dass die deutsche Frage noch offen war, wohl bald ganz verloren gegangen. Die Bundesregierung unter Helmut Kohl hielt jedoch, ungeachtet einer pragmatischen Politik gegenüber der DDR, beharrlich und gegen alle Kritik an dem Ziel fest, für Deutschland die staatliche Einheit wiederzuerlangen, auch wenn keiner erwartete, es in absehbarer Zeit erreichen zu können.

In der ersten Hälfte des Jahres 1989 schien der Gang der Dinge noch weitgehend im Rahmen des Üblichen zu verlaufen. Herausragende Ereignisse waren lediglich die Besuche des amerikanischen Präsidenten George Bush sen. im Mai und des sowjetischen Generalsekretärs Gorbatschow im Juni. Für die Zukunft sollten sich beide allerdings als besonders bedeutungsvoll erweisen, der Besuch Gorbatschows nicht zuletzt durch die Begründung eines persönlichen Vertrauensverhältnisses des Bundeskanzlers zu dem neuen sowjetischen Führer. Im Spätsommer setzte dann jedoch eine Entwicklung ein, die binnen kurzem eine unerwartete Dynamik entfaltete und die Bundesregierung zu einer neuen Aktivität in der Deutschlandpolitik zwang.

In das Ost-West-Verhältnis war schon seit geraumer Zeit Bewegung gekommen, indirekt auch als Folge der westlichen Entspannungspolitik der sechziger und siebziger Jahre und nicht zuletzt der

Konferenz über Sicherheit und Zusammenarbeit in Europa (KSZE), die vielerorts systemkritische Diskussionen ausgelöst hatte. Sie trafen nun Ende der achtziger Jahre auf eine von Gorbatschow eingeleitete Neuorientierung der sowjetischen Politik. Die oppositionellen Kräfte fühlten sich ermutigt, während die Sowjetunion nicht mehr willens noch in der Lage war, ihnen wie bisher mit Gewalt entgegenzutreten.

In der DDR, die ich als Leiter des Arbeitsstabs Deutschlandpolitik im Bundeskanzleramt besonders im Blick hatte, äußerte sich die wachsende Unzufriedenheit einerseits in einer verstärkten Aktivität von Oppositionsgruppen, andererseits in zunehmendem Ausreisedruck. Die Zahl derjenigen, die die DDR verlassen wollten, stieg von Monat zu Monat. Anfang August 1989 kam es dann zu einem Andrang von Ausreisewilligen in unserer Ständigen Vertretung in Ost-Berlin sowie in den Botschaften in Warschau, Prag und Budapest. Mit der Weigerung, die Vertretungen wieder zu verlassen, suchten sie ihre Ausreise aus der DDR zu erzwingen. Es war nichts Neues, dass Menschen, die unbedingt die DDR verlassen wollten, einzeln oder in Gruppen in Vertretungen der Bundesrepublik Zuflucht suchten. Die Fälle wurden in der Regel durch Vermittlung des Ost-Berliner Anwalts Vogel und mit einer Geldzahlung an die DDR in der Weise gelöst, dass den Betroffenen eine positive Behandlung ihres Anliegens in Aussicht gestellt und ihnen nach Verlassen der Vertretung schließlich auch die Ausreise genehmigt wurde. 1989 bekam das Problem jedoch schon durch die Zahl eine neue Qualität.

Die DDR zeigte sich deshalb zunächst auch sehr hart, gab dann immerhin nach zähen Verhandlungen, an denen ich neben dem Chef des Bundeskanzleramts, Minister Rudolf Seiters, unmittelbar beteiligt war, in Bezug auf die Flüchtlinge in der Ständigen Vertretung indirekt Zusicherungen, die diese zum Verlassen der Vertretung bewegten. Offen blieb jedoch vorerst die Lage in den anderen Vertretungen mit dem Schwerpunkt in Ungarn, wo sich Tausende von Flüchtlingen vor unserer Botschaft angesammelt hatten. Ungarn galt als vergleichsweise liberal. Es hatte schon im Mai damit begonnen, die Grenzbefestigungen zu Österreich abzubauen, und zeigte jetzt wenig Neigung, die Flüchtlinge aktiv an der Ausreise in den Westen zu hindern. Bei einem geheimen Treffen mit dem Bundeskanzler und

Außenminister Genscher auf Schloss Gymnich am 25. August erklärten sich der ungarische Ministerpräsident Németh und sein Außenminister Horn schließlich bereit, die Grenze für die Flüchtlinge zu öffnen. Das geschah dann – gegen vehementen Protest der DDR – tatsächlich in der Nacht vom 10. auf den 11. September. Alle Flüchtlinge konnten Ungarn verlassen und über Österreich nach Westdeutschland reisen.

Als darauf mit Hilfe der Tschechoslowakei Reisen aus der DDR nach Ungarn erschwert und dann ganz verhindert wurden, konzentrierte sich der Strom der Ausreisewilligen auf unsere Botschaft in Prag, wo sich in kurzer Zeit ebenfalls mehrere Tausend Flüchtlinge unter zunehmend prekären Bedingungen festsetzten. Hier ebenso wie in Warschau wurde eine Lösung von Tag zu Tag dringlicher. Die DDR stand allerdings ebenfalls unter einem gewissen Druck im Hinblick auf am 7. Oktober geplante Feierlichkeiten zum 40. Jahrestag ihrer Gründung, zu denen Bilder von in westdeutschen Botschaften zusammengedrängten Flüchtlingen schlecht passen würden; und da Gorbatschow Ehrengast bei den Feiern sein sollte, hatte auch die Sowjetunion Interesse an einer Lösung.

Auf sowjetisches Drängen lenkte die DDR dann auch ein. Am 30. September überbrachte der Ständige Vertreter der DDR, Neubauer, vormittags im Bundeskanzleramt Minister Seiters in Anwesenheit von Außenminister Genscher das Angebot, in der folgenden Nacht Züge nach Prag und Warschau zu schicken, um alle Flüchtlinge in die Bundesrepublik Deutschland zu befördern, allerdings über das Gebiet der DDR[1]. Im Gespräch über Einzelheiten sicherte er zu, dass keine Kontrolle erfolgen sollte außer zur Feststellung der Identität und zur Abgabe der Personalpapiere der DDR.

---

1 Diese auf Honecker selbst zurückgehende Maßgabe war nur durch das aus dem Bewusstsein der Minderwertigkeit gespeiste Souveränitätsdenken der DDR zu erklären. Die DDR konnte es mit ihrem Selbstverständnis nicht vereinbaren, dass ihre Bürger dem Land selbstständig, ohne behördliche Zustimmung den Rücken kehrten. Wenn sie schon ihren Staat verließen, so sollte das aufgrund einer souveränen Entscheidung der DDR selbst geschehen; die Aktion wurde daher offiziell auch als »Ausweisung« bezeichnet.

Einige Stunden später waren wir zusammen mit Beamten vom Auswärtigen Amt und dem Innerdeutschen Ministerium in einem Flugzeug der Luftwaffe auf dem Weg nach Prag. Es dämmerte schon, als wir vom Flugplatz hinunter in die Stadt fuhren. Unsere Botschaft, das Palais Lobkowitz, glich einer eingeschlossenen Stadt, in der sich eine Unzahl von Menschen auf begrenztem Raum zusammendrängte. Wohin man schaute, waren Menschen – Männer, Frauen, Kinder. Sie standen, saßen, hockten in den Hallen, Gängen und Sälen. Wo immer sich Platz fand, waren dreistöckige Betten aufgeschlagen, aus denen uns erwartungsvolle Augen ansahen. Der große Garten war ein Zeltlager mit mehreren tausend Bewohnern.

Als nach einigen Telefonaten mit dem Bundeskanzleramt und der Ständigen Vertretung der DDR in Bonn feststand, wann und wie der Abtransport der Flüchtlinge erfolgen sollte, gingen die Minister und wir anderen hinaus auf einen Balkon an der Gartenseite. Unter uns waren die Zeltstadt und jenseits des Gartens an einem Hang Batterien von Fernsehkameras und Scheinwerfern, die Zelte und Menschen in ein fahles Licht tauchten. Tausende von bleichen Gesichtern schauten zu uns herauf, die Spannung zitterte fühlbar und machte sich in skandierten Rufen »Genscher, Genscher!« Luft. Genscher sagte: »Liebe Landsleute, wir sind gekommen, um Ihnen mitzuteilen, dass heute Ihre Ausreise in die Bundesrepublik ...« Seine weiteren Worte gingen unter in einem aus der Tiefe kommenden, fast animalischen Schrei, in dem sich alles auf einmal entlud: Verzweiflung, die Bedrückung des Lagerlebens und ungeheure Erleichterung, dass es nun – endlich! – in das gelobte Land gehen sollte. Es war unheimlich und bewegend zugleich. Manche hatten Tränen in den Augen.

Aus Bonn hatten wir erfahren, wann die Züge von einem Bahnhof im Außenbezirk Prags fahren sollten; für den Transport dorthin standen Busse bereit. Eigentlich hatten die Minister mitfahren wollen; in längeren Telefongesprächen mit Neubauer wurde das aber abgelehnt. Keine Bedenken bestanden lediglich gegen die Begleitung durch leitende Beamte. Ich sollte mit zwei jüngeren Mitarbeitern der Botschaft den zweiten Zug begleiten, der für 23 Uhr vorgesehen war, jedoch sehr verspätet eintraf, was zur Folge hatte, dass es auf dem letzten Teil der Fahrt durch die DDR schon dämmerte und die späteren Züge teilweise bei Tageslicht fuhren. Über Fernsehen und Radio hatte sich die Nachricht von den Transporten verbreitet, und in den Ortschaften standen Menschen an den Fenstern und winkten; auch Eisenbahner grüßten verstohlen. In Dresden, wo der Zug eine Zeit lang im Bahnhof hielt, sprangen einige junge Leute in letzter Minute auf den wieder anfahrenden Zug. Sie hatten im Autoradio von der Aktion in Prag gehört, waren aber nicht mehr über die Grenze gekommen und hatten sich spontan entschlossen, in Dresden ihr Glück zu versuchen; sie brachten nichts mit, als was sie auf dem Leibe hatten, und den Wunsch, im Westen ein neues Leben zu beginnen.

Im Zug war die Stimmung unter den Flüchtlingen bei der Fahrt durch die DDR natürlich äußerst angespannt, besonders bei einem letzten Halt in Reichenbach, wo die Personalpapiere kontrolliert werden sollten. Ich war mit den Kollegen mehrfach durch den Zug gegangen und hatte zu Ruhe und Besonnenheit gemahnt. Trotzdem war die Lage nicht unkritisch. Als Angehörige der Staatssicherheit und des Innenministeriums der DDR in den Zug kamen, um die Papiere einzusammeln, schleuderten ihnen manche ihre Ausweise zusammen mit restlichem DDR-Geld wütend vor die Füße und stießen Beschimpfungen aus. Aber die Vertreter der Dienste hatten offenbar Weisung, Provokationen zu ignorieren. Als der Zug nach einer quälend langen Dreiviertelstunde schließlich aus dem Bahnhof ausfuhr, ging ein hörbares Aufatmen der Erleichterung durch die Wagen, und als wir wenig später die schwarz-rot-goldenen Grenzpfähle passierten, jubelten und schrien alle, lagen sich in den Armen, lachten und weinten.

In Prag kam es noch am selben Tag zu einem neuen Ansturm auf die Botschaft, und am Abend lagerten erneut mehrere tausend Flüchtlinge in den gerade erst geräumten Notquartieren des Palais Lobkowitz. Neubauer kam mit einem wütenden Protest zu mir ins Bundeskanzleramt; aber nach mehreren in der Form und in der Sache scharfen Auseinandersetzungen und hektischen Telefongesprächen in den nächsten Tagen fand sich die DDR bereit, die Aktion am 4. und 5. Oktober zu wiederholen, und bis Anfang November gab es dann noch weitere derartige Transporte, zuletzt auch unmittelbar von Prag nach Westdeutschland.

In einer Zeit, in der vornehmlich Bilder das Bewusstsein bestimmen, sind die Bilder von diesen Zügen und besonders vom Balkon der Prager Botschaft, von dem Außenminister Genscher den Flüchtlingen ihre bevorstehende Ausreise verkündete, als herausragende historische Ereignisse in der öffentlichen Erinnerung geblieben. Politisch entscheidend waren jedoch vielmehr die Verhandlungen in Gymnich und der Beschluss der ungarischen Regierung zur Öffnung der Grenze in der Nacht zum 11. September. Hier bekam der Eiserne Vorhang einen unheilbaren Riss. Die Solidarität des Warschauer Pakts begann sichtbar zu zerbrechen, und damit begann ein Prozess, der in staunenswert kurzer Zeit zum Ende der DDR und der kommunistischen Herrschaft in Mittel- und Osteuropa sowie zum Zerfall des sowjetischen Imperiums und schließlich zur Auflösung der Sowjetunion selbst führte.

Die Mauer fällt, und die DDR zerbröselt

Noch wirkmächtiger waren die Bilder, die am 9. November aus Berlin um die Welt gingen. Inzwischen war am 18. Oktober Honecker in einer Palastrevolte gestürzt und durch Egon Krenz ersetzt worden. Die DDR steuerte auf den wirtschaftlichen Bankrott zu und warb bei der Bundesregierung um Hilfe für ihr Überleben. Die Leipziger Montagsdemonstrationen hatten sich mit dem Ruf »Wir sind das Volk!« und später »Wir sind *ein* Volk!« über das ganze Land ausgebreitet, ohne dass die Regierung noch wagte, dagegen vorzugehen[2]. Um dem inneren Druck zu begegnen, wollte sie zunächst die Reisemöglichkeiten erweitern. Am 9. November wurde im Zentralkomitee der SED darüber beraten. Auf einer anschließenden Pressekonferenz wurde der Entwurf eines entsprechenden Ministerratsbeschlusses dann jedoch von Schabowski irrtümlich vorzeitig und überdies ungenau bekannt-

---

2 In Leipzig waren am 9. Oktober umfangreiche Vorbereitungen getroffen worden, um gegen die bis dahin größte Demonstration vorzugehen; aber ein Einsatzbefehl blieb aus, und auch die sowjetischen Truppen blieben still in ihren Garnisonen.

gegeben; und kurz nach 19 Uhr lief über die Agenturen und dann alle Sender die Nachricht »Die DDR macht die Grenze auf!«. Wenig später zeigte das Fernsehen Bilder von Menschen, die in Berlin zu den Übergängen drängten, wo verunsicherte Grenzpolizisten schließlich die Schlagbäume öffneten und sich ein endloser Menschenstrom nach West-Berlin ergoss.

Im Bundeskanzleramt waren wir über die Sitzung des Zentralkomitees unterrichtet, auch darüber, dass wichtige Ergebnisse zu erwarten seien. Als wir dann aber die Meldung über die Grenzöffnung hörten und wenig später dazu die Bilder im Fernsehen sahen, konnten wir es nicht wirklich fassen. Der Bundeskanzler war just an diesem Morgen zu einem offiziellen Besuch nach Warschau gereist und musste telefonisch unterrichtet werden. Minister Seiters lud kurzfristig die Bundestagspräsidentin und die Fraktionsvorsitzenden zu einer Besprechung ins Kanzleramt. Alle waren genauso fassungslos wie wir selbst. Es wurde verabredet, dass die gegen Abend unterbrochene Sitzung des Bundestags um 21 Uhr fortgesetzt werden und Seiters für die Bundesregierung und danach die Fraktionsvorsitzenden kurze Erklärungen zu dem Ereignis abgeben sollten. Ich entwarf in aller Eile einen Text für den Minister, dann gingen wir hinüber ins Parlament, das wegen eines Neubaus im ehemaligen Wasserwerk tagte. In den abgegebenen Erklärungen kam die Freude über die Öffnung der Grenze und die Hoffnung auf eine Liberalisierung der DDR zum Ausdruck, im Übrigen waren sie tastend, zurückhaltend in ihren Aussagen, aber ergriffen vom Ereignis. Am Ende standen alle spontan auf und sangen »Einigkeit und Recht und Freiheit ...« Unter den vielen bewegenden Momenten dieses Jahres war es für mich der ergreifendste, an den ich nie ohne Rührung zurückdenken kann.

Was in jener Nacht und in den folgenden Tagen geschah, war nicht mehr rückgängig zu machen. Willy Brandt sagte damals: »Nichts wird wieder so, wie es einmal war.« Und gab damit einem allgemeinen Gefühl wohl den treffendsten Ausdruck. Auf allen Seiten wurden nun auch Möglichkeiten und Perspektiven für eine deutsche Wiedervereinigung diskutiert, wobei sowohl in der DDR als auch in Westdeutschland die Meinungen pro und contra scharf aufeinander stießen. Der Bundeskanzler sah sich genötigt, in diese Diskussion einzugreifen, um sie einerseits unter Kontrolle zu halten, ihr andererseits aber auch ein Ziel zu geben. Am 24. November besprachen einige Mitarbeiter und ich zusammen mit Teltschik Struktur und Inhalt einer entsprechenden Stellungnahme. Das Ergebnis war der Entwurf eines Stufenplans für eine schrittweise Annäherung der beiden deutschen Staaten mit der Perspektive, über konföderierte Strukturen zu einer Föderation und schließlich zur staatlichen Einheit zu gelangen. Auf Teltschiks Frage nach einer griffigen Bezeichnung schlug einer von uns vor, eine runde Zahl zu nehmen – »zehn Punkte« etwa. Dabei blieb es, und die Gliederung des Inhalts wurde dann der Zahl angepasst. Diese unter strikter Geheimhaltung vorbereitete und weder mit den Ressorts abgestimmte noch mit den Alliierten konsultierte[3] Erklärung gab der Bundeskanzler in etwas angereicherter, in der Substanz aber nur wenig veränderten Form am 28. November in der Haushaltsdebatte des Bundestags ab[4]. Helmut Kohl machte damit nach innen wie nach außen deutlich, dass die Bundesregierung von nun an zielstrebig auf eine Lösung der nationalen Frage hinarbeiten werde.

Unmittelbar übten die »Zehn Punkte« eine starke politische Wirkung aus. Inhaltlich waren sie jedoch schon in wenigen Wochen überholt. Hatten alle Beteiligten und wohl auch der Bundeskanzler selbst noch mit einem Zeithorizont von fünf bis zehn Jahren für die Verwirklichung des Plans gerechnet, so musste man sehr bald erkennen, dass die politischen und damit auch die staatlichen Strukturen der DDR in nicht geahnter Geschwindigkeit zerfielen und die Bevölkerung mit zunehmender Stärke auf eine rasche Vereinigung mit der Bundesrepublik drängte. Überdies verließen täglich Tausende die DDR, allein vom 9. November bis zum Jahresende fast 150 000.

In welchem Maße die inzwischen stark veränderte Führung der DDR die Kontrolle verloren hatte, wurde besonders deutlich beim Besuch des Bundeskanzlers in Dresden am 19. Dezember. Das Treffen mit Ministerpräsident Modrow, der seit dem 8. November im Amt war und nach dem Rücktritt des Politbüros und des gesamten Zentralkomitees der SED allein die Regierung führte, war vereinbart worden,

---

3 Nur der amerikanische Präsident Bush sen. wurde vorab informiert.
4 Protokoll der 177. Sitzung des Deutschen Bundestages vom 28.11.1989.

um die DDR zu weiteren politischen und wirtschaftlichen Reformen zu drängen und eine Grundlage zu schaffen für die Behandlung aller sich aus der jüngsten Entwicklung ergebenden Probleme. Ihrerseits erhoffte sich die DDR vor allem Zusagen für wirtschaftliche Unterstützung, zu denen die Bundesregierung allerdings nur bedingt bereit war. Uns konnte schließlich nicht an der Rekonsolidierung einer nur mäßig reformierten kommunistischen Herrschaft in der DDR gelegen sein; andererseits musste auch ein ungeordneter Zusammenbruch vermieden werden.

Die Delegation kam in zwei Flugzeugen; ich war mit den meisten Beamten im ersten, der Bundeskanzler mit Seiters und anderen Ministern im zweiten. Auf dem Vorfeld drängte sich eine, von Absperrungen nur mühsam zurückgehaltene erwartungsvolle Menschenmenge mit einer Unzahl von Fahnen – fast alle in Schwarz-Rot-Gold, aber ohne das DDR-Emblem mit Hammer und Zirkel, viele auch in Weiß-Grün, den alten Farben von Sachsen. Als dann der Bundeskanzler aus der zweiten Maschine ausstieg und von Modrow begrüßt wurde, kamen Rufe »Helmut, Helmut!« und »Deutschland!« aus der Menge, Rufe, die wir im Laufe des Tages immer wieder und immer eindringlicher hören sollten. Vor dem Flughafen weitere Menschen, dicht gedrängt auch an beiden Seiten der Straße auf dem ganzen, recht langen Weg in die Stadt. Und wieder überall Fahnen in Schwarz-Rot-Gold und Weiß-Grün. Vor dem Hotel Bellevue am rechten Elbufer, in dem unsere Delegation untergebracht war, wurde das Gedränge so dicht, dass nur die ersten Wagen bis zum Eingang vorfahren konnten. Die Menschen wollten Kohl sehen und am liebsten anfassen. Ähnlich musste es im März 1970 bei der Ankunft von Willy Brandt in Erfurt gewesen sein; nur waren die damals aufgekeimten Hoffnungen rasch wieder erstickt worden. Doch jetzt, fast zwanzig Jahre später, hatten sie neue Nahrung bekommen und waren schon ahnende Gewissheit.

Nach den Gesprächen und der anschließenden Pressekonferenz, bei der die Einigung über die vorgezogene Aufhebung des Sichtvermerkszwangs ab Weihnachten (statt zum 1. Januar) und die beabsichtigte Öffnung des Brandenburger Tors besondere Beachtung fanden, war eine öffentliche Ansprache des Bundeskanzlers auf dem Neumarkt vorgesehen. Als wir dort eintrafen, dunkelte es schon, der Platz

war erleuchtet, im Hintergrund ragte der Ruinenstumpf der Frauenkirche als schwarzer Torso in die Nacht. Davor eine ungeheure Menschenmenge. Es müssen Zehntausende gewesen sein, die dem Vernehmen nach teilweise mit Sonderzügen nach Dresden gekommen
waren – Menschen aus allen Bevölkerungsschichten, alte und junge,
manche mit Kindern auf dem Rücken, erregt und voll unbestimm-
ter Erwartung. Es herrschte fast Ruhe, doch sie vibrierte vor innerer
Spannung. Ein Demagoge hätte zu Sturm und Revolution aufrufen
können – die Menschen wären ihm gefolgt.

Mit seinem überaus feinen Empfinden für Stimmungen spürte
Helmut Kohl das sofort und begann seine Rede förmlich mit »Meine
sehr verehrten Damen und Herren«. Was in der emotionalen Situation
eher unangemessen schien, war in Wahrheit ganz richtig: Es schaffte
Distanz und brachte Besinnung. Kohl sprach frei und traf genau den
richtigen Ton von Anerkennung für die Menschen, Ermutigung, aber
auch Mahnung zu Besonnenheit. Er dämpfte Hoffnungen auf schnell
zu erzielende Ergebnisse, bekräftigte aber seine Zuversicht, dass mit
gemeinsamen Anstrengungen schließlich auch die deutsche Einheit
erreicht werden könne[5]. Der Beifall am Ende war groß. Manche riefen: »Deutschland! Deutschland!« und »Wir sind ein Volk!«, aber
überwiegend war es eine innerlich verhaltene Bewegung.

Drei Tage später begleitete ich den Bundeskanzler zur verabredeten
Öffnung des Brandenburger Tors. Was der amerikanische Präsident
Ronald Reagan im Juni 1987 in einer groß inszenierten Ansprache mit
Pathos gefordert hatte, sollte nun – sicher auch von Reagans Bera-
tern seinerzeit nicht so bald vorhergesehene – Wirklichkeit werden.
Es war ein trüber, nasskalter Wintertag. Dessen ungeachtet strömten
die Menschen vom Westen wie vom Osten zu Tausenden zum Bran-
denburger Tor. Die Ansprachen zur förmlichen Eröffnung sollten auf
dem Pariser Platz gehalten werden, der bis vor wenigen Monaten noch
Sperrgebiet gewesen war, auf dem sich jetzt aber eine unübersehbare
Menschenmenge drängte. Umbrandet von der Menschenflut standen
auf einem Podium der Bundeskanzler mit Ministerpräsident Modrow

---

5 Stilistisch geglätteter Wortlaut der Rede im Bulletin des Bundespresseamts vom
   22.12.1989.

und den Bürgermeistern von West- und Ost-Berlin, Momper und Krack. Diese redeten nur kurz, Krack im hölzernen Funktionärston, Momper warm und volkstümlich – er fühlte und gab sich schon als Bürgermeister von ganz Berlin. Modrow verlas einen vorbereiteten Text, in dem von Zusammenarbeit und guter Nachbarschaft die Rede war; aber es war deutlich, dass er hier nicht stand, um eine souveräne Entscheidung seiner Regierung zu verkünden, sondern vom Zwang der Entwicklung getrieben wurde. Der Bundeskanzler wandte sich unmittelbar an die Berliner, die in ihrer Stadt besonders unter der Teilung gelitten hatten, und an die Deutschen im Osten und Westen, denen die Wiedereröffnung des Brandenburger Tors symbolisch den Weg in eine wieder gemeinsame Zukunft zeigen sollte.

Zunächst freilich drängten die Menschen physisch durch das Tor. Alle wollten die historische Stunde erleben und nach Jahrzehnten erstmals wieder zwischen den Säulen des Bauwerks hindurchgehen, das wie kein zweites Sinnbild der Stadt und ihrer Teilung war. Das Gedränge war so stark, dass Sicherheitsbeamte den Bundeskanzler und dann auch mich in eines der Wachhäuschen neben dem Tor in Sicherheit brachten, wo wir auch noch eine Weile ausharren mussten. Der Bundeskanzler sagte da zu mir, nun werde die Geschichte ihren Lauf nehmen. In der Tat: Es hatte immer geheißen, die deutsche Frage sei offen, solange das Brandenburger Tor verschlossen war; nun wo das Tor und die Grenze offen waren, konnte die deutsche Frage nicht lange mehr offen bleiben.

Die Weichen werden gestellt

Der anhaltende Massenexodus aus der DDR verursachte nicht nur logistische Probleme und Kosten, sondern führte auch dazu, dass sich in der DDR durch entstehende Lücken in Produktion und Versorgung die wirtschaftliche wie die allgemeine Lage rapide verschlechterte. Auch normale staatlichen Funktionen wurden notleidend. Um die Jahreswende 1989/1990 war klar, dass rasches Handeln erforderlich war, wenn die Entwicklung in halbwegs geordneten Bahnen verlaufen sollte. Ebenso wurde deutlich, dass die wirtschaftlichen und finanziellen Lasten der DDR in jedem Fall von der Bundesrepublik zu tragen sein würden. Die Bundesregierung war deshalb jetzt entschlossen, die staatliche Vereinigung so schnell wie möglich zu erreichen.

Auch im Kreml wuchs die Einsicht, dass die DDR als selbstständiger Staat nicht mehr zu halten war und es für die Sowjetunion nur noch darum gehen konnte, ihre Interessen soweit wie möglich zu wahren. In einem eingehenden Gespräch mit dem Bundeskanzler in Moskau am 10. Februar 1990 gestand Gorbatschow dann zu, dass die Sowjetunion eine Entscheidung der Deutschen, in einem Staat zu leben, respektieren werde und dass es Sache der Deutschen sei, Zeitpunkt und Weg der Einigung selbst zu bestimmen[6]. Der Weg zur Wiedervereinigung war damit grundsätzlich frei.

Über die äußeren Bedingungen wurde in den folgenden Monaten zwischen den Vier Mächten und den beiden deutschen Staaten intensiv verhandelt mit dem Ergebnis eines Vertrages über die abschließende Regelung in Bezug auf Deutschland vom 12. September 1990, dem sogenannten »Zwei-plus-Vier-Vertrag« und einer Reihe damit zusammenhängender Verträge und Notenwechseln mit den drei Westmächten, der Sowjetunion, Polen sowie mit denjenigen Staaten, deren Truppen in Deutschland stationiert waren. Wesentlicher Inhalt der Regelung war die Anerkennung der Vereinigung Deutschlands in den bestehenden Grenzen und die Beendigung der Rechte und Verantwortlichkeiten der Vier Mächte. Deutschland verzichtete seinerseits auf Gebietsansprüche gegen andere Staaten unter förmlicher Bestätigung der Grenze gegenüber Polen. Die Zugehörigkeit Deutschlands zum westlichen Bündnis wurde nicht in Frage gestellt. Das war das zentrale Problem in den Verhandlungen gewesen. Die Sowjetunion hatte eine Neutralisierung Deutschlands angestrebt, was weder für die Vereinigten Staaten noch für die Bundesrepublik akzeptabel war. Dass sie schließlich doch eine deutsche Mitgliedschaft in der NATO hinnahm, ist in der kollektiven Erinnerung Deutschlands vorwiegend mit Bildern von einem Treffen zwischen Kohl und Gorbatschow im

---

6 Erklärung von Bundeskanzler Kohl vor der Presse am 10.2.1990 in Moskau. Wiedergegeben in »Deutsche Einheit«, Sonderedition aus den Akten des Bundeskanzleramts 1989/90 unter Nr. 175.

Kaukasus am 15./16. Juli 1990 verbunden. Entgegen der Legende erfolgte der Durchbruch jedoch schon Wochen vorher, nämlich – wie es dieser strategischen Frage zukam – in Verhandlungen zwischen den beiden Supermächten. Am 31. Mai 1990 erklärte sich Gorbatschow in Washington gegenüber dem amerikanischen Präsidenten ausdrücklich damit einverstanden, dass ein vereinigtes Deutschland selbständig über die Mitgliedschaft in einem Bündnis entscheiden könne.[7] Damit war klar, dass nach der Vereinigung Deutschland als Ganzes Mitglied der NATO sein konnte. Das Weitere war danach mehr eine – in ihren Einzelheiten freilich weder einfache noch unbedeutende – juristische und politische Ausgestaltung.

Bei den internationalen Verhandlungen war Deutschland Objekt, die Bundesregierung daher sowohl Akteur als auch Betroffener. Im innerdeutschen Rahmen war sie jedoch allein und selbstständig Handelnder. Dabei ging es zunächst darum, auf Seiten der DDR einen repräsentativen und handlungsfähigen Gesprächspartner zu haben. Denn die amtierende, noch aus der zerfallenden kommunistischen Staatspartei, der SED, hervorgegangene Regierung unter Ministerpräsident Modrow hatte keinen Rückhalt in der Bevölkerung und war auch zu grundlegenden Veränderungen weder bereit noch fähig. Am 18. März sollten in der DDR – erstmals freie – Wahlen zur Volkskammer stattfinden. Helmut Kohl hatte erreicht, dass sich die Ost-CDU mit zwei kleineren Parteien zu einer »Allianz für Deutschland« verband; und dieses Wahlbündnis, das sich im Wahlkampf eindeutig auf die Wiedervereinigung festlegte, erhielt bei der Wahl eine klare Mehrheit. Der von der Ost-CDU gestellte neue Ministerpräsident Lothar de Maizière erklärte dann auch, entsprechend diesem Mandat handeln zu wollen[8].

Um den anhaltenden Zustrom von Übersiedlern zu begrenzen und den Menschen in der DDR eine Perspektive zum Bleiben zu geben, hatte die Bundesregierung schon am 13. Februar – ungeachtet viel-

---

7 Michael Gorbatschow, Erinnerungen, Berlin 1995 S. 723; ebenso P. Zelikow u. C. Rice, Germany Unified and Europe Transformed, Cambridge, Mass. 1996 S. 278 ff.
8 Regierungserklärung in der 3. Sitzung der Volkskammer am 19.4.1990.

facher ökonomischer Bedenken – der DDR die Bildung einer Währungsunion vorgeschlagen. Die Verhandlungen wurden nun mit der neuen Regierung geführt und am 18. Mai 1990 mit der Unterzeichnung eines Vertrages über eine Währungs-, Wirtschafts- und Sozialunion abgeschlossen. Mit der Einführung der Deutschen Mark sowie, damit zusammenhängend, umfangreichen Regelungen des westdeutschen Wirtschafts-, Arbeits- und Sozialrechts am 1. Juli 1990 wurde Deutschland faktisch bereits vereinigt.

Die förmliche Herstellung der staatlichen Einheit warf jedoch weitere, politisch und rechtlich komplexe Fragen auf. Nach der überwiegenden Meinung auf beiden Seiten sollte die Vereinigung durch einen Beitritt der DDR zur Bundesrepublik Deutschland gemäß Artikel 23 des Grundgesetzes[9] erfolgen, das heißt, die DDR sollte in die westdeutsche Verfassungs- und Rechtsordnung eingegliedert werden. Die neue DDR-Regierung legte allerdings Wert darauf, die Modalitäten des Beitritts in einem zweiseitigen Vertrag zu regeln, um zum einen die Gewähr für den Erhalt bestimmter Rechtsinstitute und Einrichtungen zu bekommen und zum anderen etwas von der eigenen Identität in das vereinigte Deutschland einzubringen. Die Verhandlungen dazu übernahm federführend das Innenministerium unter Wolfgang Schäuble.

Da die Währungs- und Wirtschaftsfragen vom Finanz- bzw. Wirtschaftsministerium behandelt wurden und die Federführung für die internationalen Verhandlungen beim Auswärtigen Amt lag, war für mich im Bundeskanzleramt nichts Rechtes mehr zu tun. Ich war daher sehr froh, dass mir Minister Schäuble anbot, für die Verhandlungen mit der DDR ins Innenministerium zu kommen. Ich war, als er Chef des Bundeskanzleramts war, bis zum Frühjahr 1989 bereits sein unmittelbarer Mitarbeiter für die deutschlandpolitischen Fragen gewesen. Jetzt erhielt ich Gelegenheit, unter ihm aktiv an den Vorbereitungen und dann Verhandlungen zur Herstellung der deutschen Einheit mitzuwirken[10].

---

9 Mit der staatlichen Vereinigung wurde der Artikel neu gefasst und hat jetzt einen anderen Inhalt.

10 Die Vorbereitungen und den Gang der Verhandlungen im Einzelnen habe ich in meinem Buch »Das deutsche Jahr, Einblicke in die Wiedervereinigung«, Berlin 2005, nachgezeichnet.

Die förmlichen Verhandlungen begannen am 6. Juli in Ost-Berlin im Gebäude des Ministerrats, dem alten Stadthaus. Es war der Wunsch der DDR-Regierung gewesen, die Verhandlungen in Berlin zu eröffnen; sie wollte bei der Herstellung der Einheit nicht als Bittsteller, sondern als Gastgeber erscheinen. Die Delegationen versammelten sich in einem überdimensionierten hohen Raum von düster einschüchternder Architektur. In der Länge wurde er fast völlig ausgefüllt von dem Verhandlungstisch, auf dessen westdeutscher Seite fast doppelt so viele Platz finden mussten wie auf der ostdeutschen, weil sowohl die Ressorts als auch die Länder vertreten sein wollten. Insofern bestand schon numerisch ein deutliches Ungleichgewicht. Auf der DDR-Seite waren im Hintergrund verschiedene Hilfskräfte tätig, unter denen eine junge Frau auffiel, die eilig Papiere hin- und hertrug – es war die stellvertretende Pressesprecherin des Ministerpräsidenten, Angela Merkel, die später einmal im vereinigten Deutschland eine bedeutendere Rolle spielen sollte als alle hier am Tisch Sitzenden.

Die Sitzung wurde von Ministerpräsident de Maizière selbst mit einer langen Erklärung eröffnet, in der einerseits die Sorge um die Wahrung von Teilen einer DDR-Identität, andererseits die Forderung zum Ausdruck kam, dass durch die Vereinigung insgesamt etwas Neues entstehen sollte. Er verlangte deshalb nicht nur die Festlegung auf Berlin als Hauptstadt, sondern wollte auch Namen, Staatssymbole und -farben sowie die Nationalhymne des vereinigten Deutschlands zur Disposition gestellt wissen. Seine Vorschläge, mit der Vereinigung zur »Deutschen Bundesrepublik« zu werden und die Haydn-Melodie mit dem Text von Johannes R. Becher »Auferstanden aus Ruinen …«[11] statt mit den Worten von Hoffmann von Fallersleben zur Nationalhymne zu machen, waren immerhin einigermaßen befremdlich. Sie wurden von Schäuble freundlich, aber bestimmt zurückgewiesen und spielten, abgesehen von der Hauptstadtfrage, später auch keine Rolle mehr. Sie waren jedoch ein erstes Indiz dafür, dass die deutsche Vereinigung nicht nur große materielle, sondern auch emotionale und die jeweilige Identität berührende Fragen aufwarf. Sie tra-

---

11 Original-Text der DDR-Hymne, der jedoch wegen des Bezugs auf Deutschland nicht mehr gesungen wurde.

ten erst später deutlich hervor und sind heute noch virulent. Vierzig Jahre einer getrennten Entwicklung haben eben Spuren hinterlassen, die nicht einfach vergehen, was damals auf unserer Seite wohl nicht von allen gesehen wurde.

Die Verhandlungen selbst waren beispiellos intensiv und vielseitig. Es ging ja nicht nur um Rechtsangleichung, sondern um die Überführung eines grundlegend anderen Systems in die staatliche und wirtschaftliche Ordnung der Bundesrepublik. Zentralstaatliche Strukturen mussten aufgelöst und in föderale Strukturen, eine staatliche Planwirtschaft in eine private Marktwirtschaft überführt werden. Regelungen waren zu treffen für die Nachfolge in die staatlichen Einrichtungen der DDR und damit für die Rechtsverhältnisse im öffentlichen Dienst, für die Nachfolge in Bezug auf öffentliches Vermögen und Schulden, für die Bestandskraft von Verträgen und nicht zuletzt für die Eigentumsverhältnisse. An den Details wurde von den Ressorts buchstäblich rund um die Uhr gearbeitet. Ergebnis war schließlich ein außerordentlich umfangreiches Vertragswerk mit zahlreichen Anpassungs- und Übergangsregeln, der Vertrag über die Herstellung der Einheit Deutschlands (»Einigungsvertrag«), der am 31. August im Kronprinzenpalais in Ost-Berlin unterzeichnet[12] und am 20. September von Bundestag und Volkskammer ratifiziert wurde.

Die Einheit kommt

Zusammen mit dem »Zwei-plus-Vier-Vertrag« war der »Einigungsvertrag« die Grundlage für die Wiederherstellung der Einheit Deutschlands. Beide Vertragswerke sind äußerst komplexe Regelungen zum Ausgleich widerstreitender Interessen. Weder außen- noch innenpolitisch war der Erfolg von vornherein gesichert. Hier wie dort waren Skepsis, Misstrauen und massive politische Widerstände zu überwinden, und hier wie dort waren Verhandlungen nach vielen Seiten erforderlich. In nur wenigen Monaten haben vor allem das Auswär-

---

12 Wir hatten die Unterzeichnung im Reichstag geplant, die DDR bestand aber auf Unterzeichnung in Ost-Berlin.

tige Amt und die inneren Ressorts ein erstaunliches Maß an Arbeit bewältigt. Das Ergebnis ist außer mit dem Namen des Bundeskanzlers auch mit den Namen zweier Minister verbunden: Was Hans-Dietrich Genscher für den äußeren Rahmen, hat Wolfgang Schäuble für die innere Substanz geleistet.

Am Vormittag des 29. September übergab mir der Geschäftsträger der DDR, Glienke, im Bundeskanzleramt die förmliche Mitteilung über die Ratifizierung des Vertrages durch die DDR, der damit in Kraft trat. Es war seine letzte Aufgabe und auch das Ende meiner Aufgaben als Leiter des Arbeitsstabs Deutschlandpolitik. Ich hatte Sekt mitgebracht und alle Mitarbeiter dazu gebeten, und wir haben zusammen auf eine gute Zukunft in unserem nun gemeinsamen Staat angestoßen.

Drei Tage später fuhr ich mit meiner Frau auf der Autobahn nach Berlin, einer Strecke, die ich unzählige Male in beiden Richtungen gefahren war, nun aber zum ersten Mal ohne Anhalt an den Kontrollstellen in Marienborn und Drewitz. Am Nachmittag wurden die drei westlichen Stadtkommandanten, deren Funktion mit dem Ablauf des 2. Oktober endete[13], vom Berliner Senat in der Philharmonie offiziell verabschiedet; und unter dem Motto »Die deutsche Einheit kommt – die Ständige Vertretung geht« gab Staatssekretär Bertele einen letzten großen Empfang für alle, für die in den vergangenen Jahren die Vertretung ein Ort der Begegnung zwischen West und Ost gewesen war. Im Zentrum füllten sich die Straßen mit Menschen, die in Festtagsstimmung Ende und Anfang erwarteten. Ich ging mit meiner Frau und unseren ältesten Söhnen, die in Berlin lebten, durch die Menge bis zum Reichstag; und als um Mitternacht die große deutsche Fahne hochgezogen wurde, sangen wir alle »Einigkeit und Recht und Freiheit« – nun für das *ganze* deutsche Vaterland.

---

13 Die Rechte und Verantwortlichkeiten der Vier Mächte wurden mit dem 3. Oktober suspendiert, sie erloschen endgültig mit Ratifizierung des »Zwei-plus-Vier-Vertrages«.

Ein Berufsstand nimmt sein Geschick in die eigenen Hände

Harald Elster[1]

A. Eine Tagung bleibt in Erinnerung

Manche Ereignisse vergisst man nicht – insbesondere, wenn sie un-abänderlich mit einem geschichtsträchtigen Datum verbunden sind. Der 12. Deutsche Steuerberatertag ist ein solches Ereignis. Er fand vom 6. bis 8. November 1989 in Berlin statt. Dieter Krüger, der damalige Präsident des Deutschen Steuerberaterverbandes e.V. (DStV), eröffnete die Tagung mit den Worten, die seinerzeit auch zur Eröffnung jeder Sitzung des (West-)Berliner Abgeordnetenhauses gesprochen wurden: »Ich bekunde unseren unbeugsamen Willen, dass die Mauer fallen und Deutschland mit seiner Hauptstadt Berlin in Frieden und Freiheit wieder vereinigt werden muss.«[2] In diesem Zitat klang deutlich die damalige Spannung wider, die alle Teilnehmerinnen und Teilnehmer im ICC Berlin verspürten angesichts des immer stärkeren Aufbegehrens der DDR-Bevölkerung gegen die politischen Strukturen in ihrem Land.

Nur einen Tag später, am 9. November 1989, fiel die Berliner Mauer tatsächlich – nachdem Günter Schabowski, Mitglied des Zentralkomitees der SED, anlässlich einer inzwischen legendären Pressekonferenz

---

1 Ich bedanke mich an dieser Stelle bei Herrn Dipl.-Kfm. Wirt.-Ing. Wolfgang Wehmeier, ehemaliger Geschäftsführer des Steuerberaterverbandes Berlin-Brandenburg e.V., und Herrn RA Manfred Hofstede, ehemaliger Hauptgeschäftsführer des Steuerberater-Verbandes e.V. Köln, für die Bereitstellung zahlreicher historischer Informationen sowie bei Herrn RA Dipl.-Verw. (FH) Christian Michel, Referatsleiter Recht und Berufsrecht des DStV, für die Unterstützung bei der Erstellung dieses Beitrags.

2 Vgl. RA/StB Dr. Hartwig Stakemann, Deutsche Steuerberatung – Garant für die EG, Tagungsbericht zum 12. Deutschen Steuerberatertag 1989 in Berlin, Stbg. 1990, S. 1.

eher beiläufig zu den geplanten neuen Reiseregelungen für DDR-Bürger Stellung nahm und auf Nachfrage der Journalisten zum Inkrafttreten in seinen Unterlagen nach Informationen suchend bekundete: »Nach meiner Kenntnis … ist das sofort, unverzüglich«. Ein Irrtum, der Geschichte schrieb und unser Land nachhaltig verändern sollte. Denn die Ereignisse, die folgten, prägten die Geschichte der Bundesrepublik Deutschland. Das Jahr 1990 war gekennzeichnet durch die ersten freien Wahlen in der DDR am 18. März 1990, das Inkrafttreten der Währungs-, Wirtschafts- und Sozialunion am 1. Juli 1990 und mündete schließlich in die Wiedervereinigung der beiden deutschen Staaten am 3. Oktober 1990.

Mit dem Mauerfall in Berlin und der Öffnung der innerdeutschen Grenze nach 28 Jahren der Teilung taten sich neue Chancen und Perspektiven auf, es entstanden aber zugleich neue Herausforderungen – auch für die steuerberatenden und prüfenden Berufe. So stand der 13. Deutsche Steuerberatertag, der vom 5. bis 7. November 1990 in Köln stattfand, unter dem Motto »Steuerberater gestalten die Zukunft«. Der damalige DStV-Präsident StB/VBP Jürgen Pinne betonte in seiner Eröffnungsrede den »Pioniergeist«, der auch den Berufsstand in den Monaten seit dem Mauerfall ergriffen habe.[3] Der DStV hatte sofort nach der Wende damit begonnen, den steuerberatenden Beruf in der DDR zu fördern, war hilfreich bei der Gründung von regionalen Steuerberaterverbänden und übernahm entsprechende Verbändepartnerschaften.[4] Damit unterstrich der DStV zugleich die besondere Verantwortung, welche die von ihm repräsentierten Steuerberaterinnen und Steuerberater[5] bei der Gestaltung unseres Landes und Europas übernehmen wollten. Nachfolgend soll die besondere Rolle des Berufsstands im Zuge der Verwirklichung der deutschen Einheit näher betrachtet werden.

---

3 Vgl. StB/vBP Jürgen Pinne, Rede zur Eröffnung des 13. Deutschen Steuerberatertages 1990 in Köln, Stbg. 1991, S. 6 ff.
4 Vgl. Pinne, a. a. O.
5 Im Weiteren wird allein aus Gründen der Lesbarkeit die männliche Form verwendet. Sie bezieht jedoch Personen jedweden Geschlechts ein.

B. Steuerberater in Ost und West unterstützen gemeinsam den Wiederaufbau

Das Wirtschaftsleben in der ehemaligen DDR so rasch wie möglich wieder in Gang zu bringen, war damals das Gebot der Stunde. Dieser Aufgabe hatte sich auch der DStV als Dachverband der steuerberatenden und prüfenden Berufe auf Bundesebene noch im Jahr 1989 angenommen. Mit tatkräftiger Unterstützung seiner Mitgliedsverbände wurde das Ziel verfolgt, in den neuen Bundesländern innerhalb kürzester Zeit den Steuerberaterberuf wiederaufzubauen und auf regionaler Ebene leistungsfähige Berufsorganisationen ins Leben zu rufen. Umfangreiche ideelle und materielle Hilfe, besonders aber die vielen Ausbildungs- und Fortbildungsveranstaltungen der DStV-Mitgliedsverbände sollten es ermöglichen, dass in kürzester Zeit mehr als 2500 Berufsangehörige in den neuen Bundesländern vorbereitet werden konnten, mit einer qualifizierten steuerlichen und betriebswirtschaftlichen Beratung den dortigen Unternehmen die Anpassung an die neuen marktwirtschaftlichen Bedingungen zu erleichtern.

Dies war das Ergebnis einer gemeinsamen Kraftanstrengung aller Beteiligten. Zur besseren Einordnung des Geleisteten soll ein kurzer Blick zurück auf die Situation der Steuerberatung in der DDR zum Zeitpunkt der Maueröffnung im November 1990 verdeutlichen, mit welchen Herausforderungen sich der Berufsstand unmittelbar konfrontiert sah.

1. Die Situation der Steuerberatung vor dem Mauerfall

Den Beruf des Steuerberaters kannte das Rechtssystem der DDR nicht (mehr). Die »steuerliche und betriebswirtschaftliche Beratung« erfolgte stattdessen zumeist zentral durch die Hauptbuchhalter der sozialistischen volkseigenen Betriebe (VEB) oder Kombinate mit ihren entsprechenden Abteilungen. Für die Hauptbuchhalter ergab sich dabei eine erzwungene Doppelrolle als Mitarbeiter des jeweiligen Betriebs einerseits und als staatlich eingesetzter Kontrolleur im Auftrag des Ministeriums für Finanzen und Preise (MdF) andererseits.[6] Daneben gab es auf Bezirksebene insgesamt 15 Volkseigene Betriebe für Rechnungsführung und Wirtschaftsberatung (VEB ReWi), welche vor allem für die Betreuung von Handwerkern und kleinen Gewerbetreibenden zuständig waren.[7] Mit insgesamt rund 3000 Mitarbeitern betreuten sie im Herbst 1989 über 63 000 Betriebe.[8] Demgegenüber gab es zu dieser Zeit in der gesamten DDR weniger als 300 selbstständige Helfer in Steuersachen (HiSt), die rund 15 000 Personen und Betriebe vornehmlich aus Handwerk und Einzelhandel betreuten und als »Einzelkämpfer« im Schnitt bereits über 70 Jahre alt waren.[9] Die Ursache für die im Jahr 1989 sehr geringe Zahl an selbstständigen Berufsträgern und das hohe Durchschnittsalter lag darin, dass der Steuerberaterberuf in der DDR seit den fünfziger Jahren faktisch geschlossen war. Das Gesetz erlaubte allen damaligen Berufsträger lediglich noch, die Bezeichnung Helfer in Steuersachen zu führen, wobei auch für diese Bezeichnung keine Neubestellungen mehr vorgenommen wurden.[10]

Diesem Befund stand in der alten Bundesrepublik zur gleichen Zeit die Zahl von rund 35 000 Berufsangehörigen gegenüber, die in 16 regionalen Kammern sowie in 13 DStV-Mitgliedsverbänden berufsständisch organisiert waren.[11]

2. Von der ersten Kontaktaufnahme hin zur Verbandsgründung

Mit der Öffnung der Mauer war es nur eine Frage der Zeit, bis auf Initiative von Berufskollegen aus Ost und West alsbald erste Kontakte über die Grenze hinweg zustande kamen. So berichtete Wolfgang Wehmeier, ehemaliger Geschäftsführer des heutigen Steuerberater-

---

6 Mittelsteiner, Pausch, Kumpf, Illustrierte Geschichte des steuerberatenden Berufs, Augsburg 1999, S. 436.
7 Mittelsteiner, a. a. O., S. 435.
8 Mittelsteiner, a. a. O., S. 435.
9 Mittelsteiner, a. a. O., S. 435.
10 Mittelsteiner, a. a. O., S. 434.
11 Mittelsteiner, a. a. O., S. 459.

verbandes Berlin-Brandenburg e.V., wie er seinerzeit als Verbandsgeschäftsführer[12] erste Kontakte zu Berufsträgern im Ostteil der Stadt
knüpfen konnte. Durch eine familiäre Beziehung eines West-Berliner
Verbandsmitgliedes war noch im Dezember 1989 ein erster telefoni-
scher Kontakt zum damaligen Vorsitzenden des Arbeitskreises der
privaten Helfer in Steuersachen in Ost-Berlin, Horst Berg, möglich geworden, dem eine persönliche Einladung zu einem ersten Meinungs-
austausch am 25. Januar 1990 in den Räumen der West-Berliner Ver-
bandsgeschäftsstelle folgen sollte. Herr Wehmeier hat immer wieder
betont, dass diesem ersten Austausch weitere Gespräche mit Herrn
Berg in Ost-Berlin in seinen Privaträumen mit großer Gastfreund-
lichkeit und in einer sehr offenen und harmonischen Atmosphäre
folgten, wobei es in der Nachschau insbesondere diese menschliche
Basis war, die eine wesentliche Grundlage für alle weiteren Schritte bis
hin zur Zusammenführung in einen gemeinsamen Verband bildete.[13]

Diese ersten Kontakte über die nun offene Grenze hinweg gaben
alsbald den Anlass, die Verbindungen in die damalige DDR enger zu
koordinieren. Aus diesem Grund wurde bereits zum Jahresbeginn
1990 durch den DStV ein Arbeitsstab »DDR-Kontakte« ins Leben
gerufen, dem Vertreter verschiedener regionaler Steuerberaterverbände angehörten.[14] Seine Aufgabe bestand vor allem darin, die vielfältigen Maßnahmen zum Aufbau des Steuerberaterberufs und dessen Organisationen in der damaligen DDR zu koordinieren.[15]

---

12 Anm.: Herr Dipl.-Kfm. Wirt.-Ing. Wolfgang Wehmeier war seinerzeit
   Geschäftsführer des West-Berliner »Verbandes der steuerberatenden und wirtschaftsprüfenden Berufe von Berlin e.V.«
13 Dies habe in gleicher Weise auch für die Zusammenkünfte im Land Brandenbur-
   burg mit den Herren Johannes Holtz (Cottbus) und Joachim-Walter Boche
   (Finsterwalde) gegolten, die als Helfer in Steuersachen seit den fünfziger Jahren
   unter zumeist schwierigsten Bedingungen ihren Beruf ausgeübt hatten.
14 Mitglieder des Arbeitsstabs waren Dipl.-Kfm. Heinz Bachmann und RA
   FAStR Prof. Dr. Axel Pestke (beide DStV), StB Dipl.-Kfm. Dieter Gattermann
   (Steuerberaterverband Niedersachsen), StB/RA Dipl.-oec. Wolfgang Graf
   (Landesverband der steuerberatenden und wirtschaftsprüfenden Berufe in
   Bayern – LSWB), Dipl.-Vw. Helmut Reuter (Steuerberaterverband Hessen) und
   Dipl.-Kfm. Wirt.-Ing. Wolfgang Wehmeier (Verbandes der steuerberatenden
   und wirtschaftsprüfenden Berufe von Berlin).
15 Vgl. Geschäftsbericht des Deutschen Steuerberaterverbandes e.V. 1990, S. 56.

Die Arbeit dieses Arbeitsstabs und die intensive Pflege von Kontakten zu den ostdeutschen Berufskollegen mündeten schließlich in die Gründung der ersten Berufsverbände in der DDR. So konstituierte sich am 15. März 1990 der Verband der steuerberatenden und wirtschaftsprüfenden Berufe von Ostberlin e.V. Am 26. März 1990 wurde der Verband der steuerberatenden und wirtschaftsprüfenden Berufe von Brandenburg e.V. in Cottbus gegründet.[16]

Der erste freiberufliche Berufsverband auf dem Gebiet der DDR war allerdings der Steuerberaterverband Sachsen e.V., der bereits am 23. Februar 1990 in Dresden gegründet wurde. Hier hatte ursprünglich die örtliche Industrie- und Handelskammer zu einer »Zusammenkunft und Beratung von Steuerhelfern aus den Bezirken Dresden, Leipzig und Karl-Marx-Stadt« eingeladen. Während der Versammlung nahmen letztlich aber die anwesenden Helfer in Steuersachen das Heft des Handelns in die Hand. Unterstützung erhielten sie dabei durch den damaligen Hauptgeschäftsführer des DStV, Heinz Bachmann sowie die Geschäftsführer der beiden DStV-Mitgliedsverbände Köln und Berlin (West), RA Manfred Hofstede und Wolfgang Wehmeier, die auf Bitte der Gruppe der Helfer in Steuersachen kurzfristig beratend mitwirkten.[17]

Nun beschleunigten sich die Prozesse weiter. Als Reaktion auf die Verbandsgründung in Dresden wurde auf einer Sitzung der Geschäftsführer der DStV-Mitgliedsverbände am 5. März 1990 in Berlin nach einem entsprechenden Auftrag des DStV-Präsidiums die Konzeption konkreter Patenschaften nach regionaler Zuständigkeit entwickelt. Als künftige Paten waren für das Land Thüringen die Steuerberaterverbände Hessen und Rheinland-Pfalz vorgesehen,

---

16 Im Herbst desselben Jahres schlossen sich beide Verbände schließlich dem Westberliner Verband an, der in Verband der steuerberatenden und wirtschaftsprüfenden Berufe von Berlin und Brandenburg e.V. (heute Steuerberaterverband Berlin-Brandenburg e.V.) umbenannt wurde.

17 Möglich war dies nur, indem die Herren von einer Ausschusssitzung in Würzburg kommend mit dem Auto gemeinsam unmittelbar zur Gründungsversammlung nach Dresden eilten, mit einer – so wird zumindest berichtet – für den damaligen Zustand der DDR-Autobahnen atemberaubenden Reisegeschwindigkeit, die nach heutigen Maßstäben wohl den Entzug der Fahrerlaubnis für längere Zeit bedeutet hätte.

für das Land Sachsen die Steuerberaterverbände Köln und Bayern, für das Land Sachsen-Anhalt die Steuerberaterverbände Niedersachsen und Baden-Württemberg, für das Land Mecklenburg-Vorpommern die Steuerberaterverbände Schleswig-Holstein, Bremen, Bremerhaven und Hamburg sowie für das Land Brandenburg und Ost-Berlin die Steuerberaterverbände Berlin (West), Düsseldorf und Westfalen-Lippe.[18] Die Unterstützung im Rahmen der Patenschaften umfasste unter anderem auch die Bereitstellung von Checklisten zu vereinsrechtlichen Gründungsfragen sowie zum organisatorischen Aufbau und zur technischen Ausrüstung der künftigen Verbände und ihrer Geschäftsstellen.

Auf dieser Grundlage konnte sich neben den bereits genannten Verbandsgründungen in Sachsen, Ost-Berlin und Brandenburg sodann am 20. März 1990 der Verband der steuerberatenden und wirtschaftsberatenden Berufe – Nord - in der DDR e.V. mit Sitz in Schwerin konstituieren.[19] Am gleichen Tag wurde außerdem der Steuerberaterverband Sachsen-Anhalt e.V. in Magdeburg gegründet.[20] Am 27. März 1990 konstituierte sich schließlich der Steuerberaterverband Thüringen e.V. in Erfurt.

Mit Blick auf die beschriebenen Verbandsgründungen auf regionaler Ebene wurden zugleich ab Februar 1990 auch Überlegungen zur Bildung eines Dachverbandes für das Gebiet der DDR angestellt. Hierzu wurde eine paritätisch besetzte Arbeitsgruppe aus je 15 Helfern

---

18 Vgl. Geschäftsbericht des Deutschen Steuerberaterverbandes e.V. 1990, S. 9.

19 Anm.: heute »Steuerberaterverband Mecklenburg-Vorpommern e.V.«

20 Der Mitgliederkreis dieses Verbandes setzten sich überwiegend aus selbstständigen Helfern in Steuersachen zusammen. Parallel dazu hatte sich allerdings ein weiterer Steuerberaterverband in Halle an der Saale gegründet, dessen Mitglieder sich im Wesentlichen aus dem Personal der VEB ReWi rekrutierte. Die Vertreter beider Verbände schlossen sich sodann am 14.9.1991 zum Steuerberaterverband Sachsen-Anhalt e.V. zusammen. Am 1. Januar 1997 erfolgte schließlich der weitere Zusammenschluss der Steuerberaterverbände von Niedersachsen und Sachsen-Anhalt zum heutigen Steuerberaterverband Niedersachsen Sachsen-Anhalt e.V. mit den Geschäftsstellen in Hannover und Magdeburg.

in Steuersachen sowie den 15 Direktoren der VEB-ReWi gebildet.[21] Teilweise bestehende Bedenken gegen die Einbindung von Vertretern der VEB-ReWi insbesondere aus dem Kreis der Helfer in Steuersachen wurden dabei letztlich einvernehmlich zurückgestellt, um die berufspolitisch historische Ausnahmesituation im Sinne der DDR-Berufsangehörigen überhaupt praxisgerecht lösen zu können. Die in diesem Rahmen entwickelten Konzepte und Überlegungen mündeten schließlich in die Gründung des Gesamtverbandes der steuerberatenden und wirtschaftsprüfenden Berufe in der DDR e.V., die am 31. März 1990 in Potsdam beschlossen wurde.[22] In das Präsidium des Gesamtverbandes wurden sodann aus dem Kreis der Helfer in Steuersachen Horst Berg, Johannes Holtz und Joachim Lincke als Vorsitzende der soeben gegründeten regionalen Steuerberaterverbände von Ost-Berlin, Brandenburg und Sachsen gewählt. Aus dem Kreis der Direktoren der VEB-ReWi wurden Harald Enge (Karl-Marx-Stadt), Hans-Jürgen Kewitz (Halle) und Reinhard Satory (Brandenburg) gewählt. Letzterer wurde sodann ohne Gegenkandidaten zum Präsidenten des Gesamtverbandes gewählt.[23] Dem Vorstand gehören neben den genannten Mitgliedern des Präsidiums zusätzlich jeweils acht weitere Helfer in Steuersachen an, welche die regionalen Steuerberaterbände repräsentierten, sowie acht Vertreter der VEB-ReWi.

In der Nachschau muss dies als ein wichtiger Schritt hin zu einer einheitlichen berufsständischen Vertretung auf dem Gebiet der DDR gewertet werden, trotz der seinerzeit durchaus bestehenden Vorbehalte unter den einzelnen Mitgliedergruppen. So berichteten die damals auf der Gründungsversammlung anwesenden Vertreter der westdeutschen Verbände, unter anderem der damalige Vizepräsident

---

21 Der Arbeitsgruppe beratend zur Seite standen unter anderem der damalige Verbandsgeschäftsführer des Steuerberaterverbandes Berlin (West) sowie die Geschäftsführerin der Steuerberaterkammer Berlin (West).
22 Die Gründungsversammlung fand im damaligen Touristen- und Kongresshotel Potsdam statt, einem Gebäude, welches zuvor die SED-Bezirksparteischule »Julian Marchlewski« beheimatete und nach dem Mauerfall zunächst als »Residenz-Hotel« geführt worden war.
23 Herr Berg, Vorsitzender des Steuerberaterverbandes Berlin (Ost), hatte zuvor auf eine Kandidatur verzichtet.

und spätere langjährige Präsident des DStV, StB/vBP Jürgen Pinne, rückblickend von teilweise kontrovers geführten Diskussionen insbesondere zwischen den Helfern in Steuersachen und den Vertretern der VEB ReWi.[24] Die teilweise von den Helfern in Steuersachen geäußerte, bisweilen harsche Kritik muss in der Rückschau dabei sicherlich auch vor dem Hintergrund der bereits beschriebenen jahrzehntelangen Ungleichbehandlung der auf dem Gebiet tätigen Helfer in Steuersachen und der staatlich bevorzugten VEB REWI gesehen werden.

Zu den Aufgaben des Gesamtverbandes gehörte laut § 2 Buchst. a) der Satzung unter anderem auch, sich für die Schaffung von Steuerberaterkammern als Organ der Selbstverwaltung einzusetzen. Auch die regionalen (westdeutschen) Steuerberaterkammern und die Bundessteuerberaterkammer (BStBK) hatten im Rahmen entsprechender Patenschaften und ihrer fachlichen Kompetenz den Prozess der Kammergründungen in der DDR im Ergebnis erfolgreich begleitet.[25] Mit dem Inkrafttreten der Regelungen des Einigungsvertrages am 1. Januar 1991 war das Steuerberatungsgesetz sodann einheitlich für alle Steuerberaterkammern auch in den Ländern der ehemaligen DDR anzuwenden.

---

24 So stand die Versammlung für einige Teilnehmer aus dem Kreis der Helfer in Steuersachen unter dem subjektiven Eindruck »der Show im Stil stalinistischer Demokratie«, bei der »alles vorher bis ins Einzelne festgelegt, und die dominierende Rolle der VEB ReWi festgeschrieben werden solle«, indem »ein ehemaliger Parteigenosse der SED und REWI-Direktor zum Präsidenten gewählt« wurde.

25 Am 15. September 1990 erfolgte die Gründung der Steuerberaterkammer Brandenburg, am 3. November 1990 die Gründung der Steuerberaterkammer Thüringen, am 27. November 1990 die Gründung der Steuerberaterkammer Mecklenburg-Vorpommern, am 1. Dezember 1990 die Gründung der Steuerberaterkammer Sachsen-Anhalt und am 24. Juni 1991 die Gründung der Steuerberaterkammer Sachsen. Der Steuerberaterkammer Berlin (West) waren bereits am 27. Juli 1990 mit Zustimmung der Senatsverwaltung für Finanzen die Aufgaben der Steuerberaterordnung der DDR bis zum Inkrafttreten des Steuerberatungsgesetzes im Ostteil Berlins übertragen worden.

Mit dem Beitritt der regionalen Steuerberaterverbände zum DStV[26] konnte schließlich der Gesamtverband aufgelöst und zum 4. April 1991 aus dem Vereinsregister des zuständigen Registergerichts Potsdam gelöscht werden.

Eine besondere Aufgabe des DStV in dieser Zeit lag allerdings auch in der Organisation und Durchführung des ersten Steuerberater-Symposiums in der DDR am 2. Mai 1990 in Potsdam. Zu dieser Fachveranstaltung trafen sich über 700 Steuerberater aus der alten Bundesrepublik und der DDR erstmalig in einem größeren Rahmen. Der damalige DStV-Präsident, StB/vBP Jürgen Pinne, stellte in seinen Begrüßungsworten zunächst die allgemeinen Aufgaben berufsständischer Verbände und Ziele der Verbandsarbeit dar. Dann wurde er dem besonderen Anlass entsprechend in seinen Ausführungen konkreter und betonte ausdrücklich, dass die Gäste aus der Bundesrepublik ihre Kollegen aus der DDR nicht belehren oder gar vereinnahmen wollten. »Wir haben nicht das Idealmodell«, erklärte er freimütig. »Wir werden aber die Probleme der Kollegen in der DDR nicht ignorieren, sondern uns dafür einsetzen, dass ihre neu gewonnenen Freiräume erhalten und erweitert werden.«[27] Diese offenen Worten fanden die Anerkennung aller Anwesenden. Sie sollten die Grundlage, zugleich aber auch der Maßstab für den Aufbau und das Zusammenwachsen des Berufsstands in den kommenden Jahren sein. Der damalige Geschäftsführer und spätere Hauptgeschäftsführer des DStV, RA/FAStR Prof. Dr. Axel Pestke und Ministerialdirektor Harro Muus vom Bundesfinanzministerium berichteten den Teilnehmern zu dem Thema »Gegenwart und Perspektiven der steuerberatenden und wirt-

---

26 Der Beitritt des Steuerberaterverbandes Thüringen e.V. erfolgte zum 21./22. Juni 1990, des Steuerberaterverbandes Mecklenburg-Vorpommern e.V. zum 20.8.1990, des Steuerberaterverbandes Sachsen e.V. zum 3. Oktober 1990, der Steuerberaterverbände Brandenburg und Berlin (Ost) mit dem Beitritt zum Steuerberaterverband Berlin (West) und der Umbenennung zum neuen Verband der steuerberatenden und wirtschaftsprüfenden Berufe von Berlin und Brandenburg e.V. zum Herbst 1990 sowie des Steuerberaterverbandes Sachsen-Anhalt zum 14. September 1991, der sodann zum 1. Januar 1997 mit dem Steuerberaterverband Niedersachsen zum neuen Steuerberaterverband Niedersachsen Sachsen-Anhalt e.V. fusionierte.

27 Vgl. Geschäftsbericht des Deutschen Steuerberaterverbandes e.V. 1990, S. 64.

schaftsprüfenden Berufe« und gingen dabei auf die Rechtsordnung der Bundesrepublik Deutschland sowie insbesondere auf das Steuerberatungsrecht ein. Prof. Dr. Hans-Michael Korth referierte über »Handelsrechtliche Rechnungslegung als Grundlage der steuerlichen Gewinnermittlung«.

3. Der Beratungsalltag der neuen Verbände in den Anfangstagen

Mit dem Erlass erster Anordnungen über die Neuzulassung zur selbstständigen Tätigkeit als Helfer in Steuersachen und seit der Verabschiedung der neuen Steuerberatungsordnung vom 27. Juni 1990 erfolgte in der DDR ein recht stürmischer Zugang zum steuerberatenden Beruf.[28] Doch schon damals wurde konstatiert, dass der Beratungsbedarf auf dem Gebiet der DDR erheblich sein würde und sich auch unter Einschaltung von Berufsangehörigen aus der alten Bundesrepublik nicht würde abdecken lassen.[29] Bis Ende 1990 wurden insgesamt rund 2500 Steuerberater und Steuerbevollmächtigte auf dem Gebiet der ehemaligen DDR neu bestellt.[30] Demgegenüber gab es auf westdeutscher Seite rund 47 000 Berufsträger.[31] Unter der Prämisse, dass die ehemalige DDR gemessen an der Bevölkerung etwa einem Viertel der alten Bundesrepublik entsprach, wurde mit Blick auf den möglichen Beratungsbedarf eine »Unterdeckung« von rund 10 000 Steuerberatern ermittelt.[32] Diese Lücke galt es mit Blick auf die Funktion der Steuerberater als Organe der Steuerrechtspflege möglichst schnell zu schließen.

Wie sah vor diesem Hintergrund die Verbandsarbeit in den neu gegründeten Verbänden aus? Wolfgang Wehmeier, Verbands-

---

28 Mittelsteiner, a. a. O., S. 442.
29 Vgl. Korth, Probleme und Perspektiven durch das Zusammenwachsen des deutsch-deutschen Wirtschaftsraums für das Steuerrecht und die Steuerberatung, Stbg. 1991, S. 24, 31.
30 Vgl. Dann, 30 Jahre StBerG – Rückschau und Ausblick auf die Entwicklung des steuerberatenden Berufs, StB 1991, S. 201, 202.
31 Korth, a. a. O.
32 Korth, a. a. O.

geschäftsführer des damaligen Steuerberaterverbandes Berlin (West),
kann sich an die Schilderungen der Vorsitzenden der neu gegründeten Steuerberaterverbände von Ost-Berlin und Brandenburg aus
dem Frühjahr 1990 erinnern, die von täglich stapelweise mit der Post
eingehenden Anfragen aus Ost und West nach Materialien, Kontaktadressen und Informationen zur Berufsausübung und -zulassung
berichteten, deren Prüfung und Beantwortung die Arbeitsfähigkeit
der neu gegründeten Verbände ohne die Hilfe und Unterstützung der
Geschäftsstelle des Steuerberaterverbandes Berlin (West) nahezu völlig zum Erliegen gebracht hätte. Nicht vergessen werden darf dabei,
dass die Beantwortung der Schreiben bereits aufgrund der Geschwindigkeit der rechtlichen Entwicklung einen erheblichen Prüfungsaufwand erforderte, um die Anliegen der Anfragenden aktuell und – vor
dem Hintergrund ihrer jeweils individuellen Lebensumstände – zugleich angemessen zu würdigen. Vielfach geschah dies in persönlichen
Gesprächen am Abend bis lange nach Ende der üblichen Bürozeiten.
Im Mittelpunkt stand dabei von Anfang an das Bestreben, möglichst
allen Anfragen gerecht zu werden, insbesondere, wenn mit ihnen persönliche Schicksale und Erfahrungen aufgrund erlittener Repressionen verbunden waren. Im Rückblick konnten vielleicht auch gerade
aus diesem Grund so viele Verbandsmitgliedschaften hinzugewonnen
werden, die zum Teil bis heute fortbestehen.

4. Aktive Unterstützung durch Spenden und Patenschaften

Bereits zum Jahreswechsel 1989/90 hatte das DDR-Ministerium der
Finanzen dem Vernehmen nach in internen Papieren zum Stand der
technischen Ausstattung der staatlichen VEB-ReWi konstatiert, dass
man dort die Kapazitätsgrenze erreicht habe, was die Erfüllung der
Aufgaben angehe. Vor diesem Hintergrund bedurfte es nicht viel
Phantasie, sich vorzustellen, wie es um die technische Ausrüstung
der verbliebenen selbstständigen Helfer in Steuersachen bestellt sein
musste. Anlässlich der ersten persönlichen Besuche in den Praxen
der ostdeutschen Kollegen erwuchs alsbald die Gewissheit, unter welchem teilweise erschreckenden Mangel an technischer Ausstattung

die Helfer in Steuersachen litten.[33] Neben der technischen Ausstattung
fehlte es den Kollegen allerdings auch an nahezu sämtlichen Arbeits-
mitteln, die für die Berufsausübung unabdingbar sind. Dieser Befund
mündete beispielsweise in Berlin (West) in gemeinsamen Spendenaufrufen des Steuerberaterverbandes und der Steuerberaterkammer[34],
mit denen die Mitglieder über die Situation des steuerberatenden
Berufs in der DDR informiert und um Sach- und Geldspenden für
die ostdeutschen Kollegen gebeten wurden. Besonders groß war der
Bedarf nach Büromaschinen und Fachliteratur. Geeignete Sachspenden waren etwa Geräte, die technisch noch intakt, aber wirtschaftlich
überholt waren sowie Fachkommentare, von denen mehrere Exemplare in den Kanzleien vorhanden waren oder bei denen es sich um
Vorauflagen jüngeren Datums handelte, die ggf. in einzelnen Punkten
nicht mehr vollständig aktuell waren, jedoch die grundsätzliche Einarbeitung in das neue Rechtssystem erleichtern konnten. Zur besseren Erfassung wurde ein Vordrucksystem entwickelt, mit dem die Art
der Spende näher beschrieben werden konnte. Auf dieser Grundlage
wurde schließlich ein Abholsystem für die Empfänger der Sachspenden entwickelt. Die eingegangenen Geldspenden wurden auf einem
separaten Sonderkonto »DDR« verbucht. Sie sollten neben den eingehenden Sachspenden als Hilfe zur Selbsthilfe für die »aus dem Nichts«
aufzubauenden berufsständischen Organisationen dienen.[35]

---

33 Vor diesem Hintergrund verkündete etwa die DATEV eG anlässlich einer ersten
    Informationsveranstaltung am 28. Februar 1990 in Berlin die Bereitschaft zur
    technischen Unterstützung und Ausrüstung der Berufskollegen in der DDR.
    Zudem hatte der DATEV-Vorstand die Aufnahme der Helfer in Steuersachen
    in die Genossenschaft gebilligt und beschlossen, den damaligen Genossen-
    schaftsanteil von DM 2000 zu stunden. Daneben wurde die kostengünstige
    Übernahme von EDV-Geräten aus dem DATEV-Bestand sowie der Aufbau von
    Standleitungen in das DATEV-Rechenzentrum in Aussicht gestellt.
34 Einem ersten Spendenaufruf vom 19. März 1990 folgte aufgrund des erhebli-
    chen Bedarfs am 17. April 1990 bereits ein zweiter Aufruf.
35 Zu den neu gegründeten Berufsverbänden wurde im Spendenaufruf vom
    17. April 1990 etwa ausgeführt: »Sie besitzen z. B. weder Schreibmaschinen noch
    Fotokopierer noch Rechenmaschinen. Wenn man bedenkt, dass auch Möglich-
    keiten, sich telefonisch zu verständigen, in der DDR kaum gegeben sind, kann
    man sich vielleicht vorstellen, wie dringend Bürogeräte und Büromaterial benö-
    tigt werden.«

Parallel dazu wurde es immer klarer, wie wichtig es im Rahmen des immer mehr an Fahrt aufnehmenden Vereinigungsprozesses beider deutscher Staaten war, den Berufsangehörigen in der DDR die Einarbeitung in das für sie neue Steuerrecht und dessen Systematik zu ermöglichen. In einem ersten Schritt wurden etwa in Berlin bereits im Frühjahr 1990 zwei Seminare im Umfang von jeweils 15–20 Stunden zu den Themenbereichen Einführung in die wichtigsten Steuergesetze, Rechnungslegung und Gesellschaftsrecht ins Leben gerufen. Zur Durchführung der Seminare stellten sich 31 fachlich und pädagogisch besonders qualifizierte West-Berliner Steuerberater unentgeltlich als Dozenten zur Verfügung. Die Teilnehmer erhielten die erforderlichen aktuellen Steuergesetze und handelsrechtlichen Rechnungslegungsvorschriften kostenfrei bzw. kostenvergünstigt.

Je schneller sich seinerzeit die Änderungen des Steuerrechts vollzogen, umso dringlicher wurde bei den neuen Berufskollegen auch der Bedarf nach Fortsetzungs- und Vertiefungsseminaren. Dies war mit neuen Herausforderungen verbunden, weil die Menge der erforderlichen Kurse längst nicht mehr allein durch ehrenamtlich tätige Dozenten abgedeckt werden konnte. Ein großer Teil der Kursteilnehmer war allerdings damals weder in der Lage, kostendeckende Gebühren zu zahlen, noch gab es ausreichend geeignete Kurzlehrbücher, die ein Selbststudium ermöglicht hätten. Man setzte daher weiter auf die Solidarität und Spendenbereitschaft der Berufsangehörigen. Folgende Aussage, die den Spendenaufrufen zur Erläuterung beigefügt war, vermag die damals vorherrschende Stimmung, die bereits durch die Vielzahl der persönlichen Kontakte über die Grenze hinweg geprägt war, sehr gut wiederzugeben. Dort hieß es: »Es geht uns nicht darum, den Berufsstand in der DDR langfristig zu finanzieren. Die Kolleginnen und Kollegen, die wir inzwischen kennengelernt haben, sind zu bescheiden, so etwas zu erwarten und gleichzeitig selbstbewusst genug, ihre Probleme grundsätzlich allein zu lösen. Aber den Anfang sollten wir ihnen etwas erleichtern, denn bis zu Herstellung von Verhältnissen, die wir für normal halten, ist es für alle dort ein sehr langer und dorniger Weg.«[36]

---

36 Vgl. Berliner Spendenaufrufe vom 19. März und 17. April 1990 (Fn. 33).

Durch die Spendenaktionen konnte der neu gegründete Steuerberaterverband Berlin (Ost) am 6. Juli 1990 folgende Leistungen anbieten: das komplette Grundwerk der »Neuen-Wirtschaftsbriefe« (NWB)
sowie deren kostenfreier Bezug für die ersten drei Monate, den kos-
tengünstigen Erwerb eines PC's inklusive dessen Finanzierung, den
Abschluss der Berufshaftpflichtversicherung sowie die Möglichkeit
des Beitritts zur DATEV. Die Verbandsmitglieder hatten zusätzlich
die Möglichkeit, gebührenfrei an den Fortbildungsveranstaltungen
der Bezirksgruppen des Steuerberaterverbandes Berlin (West) teilzunehmen.

Nicht unerwähnt bleiben sollen auch die umfangreichen Unterstüt-
zungsaktionen, die im Rahmen von weiteren Patenschaften möglich
wurden. So stellten beispielsweise 27 Kollegen aus den Steuerberaterverbänden und -kammern Berlin, Düsseldorf und Westfalen-Lippe
im Juli 1990 einen größeren Sammeltransport von Bürogeräten zusammen, deren Verteilung in Berlin (Ost) und Brandenburg vor Ort
erfolgen sollte. Zusätzlich waren 41 westfälische Kollegen bereit, einen
»Sprechtag« in den Geschäftsstellen Berlin bzw. Brandenburg abzuhalten und 190 hatten sich persönlich bereit erklärt, im Rahmen einer
Patenschaft den DDR-Kollegen Einblick in die Abläufe einer Steuer-
beratungspraxis in der Bundesrepublik zu gewähren. 25 Berufskollegen aus Düsseldorf waren zur Referententätigkeit bereit, 86 hatten
sich im Rahmen des Patenschaftsprogramms als sog. Mentoren für
ihre ostdeutschen Kollegen zur Verfügung gestellt. Insgesamt wurden
allein im Jahr 1990 von den westdeutschen DStV-Mitgliedsverbänden
insgesamt mehr als 60 verschiedene Fortbildungsveranstaltungen für
die neuen Berufskollegen erfolgreich durchgeführt, bei denen rund
4500 Teilnehmer begrüßt werden konnten.[37]

---

37 Vgl. Geschäftsbericht des Deutschen Steuerberaterverbandes e.V. 1990, S. 9.

C. Die Bilanz nach 30 Jahren deutscher Einheit

Die Politik hat in der Wendezeit die Gunst der Stunde zur Verwirklichung der Deutschen Einheit genutzt und beherzt umgesetzt. Erst im Nachhinein wurde deutlich, wie kurz das zeitliche Fenster seinerzeit tatsächlich offenstand, um die Verwirklichung der deutschen Einheit friedlich und in Freiheit umzusetzen.

Auch für den steuerberatenden Beruf bedeutete dies die einmalige Chance, das Zusammenwachsen des Berufsstands aktiv zu begleiten. Er hat sich dabei seiner Verantwortung gestellt, was den Aufbau nachhaltiger berufsständischer Strukturen in den neuen Bundesländern anging. Er hat sich aber auch solidarisch mit den neuen Berufskolleginnen und -kollegen gezeigt, was die Unterstützung beim Aufbau der notwendigen Infrastruktur in Kanzleien und Verbänden mit Finanz- und Sachmitteln anging. Er hat schließlich auch zukunftsgerichtet gehandelt, was die Frage der Aus- und Fortbildung qualifizierter Beraterinnen und Berater anging. Die damals angelegten Strukturen, die sich in den alten Bundesländern bereits bewährt hatten, tragen heute dazu bei, dass die beratenden und prüfenden Berufe ihre Mandanten bundesweit unter einem einheitlichen hohen Qualitätsniveau beraten können.

Die Zahl der Verbandsmitglieder in den neuen Bundesländern hat sich seither nachhaltig positiv entwickelt. Heute verfügen die Steuerberaterverbände Mecklenburg-Vorpommern, Berlin-Brandenburg, Thüringen, Sachsen sowie der sachsen-anhaltinische Landesteil des Steuerberaterverbandes Niedersachsen Sachsen-Anhalt über insgesamt rund 5000 Mitglieder.[38] In ihren zahlreichen Fortbildungsveranstaltungen und Seminaren konnten die ostdeutschen Verbände und ihre Fortbildungseinrichtungen im Jahr 2018 rund 29 000 Teilnehmer verzeichnen, mit steigender Tendenz.

Bis heute besteht eine enge Zusammenarbeit beispielsweise zwischen dem Steuerberater Verband Köln und dem Steuerberaterverband Sachsen sowie zwischen den Steuerberaterverbänden Thüringen,

---

38 Vgl. Geschäftsbericht 2018 des Deutschen Steuerberaterverbandes e.V., abrufbar unter www.dstv.de.

Hessen und Rheinland-Pfalz fort, die sich in zahlreichen gemeinsamen Angeboten unter anderem auch im Fortbildungsbereich aus-
drückt. Auch der Einfluss auf die Entscheider in Politik und Verwaltung sowie die Zusammenarbeit mit anderen Berufsorganisationen ist
stetig gewachsen. Kontakte werden sowohl anlässlich der zahlreichen
Fachveranstaltungen als beispielsweise auch im Rahmen von Neu-
jahrsempfängen sowie anlässlich der jährlichen Verbandstage neu
geknüpft oder weiter vertieft. Auch wird bereits auf regionaler Ebene
ein enger Austausch mit der Finanzverwaltung etwa im Rahmen so-
genannter Klimagespräche gepflegt. Nur so können die praktischen
Erfahrungen der Berufsangehörigen im Interesse aller Beteiligten
sinnvoll in die maßgeblichen Entscheidungsprozesse einfließen und
Gestaltungsspielräume genutzt werden.

Dies gilt für die regionale Ebene in gleicher Weise wie für die Bundes-
und die europäische Ebene. Heute repräsentiert der Deutsche Steuerberaterverband mit seiner Berliner Geschäftsstelle und einem Büro in
Brüssel rund 36 500 und damit über 60 % der selbstständig in eigener
Kanzlei tätigen Berufsangehörigen, von denen eine Vielzahl zugleich
Wirtschaftsprüfer oder vereidigter Buchprüfer sind. Als Dachverband
der regionalen Steuerberaterverbände ist der DStV damit damals wie
heute für den Berufsstand in vielfältiger Weise aktiv und vertritt die
Interessen der Berufsangehörigen gegenüber Politik und Verwaltung.[39]

D. Neue Herausforderungen in einer sich weiter verändernden Welt

Die Zeit bleibt nicht stehen. Heute stehen für den Berufsstand neue
Herausforderungen im Mittelpunkt. So wird etwa die zunehmende
Digitalisierung unsere Gesellschaft sowohl im Alltag als auch im
Beruf stärker und schneller beeinflussen, als es viele noch vor weni-

39 Vgl. hierzu Michel, Der Deutsche Steuerberaterverband (DStV) und seine
   Mitgliedsverbände – Kompetenz und Dienstleistung für steuerberatende und
   prüfende Berufe, in Berufsziel Steuerberater/Wirtschaftsprüfer, Verlag Wissenschaft und Praxis, Sternenfels, 18. Auflage 2019, S. 260 ff.

gen Jahren für möglich gehalten haben. Der Einfluss sog. künstlicher Intelligenz (KI) im Arbeitsalltag wird wachsen. Das betrifft auch die Arbeit in den Steuerberatungs- und Wirtschaftsprüfungskanzleien, angefangen bei den internen Abläufen und Prozessen, über die Kommunikation mit den Mandanten bis zum Datenaustausch mit den Finanzämtern und Banken. Viele Mandanten profitieren heute bereits davon, dass ihre Berater mit IT-Unterstützung beispielsweise aus den betrieblichen Unternehmenszahlen schnelle und greifbare Handlungsempfehlungen entwickeln. Auch bietet die Digitalisierung die Möglichkeit, wichtige betriebliche Kennzahlen tagesgenau zur Verfügung zu stellen, sodass Entscheidungen präziser vorbereitet werden können. Unterlagen und Belege, die in den Kanzleien zu bearbeiten sind, liegen bereits heute immer häufiger digital vor. Mit Blick darauf setzt inzwischen auch die Finanzverwaltung auf den digitalen Verkehr. Ein bekanntes Beispiel ist die Einkommensteuererklärung, die seit einigen Jahren als elektronische Steuererklärung (ELSTER) über das Internet abgegeben werden kann bzw. muss. Auch hier bieten Steuerberater regelmäßig ihre Unterstützung an. Neue Beratungsfelder ergeben sich für digital erfahrene Kanzleien, wenn es darum geht, ihre Mandanten beim digitalen Wandel mitzunehmen und auf dem Weg der Digitalisierung zu begleiten. Der Fokus liegt dabei insbesondere auf der Betreuung kleiner und mittlerer Unternehmen (KMU), die traditionell durch mittelständische Kanzleien beraten werden. Deshalb sehen viele Unternehmer ihren Steuerberater als ersten Ansprechpartner auch in Digitalisierungsfragen, weil er mit den internen Strukturen gut vertraut ist. So werden Steuerberater und Wirtschaftsprüfer auch als Digitalisierungs-Coaches die nötigen Impulse für die zukunftsgerichtete Entwicklung ihrer Mandanten liefern können.

Die Tätigkeit der Steuerberater und Wirtschaftsprüfer ist geprägt durch die unabhängige und unparteiliche Aufgabenerfüllung, um eine umfassende Hilfeleistung in Steuersachen zu gewährleisten und die steuerlichen Interessen ihrer Mandanten mit legalen Mitteln durchzusetzen. Diese im Rahmen rechtsstaatlicher Verfahren gewährleistete Chancen- und Waffengleichheit gegenüber der Finanzverwaltung gilt es auch in Zukunft zu erhalten.

Die Dienstleistungen der Steuerberater und Wirtschaftsprüfer bilden inzwischen aber nicht nur in Deutschland, sondern auch im Europäischen Binnenmarkt einen bedeutenden Wirtschaftsfaktor. Als Vertreter der freien Berufe sind sie angehalten, bei ihrer Tätigkeit der persönlichen berufsspezifischen Leistung stets den Vorrang vor rein wirtschaftlichen Aspekten einzuräumen. Der Gesetzgeber selbst hat ihnen diese Funktion übertragen.

Gleichwohl wird es zunehmend wichtiger, den berufspolitischen Fokus darauf zu richten, die qualitativ hochwertige Beratung durch Steuerberater und Wirtschaftsprüfer in einer globalisierten Welt auch im europäischen Kontext zu erhalten und gegen etwaige Angriffe aus Brüssel zu verteidigen. Festzustellen ist, dass der Einfluss der europäischen Gesetzgebung und Rechtsprechung auf die praktische Tätigkeit der Berater in den zurückliegenden Jahren kontinuierlich zugenommen hat. Dieser Trend wird sich in der Zukunft noch verstärken. Umso wichtiger wird es künftig sein, dass sich der Berufsstand in einen kontinuierlichen Austausch mit den EU-Institutionen begibt, um den Interessen und Bedürfnisse der kleinen und mittelständischen Kanzleien auch auf europäischer Ebene ausreichend Gehör zu verschaffen.

Manchmal genügt ein einziges Jahr, um die Welt zu verändern

Rainer Eppelmann

Jubiläen und Gedenktage sind ein wichtiger Bestandteil unseres öffentlichen Lebens. Sie lassen die Menschen innehalten und gemeinsam auf ein herausragendes Ereignis zurückblicken, das mal mehr, mal weniger weit in der Vergangenheit liegt. Es kann sowohl traurig als auch freudig sein, und die Rückbesinnung darauf kann gleichwohl mahnen oder auch Mut machen. Jubiläen und Gedenktage lassen uns durch ihre regelmäßige Wiederkehr immer wieder darüber reflektieren, wo wir herkommen und wer wir heute sind. Sie sind die Schrittmacher unserer Erinnerungskultur. Für die 30. Jahrestage der Friedlichen Revolution in der DDR und der deutschen Einheit trifft dies in besonderem Maße zu. Diese beiden aufeinanderfolgenden Jubiläen gehören natürlich unauflöslich zusammen: Nachdem am 9. November 1989 auf dem emotionalen Höhepunkt der Friedlichen Revolution in der DDR die Berliner Mauer gefallen war, endete am 3. Oktober 1990 die deutsche Teilung. Manchmal genügt ein einziges Jahr, um die Welt zu verändern.

Die politische Entwicklung des Jahres 1989 hatte zuvor die gesellschaftlichen Verhältnisse in der DDR auf den Kopf gestellt und das SED-Regime in seinen Grundfesten erschüttert: Erst die offenen Proteste gegen die gefälschten Kommunalwahlen im Mai, gefolgt von den Massenfluchten von DDR-Bürgerinnen und Bürgern über Ungarn und die Prager Botschaft im Sommer. Im ganzen Land formierte sich die Opposition, und im Herbst demonstrierten hunderttausende Menschen friedlich auf den Straßen Leipzigs, Berlins und vieler anderer Orte. Nach über 40 Jahren der kommunistischen Herrschaft und Fremdbestimmung hatten wir Bürgerinnen und Bürger der DDR den aufrechten Gang wiedererlernt und das Heft des Handelns in die Hand genommen. Wir wollten endlich ein Leben in Freiheit und Wahrhaftigkeit führen können. Ermutigt vom politischen Tauwetter in großen Teilen des Ostblocks zeigten die Menschen in der ganzen DDR Zivilcourage und setzen der systematischen Einschüchterung des SED-Regimes ihren Widerstand entgegen. Die zentralen Forderungen der Oppositionsbewegung und der Demonstranten in der Friedlichen Revolution waren: Freiheit und Demokratie. Die symbolträchtigsten Hindernisse auf dem Weg zur Freiheit waren die Berliner Mauer und die innerdeutsche Grenze. Seit ihrem Bau 1961 waren hier hunderte Menschen getötet worden, nur weil sie ein selbstbestimmtes Leben führen wollten. Als wir Bürgerinnen und Bürger am 9. November 1989 aus eigener Kraft die Schlagbäume an der Berliner Mauer aufdrückten und uns damit die Freiheit gewaltlos erkämpften, hatte damit auch die SED ihre Macht über uns verloren und der Weg in die Demokratie wurde frei.

Mit diesem Schicksalstag begann auch für mich persönlich die wohl aufregendste Zeit meines Lebens; elf Monate, in der ich das große Glück hatte, zusammen mit vielen anderen aktiv am politischen Übergang in die Demokratie mitzuwirken und schließlich auch den Weg in die deutsche Einheit mitzugestalten. Im medialen Rückblick erscheint es heute oft so, als ob am 9. November 1989 neben der gewonnenen Freiheit auch die Demokratie mit einem Schlag in die DDR eingekehrt sei; ja sogar, dass wir Deutschen schon so gut wie wiedervereinigt waren. Diese Darstellung hat natürlich wenig mit der historischen Wahrheit zu tun. Doch die vielen positiven Erinnerungsbilder vom Mauersturz lassen in unserem kollektiven Gedächtnis oftmals vergessen, wie angespannt die Lage auch in den Wochen und Monaten nach dem 9. November noch war. Es brodelte in der waidwunden DDR. Es gab Demonstrationen und wilde Streiks im ganzen Land. Die bereits von den Kommunisten ruinierte Wirtschaft befand sich im freien Fall. Hinzu kam eine rasant steigende Ausreiseflut. Auch die SED hatte sich noch nicht endgültig geschlagen gegeben. Verbissen kämpfte sie darum, die aus ihrer Kontrolle geratene Entwicklung wieder in den Griff zu bekommen und ihre Vormachtstellung zu sichern. Auch die Stasi, die uns Bürgerinnen und Bürger im Auftrag der Staatspartei über 40 Jahre überwacht und drangsaliert hatte, war noch lange nicht entmachtet. Unsere Friedliche Revolution hatte mit dem Mauerfall zwar einen wichtigen Sieg erlangt – endgültig gewonnen aber hatte sie noch lange nicht. Sie trat vielmehr in eine neue Phase. Jetzt ging es um die Durchsetzung der Demokratie in unserem Land.

Für uns Oppositionelle und Bürgerrechtler begann nach dem Mauerfall eine Zeit, in der schier alles möglich zu sein schien. Dinge, von denen wir unter der Diktatur jahrelang geträumt, über die wir uns immer wieder die Köpfe heißdiskutiert hatten, waren jetzt auf einmal machbar. Obwohl die SED sich selber in die Verfassung der DDR geschrieben hatte, dass sie ewig regieren würde, hatten wir schon seit dem Sommer 1989 begonnen, unabhängige Parteien und Bündnisse zu gründen. Das Instrument, mit dem wir nun unsere Forderungen nach Demokratie und Reformen durchsetzen wollten, war schnell gefunden: der »Runde Tisch«. Die Idee hierzu hatten wir uns von unseren Nachbarn in Polen abgeschaut, wo die Bürgerrechtler die Kommunisten auf diesem Wege gewaltfrei entmachtet hatten.

Am Zentralen Runden Tisch in Ost-Berlin kamen wir Vertreterinnen und Vertreter der Opposition ab Anfang Dezember 1989 mit denen der alten Kräfte zusammen, um auf friedlichem Wege über die Macht im Land zu verhandeln. Wir wollten vor allem die SED-Regierung und den Staatsapparat kontrollieren. Ein demokratisch gewähltes Parlament, das diese Aufgabe wahrnehmen konnte, gab es schließlich noch nicht. Die DDR-Volkskammer war nur ein Scheinparlament, das sich das SED-Regime selbst eingerichtet hatte. Jetzt aber waren wir nicht länger bloßes Objekt der Politik, sondern begannen selber zu gestalten. Nach insgesamt 57 Jahren in zwei direkt aufeinanderfolgenden Diktaturen hatten wir Ostdeutschen nun endlich die Freiheit erlangt, uns eigenmächtig zu organisieren, Probleme offen anzusprechen, sachlich zu diskutieren und gemeinsam Lösungen zu suchen. Pfarrer Martin Ziegler, einer der Moderatoren des Zentralen Runden Tisches, nannte diesen deshalb einmal ganz zu Recht eine »Schule der Demokratie«. Die Abertausend Demonstranten auf den Straßen der DDR unterstrichen machtvoll unsere zentralen Forderungen, die nun immer konkreter wurden. Wir wollten die Zerschlagung und die restlose Auflösung der Stasi, eine demokratische Verfassung – und, als das wichtigste Ziel: freie Wahlen.

Am 18. März 1990 war dieses Ziel schließlich mit der Abhaltung der ersten freien Volkskammerwahlen in der Geschichte der DDR erreicht. Damit hatte die Friedliche Revolution endgültig gesiegt. Die hohe Wahlbeteiligung von 93,4 Prozent zeigt uns heute, wie sehr sich die Menschen nach den Jahrzehnten der Unmündigkeit nach freien Wahlen und Demokratie sehnten. Fast jede Bürgerin und jeder Bürger ist zur Wahl gegangen. Ich selber kann mich noch erinnern, dass ich an diesem Tag zum dritten Mal in meinem Leben in ein Wahllokal der DDR trat. Das erste Mal war ich 18-jähriger Jungwähler – damals hatte ich gefragt, was man denn machen müsse, wenn man alle Kandidaten durchstreichen wolle. Das zweite Mal war anlässlich der Kommunalwahlen vom 7. Mai 1989, bei denen wir Oppositionellen nachweisen konnten, dass die Wahlergebnisse von der SED gefälscht wurden. Nun, das dritte Mal, war es die erste Wahl, von der ich annehmen konnte, dass sie frei, demokratisch und ohne Betrug sein würde. Für mich war das wie Ostern, Pfingsten und Weihnachten zusammen!

Mit den Volkskammerwahlen war der wohl wichtigste Schritt auf dem Weg unserer Selbstdemokratisierung erfolgt. Mit einem frei gewählten Parlament und einer demokratisch legitimierten Regierung konnten wir jetzt selbstbestimmt in die deutsche Einheit gehen, die die überwältigende Mehrheit der Ostdeutschen so schnell wie möglich wollte – auch das hatten die Wahlen unmissverständlich deutlich gemacht. Für die Bürgerbewegungen, die im Jahr zuvor die demokratische Initialzündung gegeben und sich nun zur Wahl gestellt hatten, waren die Ergebnisse der Wahl jedoch enttäuschend. Dennoch sollten Parteien und Gruppierungen wie der »Demokratische Aufbruch«, dessen Vorsitzender ich sein durfte, die Ausgestaltung der deutschen Einheit in der Volkskammer und der Regierung de Maizière ganz wesentlich mitprägen.

Die erste frei gewählte Volkskammer der DDR war ein außergewöhnliches Parlament. Die Friedliche Revolution mit ihrer breiten Politisierung der Bevölkerung hatte einen ganz besonderen Schlag von Abgeordneten hervorgebracht. Menschen, die vorher etwas ganz anderes gelernt und einen ganz anderen Beruf ausgeübt hatten, waren mit einem Mal Politikerinnen und Politiker geworden. Nach so langer Zeit in der Diktatur wollten sie sich nun in den neuen Möglichkeiten der parlamentarischen Demokratie ausprobieren und die Dinge bewegen. Allein die Fraktionssitzungen haben in der Anfangszeit zum Teil bis zu 10 Stunden gedauert. Die Volkskammersitzungen wurden zu großen Teilen live im Fernsehen übertragen und von den Bürgerinnen und Bürgern zu Hause an den Bildschirmen aufmerksam verfolgt. Die Anspannung und das Arbeitspensum der Abgeordneten waren riesig. Wenn man sich heute die Aufnahmen von damals anschaut, dann fallen einem vor allem die dunklen Augenringe auf, mit denen wir politisch Verantwortliche damals herumliefen. Nie wieder habe ich so viel leidenschaftliches Engagement und Verantwortungsbereitschaft wie damals erlebt. Auch die Protokolle und Dokumentationen der Tätigkeit der Volkskammer bestätigen das: In den nur 39 Parlamentssitzungen auf dem Weg zur deutschen Einheit wurden 164 Gesetze und 93 Beschlüsse verabschiedet.

Auch für mich selber begann der Frühling der Demokratie in der DDR mit einer großen Verantwortung. Ich war schon in der Übergangsregierung Modrow für die Opposition als Minister ohne Geschäftsbereich vertreten und erfuhr nun, dass ich auch in der neuen Regierung einen Posten übernehmen sollte. Als der designierte Ministerpräsident Lothar de Maizière schließlich auf mich zukam und mich fragte, ob ich der neue Minister für Verteidigung der DDR werden wolle, antworte ich ihm: »Nein – aber Minister für Abrüstung!« Und so wurde ich zum Minister für Abrüstung und Verteidigung der DDR und damit Oberbefehlshaber über knapp 135 000 Soldaten der ehemaligen SED-Parteiarmee, in der rund 80 Prozent der Berufsmilitärs Mitglieder der Einheitspartei waren. Meine engsten Mitarbeiter, die ich in das Ministerium mitbrachte, waren größtenteils ebensolche militärischen Laien wie ich. Darunter waren unter anderem der ehemalige Leiter eines evangelischen Altenheims, ein ehemaliger Arzt, ein Arbeitsschutzingenieur und zwei frühere Lehrer. Kurzum, für militärische Verhältnisse waren wir eine exotische Führungsmannschaft.

Einer der wichtigsten Momente in meinem politischen Leben war somit auch, als ich, der ehemalige Oppositionelle und Waffendienstverweigerer, im April 1990 das erste Mal in Strausberg ins Ministerium kam und die Generale, allesamt ehemals stramme SED-Kader, vor mir antraten. Für mich war das der Moment der Gewissheit: Wir haben gewonnen. Endgültig. Menschlich jedoch, und das ist mir immer wichtig zu sagen, lief die Zusammenarbeit mit den Generalen letztlich sehr gut. In den wenigen Monaten, in denen ich als Minister für die NVA zuständig war, sollte ich erfahren, wie tief verunsichert die Militärs den gesellschaftlichen und politischen Umwälzungen in der noch bestehenden DDR begegneten, der sich viele loyal verbunden und dies mit ihrem Fahneneid bestätigt hatten. Vielen der Männer, mit denen ich zu tun hatte, war einfach bange vor der Zukunft. Schließlich mussten sie nun ihren Lebensentwurf von Grund auf neu planen und sahen sich mit ihren Familien unsicheren Zeiten gegenüber. Es ging mir bei meiner Tätigkeit als Minister deswegen auch immer darum, in möglichst vielen Bereichen menschliche Lösungen zu finden, die alle akzeptieren konnten. Denn das war allen Mitgliedern der Regierung von Lothar de Maizière klar: Eine unserer wichtigsten Aufgaben war es, in unseren neuen Ämtern den inneren Frieden in der DDR zu bewahren, ohne den unsere angestrebten Reformen überhaupt nicht hätten umgesetzt werden können.

Auf der anderen Seite verstanden manche meiner einstigen Wegbegleiter aus der Friedensbewegung, mit denen ich vor noch nicht allzu langer Zeit mit einer Kerze in der Hand auf der Straße gestanden hatte, meine Entscheidung, Minister zu werden, nicht. Diese Entfremdung bedrückte mich sehr. Mir aber erschien sie einfach als schlüssige Konsequenz meiner Biografie: Als junger Waffendienstverweigerer hatte ich wegen Ablehnung des Fahneneids acht Monate im Militärgefängnis gesessen. Später als Pfarrer war ich in der oppositionellen Friedensbewegung engagiert und hatte zusammen mit Robert Havemann den Berliner Appell »Frieden schaffen ohne Waffen« verfasst, der seinerzeit für großes Aufsehen gesorgt hatte. All die Jahre lang hatten die SED und ihre Stasi die unabhängigen Friedensaktivisten in der DDR mit allen Mitteln bekämpft und auszubremsen versucht. Mit der Übernahme des Regierungsamts konnte ich nun mein großes Lebensthema wirkungsvoller als je zuvor umsetzen – endlich konnte ich handeln und nicht immer nur reden. Ich wäre mir einfach unglaubwürdig vorgekommen, wenn ich nach all den Anstrengungen der Vergangenheit nun diese einmalige Gelegenheit ausgeschlagen hätte. Ich möchte nur ein Beispiel nennen, was plötzlich möglich wurde: In

der oppositionellen Friedensbewegung in der DDR hatten wir jahrzehntelang vergeblich für die Einführung eines echten Zivildienstes
gekämpft. Zusammen mit Lothar de Maizière konnte ich diese Forderung nun schon auf unserer ersten Kabinettssitzung realisieren.

Aus der Perspektive des Ministers – und später des Bundestagsabgeordneten – sah die Welt zugegebener Maßen komplizierter aus
als aus dem Blickwinkel des Gemeindepfarrers. Frieden schaffen ohne
Waffen und das so schnell wie möglich: Das ist eine bis heute richtige
Forderung. Allerdings musste ich als Politiker bedenken, dass es
ohne Kompromisse und Folgeabschätzungen nicht geht. Wir mussten
Lösungen finden, die mehrheitsfähig waren und die Interessen unserer
europäischen Nachbarn und Bündnispartner berücksichtigten.

Die Lage in der NVA selbst war bei meinem Amtsantritt im April
1990 außerordentlich schwierig. Die inneren Verhältnisse der NVA
waren schon die ganzen 1980er-Jahre auf konstant schlechtem Niveau
gewesen: So griffen überspitzte Forderungen bei der permanenten
85-prozentigen Gefechtsbereitschaft tief in das Privatleben der Soldaten ein, vor allem in das der unteren Dienstgrade. Im Zuge der sich
rapide verschlechternden Wirtschaftslage der DDR war die NVA in
den letzten Jahren der SED-Diktatur außerdem immer öfter als ökonomischer Nothelfer in kritischen Industrie- und Versorgungsberei-
chen eingesetzt worden. 1989 arbeiten 10 000 Armeeangehörige permanent in 64 Kombinaten und Betrieben als »billige Arbeitskräfte«;
der Spitzenwert bei den eingesetzten Soldaten lag zeitweilig um die
50 000 Mann bei 168 000 Mann Gesamtstärke. Man kann sich vorstellen, wie dadurch nicht nur die Gefechtsbereitschaft litt, sondern
sich auch Frustration innerhalb der Truppe breit gemacht hatte. Auch
nach dem Fall der Mauer blieben die Lebens- und Arbeitsumstände
der Soldaten prekär.

Meine ganze Energie als Minister ging deswegen zuerst in die Verbesserung der Situation der jungen Männer und die schnelle Umsetzung von zum Teil schon vor meinem Amtsantritt angestoßenen
Reformen. Schon bald beruhigte sich die Lage, als die Forderungen
der Soldaten nach und nach erfüllt werden konnten: So wurde durch
die Entlassung der Politoffiziere und die Beseitigung des Politappa-
rates der NVA die Vorherrschaft der SED in der Truppe gebrochen;

darüber hinaus wurden zum Beispiel durch die Einrichtung von Ver-
trauensmännern demokratisch-rechtsstaatliche Strukturen eingezo-
gen und die Dienstbedingungen durch die Aufhebung der ständigen
Gefechtsbereitschaft signifikant verbessert. Ende April 1990 beschloss
die am 18. März demokratisch gewählte Volkskammer der DDR
schließlich, die Soldaten der NVA unter einen neuen Fahneneid zu
stellen. Die Neuvereidigung fand noch am 20. Juli statt. Der neue Text
entsprach den neuen demokratischen Gepflogenheiten und entband
die Soldaten so zum ersten Mal in der Geschichte der DDR von der
Treueverpflichtung gegenüber dem Unrechtsregime des SED-Staates.

Später, auf dem Weg zur deutschen Einheit, ging es dann um die
Beseitigung der gewaltigen militärischen Altlasten und die Abwicklung der NVA. Denn die internationalen Verhandlungen über die
Vereinigung, die im Jahresverlauf immer mehr Fahrt aufnahmen, be-
trafen natürlich auch die Frage künftiger gesamtdeutscher Streitkräfte.
Was sollte nach dem Ende des SED-Regimes mit der NVA geschehen? Quasi über Nacht musste die innerdeutsche Grenze nicht mehr
bewacht und verteidigt werden. Und welcher Staat sollte hier eigentlich noch vor welchem Gegner geschützt werden? Zwar hofften viele
DDR-Offiziere weiter, die NVA würde fortbestehen oder vollständig
in die Bundeswehr überführt werden. Doch schnell wurde klar, dass
es in einem vereinten Deutschland die NVA nicht mehr geben würde.
»Ein Staat – eine Armee« gab die Politik als Losung aus. Am 3. Oktober 1990 sollte deshalb auch die Geschichte der Nationalen Volksarmee ihr Ende finden. Dass es uns gelang, trotz der Begrenzungen des
Zwei-plus-Vier-Vertrags rund 11 000 ehemalige Soldaten der NVA auf
Dauer einzugliedern, war selbstbewusstes Handeln in der Demokratie
und ließ die Bundeswehr schließlich zur »Armee der Einheit« werden.

Als ostdeutscher Verteidigungs- und Abrüstungsminister versuchte
ich, wann immer es ging, bei unseren Nachbarn in Europa für Vertrauen zu werben. Denn rund 45 Jahre nach dem Ende des Zweiten
Weltkriegs mit seinen Abermillionen Toten traten alte Bedenken nun
wieder offen zu Tage. Ein vereinigtes Deutschland wäre schließlich
mit einigem Abstand das bevölkerungsreichste Land und die größte
wirtschaftliche Macht auf dem Kontinent. Noch zu Beginn des Jahres
1990 hatten sich – neben den grundsätzlich positiv eingestellten Ame-

rikanern – in Europa lediglich zwei Regierungschefs für die deutsche Einheit ausgesprochen, nämlich der spanische und der irische. Dem italienischen Staatsmann Andreotti hingegen wurde schon früher das Bonmot zugeschrieben: »Wir lieben Deutschland so sehr, dass wir am liebsten zwei davon haben.« Die Londoner *Times* beschwor die Gefahr eines »Vierten Reichs«. Die Franzosen waren ebenfalls skeptisch. Und in Osteuropa drückte sich eine allzu verständliche tiefsitzende Angst aus, besonders auch bei unseren polnischen Nachbarn. Im Hinblick auf die Sowjetunion war es uns Verantwortlichen in der DDR-Regierung vor allem wichtig, dass diese die deutsche Vereinigung nicht als ihr »Versailles« empfand. Denn hätten die Machthaber in Moskau die neuen Grenzen in Europa nicht dauerhaft akzeptieren können, hätten wir unseren Kindern und Enkeln wohl eine schlimme Erblast vermacht.

Die Zukunft und das Schicksal des Kontinents waren damals, im Frühjahr 1990, völlig offen. Niemand konnte mit Sicherheit sagen, wohin uns die Entwicklung führen würde. Denn es war ja nicht nur die Berliner Mauer niedergerissen worden, sondern auch der Eiserne Vorhang quer durch Europa. Die demokratischen Revolutionen in der DDR, Polen, der ČSSR, Ungarn und in den anderen Ländern Ostmitteleuropas hatten in kürzester Zeit das Packeis des Kalten Krieges aufgebrochen, das den Kontinent über vierzig Jahre fest im Griff hatte. Zugleich befand sich die Macht der Sowjetunion im Niedergang. Die gesamte politische Ordnung in Europa musste von Grund auf neu geschaffen werden. Und dennoch sollte es gelingen, den lange gehegten und von einigen schon fast vergessenen Traum der deutschen Einheit in Übereinkunft und Freundschaft zu unseren Nachbarn und den ehemaligen Besatzungsmächten zu verwirklichen: Am 12. September 1990 wurde nach intensiven Verhandlungen zwischen der Bundesrepublik und der DDR sowie den vier Siegermächten des Zweiten Weltkrieges der Zwei-plus-Vier-Vertrag feierlich unterzeichnet, und wir Deutschen erhielten unsere volle staatliche Souveränität zurück.

Am 3. Oktober 1990 war schließlich der große Tag gekommen: Um 0:00 Uhr wurde zu den Klängen der Nationalhymne über dem Berliner Reichstag die Fahne des geeinten Deutschland gehisst. Nachdem ich meine letzten Pflichten als Minister für Abrüstung und Verteidigung absolviert hatte, indem ich die NVA an den nun zuständigen

Bundesverteidigungsminister übergeben hatte, verbrachte ich den Abend dieses besonderen Tages zuhause mit meiner Familie. Zusammen mit Freunden wollten wir das Ende der DDR und die Geburt einer neuen Heimat feiern. Meine Stimmung aber war an jenem Abend eher nachdenklich. Ich ging in mich und ließ die Achterbahnfahrt der Ereignisse der vergangenen zwölf Monate Revue passieren. Ich stellte fest: Für mich war dieser 3. Oktober 1990 gar nicht so sehr der entscheidende Tag. Er war vielmehr der Schlusspunkt einer atemberaubenden Entwicklung, die mit der Friedlichen Revolution im Herbst 1989 begonnen hatte. Am Anfang der deutschen Einigung stand für mich ganz klar der anhaltende und gewaltfreie Widerstand erst der Oppositionsbewegung in der DDR und dann des ganzen Volkes gegen die Zumutungen des SED-Regimes. Dieser Akt der Selbstbefreiung war und ist zweifelsfrei eine großartige historische Leistung der Menschen in Ostdeutschland, die zu der ersten gelungenen Freiheitsrevolution in der deutschen Geschichte überhaupt geführt hatte! Diese Revolution war es schließlich, die es den Menschen in der DDR ermöglichte, den weiteren Kurs auf die deutsche Einheit auszurichten.

Hier und dort waren damals und sind auch heute noch Stimmen zu hören, die mit diesem Kurs nicht einverstanden waren. Bei einigen Vertretern der DDR-Bürgerrechtsbewegung zum Beispiel, die oftmals jahre- oder jahrzehntelang für ihre Ideen von einer gerechteren Gesellschaft gekämpft hatten, herrschte nach dem Sturz des SED-Regimes noch eine andere Vorstellung von der Zukunft. Einige fanden, dass der Sozialismus in der DDR unter Beibehaltung der Eigenstaatlichkeit demokratisch reformiert werden sollte, andere wünschten sich eine Neugründung der beiden deutschen Staaten zu einem neuen Gemeinwesen. Auch im Westen gab es hierfür Fürsprecher. Für diese Auffassungen gab es sicher gute und ehrenwerte Gründe; zum Beispiel die Hoffnung, aus der siegreichen Revolution heraus etwas Eigenes auf die Beine zu stellen und vielleicht zu einem späteren Zeitpunkt in ein vereintes und von Grund auf reformiertes Deutschland mit einzubringen. Dass die politische Entwicklung dann aber sehr viel schneller auf einen Beitritt der DDR zum Geltungsbereich des Grundgesetzes hinsteuerte, hatte viele Ursachen. Vor allem zählte hierzu das große Ausmaß, in dem der Sozialismus wirtschaftlich, politisch und moralisch abgewirtschaftet hatte. Der überwiegende Teil der Bürgerinnen und Bürger der DDR hatte nach 40 Jahren des propagierten »Aufbaus des Sozialismus« mit all seinen Unfreiheiten und Entsagungen schlicht kein Verlangen mehr nach weiteren gesellschaftlichen Experimenten. Die Menschen wollten einfach so schnell wie möglich so leben wie ihre Landsleute im Westen – und wer mag ihnen das verdenken? Nach dem verlorenen Zweiten Weltkrieg waren die Besatzungsmächte in Deutschland schließlich nicht nach Verdienst verteilt worden, gewährten den Menschen in Ost und West aber gänzlich verschiedene Lebenschancen. Der Beitritt zur Bundesrepublik nach Paragraf 23 des Grundgesetzes war einfach der schnellste und praktikabelste Weg zur Einheit; auch angesichts des weltpolitischen Zeitfensters, das damals ja jederzeit wieder hätte zuschlagen können. Darüber hinaus hatte sich eben dieses Grundgesetz, dass bei seiner Schaffung im Jahr 1949 von den Vätern und Müttern der Verfassung noch als Provisorium gedacht war, in über vier Jahrzehnten als staatlicher Ordnungsrahmen bestens bewährt und war in der ganzen Welt als Vorbild anerkannt.

Sicherlich sind 1989/1990 bei der Ausgestaltung der deutschen Vereinigung auch einige Fehler begangenen worden. Wie sollte es bei einem solch gewaltigen Veränderungsprozess, in dem zwei völlig unterschiedliche Staaten inmitten einer weltpolitischen Umbruchsituation innerhalb kürzester Zeit wieder zusammengehen, auch anders sein? Für die Umgestaltung der Verhältnisse in der DDR und in einem Deutschland, das plötzlich nicht mehr durch Mauer und Stacheldraht geteilt war, hatten wir schließlich keine Drehbücher vorliegen. Weder für uns Bürgerrechtler in der Diktatur noch für die westdeutsche Bundesregierung war ein solches Szenario in der langen Zeit der Teilung im Kalten Krieg wirklich vorstellbar gewesen, denn auch die Schubladen im Bonner Kanzleramt waren leer. Vergessen wir nicht: Nach über 40 Jahren hatten sich schließlich im Westen viele mit der deutschen Teilung abgefunden. Hierzu gibt es einen Witz: »Wir haben immer nach Westen geschaut«, sagte 1990 ein Ostdeutscher zu einem Westdeutschen. »Wir auch!«, antwortete der. Dieser Witz spiegelte die Entfremdung wider, die es 1990 zu überwinden galt, als der erste Jubel über den Mauerfall verklungen war.

Die politischen Kräfte im Osten wie im Westen mussten in einer Situation handeln, für die es keine Vorbilder in der Geschichte gab, an denen man sich hätte orientieren können. Wir Bürgerrechtler und neuen politischen Kräfte in der DDR, die ehemaligen SED-Macht-eliten, die politischen Führungspersönlichkeiten der westlichen Welt und der Sowjetunion, die Diplomaten, die Wirtschaftsfachleute, aber auch die Militärs – alle befanden sich damals im Dauerstress. Was hätte in den unterschiedlichen Phasen zwischen Mauerfall und Wiedervereinigung alles schief gehen können! Man stelle sich einen erfolgreichen Sturz des Reformers Gorbatschow in Moskau oder ein unkontrolliertes Eingreifen der über 400 000 Mann starken Sowjet-armee in der DDR vor, internationale Konflikte, soziale Unruhen, Inflation, gar einen Zusammenbruch der öffentlichen Ordnung – all dies war doch nicht von vornherein ausgeschlossen. Ich bin heute fel-senfest davon überzeugt: Wenn der friedliche Sturz der SED-Diktatur das erste Wunder war, dann ereignete sich mit dem so erfolgreich zu Ende gebrachten Prozess der deutschen Vereinigung ein zweites.

Seit den aufregenden Ereignissen der Friedlichen Revolution und der deutschen Vereinigung sind nun 30 Jahre vergangen – eine lange Zeit, in der sich das Gesicht Deutschlands ganz erheblich verändert hat. Der Weg, den wir Deutsche 1990 mit unserer Vereinigung einge-schlagen haben, war ohne Zweifel steinig. Besonders die ersten Jahre der deutschen Einheit waren von gewaltigen Umbrüchen geprägt. Die wirtschaftliche Ausgangslage im Gebiet der ehemaligen DDR erwies sich als noch schlechter, als die allermeisten Experten befürchtet hat-ten. Schon bald zeigte sich, dass das SED-Regime seinen Herrschafts-bereich durch jahrzehntelange kommunistische Misswirtschaft so gründlich ruiniert hatte, dass der Wirtschaft keine Modernisierung bevorstand, sondern eine komplette Neugründung. Der daraus fol-gende dramatische und allumfassende Strukturwandel stellte das Leben der meisten Menschen in Ostdeutschland binnen kürzester Zeit auf den Kopf und verlangte ihnen vieles ab. Millionen Frauen und Männer verloren nicht nur ihre Arbeitsplätze, sondern auch ihre vermeintlichen Lebenssicherheiten und mussten oft ganz von vorne anfangen. Vom Überwältigenden des Herbstes 1989, von der Selbst-verständlichkeit, mit der sich die Bevölkerung damals in der DDR

als Souverän erfand, sich der Lage bemächtigte, war binnen weniger
Jahre kaum noch etwas im Bewusstsein.

Heute, drei Jahrzehnte später, sind zwischen den Bundesländern
im Osten und denen im Westen, vor allem hinsichtlich ihrer Lebensqualität und Infrastrukturen, auf den ersten Blick kaum noch Unterschiede festzustellen. Schon lange kann man nicht mehr auf einer
Fahrt von Hessen nach Thüringen oder von Sachsen-Anhalt nach
Niedersachsen auf Anhieb feststellen, ob man sich nun gerade im
Westen oder im Osten befindet. Im Vergleich zur Zeit der DDR sind
die Landschaften, Städte und Dörfer im Osten Deutschlands heute
kaum wiederzuerkennen. Und ebenso wie der Westen ist der Osten
dabei kein homogenes Gebiet, sondern inzwischen ein ebenso bunter
Fleckenteppich von unterschiedlichen Erfolgen, Strukturstärken und
Wirtschaftskräften sowie verschiedener Attraktivität und Lebensqualität. Die Massenarbeitslosigkeit ist überwunden; Leipzig, Dresden
und Jena gelten gar als die neuen deutschen Boomregionen. All das ist
zum einen der großen Solidarität im wiedervereinigten Deutschland
zu verdanken, vor allem aber ist es das Verdienst unzähliger Menschen, die im Osten unseres Landes mit unglaublichem Engagement
die Chancen der wiedergewonnenen Freiheit genutzt haben.

Aber diese Erfolge sind eben nicht alles. Die in den vergangenen
30 Jahren immer wieder in unterschiedlichen Kontexten aufflammenden Debatten über die in Teilen noch bestehende wirtschaftliche, soziale und repräsentative Ungleichheit zwischen West und Ost sowie
Differenzen in Mentalitäten und politischen Einstellungen hat sich
in der jüngsten Zeit abermals verschärft. Diese Debatte wird oft über
die Köpfe der Menschen hinweg geführt. Dabei wird oftmals nicht
gesehen, wie gewaltig der Bruch war, den die Ostdeutschen erfahren
haben: Eben noch waren sie Helden, die die SED-Diktatur gestürzt
und sich ihre Freiheit aus eigener Kraft erkämpft hatten – kurz darauf
waren Millionen von ihnen arbeitslos, viele von ihnen fühlten sich
macht- oder sogar nutzlos. Das haben viele bis heute nicht vergessen, auch wenn es ihnen zumindest wirtschaftlich wieder gut geht.
Hinzu kommen andere Geschichten aus der Transformationszeit, die
seit 30 Jahren immer wieder an den Küchentischen Ostdeutschlands
erzählt werden: Über die Treuhand, den angeblichen Ausverkauf des

Ostens. Sicher ist, dass viele dieser Geschichten an der historischen
Realität vorbei gehen. Aber Gefühl und Verstand klaffen bei diesem
Thema nicht nur im Privaten, sondern zunehmend auch im Politischen auseinander. Die immer stärker werdenden populistischen
Strömungen in unserem Land greifen dieses diffuse Gefühl auf und
schlagen daraus politisches Kapital. Trotz aller negativen Erfahrungen
aus der Zeit nach 1990 erkennen die meisten Ostdeutschen aber auch,
dass sie als Gegenleistung Freiheit und mittelfristig auch Wohlstand
bekommen haben, dass sie der Enge der geschlossenen Gesellschaft
der DDR entfliehen konnten und Sehnsuchtsorte endlich besuchen
können. Und diese Lebenschancen, die sich ihnen und vor allem ihren Kindern jetzt bieten, haben sie sich in der Friedlichen Revolution
1989 aus eigener Kraft erstritten. Darauf kann man zu Recht stolz sein.

Wir sollten daher das 30. Jubiläum der deutschen Einheit nicht nur
zum Anlass nehmen, die langfristigen Erfolge zu würdigen, die wir
Deutschen in Ost und West in nun drei Jahrzehnten gemeinsam geschafft haben. Wir sollten auch versuchen, über die unterschiedlichen
Prägungen durch das Leben in der Diktatur und der Demokratie, aber
auch durch die Transformationszeit und ihre vielgestaltigen Auswirkungen auf die Menschen und unsere heutige Gesellschaft zu sprechen – in Ost und West und vor allem nicht übereinander, sondern
miteinander! Mit Aufarbeitung, Anerkennung und Ehrlichkeit kann
es gelingen, Brücken zu bauen, alte und neue Risse zu schließen und
unseren Zusammenhalt zu stärken – das ist es, was wir unter unserer
deutschen Einheit heute und in Zukunft verstehen sollten.

»The biggest moment in our history«
Catherine von Fürstenberg-Dussmann

I. Persönliche Erinnerungen

Der Fall der Mauer ist in meinen Augen »The biggest moment in our history«, das größte Ereignis der jüngsten deutschen Geschichte und für die Dussmann Group. Es begann mit einem Missverständnis: Am 9. November 1989, 18:52 Uhr, verkündete DDR-Politbüromitglied Günter Schabowski in einer Pressekonferenz einen Ministerratsbeschluss, den es zu der Zeit noch gar nicht gab. Demzufolge war die Ausreise von DDR-Bürgern ab sofort und direkt an den Grenzübergängen möglich. Westliche Medien griffen die Meldung auf und wiesen dabei nicht auf die weiterhin geltende, wenn auch erleichterte Visumspflicht hin. Am Abend sammelten sich viele tausend Menschen an den Ostberliner Grenzübergängen, um in den Westen zu gelangen. Noch vor Mitternacht wurde der Schlagbaum an der Bornholmer Straße geöffnet, Massen strömten nach West-Berlin. Vor allem der Besonnenheit des dort diensthabenden Oberstleutnants des Ministeriums für Staatssicherheit, Harald Jäger, und der Friedfertigkeit vieler tausender DDR-Bürger ist es zu verdanken, dass dieser Abend ohne Blutvergießen verlief.[1] Die Bilder gingen um die Welt.

Unsere Familie erlebte die bewegenden Stunden in Bayern: unsere damals 8-jährige Tochter und ich zuhause vor dem Fernseher, mein Mann Peter in München. Die bayerische Landeshauptstadt war zu der Zeit noch Firmensitz der Dussmann Group, einer der weltweit größten privaten Multidienstleister für Gebäudemanagement und Seniorenbetreuung. Wir haben eine Flasche Champagner geöffnet und mit unserer Haushälterin angestoßen, während mein Mann im ZDF

---

1 Haase-Hindenberg, Gerhard: »Der Mann, der die Mauer öffnete: Warum Oberstleutnant Harald Jäger den Befehl verweigerte und damit Weltgeschichte schrieb«, 20. Februar 2007, Heyne-Verlag.

Interviews gab. Für unsere Haushälterin waren Schreck und Freude wohl zu viel: sie verlor vorübergehend das Bewusstsein, schlief auf der Couch ein und erwachte erst mithilfe von Eiswürfeln, als mein Mann gegen Mitternacht nach Hause kam. Ihre Gefühle hatten sie vollkommen überwältigt. Da erkannte ich zum ersten Mal, wie sehr dieses Ereignis die Deutschen ergriff. Am nächsten Morgen um 9 Uhr saßen wir in unserem Flugzeug nach Berlin, zusammen mit zwei Journalisten, die über die Fluggesellschaften keine Tickets mehr bekommen hatten. Unsere Tochter durfte ausnahmsweise die Schule schwänzen. Mein Mann sagte: Hier passiert Geschichte, sie muss dabei sein. Aus unserer Tochter wurde schnell ein echter »Mauerspecht«, mit vielen anderen Menschen hackte sie kleine Stücke aus dem Wall, der Ost- und Westdeutschland so viele Jahre getrennt hatte.

»Grenzenlose Kinder-Weihnacht« 1989

Auf dem Flug kam mir eine Idee, die wir spontan umsetzten: Gemeinsam mit der »Arbeitsgemeinschaft Selbstständiger Unternehmer« ASU initiierten wir die Aktion »Grenzenlose Kinder-Weihnacht«. Kinder und Jugendliche aus ganz Westdeutschland packten tausende Weihnachtspakete für ihre ostdeutschen Altersgenossen, die wir weiterleiteten und verteilten. Den Appell dazu veröffentlichte einer der mitreisenden Journalisten. Prominente aus der Politik wie Hannelore Kohl, Manfred Stolpe und Eberhard Diepgen beteiligten sich an der Kampagne, die große Resonanz fand.

Am 30. Dezember 1989 fuhren wir in brechend vollbeladenen LKWs auf den noch unbebauten, »leeren« Potsdamer Platz und verteilten die Pakete bei klirrender Kälte und Schneefall an die Familien. Die Menschen kamen durch einen Spalt in der Mauer, der noch sehr schmal war. Menschen, soweit man sehen konnte. Wir haben dann zum Beispiel gerufen: »Ein Paket für einen dreijährigen Jungen!« Dann warfen wir dem Empfänger das Päckchen zu. Tausende von Händen streckten sich den Gebern entgegen, sie bildeten eine Brücke.

In der Zeit komponierte ich einen Song: »Grenzenlose Weihnacht«: Wer das Projekt begleitete, machte dabei mit, auch unsere Tochter

und ihre Schulfreundinnen und -freunde. Zum Beispiel traten sie in
der Kindersendung Bim Bam Bino im Fernsehen auf. Der Song wurde
auch im Radio ein Hit. An jenem Tag wurde er laufend vor der anrüh-
renden Kulisse gespielt.

Die Aktion war ein voller Erfolg und schlug eine Brücke der Verständigung zwischen Ost und West. Jedes Paket enthielt zudem einen
Brief der Geberfamilie mit Namen, Adresse, Alter und Geschlecht des
Kindes, dazu Fotos, Süßigkeiten, Kaugummi und Schulbedarf. Viele
Empfänger antworteten und die so entstandenen Brieffreundschaften
hielten über Jahre. Auch unsere Tochter korrespondierte fortan eifrig
mit einer Handvoll »Penfriends«.

Die Wende – und was für Dussmann darauf folgte

Durch die Wende eröffnete sich der Dussmann Group ein neuer Ab-
satz- und Arbeitsmarkt direkt vor der eigenen Haustür. Mein Mann
war ein Macher und der Mauerfall hatte bei ihm enorme Energien
freigesetzt. Innerhalb von drei Wochen wurden die ersten Filialen in
den neuen Bundesländern eröffnet.

Für die Menschen im Osten musste es ein ungewohnter Anblick
gewesen sein: Nachdem Peter das Büro betreten hatte, nahm er zuerst das Portrait von Lenin von der Wand. Denn »Der Mann aus dem
Westen« kam nicht mit dem Versprechen von einer besseren Welt,
sondern mit Business und Jobs. Das neue Büro in der Dresdener
Maternistraße war kurz zuvor noch eine SED-Bezirksparteischule
gewesen. Ab sofort repräsentierte es eine der ersten Niederlassungen eines westdeutschen Unternehmens auf ostdeutschem Boden.
Hier wurden nun keine sozialistischen Kader mehr geschult, sondern
Mitarbeiter eingestellt, die flexibel und motiviert den Wünschen und
Bedürfnissen der Kunden nachkommen sollten.

Mein Mann hatte nie Berührungsängste, weder mit den »Ossis«
noch mit den teilweise schlimmen Zuständen in den Krankenhäusern und Seniorenheimen in Ostdeutschland, die er schon von seinen vielen Besuchen in Berlin, Leipzig und Dresden kannte. Auch
der DDR-Grenzbeamte, der 1987 bei einem Bekanntenbesuch in

Ost-Berlin unser Gastgeschenk, eine Sahnetorte, mit seinem Finger auf Schmuggelware kontrollierte, konnte unsere positive Einstellung zu den Menschen im Osten nicht nachhaltig trüben. Die Torte landete im Müll, das Interesse an den Brüdern und Schwestern jenseits des Eisernen Vorhanges überdauerte.

Pioniere im Osten

Niemand wusste, wie sich die Lage entwickeln würde, aber mein Mann war von der Aussicht auf eine baldige Wiedervereinigung vollkommen beseelt. Die Leute in der ehemaligen DDR, sagte er damals, werden auch Dienstleistungen benötigen. Sie sind hervorragend ausgebildet und können erstklassig organisieren. Außerdem stimme zwischen Sachsen und Schwaben die Chemie, meinte mein in Rottweil geborener Ehemann.

So nahmen die ersten Mitarbeiter in Ost-Berlin bereits im Februar 1990 die Arbeit auf. Der heutige Büro Service Dussmann Office, damals Pedus Service, lud 600 Krankenhausleiter aus der ehemaligen DDR zu speziell konzipierten Seminaren nach Hamburg ein, um über die in westlichen Kliniken eingesetzten Reinigungsverfahren aufzuklären. Den Fuß hatte man so in der Tür, und innerhalb von drei Jahren war Pedus Service mit genauso vielen Niederlassungen im Osten wie im Westen Deutschlands vertreten.

Ein langjähriger Wegbegleiter und juristischer Berater meines Mannes, Dr. Horst Schießl, erzählte, wie sie mit dem Auto von Stadt zu Stadt fuhren, um zu sehen, welche Krankenhäuser, Kaufhäuser usw. es gab. Auch um vor Ort zu prüfen, welche Dienstleistungsunternehmen hier die Häuser reinigten: »Wir sind den Menschen auf Augenhöhe begegnet. Man muss sich vorstellen: Eine ganze Elite steht plötzlich vor der Arbeitslosigkeit. Die Menschen hatten gute Positionen und waren hervorragend vernetzt.«

Auf den Fahrten durch die DDR war viel zu erleben. Manchmal ging es recht abenteuerlich zu, in Hotels und Gaststätten etwa. In Leipzig nächtigten die beiden Geschäftsleute in Hotelzimmern, in denen früher Erich Honecker schlief, wenn die Leipziger Messe stattfand.

Sie wunderten sich, denn es war unglaublich laut, das Hotel lag direkt am Bahnhof. Der Hoteldirektor versicherte, dies sei kein Problem gewesen: Übernachtete der Staatsratsvorsitzende dort, wurden die Züge einfach umgeleitet und der Bahnhof nachts geschlossen.

Umzug in die Hauptstadt

Die deutsche Hauptstadt übt von jeher eine eigenwillige Faszination aus. Jährlich zieht sie Millionen von Touristen an mit ihrem ganz besonderen, teils etwas marodem Charme. Auch Peter, der schon in den 1950er-Jahren als Schüler in diese Stadt reiste, in der alles möglich scheint, fing Feuer.

So hatte die Dussmann Group schon seit 1967 eine Niederlassung in West-Berlin. Und gleich nach der Wende entstand in der Mauerstraße am Checkpoint Charlie in der denkmalgeschützten ehemaligen Likörfabrik & Weinhandlung Julius Kahlbaum die Zentrale der Dussmann-Tochter Kursana, Seniorenbetreuung und -pflege. Peter ließ das Gebäude aufwändig restaurieren. Nach einiger Zeit wurden die Räumlichkeiten zu klein für das schnell wachsende Unternehmen und wieder aufgegeben, das Gebäude wurde Jahre später verkauft.

1994 folgte der komplette Umzug der Hauptverwaltung aus München ins Umland der neuen Hauptstadt des wiedervereinigten Deutschlands, in das brandenburgische Zeuthen. Das Anwesen am Zeuthener See war einst im Besitz des Außenhandelsministeriums der UdSSR und seit den späten 1970ern Residenz des Staatsministers für Staatssicherheit, Erich Mielke, gewesen. Kurze Zeit später erwarb mein Mann auch das benachbarte Haus von Harry Tisch, dem ehemaligen Mitglied des Politbüros des Zentralkomitees der SED. Ich ließ die Häuser nach meinen Vorstellungen aufwändig renovieren und gestaltete die Innenarchitektur. Vorher galt es freilich den Kabelsalat in allen Kaminen zu entfernen. Auch waren die mit versteckten Kameras ausgestatteten Möbel und das Überwachungszimmer unterm Dach der Villa zu räumen, das Ton- und Bild-Impressionen aus allen Zimmern übertrug: Die meist ausländischen Staatsgäste waren offenbar umfänglich ausspioniert worden. Wohl auch Wjatscheslaw

Michailowitsch Molotow, der sowjetische Außenminister, der drei Monate lang im späteren Schlafzimmer meines Mannes genächtigt hatte. Nach der Wende besuchte Erich Mielke Peter in Zeuthen. Mein Mann bat ihn um ein Autogramm in einer kürzlich erschienenen Mielke-Biografie. Erst als er insistierte, quittierte Mielke das Werk mit den Worten: »Alles Lüge« und seiner Unterschrift. Bis heute dienen die Gebäude als Übernachtungsmöglichkeiten für Gäste des Unternehmens und werden als Weiterbildungszentrum für Mitarbeiter auf dem Dussmann Campus rege genutzt.

Die neue Hauptstadt bot viele Möglichkeiten für Dienstleister. Auch der Kontakt zu Entscheidungsträgern aus Politik und Wirtschaft gestaltete sich hier oft einfacher. Ab 7. September 1995 wurde in exponierter Lage zwischen dem Prachtboulevard Unter den Linden und dem S-Bahnhof Friedrichstraße das Dussmann-Haus errichtet.

Fortan war Dussmann in Berlin mittendrin statt nur dabei. Die Stadt war für meinen Mann »the place to be«. Als Amerikanerin empfinde ich Berlin eher wie eine Großstadt in den USA, kosmopolitisch und immer »work in progress«, nie ganz fertig.

Das KulturKaufhaus

Als Peter im Oktober 1997 in der Friedrichstraße 90 in Berlin das »Dussmann KulturKaufhaus« eröffnete, wurde die Branche hellhörig. Geprägt vom elterlichen Buchladen war ihm ein auf Kultur spezialisiertes Geschäft quasi in die Wiege gelegt. Mit dem KulturKaufhaus übertrug er nun den Dienstleistungsgedanken auf den Handel und erfüllte sich den langgehegten Traum, alle Medien unter einem Dach zu vereinen.

Auf damals vier Etagen bot das Haus von Beginn an ein umfangreiches Sortiment an DVDs und CDs aus allen Musikrichtungen, auch Pop und Jazz, sowie Hörbücher. Das größte Film-Angebot Berlins lässt die Liebhaber des europäischen, amerikanischen und internationalen Kinos auf ihre Kosten kommen, das größte Jazz-Sortiment der Hauptstadt die Freunde der Musik aus den USA. Und die Klassik-Abteilung sucht weltweit ihresgleichen: Peter Dussmann liebte den Wettbewerb

und machte es sich zum Spaß, prominente Künstler nach einer spe-
ziellen Aufnahme zu fragen, die sie zu hören wünschen – und von
der sie nicht annahmen, dass sie im Kaufhaus präsent sein könnte.
So nahm auch Stardirigent Daniel Barenboim die Herausforderung
an. Er wünschte eine besonders seltene Interpretation zu hören – und
war bass erstaunt, als ihm ein Mitarbeiter wenig später die Rarität
aushändigte. Zahlreiche Klassik-Hochkaräter waren schon an der
KulturBühne im Untergeschoss des KulturKaufhauses zu Gast. Hier
haben Lang Lang, Cecilia Bartoli, Jonas Kaufmann, Thomas Quast-
hoff und viele weitere Künstler ihre aktuellen Werke vorgestellt. Und
beim jährlichen Opernsonntag bekamen schon Weltstars wie Anna
Netrebko und Rolando Villazón eine Bonuskarte überreicht, mit der
sie Noten, Aufnahmen und Musikalien aller Art beziehen dürfen.

Seit der Eröffnung bringen Kreative und Politiker aus dem In- und
Ausland wie etwa Bill und Hillary Clinton ihre eigene Note in das
Gesamtkonzept des KulturKaufhauses mit ein, durch kostenlose Veranstaltungen wie Lesungen, Autogrammstunden und Konzerte. Peter
Dussmann erlebte bei einem öffentlichen Auftritt hautnah, wie eine
Cremetorte in Helmut Kohls Gesicht landete. Der Täter wurde gefasst, der Bundeskanzler reinigte notdürftig Gesicht und Revers und
setzte seine Signierstunde stoisch fort: »Bis der letzte sein Buch sig-
niert bekommen hat!«

Seit 2017 ist ein von US-Präsident Ronald Reagan unterzeichne-
tes Stück der Berliner Mauer in der 3. Etage des KulturKaufhauses zu
sehen. Der ehemalige US-Präsident fügte dem Mauerwerk in meinem
Beisein nicht nur seine Unterschrift hinzu, sondern auch ein Zitat aus
seiner berühmten Berliner Rede »Tear down this wall«. Dabei ver-
schrieb er sich, sodass er auf dem Stein gleich zweimal dazu auffordert,
die Mauer niederzureißen. Das Mauerstück befindet sich in einem hell
beleuchteten interaktiven Display. Das Mauer Memorial beherbergt
zudem Fotos der Grenze, Videos, etwa zu Reagans Rede und Feierlichkeiten zum 25-jährigen Jahrestags des Mauerfalls, Zahlen und Fakten
sowie die Namen der offiziellen Todesopfer mit Todesdatum. So viele
junge Menschen verstehen heute die Mauer nicht, die Geschichte und
Lebensumstände des einst geteilten Deutschlands sind ihnen fremd.
Ich wünsche mir, dass niemand vergisst, was das bedeutet hat. Unsere

kleine interaktive Ausstellung ist daher einer meiner größten Schätze. Ronald Reagan bedankte sich bei mir dafür, denn: »Wir dürfen die Fehler der Vergangenheit nicht wiederholen.«

Fama und Europa – Dresden ist das Elbflorenz!

Ostdeutschland solle »seine Kultur zum Glänzen bringen«, forderte der Unternehmens- und Politikberater Roland Berger 2013 in einem Interview mit der *Zeit*[2]. Mein Mann und ich zählten wohl zu den ersten, die sich für Rettungsmaßnahmen historischer Baudenkmäler in Ostdeutschland einsetzten. Zu diesem Zweck gründete Peter 1991 die Dussmann-Stiftung Ascholdinger Nachmittag. Ingrid Biedenkopf, Dresdens Oberbürgermeister Dr. Herbert Wagner, FDP-Politiker Wolfgang Mischnick und Immobilienunternehmer Dr. Helmut Röschinger gewann er für das Stiftungskuratorium. Mit Stiftungsmitteln sowie mit unserem privaten Vermögen werden bis heute Erhalt und Pflege deutschen Kulturguts gefördert.

Dies kam auch der Fama zugute mit ihrer gläsernen Halbkugel, die einem Entsafter ähnelt und die Dresdnerinnen und Dresdner daher spöttisch-liebevoll »Zitronenpresse« nennen. Die Göttin des Ruhms in der römischen Mythologie thront über der Dresdener Hochschule für Bildende Künste und stimmt mit Posaune und Lorbeerkranz in der linken Hand ein Loblied auf die Ehre der Künstler an. 1994 wurden Risse und Korrosionsschäden an der fast zwei Tonnen schweren Fünf-Meter-Statue festgestellt. Die Kosten für die ausgiebige Restaurierung trug die Stiftung Ascholdinger Nachmittag. 1998 nahm Fama in einem Kleid aus vierundzwanzig-karätigem Blattgold ihren alten Platz ein und Dresden erhielt ein unverwechselbares Detail seiner Stadtsilhouette zurück.

Ein weiteres Beispiel aus Dresden: die Restaurierung der bronzenen Europa auf dem Stier. Fama und Europa gehören zu 72 Objekten in Sachsen, die mithilfe der Stiftung Ascholdinger Nachmit-

---

2 Berger, Roland, Unternehmensberater: »Auch mal öfter Danke sagen«, Interview in *Die Zeit* Nr. 9/2013 am 21. Februar 2013.

tag wiederhergestellt wurden. Schlösser, Kirchen, Brücken, Türme, Orgeln – insbesondere Bauwerke und Kulturdenkmäler, die von Menschen besichtigt oder genutzt werden können, wurden so vor dem Verfall gerettet. So sind die Kunstschätze wieder zu bestaunen. Und es heißt zu Recht: Dresden ist das Elbflorenz!

Deutsch-deutsche Solidarität – das Jahrhunderthochwasser 2002

Mein Mann gründete 1990 in Sachsen eine der ersten noch auf dem Gebiet der DDR eingetragenen GmbHs und legte so den Grundstein für eine deutsch-deutsche Erfolgsgeschichte. In dieser Zeit festigte sich Dussmann als Dienstleister für junge Unternehmen und die öffentliche Hand, zum Beispiel in städtischen Krankenhäusern.

Im Sommer 2002 überschwemmte ein Jahrhunderthochwasser weite Teile Ostdeutschlands. Die sächsische Kleinstadt Grimma wurde ebenso Synonym für die Sintflut wie der Oderbruch. Bilder aus den Regionen Dresden, Chemnitz und Leipzig fluteten die Medien. Erst die von Wassermassen, dann von zerstörten Häusern, voller Schlamm und Geröll, mit Menschen zwischen Verzweiflung und Fassungslosigkeit.

In Grimma wurde das Krankenhaus zu einem Stützpunkt im Chaos: Das Dussmann-Team, auch wenn privat meist selbst von der Flut betroffen, kochte hier für Kitas, Helfer und Betroffene. Ähnliches spielte sich in Leipzig ab. Fast doppelt so viele Portionen wie üblich verließen die Küchen, die Beschäftigten schliefen vereinzelt vor Ort.

»Wir bauen wieder auf« stand unmittelbar nach der Flut an einer zerstörten Bäckerei in Grimma. Heute ist Grimma wieder die beschauliche Stadt an der Mulde. Auch in Weesenstein, Dresden und in den zahlreichen anderen betroffenen Gebieten herrscht längst wieder Alltag. Optimismus und deutschlandweite Hilfsbereitschaft haben damals aus der Katastrophe ein großartiges Beispiel für den Zusammenhalt des wiedervereinten Deutschlands gemacht.

»Gebt der Gesellschaft Kultur zurück«

In Berlin und Brandenburg fördert die Dussmann Group seit Jahren engagiert die Staatsoper Unter den Linden und viele weitere kulturelle Institutionen und Projekte, wie etwa die Neuerrichtung des Heinrich-Heine Denkmals 2002, Unterstützung beim Wiederaufbau der Kellertorbrücke im brandenburgischen Potsdam 2006, wissenschaftliche Arbeiten zur Geschichte der Friedrichstadt sowie Umbauten am Berliner Musikgymnasium Carl Philipp Emanuel Bach in den Jahren 2009/10. Und dass das Berliner Stadthaus wieder eine überlebensgroße Nachbildung der römischen Göttin Fortuna schmückt, ist ebenfalls meinem Mann zu verdanken. Von dort lächelt die Göttin des Glücks hinab auf die Hauptstadt und die Dussmann Group und lässt sie gedeihen.

Der Dussmann Stiftung und mir persönlich liegen Kinder und ihre kulturelle Bildung sehr am Herzen. So rufen wir regelmäßig Schüler des Berliner Musikgymnasiums Carl Philipp Emanuel Bach zu einem Musikwettbewerb auf. Die Gewinner präsentieren ihre Stücke später auf der KulturBühne des KulturKaufhauses und überraschen und berühren jedes Mal mit großem künstlerischem Ausdruck und Reife. 1998 haben wir zudem das Literaturprojekt »Lesestübchen« gefördert. 2012 übernahm ich die Schirmherrschaft für das Kindermusical »Die Hochzeit der Schneekönigin«. Und jedes Jahr stiftet die Dussmann Group in der Weihnachtszeit »Kinderbibliotheken«. Mehrere hundert Kinderstationen von Kliniken, Kitas und Grundschulen sowie andere soziale Einrichtungen für junge Menschen konnten sich schon über die prall mit Büchern für jedes Alter gefüllten Geschenke freuen, die »Bildungsboxen«. Seit 2017 spendet die Firma vor allem an Einrichtungen für junge Geflüchtete: Sprach-Lehrbücher für Kinder und Erwachsene, Duden und Schulmaterial, Kochbücher, Gesellschaftsspiele sowie Smartphone-Zubehör.

Kulturelles und soziales Engagement gehören für mich zum Selbstverständnis. Es ist die Aufgabe eines jeden erfolgreichen Unternehmens, der Gesellschaft etwas zurückzugeben.

II. 30 Jahre Mauerfall – eine wirtschaftliche Bilanz

Peter Dussmann erkannte die Chancen des Mauerfalls früh und ver-
wirklichte sie für unser Unternehmen erfolgreich, mit großem unter-
nehmerischem Elan. Tatsächlich erwies sich die Lage in den neuen
Bundesländern kurz nach der Wende aber als chaotisch. Wo fast
40 Jahre lang Sozialismus herrschte, sollte von heute auf morgen die
Marktwirtschaft funktionieren.

Die Treuhand

Im Juni 1990 schuf die Volkskammer die Treuhand, um die DDR-Wirtschaft zu restrukturieren und privatisieren[3]. Sie verantwortete fortan
die Volkseigenen Betriebe (VEB) mit fast vier Millionen Beschäftigten. Bundeskanzler Helmut Kohl hoffte auf hohe Einnahmen durch
Privatisierung, um die Einheit zu finanzieren. Die Betriebe waren
durch die Wirtschafts-, Währungs- und Sozialunion schlagartig dem
Weltmarkt ausgesetzt und mussten höhere Löhne in D-Mark zahlen.
Ihre Produktivität erwies sich als gering, die Anlagen waren veraltet
und Produkte nicht konkurrenzfähig. Ökologische Altlasten traten
zutage, gleichzeitig kollabierte der Absatzmarkt in Osteuropa. Das
bittere Fazit: Bei ihrer Auflösung Ende 1994 hatte die Treuhand einen
Verlust von ca. 275 Milliarden D-Mark »erwirtschaftet«. Von zuletzt
rund 12 000 Betrieben in der DDR hatte sie 6000 privatisiert, etwa
1000 an frühere Eigentümer zurückgegeben und 3700 abgewickelt.
Viele Menschen sahen und sehen sich teils heute noch als Verlierer
der neuen Ordnung.

---

3 Petschow, Annabelle: Treuhand, in: Lebendiges Museum Online, Stiftung Haus
   der Geschichte der Bundesrepublik Deutschland. URL: http://www.hdg.de/
   lemo/kapitel/deutsche-einheit/baustelle-deutsche-einheit/treuhand.html.

»Es kam zu allen möglichen Exzessen«

Neben Profis und seriösen Unternehmen wie Dussmann, die eine langfristige geschäftliche Perspektive im Osten verfolgten und die Menschen dort mit einbezogen, erschienen Glücksritter aus dem Westen, gescheiterte Ex-Manager und selbst ernannte Unternehmensberater. Sie richteten nach dem Mauerfall in den neuen Bundesländern mit Inkompetenz und Hybris viel Unheil an. Roland Berger beschreibt es so: »Es kam zu allen möglichen Exzessen. Es gab Geschäftsführer, die VEBs dilettantisch in die Pleite managten. Leute, die Subventionen abgriffen, sich ein ostdeutsches Unternehmen unter den Nagel rissen – und nach drei Jahren war die Firma verschwunden, das Geld auch.« Fälle wie diese haben den Glauben an die Soziale Marktwirtschaft damals bei vielen beschädigt. Und das in einer Zeit, in der zwei Drittel der Menschen ohnehin auf Jobsuche gehen mussten!

Eine Woche nach dem Mauerfall postierte Peter Dussmann gemeinsam mit der Arbeitsgemeinschaft Selbstständiger Unternehmer Wohnwagen an der Zonengrenze nahe Hof und zwischen Hannover und Hamburg im Norden – mobile »Jobcenter« für Arbeitssuchende aus dem Osten, die per Anzeige eingeladen wurden. Dussmann-Fachkräfte aus dem Westen wiederum wurden zur Standorteinführung in die neuen Bundesländer entsandt. Die damalige Sekretärin meines Mannes erinnert sich: »Die Kandidaten waren ausgesprochen engagiert und bereit, eine Position auch unter ihrem Ausbildungsniveau anzunehmen. Die Damen, die später einen Dienstwagen lenken sollten und bisher nur Trabi gefahren waren, übten mit mir ein westdeutsches Modell zu steuern.« Am Wochenende besuchten unsere Tochter und ich meinen Mann vor Ort und brachten Cookies und rote Grütze mit. Die Vermittlung boomte: Jeder, der ein Interview mit einem der Dussmann-Geschäftsführer führte, bekam ein Angebot in Westdeutschland. Einige tausend Menschen fanden so einen Job und im Osten entstanden neue Arbeitsplätze.

Die private Initiative florierte, doch in vielen Bereichen lief es leider nicht so gut: Arbeiteten nach der Wende noch gut 320 000 Menschen in der ostdeutschen Textilindustrie, hatten wenige Jahre später fast 310 000 ihre Beschäftigung verloren! Sie hatten in den VEBs oft

Qualitätserzeugnisse für die großen Einzelhandelskonzerne im Westen hergestellt, die sie sich selbst in der Regel nicht leisten konnten.

Kaum jemand kaufte 1990 noch Ost-Erzeugnisse, denn technologisch lag die DDR etwa 20 Jahre hinter der BRD zurück. »Im Rückblick wäre eine staatliche Subventionierung für viele DDR-Produkte vielleicht eine gute Idee gewesen. (…) Tyll Necker, der damalige BDI-Präsident, machte den klugen Vorschlag, unterschiedliche Mehrwertsteuersätze einzuführen und Ost-Produkte dadurch zu verbilligen. Das hätte den Trabi vielleicht noch ein, zwei Jahre erhalten. Nur wollte das im Westen keiner, weder die Gewerkschaften noch die Industrie wollten das. Und die Ostdeutschen sagten: Wenn wir für den gleichen Preis einen Golf kriegen, dann nehmen wir den. So lief es in allen Branchen. Zusätzlich brachen die Exporte in den früheren Ostblock weg. Es kam zu einer Deindustrialisierung, der zweiten nach 1945«, fasst Berater Roland Berger die Lage zusammen.

25 Jahre später – wirtschaftliche Erfolge

»Die deutsche Wiedervereinigung ist auch ein wirtschaftlicher Erfolg« titelte das Deutsche Institut für Wirtschaftsforschung (DIW Berlin) am 2. Oktober 2014 in einer Pressemitteilung. Zwar liege Ostdeutschland in vielen Bereichen wie Wirtschaftsleistung, Produktivität, Einkommen und insbesondere Vermögen auch 25 Jahre nach dem Mauerfall noch deutlich hinter Westdeutschland zurück. Problematisch seien und waren dabei aber die von Beginn an unrealistischen Hoffnungen auf schnell blühende Landschaften, urteilten die DIW-Forscher auf Basis einer umfassenden Studie. An »schnell blühende Landschaften« glaubte kurz nach der Wende selbst der optimistische Peter Dussmann nicht: Es wird länger als zehn Jahre dauern, sagte er damals immer wieder.

Tatsächlich war es durch die Wiedervereinigung gelungen, die ostdeutsche Wirtschaft nach vier Jahrzehnten Planwirtschaft neu zu erfinden und in relativ kurzer Zeit zu re-industrialisieren. In einigen Bereichen, wie Kinderbetreuung, Renten oder der Erwerbsbeteiligung von Frauen lag der Osten nun sogar vor dem Westen. Es ist faszinierend, dass die kapitalistischen und kommunistischen Gegner des Kalten Krieges immerhin eines gemeinsam hatten: Erwerbstätige Frauen waren dort sehr viel selbstverständlicher als in der damaligen Bundesrepublik. Persönlich bin ich zwar gegen eine Frauenquote, unterstütze aber die Vereinbarkeit von Beruf und Familie in unserem Unternehmen und mit den Dussmann KulturKindergärten. Diese bieten Betreuung in betriebsnahen Kindertagesstätten bereits für Kinder ab acht Wochen, mit langen und flexiblen Öffnungszeiten, kulturellem Schwerpunkt und zweisprachigem Ansatz.

Selbst die durchschnittliche Zufriedenheit in Ostdeutschland stieg trotz mancher Enttäuschung so hoch wie nie zuvor seit der Wende, konstatierte das DIW 2014. Und »eine völlige Gleichheit von Wirtschafts- und Lebensverhältnissen aller Regionen eines Landes« hält Marcel Fratzscher, Präsident des DIW Berlin, ohnehin für »unrealistisch«. Er sagt: »Unterschiede bestehen zwischen Nord- und Süddeutschland wie zwischen dem Westen und Osten des Landes, ebenso wie in anderen Ländern, etwa Italien, Spanien oder Frankreich. Die Wiedervereinigung und der Einfluss Ostdeutschlands haben der gesamten deutschen Wirtschaft zu mehr Dynamik verholfen.«

30 Jahre nach der Wende – was zu tun bleibt

Was bleibt zu tun? Im »Jahresbericht zum Stand der Deutschen Einheit 2018« der Bundesregierung[4] heißt es: »(…) eine weitere Stärkung der Wirtschaftskraft durch Förderung von Investitionen, Innovationen und Internationalisierung bleibt unerlässlich.« Die Wirtschaftskraft Ostdeutschlands hat sich seit der Wende zwar verdoppelt, liegt heute aber noch knapp ein Drittel unter der in den westdeutschen Ländern.

---

4 Bundeswirtschafsministerium für Wirtschaft und Energie (Hrsg.): Jahresbericht der Bundesregierung zum Stand der Deutschen Einheit 2018. URL: https://www.bmwi.de/Redaktion/DE/Publikationen/Neue-Laender/jahresbericht-zum-stand-der-deutschen-einheit-2018.pdf?__blob=publicationFile&v=6.

Zwar entstehen industrielle Verflechtungen mit räumlich engeren Lieferketten. Beispiele für solche Cluster sind die optische und elektronische Industrie in Jena, der Maschinenbau in der Region Magdeburg, die Mikroelektronik im Raum Dresden, Freiberg, Chemnitz, die Energietechnik in Berlin und Brandenburg, die chemische Industrie im Süden Sachsen-Anhalts, die Windenergietechnik in Magdeburg und Rostock und der Sondermaschinen- und Anlagenbau in Mecklenburg-Vorpommern. Allerdings fehlen weitgehend große industrielle Unternehmen mit wertschöpfungsintensiven Unternehmensfunktionen, was die Innovationskraft mindert. Noch heute hat kein einziger Dax-Konzern seine Firmenzentrale in den neuen Bundesländern!

Auch die demografische Entwicklung in den vielen ländlich geprägten und strukturschwachen Regionen Ostdeutschlands wirkt sich nachteilig aus. Es gebe »weniger Interesse der Kommunikationsunternehmen beim Ausbau mit Breitbandtechnik, was die Wettbewerbsfähigkeit des Ostens weiter schmälert. Das gleiche gilt übrigens auch für das Ärztethema, denn im Osten schlägt der Landarztmangel wegen der Strukturen viel deutlicher zu Buche als im Westen«, erläutert Christian Hirte, Ostbeauftragter der Bundesregierung, 2018 in einem Interview mit dem *Tagespiegel*[5].

Die Bundesregierung hat in ihrem Koalitionsvertrag 2018 vereinbart, Ende 2019 ein gesamtdeutsches Fördersystem für alle strukturschwachen Regionen einzuführen. Diese sollen künftig nach vergleichbaren Grundsätzen daran teilhaben können. Programme zur Förderung der neuen Länder werden daraufhin überprüft, inwieweit sie zu einem gesamtdeutschen Fördersystem beitragen und auch in strukturschwachen Regionen in Westdeutschland angeboten werden können.

Das Programm zielt darauf ab, dass Menschen überall im Land ein gutes Lebensumfeld haben sollen, um sich entfalten, mitbestimmen, arbeiten und gesund leben zu können. »Wenn es den Menschen gut

---

5 Hirte, Christian, Ostbeauftragter der Bundesregierung, »Ostdeutsche haben besonders hohe Erwartungen an den Staat«, Interview im *Tagesspiegel* am 17. März 2018. https://www.tagesspiegel.de/politik/ostbeauftragter-der-regierung-ostdeutsche-haben-besonders-hohe-erwartungen-an-den-staat/21083696.html.

geht, wenn sie Entwicklungsperspektiven für sich und ihre Kinder sehen, dann verlieren sie Ängste und die Ablehnung gegen Fremdes wird zurückgehen«, glaubt Ost-Beauftragter Christian Hirte, auch angesichts der in Ostdeutschland stärker ausgeprägten Fremdenfeindlichkeit, die dem Wirtschaftsstandort schadet.

III. Ausblick: Die nächsten 10 Jahre

Betrachten wir die Entwicklungen in Deutschland und weltweit seit 1989, so steht fest: Der Mauerfall ist ein Segen für alle! Mit Glasnost und Perestroika in der Sowjetunion endete bald darauf der Kalte Krieg und die Menschen hinter dem Eisernen Vorhang bekamen Zugang zu einer freien Welt. Die Wiedervereinigung hat aber auch dem Westen neue Horizonte eröffnet, wirtschaftlich, kulturell und auf menschlicher Ebene. Er hat es nie so gesagt, aber bei meinem Mann konnte ich beobachten, wie der Mauerfall einen intensiven inneren Prozess anregte- wie die Heilung einer tiefen alten Wunde.

Ost- und Westdeutschland haben sich in den letzten 30 Jahren in vielen Bereichen angenähert und wachsen weiter zusammen. Dies ist eine großartige Leistung der deutschen Gesellschaft, von Wirtschaft und Politik, die Applaus verdient!

Heute ist der Zusammenhalt der EU in Gefahr und auch in anderen westlichen Industrienationen beklagt man gespaltene Gesellschaften (s. Trump, Brexit, französische Gelbwesten etc.). Nicht zuletzt angesichts der Flüchtlingskrise und Angela Merkels »Wir schaffen das« 2015 treten die Unterschiede zwischen Ost- und Westdeutschland nun wieder deutlicher zutage.

Unterschiedliche Lebenserfahrungen

Fast dreißig Jahre nach dem Mauerfall bleiben Faktoren, die auf langjährige unterschiedliche Lebenserfahrungen schließen lassen, wie etwa die Ergebnisse bei politischen Wahlen. Roland Berger sagt hier zurecht:»Das war ja damals nicht nur ein Tausch von Ausweisen und

Geldscheinen. Nein, es war doch so: Ein Land zerbricht. Das Wissen seiner Bürger ist plötzlich entwertet.« Und deren Werte waren es auch!

Jobverlust, Unsicherheit in sozialen Bindungen: Niemand im Westen könne sich vorstellen, wie das ist, »wenn um einen herum alles zusammenbricht, es keinerlei Gewissheit aus Erfahrung mehr gibt und Sorgen um die Zukunft«, meint Christian Hirte, der bis zu seinem 13. Lebensjahr in der DDR aufgewachsen ist. Er erklärt auch die größere Abwehr gegenüber Fremden in Ostdeutschland mit der tiefsitzenden Angst davor, dass die eigene Lage – wie schon nach 1990 – wieder schlechter wird. Auch damals hatte der Staat versprochen, dass alles besser werde. Was folgte, war der völlige Zusammenbruch der ostdeutschen Wirtschaft, mit vielen Verlierern.

Die wachsende Zahl politisch Extremer vor allem in den neuen Bundesländern besorgt mich sehr. Ich würde mir wünschen, dass die Menschen dort den Wert der Freiheit für sich schätzen können und nachfolgenden Generationen aufrichtig über die Verhältnisse in der DDR berichten – ohne in Nostalgie zu verfallen.

Zwei Diktaturen in Folge

Die Menschen in Ostdeutschland sind nach dem Zweiten Weltkrieg in die nächste, dann sozialistische Diktatur geschlittert. So haben mindestens zwei aufeinanderfolgende Generationen in einem Unrechtsstaat gelebt – Unfreiheit und Repression, wenn auch unter verschiedenen Vorzeichen. Die Aufarbeitung des Nationalsozialismus in Westdeutschland hat gezeigt, wie lange es dauert, derartige Erlebnisse im Kollektivbewusstsein zu verdeutlichen, zu akzeptieren und schließlich zu integrieren. Und weiter gegen das Vergessen anzugehen. Dies ist die Aufgabe mehrerer Generationen. Es kostet Bemühen, Verständnis und Geduld.

Natürlich wurden und werden Schritte zur Aufklärung und Aufarbeitung der Machenschaften des SED-Regimes unternommen. Die betrifft besonders die Aktivitäten des Ministeriums für Staatssicherheit (kurz MfS oder »Stasi« genannt). Dessen Aufgabe bestand zu DDR-Zeiten in Spionageabwehr und der Bekämpfung des auswärtigen »Klassenfeindes«. Tatsächlich war das MfS aber auch im Inland in praktisch allen Gesellschafts- und Lebensbereichen aktiv und richtete seine Aktivitäten auf die eigene Bevölkerung. Der Behörde gehörten schließlich rund 90 000 offizielle Mitarbeiter an und mehr als 180 000 inoffizielle, sogenannte »IM«. Manche dieser IM allerdings seien nur sehr kurzfristig tätig gewesen, sagt Harald Jäger, MfS-Oberstleutnant, der im November 1989 den Schlagbaum an der Bornholmer Straße öffnete. Andere wiederum hätten gar nicht gewusst, dass man sie im vertraulichen Gespräch als Informant über vermeintliche Gesinnungsfeinde aushorcht. Nicht zu vergessen sei, dass es für die Anwerbung eines IM 300 Ostmark gegeben habe – ein üppiges Zubrot in der ehemaligen DDR!

Es kommt einem Wunder gleich, dass Bürger im Dezember 1989 die örtlichen Dienststellen der Staatssicherheit auf friedliche Weise besetzen konnten[6], was die Auflösung des Apparates in Gang setzte. Versuche einer Wiederbelebung als »Amt für Nationale Sicherheit« (AfNS) oder »Verfassungsschutz der DDR« fanden keinen Rückhalt mehr in der Gesellschaft. Am 19.4.1990 berichtete das entsprechende staatliche Komitee: »(…) der Personalbestand des ehemaligen AfNS (…) ist aufgelöst. Sämtliche Dienstverhältnisse sind beendet.«

In den Wochen zwischen Mauerfall und Auflösung der Behörde liefen Papiermühlen und Schredder im MfS heiß. Millionen Stasi-Akten wurden bis zur endgültigen Vernichtung in Säcke gesteckt. Bürgerbewegte konnten damals 16 000 dieser Säcke sichern. Diese Papierschnipsel wiederherzustellen zählt heute noch zu den Aufgaben des Bundesbeauftragten für die Staatssicherheitsdienste der Deutschen Demokratischen Republik. Mehr als zwei Millionen ehemaliger DDR-Bürger haben seit 1992 von ihrem Recht Gebrauch gemacht, ihre persönliche Stasi-Akte einzusehen, mehr als drei Millionen Menschen haben dies beantragt.

---

6 Gieske, Jens: Von der Gründung bis zum Untergang, in: Bundeszentrale für
   politische Bildung. URL: http://www.bpb.de/geschichte/deutsche-geschichte/
   stasi/218940/geschichte.

»Die Mechanismen der Diktatur« verstehen

Menschen, die in der DDR politisch verfolgt wurden, leiden oft heute noch unter den Folgen. Ihre Rehabilitierung und Entschädigung sind wichtige Elemente der Aufarbeitung. Ausgleichszahlungen bieten das Strafrechtliche, das Verwaltungsrechtliche und das Berufliche Rehabilitierungsgesetz Opfern politischer Verfolgung in der ehemaligen DDR. Dies gilt auch für Kinder und Jugendliche, die in Einrichtungen der DDR-Jugendhilfe misshandelt wurden.

Was bleibt zu tun? Roland Jahn, damaliger Bundesbeauftragter für die Stasi-Unterlagen, meint dazu 2011 in einem *Spiegel*-Interview[7]: »Wir sollten uns mehr mit dem Alltag der Diktatur beschäftigen, mit den Mechanismen der Anpassung, dem System der Angst. Die ersten Jahre der Aktenöffnung waren geprägt von den Enthüllungen und dem Streit um spektakuläre Stasi-Fälle. Das reicht nicht, um eine Diktatur zu begreifen.« Denn: »Die Sonne scheint auch in einer Diktatur. Jeder hat seine Lebenserinnerungen. Viele denken, so wie sie die DDR erlebt haben, so war sie. Aber das stimmt nicht. Es gab eben beides: Knast in Hohenschönhausen und FKK an der Ostsee.« Wie zahlreiche Literatur, Dokumentationen, Fernsehfilme und -Serien der letzten Jahre zeigen, wächst offenbar mittlerweile auch über die Grenzen Deutschlands hinaus das Interesse eines breiteren Publikums am Leben in der ehemaligen DDR. All das ist nur möglich, weil es jenen Tag in der Geschichte gab, der Deutschland bis heute veränderte: Den 9. November 1989, den Tag der Maueröffnung. Ich bin dankbar, dass ich diesen Moment erleben durfte. Und dass die Dussmann Group einen kleinen Anteil daran hatte, Menschen in Not zu helfen und dazu beizutragen, dass die neuen Länder wieder aufblühten. All das ist Geschichte!

---

7 Jahn, Roland, Bundesbeauftragter für die Stasi-Unterlagen: »Eine Schule der Demokratie«, Interview in *Der Spiegel* 13/2011.

Ein urdemokratischer Impuls
Gregor Gysi

Der Grundstein für die Ereignisse vor 30 Jahren, die schließlich zur deutschen Einheit führten, wurde weit früher gelegt. Der Fall der Mauer wäre nicht möglich gewesen, ohne die mit dem Namen Gorbatschow verbundenen Entwicklungen von Perestroika und Glasnost in der Sowjetunion, die außenpolitisch innerhalb der Gemeinschaft der sozialistischen Staaten eine gewollte Zunahme der Verselbständigung der einzelnen Staaten bedeuteten, was letztlich den Eisernen Vorhang durchlässig machte.

Die Bevölkerung der DDR spürte, dass Gorbatschow und damit die Sowjetunion eher auf ihrer Seite standen und sie nur die SED-Führung gegen sich hatte. Sie fühlte sich stark genug, jetzt für Veränderungen zu demonstrieren und diese auch durchsetzen zu können. Die Situation wechselte von Tag zu Tag. Aber die Grundtendenz blieb und bestimmte zumindest das Jahr 1989 – ein demokratisches Selbstvertrauen, das die Dinge in die eigenen Hände nehmen wollte. Es war eine der spannendsten Zeiten meines Lebens.

Diese Bereitschaft, bisher Unerhörtes einfach zu tun, wie Massendemonstrationen von unten zu organisieren, Parteien und Organisationen jenseits der vorhandenen zu gründen, und damit das Machtsystem der SED in Frage zu stellen, ohne es gewaltsam beseitigen zu wollen, folgte einem urdemokratischen Impuls, der auch den heutigen Verhältnissen durchaus guttäte und deshalb ebenso zum bewahrenswerten Erbe der Wendezeit gehört wie die Tatsache, dass sich der Umbruch ohne einen einzigen Schuss vollzog.

Vom 4. November zum Mauerfall

Deshalb muss die Einheitserzählung früher ansetzen als beim Fall der Mauer, auch wenn sich mit diesem historischen Tag der Fokus der

Akteure freiwillig oder unfreiwillig mehr und mehr in Richtung der deutschen Einheit verlagerte. Zuvor ging es vor allem um eine Veränderung der DDR. Doch der Mauerfall und die deutsche Einheit hätte es ohne die Gründung etwa des Neuen Forums oder von Demokratie jetzt und dem Demokratischen Aufbruch, ohne die Demonstrationen, die in Plauen und Leipzig ihren Anfang und den Menschen die Angst nahmen und schließlich bei der Demonstration am 4. November 1989 in Berlin ihren Höhepunkt fanden, wohl nicht gegeben.

Für mich war dieser 4. November 1989 insofern ein Schlüsselerlebnis, als ich die Idee für das Zustandekommen der Demonstration, an der 500 000 Menschen teilnahmen, hatte und sie anwaltlich begleitete. Dort hielt ich erstmalig eine freie politische Rede und dann gleich vor diesen unglaublich vielen Menschen. In den Plakaten und Transparenten, die bei dieser Demonstration getragen wurden, war zu erkennen, welche Kreativität mit dieser demokratischen Befreiung verbunden war.

Die Maueröffnung sah ich im Fernsehen – ging aber nicht mit in den Westteil der Stadt. Denn am nächsten Tag hatte ich um 9 Uhr eine Verhandlung bei Gericht, in der ich meinen Mandanten, dem Mord vorgeworfen wurde, zu vertreten hatte. Und wie ich die deutsche Justiz kannte und kenne, ließ sie sich auch von einem solchen Ereignis wie dem Fall der Mauer nicht beirren, die angesetzten Termine einzuhalten. So war es dann auch.

Allerdings war für mich persönlich die Mauer bereits ein Jahr zuvor gefallen, als ich zum ersten Mal in den Westen reisen durfte, und zwar nach Paris im Januar 1988. Bis dahin war ich genauso gehindert wie alle anderen DDR-Bürger. Als ich dann aus Paris zurück nach Hause kam, fühlte ich mich freier. Genau deshalb weil ich wiedergekommen war. Ich konnte in der SED-Bezirksleitung in Berlin sagen: Ihr könnt nicht einer ganzen Bevölkerung vorschreiben, dass die Menschen erst 60 beziehungsweise 65 Jahre alt werden müssen, bevor sie das erste Mal Paris sehen können. Wenn ich das vor meiner Reise gesagt hätte, hätten sie mich wahrscheinlich nicht fahren lassen. Da ich aber wiedergekommen war, konnte ich mich so äußern. Denn die Gefahr, dass ich dort bliebe, bestand nicht mehr. Von da an hatte ich bei solchen Dienstreisen keine Probleme mehr.

Eine geschlossene Gesellschaft mit Zusammengehörigkeitsgefühl

Die DDR war eine geschlossene Gesellschaft. Das Reisen in viele Länder blieb den meisten Menschen verwehrt. Es gab erhebliche Einschränkungen in der Freiheit, in der Demokratie, bei der Versorgung mit Waren und Dienstleistungen. Auf der anderen Seite war die DDR weiter, zum Beispiel bei der Gleichstellung der Geschlechter. Über 90 % der Frauen waren voll berufstätig. Es gab ausreichend Plätze in Kindertagesstätten, Nachmittagsbetreuung an Schulen, Ferienspiele an Schulen und Ferienlager der Unternehmen. Auch die Polikliniken waren eine gute Einrichtung. Es gab eine Allgemeinmedizinerin beziehungsweise einen Allgemeinmediziner umgeben von Fachärztinnen und Fachärzten. Leider gab es eine politische Zensur in der Kunst und Kultur, aber sozial konnte sich jeder den Zugang zu Kunst und Kultur leisten. Sozial gab es auch keine Ausgrenzung in der Bildung. Die Berufsausbildung mit Abitur war auch keine schlechte Erfindung.

Was ist mir bei meinem ersten Besuch in Paris aufgefallen? Der Schuhladen, der Käseladen mit über 300 Sorten, die Cafés, es gab eine Demo, da schimpften sie wie wild auf die Regierung. Das bereitete mir alles größtes Vergnügen. Aber eine Sache hat mich schockiert. Um das Lächeln der Mona Lisa im Louvre zu sehen, bezahlte ich die Metrofahrt und den Museumseintritt. Danach war ich pleite. Ich wusste: Wenn ich in Dresden mit der Straßenbahn zur Galerie Alte Meister fahre, um mir die Sixtinische Madonna anzusehen, zahle ich fast nichts. Da wurde mir ein gesellschaftspolitischer Unterschied klar: Du organisierst als Staat den Zugang zu Kunst und Kultur entweder so, dass du ihn dir leisten können musst. Oder du sagst, alle müssen Zugang haben. Es darf weder eine politische noch eine soziale Ausgrenzung bei Kultur und Bildung geben. Aber damit keine Missverständnisse aufkommen: Heute ist mein Leben insgesamt viel reicher als damals, keine Frage.

Eines aber vermisse ich wirklich: das Zusammengehörigkeitsgefühl. Diese vielen Feste, die man feierte. Auch nach jeder Parteiversammlung sind wir in einer kleinen Gruppe essen gegangen und haben uns vergnügt. Wir haben uns immer etwas einfallen lassen. Das zerfasert heute alles. Keiner hat mehr Zeit. Eine geschlossene

Gesellschaft hat viele Nachteile. Aber ein Vorteil ist, dass man aufeinander angewiesen ist. Alles war ein Beziehungsgeflecht. Zum Beispiel hatte ich einen Meister in einer Kfz-Werkstatt rechtlich vertreten. Im Gegenzug wurde mein Auto repariert. So lief es. Aber natürlich gab es auch Momente, in denen mir das ziemlich auf die Nerven ging. Etwa, dass ich mich in Gaststätten nicht hinsetzen konnte, wo ich wollte, sondern dass ich platziert wurde.

Wäre die Wende nicht gekommen, wäre ich wohl noch ein paar Jahre Vorsitzender des Rechtsanwaltskollegiums Berlin und Vorsitzender des Rates der Vorsitzenden der Kollegien der Rechtsanwälte in der DDR geblieben – ein unmöglicher Titel, den ich jetzt gar nicht erklären will. Ich glaube auch, das Leben hätte sich immer stärker verrechtlicht, das heißt, immer mehr Bereiche wären Gegenstand einer besseren DDR-Rechtsprechung geworden. Da bewegte sich durchaus etwas. Was ich allerdings überhaupt nicht sehe, ist, wie die DDR ihre ökonomischen Probleme hätte lösen können. Die nahmen zu. Ohne marktwirtschaftliche Elemente wäre es wohl nicht gegangen.

Entscheidend dafür, dass das System regelrecht implodierte vor dem Selbstbefreiungsdrang der Menschen, war neben der Unfähigkeit, den ökonomischen Wettbewerb mit der damals eher als heute sozialen Marktwirtschaft zumindest offen zu gestalten, vor allem die Unfähigkeit der SED-Führung, Demokratie als Chance und nicht als Bedrohung wahrzunehmen. Die Oberen der DDR begriffen nicht, dass einer der sehr vielen Nachteile einer Diktatur das Fehlen des demokratischen Wechsels ist. Dadurch kam Erich Honecker Anfang der fünfziger Jahre ins Politbüro und wäre 1990 mit Sicherheit nochmal zum Generalsekretär der SED bestimmt worden. Diese Politikerklasse setzte ihre Methoden fort, obwohl es völlig neue Generationen in ihrem Land gab. Diese dachten und fühlten ganz anders. Für mich spielte die FDJ in meiner Jugend eine wichtige Rolle. Mein Sohn hat das gar nicht mehr so ernst genommen. Er lebte in einer anderen Zeit. Nur, von der bekamen die älteren Herren kaum etwas mit. Sie beließen vieles so, wie es immer war. Einflüsse und Ideen von unten und von außen kamen kaum an die Machtzentrale heran. Auch deshalb musste die DDR zusammenbrechen. Dem System fehlte am Ende sowohl die Kraft, bestimmte Dinge zu unterbinden als auch sie zu erlauben.

Zum ersten Mal Oppositionsführer

Mir bescherte die Wendezeit bis zur deutschen Einheit den wohl arbeitsreichsten Abschnitt meines Lebens. Spätestens als ich im Dezember zum Vorsitzenden der SED-PDS gewählt wurde, ging es praktisch jeden Tag um Entscheidungen, deren Tragweite manchmal gar nicht zu überblicken war. Allein die Abwicklung des riesigen SED-Apparates erforderte, über persönliche Schicksale zu Tausenden quasi im Stundentakt zu entscheiden. Im Prinzip war ich als Parteivorsitzender der Mensch in der DDR, der die meisten Menschen entlassen musste. Zudem galt es mit der Regierung von Hans Modrow, in der ebenso wie am Runden Tisch der Parteien und Massenorganisationen auch Politikerinnen und Politiker der neuen politischen Kräfte saßen, den Staat DDR am Funktionieren zu halten, damit weder die öffentliche Ordnung noch die Versorgung, das Bildungs- und Gesundheitswesen und anderes gefährdet werden durften.

Diese Aufgabe fiel nach den Wahlen am 18. März 1990 der Regierung von Lothar de Maiziére zu, der eine große Koalition anführte, während ich gewissermaßen das Privileg genoss, in der ersten parlamentarischen Opposition in der DDR-Geschichte der größten Oppositionsfraktion vorzusitzen. Dass sich dies im Bundestag mit der PDS und der LINKEN wiederholte, macht deutlich, wie sehr die Vereinigung Deutschland dann doch verändert hat. Die Volkskammer-Debatten waren lebendig, oftmals sehr lang und durchaus auch davon geprägt, dass nur wenige Politprofis im Parlament saßen, sondern viele, die in dieser Zeit ihre politische Karriere begannen und wohl auch für sie selbst überraschend aus dem Berufsleben in die Volksvertretung gewählt wurden. Angela Merkel etwa war damals stellvertretende Regierungssprecherin. Sie wurde später nur CDU-Vorsitzende, weil entgegen der bis dahin geübten deutschen Tradition ihre ostdeutsche Herkunft für Unschuld sprach und nicht für Schuld. Sonst ist es ja immer umgekehrt, aber bei der CDU-Spendenaffäre galten viele aus dem Westen als vorbelastet. Ich bin mir ganz sicher, dass die Männer damals dachten: Wir machen die jetzt mal zur Vorsitzenden und in zwei Jahren schicken wir sie wieder nach Hause. Aber dann hat sie die Männer nach Hause geschickt.

Denkwürdig wird neben der ungeheuren Vielzahl an gesetzlichen Regelungen, die die Volkskammer in dem reichlichen halben Jahr dieser Legislaturperiode beschloss, wohl vor allem jene Sitzung bleiben, in der die Volkskammer nach Mitternacht missverständlich zunächst nur ihren Beitritt – nicht den der DDR – zur Bundesrepublik zum 3. Oktober 1990 beschloss. Dieser Fehler im Beschlusstext wurde nach meinem Hinweis kurzerhand vom Parlamentsvizepräsidenten Reinhard Höppner handschriftlich getilgt. Politisch war mit diesem Beschluss das Ende der DDR besiegelt, wobei die CDU, wohl abgestimmt mit dem Kanzleramt, höchsten Wert darauf legte, dass der Vereinigungstermin vor dem 7. Oktober, dem Gründungstag der DDR, lag. Strategisch war mit dem Beitritt der DDR zum Geltungsbereich des Grundgesetzes – also einer nicht gleichberechtigten Vereinigung – ein Keim für viele gravierende Probleme des Einigungsprozesses gelegt, die die Menschen in Deutschland zum Teil bis heute beschäftigen. Diese Entwicklung, die den Ostdeutschen und dem Osten seit 1990 nie das Gefühl von Gleichwertigkeit vermittelte, hat vielleicht mehr zur Herausbildung einer ostdeutschen Identität beigetragen, als es die DDR je vermochte. Diese wird jetzt auch anders gesehen.

Eine nicht gleichberechtigte Vereinigung

Die reale und gefühlte Benachteiligung wurde auch auf die Generationen übertragen, für die die Wende ebenso wie der Mauerfall Ereignisse aus Geschichtsbüchern sind, für die sich Mauer und geteiltes Land fast schon wie Mittelalter anhören. Dennoch erleben Sie in ihren Familien, worauf sich das Gefühl, Deutsche zweiter Klasse zu sein, gründet. Dies verschwindet erst dann, wenn es keine konkreten Benachteiligungserfahrungen mehr gibt. Aber auch jemand der heute 18 ist und eine Ausbildung macht, wird in 50 Jahren auf seinem Rentenbescheid noch lesen können, ob er seine ersten Rentenbeiträge im Osten oder im Westen eingezahlt hat und er im ersten Fall eine niedrigere Rente beziehen wird.

Natürlich wurde in den mehr als 28 Jahren seit der Vereinigung viel geschafft und geschaffen. Innenstädte, Infrastruktur, Innovationskerne sind in den Landstrichen, die nicht der Entvölkerung und Entindustrialisierung preisgegeben wurden, moderner als in vielen Gegenden des Westens. Auch die Ostdeutschen haben viel geleistet, als sie sich weder von der Treuhand noch von aus dem Westen kommenden Glücksrittern und DDR-Erklärern beirren ließen, sich in den grundlegend anderen Verhältnissen zurecht zu finden. Wirtschaftsleistung und Produktivität klaffen nicht mehr so weit auseinander wie am Anfang.

Doch dass auch heute noch Tarifverträge abgeschlossen werden mit niedrigeren Löhnen im Osten und es immer noch nicht gleiche Renten für die gleiche Lebensleistung gibt, schadet ungemein. Wer das Argument benutzt, dass einiges im Osten billiger sei (es gibt übrigens auch Teureres), hat die Einheit nicht begriffen. Im bayerischen Hof sind die Mieten auch niedriger als in München, aber niemand kommt auf die Idee, dort Löhne und Renten zu kürzen. 80 bis 95 Prozent der Führungskräfte in Verwaltung, Justiz, Wirtschaft und Gewerkschaften im Osten kommen aus dem Westen. Noch nicht mal einer unter zehn Vorsitzenden Richtern in den neuen Ländern ist dort geboren worden.

Eine eklatante Benachteiligung erleben zum Beispiel Frauen, die nach DDR-Recht geschieden wurden und nun keinerlei Chance auf einen Nachteilsausgleich haben. Oder Beschäftigte, deren Betriebsrenten aus der DDR einfach gestrichen wurden, weil sie ebenso wie ein Sonderversorgungssystem zum Beispiel für Baletttänzerinnen nicht ins bundesdeutsche Rentensystem passten. Die Auseinandersetzungen über Wochenendgrundstücke, für die es in der DDR häufig ein Nutzungs- und Bebauungs-, aber kein Eigentumsrecht gab, sind legendär.

Der Respekt davor, wie im Osten unseres Landes die vielfältigen sozialen, wirtschaftlichen, persönlichen Brüche der Wendezeit verkraftet wurden, darf sich nicht in Worten erschöpfen. Es geht dabei nicht um Almosen oder Dankbarkeit, sondern um die Gewissheit, dass es ohne den Mut der Ostdeutschen, Machtstrukturen infrage zu stellen, die deutsche Einheit nicht gegeben hätte. Da ist es ein Unding, dass viele Ostdeutsche um die Anerkennung ihrer Berufsabschlüsse ringen mussten und noch heute in Bayern Gesinnungsprüfungen für sie stattfinden.

Es ist an der Zeit, bei Löhnen, Renten, Führungspositionen, Wirt-
schafts- und Wissenschaftsstandorten endlich die Einheit herzustellen.

Vor dem Beitrittstermin, umso mehr aber danach wurden meine
Partei und ich Vertreter jener Ostdeutschen, die kein anderer vertreten wollte. Das waren Hunderttausende DDR-Partei- und Staatsfunk-
tionäre. Sie mussten auch einen Weg in die deutsche Einheit finden.
Wir mussten irrationale Reaktionen verhindern, nicht wenige von ihnen waren auch an Waffen ausgebildet. Vom Status einer Volkspartei
waren wir direkt nach dem Mauerfall noch weit entfernt. Wir wurden
in jenem Moment stärker, als sich abzeichnete, dass alle ostdeutschen
Eliten, nicht nur die Funktionäre, von den Diskursen der Nachwen-
dezeit ausgeschlossen, mit ein paar Ausnahmen also ebenfalls nicht
vereinigt wurden, etwa aus Kultur und Wissenschaft. Sie wurden alle
zur PDS zurückgedrängt, obwohl sie es zum Teil nicht wollten. Der
damalige Bundeskanzler Helmut Kohl erklärte mir später, dass seine
West-Eliten das nicht wollten. Ich meinte, er hätte sich darüber hinweg setzen müssen. Zudem kam im Osten eine Massenarbeitslosigkeit
hinzu, wie es sie im Westen glücklicherweise nie gab. Es entstanden
viele Ängste, und wir wurden für diese Menschen zur Kümmerer-
partei. Halfen, Anträge zu stellen, von der Rente bis zur Sozialhilfe.
Da bekamen wir den Volksparteicharakter. Inzwischen gibt es sogar
CDU-Politiker, die würdigen, dass wir einen wichtigen Beitrag zur
deutschen Einheit geleistet haben, weil wir vielen Menschen im Osten
einen Weg dorthin aufgezeigt haben.

Die vergebene Chance einer Verfassungsdebatte

Die Politik in der Bundesrepublik stand im Zuge der Vereinigung
im Wesentlichen vor zwei Herausforderungen. Zum einen musste
die innere Einheit als sozialer, ökonomischer, rechtlicher Prozess
so vollzogen werden, dass das Land wirklich zusammenwachsen
konnte. Dies ist letztlich, wie bereits skizziert, bis heute nicht vollständig geschafft, weil der völkerrechtliche Akt des Beitritts der DDR
zum Geltungsbereich des Grundgesetzes, die ökonomische Überle-
genheit der westdeutschen Wirtschaft und die teilweise vorhandene

Siegermentalität in der politischen Führung der alten Bundesrepublik einen gleichberechtigten Gang in die Einheit verhinderten. Zum anderen musste Deutschland mit seiner im Zuge der Vereinigung durch den Zwei-plus-Vier-Vertrag gewonnenen weiteren Souveränität seine außenpolitische Rolle in Europa und der Welt neu finden. Dabei wurde die Möglichkeit, zum Mittler zwischen Ost und West zu werden, leichtfertig aus der Hand gegeben und einseitig auf die Westbindung gesetzt. Heute wird außenpolitisch mehr und mehr versucht, Deutschlands Rolle in der Welt militärisch zu definieren. Man hat sich von dem Grundsatz verabschiedet, dass von deutschem Boden nie wieder Krieg ausgehen darf.

Es wäre in jedem Fall sinnvoll gewesen, mit einer Verfassungsdebatte die Chance der Vereinigung zu nutzen, um eine von breiten Bevölkerungsschichten in West und Ost getragene Antwort auf die genannten Herausforderungen zu finden. Die konkrete Umsetzung der Einheit als Anschluss des Ostens an den Westen, der dadurch weitgehend unverändert seine alten Strukturen bewahrte und auf den Osten übertrug, hat schon die Debatte über die Notwendigkeit einer politischen Neuorientierung verhindert. De facto wurde nicht einmal die Frage gestellt, ob es nicht sinnvolle Strukturen im Osten gab, die bei Übernahme auch den Menschen im Westen das Gefühl gegeben hätten, durch die Einheit eine höhere Lebensqualität zu erreichen. Stattdessen wurden die Polikliniken zerschlagen und viel später mühsam als Ärztehäuser zumindest in Ansätzen wieder aufgebaut. Ähnliches gilt für das längere gemeinsame Lernen der Kinder, die Kinderbetreuung im Vorschul- und Grundschulbereich, die deutlich bessere Gleichstellung der Geschlechter und anderes.

Hätte es auch wirtschaftlich einen anderen Weg gegeben? Die Treuhandanstalt entschied scheinbar willkürlich. In Wirklichkeit wurden nur die Interessen bestimmter wirtschaftlicher und politischer Kreise durchgesetzt. Ein anderer Weg hätte darin bestanden, sämtlichen Unternehmen der DDR bei Einführung der Deutschen Mark am 1. Juli 1990 die Lohnkosten ein Jahr lang in voller Höhe als Subvention zuzuwenden. Im zweiten Jahr hätten sie von demselben Betrag nur noch 90 % erhalten. Im dritten Jahr nur noch 80 % und so weiter. Nach zehn Jahren wäre die Subvention ausgelaufen. Die Unternehmen hätten die Chance gehabt, Reklame für ihre Produkte zu machen, die Qualität der Produkte zu ändern, neue Produkte herzustellen. In der Zeit hätte auch privatisiert oder Management-Buy-Out durch die Treuhandanstalt organisiert werden können. Natürlich wären auch in diesem Falle Unternehmen in Insolvenz gegangen, aber keineswegs so viele. Es hätte viel bessere und gleichberechtigtere Chancen gegeben. Allerdings hätte es für bestimmte Unternehmen in den alten Bundesländern mehr Konkurrenz bedeutet. Und genau diese sollte verhindert werden.

Dass und wie die Hauptstadtdebatte geführt wurde, zeigte exemplarisch wie gering in nicht wenigen Teilen der westdeutschen Gesellschaft die Bereitschaft war, die Vereinigung als gemeinsamen Veränderungsprozess zu begreifen. Der Osten, die Ostdeutschen wurden, nachdem sich die anfängliche Begeisterung gelegt hatte, als die Hinzugekommenen begriffen, die sich an- und einzupassen hätten in das erfolgreiche westdeutsche Modell. Meine Vorstellung war die, dass es ein gleichberechtigter Weg hätte sein müssen, aus dem eine Identität gewachsen wäre, wie sie Brecht in seiner Kinderhymne beschreibt. Trotzdem: Berlin wurde der Sitz des Bundestages und wenigstens zur Hälfte der Sitz der Bundesregierung. Die andere Hälfte muss allerdings so schnell wie möglich nach Berlin geholt werden.

Wenn ich die heutige Jugend sehe, wird mir wohl ums Herz. Viele junge Leute sprechen ganz gut Englisch, bilden sich auf unterschiedlichste Art und Weise, denken und fühlen immer stärker europäisch. Für sie ist ein Leben ohne deutsche Einheit, ohne europäische Integration kaum vorstellbar. Ich hoffe, dass sie aus dieser Erkenntnis heraus den nationalen Egoismus zurückweisen werden. Was wir nicht schafften, sie können es schaffen.

Die deutsche Wiedervereinigung als außenpolitische Herausforderung

Peter Hartmann

Bei den Verhandlungen über die deutsche Wiedervereinigung fiel zwar den Außenpolitikern und Diplomaten die entscheidende Rolle zu, aber gleichwohl sollte man nicht vergessen, dass es die Bürger der DDR waren, die mit der friedlichen Revolution im Herbst 1989 nicht nur das SED-Regime in die Knie gezwungen, sondern mit ihrem Ruf nach Wiedervereinigung wesentlich dazu beigetragen haben, dass die deutsche Frage überhaupt auf die internationale Tagesordnung kam. Nicht nur die Regierungen der beiden deutschen Staaten, sondern auch die Regierungen der Vereinigten Staaten, Großbritanniens, Frankreichs und der Sowjetunion, die eine besondere Verantwortung für Berlin und Deutschland trugen, konnten nach dem Fall der Berliner Mauer nicht länger der Frage ausweichen, was zu tun sei, um eine instabile Lage mitten in Deutschland zu vermeiden.

Letztlich ging es um eine dauerhafte Lösung der deutschen Frage, was erforderte, das alle, die hierbei mitzureden hatten, bereit waren, in Verhandlungen einzutreten. Die Bundesregierung hatte diese Frage vermieden zu forcieren, und die politische Führung der DDR war – ungeachtet der Stimmung in der Bevölkerung – nicht gewillt, sich auf eine Diskussion über eine Wiedereinigung einzulassen. Und anders als die Vereinigten Staaten hatten auch die westlichen Statusmächte Großbritannien und Frankreich deutliche Vorbehalte gegen eine deutsche Wiedervereinigung. Es war Präsident Bush der im Dezember 1989 wesentliche Bedingungen für eine deutsche Wiedervereinigung formulierte und damit deutlich machte, dass eine Lösung der deutschen Frage nicht länger auf die lange Bank geschoben werden dürfe. An Verhandlungen war allerdings nur zu denken, wenn auch die sowjetische Seite ihre seit Jahrzehnten vertretene starre Haltung in der deutschen Frage aufgab. Selbst als der Fall der Berliner Mauer aller Welt vor Augen führte, dass die weitere Entwicklung den

Kollaps der DDR zur Folge haben könnte, gab die sowjetische Regierung zumindest öffentlich nicht zu erkennen, was das für die deutsche Teilung bedeutete. Erst später haben wir erfahren, dass Gorbatschow Ende Januar 1990 auf einer Sitzung im kleinen Kreis entschied, sich einer Regelung der deutschen Frage nicht länger zu widersetzen.

Bei Licht besehen hat Gorbatschow damit die Konsequenz aus den Folgen der von ihm im März 1985 begonnenen Reformpolitik gezogen. Zwar ging es dabei anfangs nur um die Modernisierung der maroden sowjetischen Wirtschaft und einige vorsichtige Änderungen in der Innenpolitik. Entscheidender war, dass Gorbatschow nach und nach die Kontrolle über die anderen Ostblockstaaten lockerte, was schließlich dazu führte, dass im Juni 1989 in der Abschlusserklärung des Gipfeltreffens der Staats- und Regierungschefs des Warschauer Paktes ein Passus aufgenommen wurde, in dem jedem einzelnen Mitgliedstaat das Recht auf einen eigenen Weg zum Sozialismus zugestanden wurde. Das bedeutete im Klartext, dass Moskau sich fortan nicht mehr in die inneren Angelegenheiten der anderen Blockstaaten einmischen werde.

Damit war zumindest prinzipiell die sogenannte »Breschnew-Doktrin« vom Tisch, die bis dahin dazu gedient hatte, kommunistische Regierungen in den einzelnen Mitgliedstaaten durch militärische Intervention zu stützen, wenn das sozialistische System von innen bedroht war. Allerdings hatte Moskau schon 1981 einen bemerkenswerten Schritt getan: als die kommunistische Partei in Polen, bedrängt von Solidarność, die Kontrolle zu verlieren drohte, entschied sich das Politbüro unter Vorsitz von Generalsekretär Andropow gegen einen Einmarsch und »begnügte« sich stattdessen damit, unter massivem Druck ein Militärregime in Warschau zu installieren. Förmlich begraben wurde die »Breschnew-Doktrin« erst, als Gorbatschow sich in einer Rede im Dezember 1988 vor den Vereinten Nationen zum politischen und wirtschaftlichen Selbstbestimmungsrecht und zum Verzicht auf Gewalt bekannte.

Diese grundsätzliche Änderung sowjetischer Außenpolitik trug in der Folge entscheidend dazu bei, dass oppositionelle Bewegungen in den einzelnen Ostblockstaaten an Boden gewannen und eine Entwicklung in Gang kam, die 1989 im Lauf weniger Monate zu einem demokratischen Umbruch in Osteuropa führte und nach und nach das bis dahin unangefochtene Machtmonopol der jeweiligen kommunistischen Partei beendete. In Ungarn verzichtete bereits im Januar 1989 die Kommunistische Partei auf ihre Führungsrolle, im Juni 1989 kam es in Polen zu teilweise freien Wahlen, bei denen Solidarność einen überragenden Sieg errang und im Juli 1989 wurde mit Tadeusz Mazowiecki ein Politiker polnischer Ministerpräsident, der nicht der kommunistischen Partei angehörte. Auch in den Ländern, in denen kommunistische Parteien sich noch einige Zeit an ihre Macht klammerten, gab es schon bald kein Halten mehr und am Ende wurde auch die Alleinherrschaft der KPDSU überwunden.

Bis zu einer Demokratisierung des gesamten Ostblocks war es allerdings noch ein langer Weg, der insofern den westlichen Regierungen eine ständige Gratwanderung abverlangte, als sie wirtschaftliche und politische Reformen in Osteuropa selbstverständlich unterstützten, aber gleichzeitig darauf bedacht sein mussten, sich nicht allzu weit aus dem Fenster zu lehnen. Denn es gab nach wie vor Kräfte, denen die ganze Richtung nicht passte und die nicht gezögert hätten, bei sich bietender Gelegenheit das Rad wieder zurückzudrehen – das galt vor allem für die Sowjetunion, wie sich im August 1991 zeigte, als Gorbatschow für einige Tage kalt gestellt wurde. Den Gegnern Gorbatschows war nicht nur die schrittweise Liberalisierung in der Innen- und Wirtschaftspolitik ein Dorn im Auge, sondern vor allem auch seine Außenpolitik, denn auf diesem Feld ging es um das Überleben des sowjetischen Imperiums und seinen Einfluss nicht nur in Osteuropa, sondern in der Welt überhaupt.

Was die DDR betraf, so konnte man noch bis Mitte des Jahres 1989 den Eindruck haben, dass die SED-Führung unter Honecker das Heft unangefochten in der Hand hatte, obwohl sie von Reformen jeglicher Art nichts wissen wollte und Gorbatschow am Rande der Feiern zum 40. Jahrestag des Bestehens der DDR die SED-Führung mit seinem legendären Satz gewarnt hatte, dass das Leben denjenigen bestrafe, der zu spät komme. Die Warnung war in der Tat berechtigt, denn auch die Bevölkerung der DDR hatte mit einer sich verschlechternden Versorgungslage zu kämpfen – dass die DDR fast pleite war, enthüllte allerdings erst der Vorsitzende der Staatlichen Planungskommission

Schürer auf einer Sitzung des Politbüros der SED Ende Oktober 1989. Dass es nach den manipulierten Kommunalwahlen im Frühjahr 1989 zu öffentlichen Protesten gekommen war, zeigte zudem, dass sich der Unmut auch gegen das politische System richtete – ein weiteres Indiz hierfür waren die regelmäßigen Friedensgebete in Kirchen, die das Regime nur widerstrebend hingenommen hatte.

In Bedrängnis geriet die SED-Führung erstmals, als die ungarische Regierung im August 1989 den im Land weilenden Urlaubern aus der DDR im Rahmen eines an der Grenze zu Österreich stattfindenden paneuropäischen Treffens die Ausreise erlaubte. Das widersprach zwar einer bestehenden Abmachung, aber die ungarische Regierung ließ sich durch die Proteste der Führung in Ostberlin nicht beirren. Noch schwieriger wurde die Lage für die SED-Führung, als im darauffolgenden Monat Tausende DDR-Urlauber Zuflucht in den Botschaften der Bundesrepublik in Prag und Warschau suchten. Die Bundesregierung erreichte in Verhandlungen mit Ostberlin, dass die Flüchtlinge – wenn auch auf dem Umweg über die DDR – in die Bundesrepublik ausreisen konnten. In den Augen der Bevölkerung der DDR war diese Aktion ein deutlicher Hinweis darauf, dass dem Regime in einem Bereich, der besonders heikel war, zunehmend die Kontrolle entglitt. Hinzu kam, dass den Bürgern der DDR – vor allem aufgrund der Berichterstattung in den westdeutschen Medien – nicht verborgen geblieben war, dass sich die politischen Verhältnisse in Ungarn und Polen, wo die Kommunisten an Einfluss verloren, inzwischen drastisch änderten.

Im Herbst kam es zu den ersten Massendemonstrationen, wobei der Protest sich zunächst gegen die Verschlechterung der wirtschaftlichen Lage richtete, aber nach und nach mit der Forderung nach politischen Reformen verknüpft wurde. Anfang Oktober zog die SED-Führung erste Konsequenzen, zwang Honecker am 18. Oktober zum Rücktritt und suchte bald darauf das Gespräch mit führenden Persönlichkeiten der Opposition – damit stand erstmals das Machtmonopol der SED zur Disposition. Wie sich später herausgestellt hat, musste Honecker auch deshalb gehen, weil er darauf bestanden hatte, eine am 9. Oktober 1981 in Leipzig stattfindende Demonstration mit fast 100 000 Teilnehmern gewaltsam aufzulösen. Die Vorbereitungen hierfür waren bereits getroffen worden – dass es nicht zu einem Blutvergießen kam, verhinderten in letzter Minute lokale SED-Funktionäre. Und auch das wissen wir heute: Honecker hatte in Moskau wegen einer Beteiligung sowjetischer Truppen sondieren lassen, was dort auf entschiedene Ablehnung gestoßen war.

Wir konnten in Bonn zwar nicht im Einzelnen verfolgen, was sich in der DDR abspielte, aber die Berichte und Bilder, die uns erreichten, zeigten unmissverständlich, dass das System zunehmend in eine tiefgreifende Krise geriet. Für die Bundesregierung galt es gleichwohl, alles zu unterlassen, was die Stimmung auf den Straßen zusätzlich angeheizt hätte – nicht zuletzt mit Blick auf Moskau, wo man die Entwicklung in der DDR mit wachsender Nervosität verfolgte, auch wenn es zunächst so aussah, dass es den Demonstranten vorwiegend um eine Reform des Systems in der DDR ging. Dabei blieb es jedoch nicht. Denn die Demonstranten, die zunächst mit dem Ruf »Wir sind das Volk« auf die Straße gegangen waren, machten schon bald nach dem Fall der Berliner Mauer deutlich, dass sie keine bessere DDR wollten, sondern auf die Wiedervereinigung mit dem anderen Teil Deutschlands hofften. Damit nahm die Entwicklung eine dramatische Wende und es stellte sich die entscheidende Frage, wie die Bundesregierung und die vier Statusmächte hierauf reagieren sollten.

Nach dem Fall der Berliner Mauer in der Nacht vom 9. zum 10. November 1989 strömten Hunderttausende über die erstmals offene Grenze in den Westen, wo sie begeistert empfangen wurden. Die Bundesregierung musste daraufhin nicht nur mit der Aufnahme von zahlreichen Flüchtlingen aus der DDR fertigwerden, sie musste zugleich das in ihrer Macht Stehende tun, um einer weiteren Destabilisierung der Verhältnisse in der DDR Einhalt zu gebieten. Der Bundeskanzler rief daher noch am 10. November SED-Generalsekretär Krenz an und stellte auf eine entsprechende Bemerkung von Krenz klar, dass es jetzt nicht um das Thema Wiedervereinigung gehe, sondern darum, zu »vernünftigen Beziehungen« zu kommen. Dem Bundeskanzler war bewusst, dass er – auch mit Blick auf die außenpolitischen Gegebenheiten – bei den Menschen in der DDR keine Erwartungen wecken durfte, die zu diesem Zeitpunkt nicht zu erfüllen waren. Gefragt war in der dramatischen Lage jener Wochen Geduld und ein »Agieren mit

Augenmaß«, wie er in Telefongesprächen mit Präsident Bush, Präsident Mitterand und Premierministerin Thatcher betonte.

Der damalige sowjetische Botschafter in Bonn, Kwizinskij behauptet in seinen Memoiren, er habe nach dem Fall der Berliner Mauer in einem Bericht an Moskau vorhergesagt, dass damit die Existenz der DDR nur noch eine Frage der Zeit sei. Wenn er das wirklich so berichtete, hatte er eine gute Nase. Wie die Führung in Moskau darauf reagiert hat, wissen wir nicht. Der Bundeskanzler, auf den sich in diesen Wochen alle Augen richteten, hat in seinen Reden bewusst darauf verzichtet, die Frage einer deutschen Wiedervereinigung anzusprechen – auch bei Auftritten in der DDR, wo immer mehr Menschen auf den Straßen der DDR unter dem Motto »kommt die DM nicht zu uns, gehen wir zur DM« Druck machten. Gleichwohl war es ein wichtiger und richtiger Schritt, dass er dem deutschen Bundestag am 18. November 1989 einen in zehn Punkten gegliederten Stufenplan vorstellte, in dem er zwar das Stichwort »Wiedervereinigung« als Ziel unserer Politik erwähnte, sich in der Sache aber darauf beschränkte, eine »Vertragsgemeinschaft« mit der DDR – und damit das in naher Zukunft Machbare – vorzuschlagen. Sein Plan fand im Bundestag breite Zustimmung – zumal auch der seit dem 13. November 1989 amtierende DDR-Ministerpräsident Modrow in seiner Regierungserklärung die Idee einer »Vertragsgemeinschaft« bereits ins Spiel gebracht hatte.

Die internationale Reaktion auf den Zehn-Punkte-Plan, der von einer Arbeitsgruppe unter dem Vorsitz von Horst Teltschik vorbereitet und vom Bundeskanzler persönlich überarbeitet worden war, fiel teilweise sehr kritisch aus. Die Regierungen in Paris und London beklagten, dass sie – anders als die USA – nicht vorab unterrichtet worden waren, argwöhnten aber in Wirklichkeit, dass es sich bei dem Vorstoß des Bundeskanzlers um den verkappten Versuch handele, über kurz oder lang auf eine deutsche Wiedervereinigung hinzuarbeiten. Außenminister Genscher, der auch über das Vorhaben des Bundeskanzlers nicht vorab informiert worden war, hat mich Jahre später vorwurfsvoll gefragt, ob ich an dem Plan mitgewirkt hätte und meinte, als ich das bejahte, es habe sich eher um einen parteipolitisch motivierten Vorstoß gehandelt. Immerhin hat er den Bundeskanzler bei einem Besuch in Moskau gegenüber Gorbatschow verteidigt, nachdem dieser sich zuvor öffentlich zu dem abwegigen Vorwurf verstiegen hatte, die Bundesregierung wolle die DDR annektieren.

Wie unerquicklich die Stimmung bei unseren Partnern in der Europäischen Gemeinschaft war, zeigte sich auf einer Sitzung des Europäischen Rates Anfang Dezember 1989 in Straßburg, wo dem Bundeskanzler mit Verweis auf den Zehn-Punkte-Plan von einigen Teilnehmern heftige Vorwürfe gemacht wurden – unter anderem wurde ihm vorgehalten, er forciere die Entwicklung ohne Rücksicht auf die europäischen Interessen, was bei einem Politiker wie Helmut Kohl, der seinen Reden immer wieder betont hatte, für ihn seien »deutsche Einheit und europäische Einigung zwei Seiten einer Medaille«, besonders ungerecht war. In Wirklichkeit trieb viele europäische Politiker in diesen Wochen vor allem die Sorge um, dass eine deutsche Wiedervereinigung die Gewichte in Europa zu Lasten ihrer Länder verschieben und die deutsche Rolle in der Europäischen Gemeinschaft verstärken werde. Um die Bundesregierung zusätzlich unter Druck zu setzen, erinnerten einige europäische Politiker und Medien die Öffentlichkeit zudem an die unheilvolle Rolle Deutschlands in der jüngsten Geschichte – ein britischer Politiker beschwor sogar ein künftiges Viertes Reich, was selbst Frau Thatcher zu weit ging, die seinen Rücktritt veranlasste.

Es war am Ende die amerikanische Regierung unter Präsident Bush, die den Weg für eine ernsthafte Diskussion über die deutsche Wiedervereinigung ebnete. Präsident Bush erinnerte auf der Sitzung des NATO-Rates am 4. Dezember 1989 die Partner daran, dass sie seit Jahrzehnten die deutsche Wiedervereinigung unterstützt hatten und ihm war es auch zu verdanken, dass die Allianz anschließend eine Erklärung zur deutschen Einheit verabschiedete, die sich eng an den Wortlaut des deutschen Grundgesetzes anlehnte. Am 12. Dezember war es der amerikanische Außenminister Baker, der vor dem Berliner Presseclub noch einmal die Bedingungen erläuterte, die aus der Sicht Washingtons erfüllt sein müssten, wenn es zur Wiedervereinigung komme. Die amerikanische Regierung hatte – anders als viele europäische Regierungen – kein Problem damit, dass Deutschland durch die Wiedervereinigung politisch gestärkt würde – ihr kam es in dieser

Zeit vor allem darauf an, die historische Chance zu nutzen, nicht nur den Deutschen in der DDR, sondern allen Menschen in Osteuropa in Zukunft ein Leben in Freiheit und Demokratie zu ermöglichen.

Die amerikanische Initiative trug entscheidend dazu bei, dass in der Folge auch Großbritannien, Frankreich und am Ende die Sowjetunion bereit waren, sich auf Verhandlungen über die Wiedervereinigung einzulassen. Bis es dazu kam, bemühte sich der Bundeskanzler darum, Präsident Mitterand und Premierministerin Thatcher davon zu überzeugen, dass nur ein geordnetes Verfahren verhindern könne, dass die Dinge nicht aus dem Ruder liefen. Zugleich bekräftigte er in seinen Gesprächen seine Entschlossenheit, weiterhin alles zu tun, um die Europäische Gemeinschaft voranzubringen – was Frau Thatcher allerdings wenig interessierte – und versicherte beiden Gesprächspartnern, dass auch ein wiedervereinigtes Deutschland die bestehenden Bindungen an die NATO fortführen werde. Auf der gleichen Linie suchte er andere europäische Regierungen zu überzeugen – wobei er feststellen musste, dass in Rom und Den Haag die Vorbehalte gegenüber einer Wiedervereinigung besonders groß waren.

Dem Bundeskanzler lag vor allem daran, unseren engsten europäischen Partner, Frankreich an seiner Seite zu wissen. Bei einem langen Gespräch auf dessen Landsitz legte er Präsident Mitterand noch einmal dar, dass er die deutsche Einheit mit einer Stärkung des europäischen Einigungsprozesses verbinden wolle – was nichts mit der Legende zu tun hat, der Bundeskanzler habe die französische Unterstützung für die Wiedervereinigung mit der Aufgabe der DM erkauft. Im Übrigen ist Mitterand auch nach diesem ausführlichen Gespräch nicht zu einem Verfechter der Wiedervereinigung geworden. Einige Wochen nach der Begegnung mit dem Bundeskanzler erging er sich bei einem Treffen mit Premierministerin Thatcher in düsteren Vergleichen mit der Lage vor dem Ersten Weltkrieg. Immerhin versicherte er Außenminister Genscher bald darauf, dass die deutsche Einheit »eine historische Notwendigkeit« sei und Frankreich ein demokratisches Votum respektieren werde.

Anders die Haltung von Premierministerin Thatcher: in einem Interview mit dem *Wallstreet Journal* vom 26. Januar 1990 verlangte sie, eine Vereinigung Deutschlands nur dann in Erwägung zu ziehen, wenn die Reformen in Osteuropa abgeschlossen seien – wäre die Bundesregierung auf diese Bedingung eingegangen, hätte dies das Aus für zügige Verhandlungen bedeutet. Noch schlimmer war, dass sie Gorbatschow bei einem Gespräch in Moskau aufforderte, eine deutsche Vereinigung mit allen Mitteln zu verhindern. Dieser unsägliche Vorstoß wurde damals zum Glück nicht publik – wir wissen aber aus einer späteren Dokumentation des britischen Außenministeriums, dass Premierministerin Thatcher tatsächlich so weit gegangen ist. Ob es ihre persönlichen Erinnerungen an den Zweiten Weltkrieg waren oder ob es ihr um die für Großbritannien traditionell wichtige »balance of power« in Europa ging, die sie zu ihrer Ablehnung bewogen, weiß ich nicht, erinnere mich jedoch, dass sie mir 1993 – ich war damals deutscher Botschafter in London – am Ende eines Gespräches sagte, die Wiedervereinigung sei die größte Niederlage ihrer Laufbahn gewesen.

Dass es Anfang 1990 gelang, auch die Sowjetunion zu Verhandlungen über die Frage der deutschen Wiedervereinigung zu bewegen, dürfte auch der Tatsache geschuldet sein, dass niemand in Moskau ernsthaft in Erwägung zog, den Kollaps des DDR-Regimes mit gewaltsamen Mitteln aufzuhalten. Das war sicherlich auch das Verdienst von Gorbatschow, der damit seinem außenpolitischen Credo treu blieb. Dass bis heute Teile der deutschen Öffentlichkeit der Meinung sind, dass die Wiedervereinigung vor allem Gorbatschow zu verdanken sei, ist gleichwohl überzogen. In Wirklichkeit sind die Deutschen vor allem dem amerikanischen Präsidenten Bush zu Dank verpflichtet, der schon sehr früh entschlossen war, in enger Abstimmung mit dem Bundeskanzler den Weg für die deutsche Wiedervereinigung zu bahnen und der alles getan hat, um dieses Ziel zu Bedingungen zu erreichen, die unseren fundamentalen Interessen Rechnung trugen.

Moskau hatte möglicherweise zunächst gehofft, die deutsche Teilung in irgendeiner Form aufrechterhalten zu können. Der sowjetische Deutschlandkenner Portugalow hatte bereits im November 1989 in einem Gespräch mit dem Leiter der außenpolitischen Abteilung im Bundeskanzleramt, Horst Teltschik, durchblicken lassen, dass Moskau langfristig für eine »deutsche Konföderation« grünes

Licht geben könne. Auch Gorbatschow brachte Anfang Februar 1990 in einem Schreiben an den Bundeskanzler die Schaffung einer Vertragsgemeinschaft zur Sprache – diese Idee war allerdings durch die Entwicklung inzwischen überholt. Den entscheidenden Schritt tat Gorbatschow erst in dem bald darauf folgenden Gespräch mit dem Bundeskanzler und Außenminister Genscher in Moskau, in dem er sich ausdrücklich zum Recht der Deutschen bekannte, die Einheit anzustreben und über die weitere Entwicklung selbst zu entscheiden. Das war in der Tat ein entscheidender Durchbruch, denn damit stand Verhandlungen nichts mehr im Wege, auch wenn zunächst offenblieb, in welchem Rahmen diese stattfinden und welche Bedingungen die sowjetische Seite für ein Ja zu einer deutschen Wiedervereinigung stellen werde.

Als es soweit war, gab es zunächst in einer scheinbar protokollarischen Frage Streit: Außenminister Genscher hatte in Vorgesprächen mit den drei Westmächten die Formel »Zwei plus Vier« durchgesetzt, um aus politischen Gründen den Eindruck zu vermeiden, die beiden deutschen Staaten stünden in den Verhandlungen über die Wiedervereinigung unter der Vormundschaft der Vier Mächte. Andererseits lehnte Moskau dieses Format mit dem Argument ab, dies sähe so aus, als hätten die Deutschen und nicht die vier Statusmächte die Federführung. Der Streit wurde schließlich am Rande eines Treffens der Außenminister von NATO und Warschauer Pakt am 13. Februar 1990 in Ottawa beigelegt. Das Zwei-plus-Vier-Format war für die Bundesregierung auch aus einem anderen Grund wichtig: die Sowjetunion wollte ursprünglich alle Mitgliedstaaten der KSZ in die Verhandlungen einbeziehen, was zu einem endlosen Palaver geführt und unvermeidlich auch das Thema Reparationen aufgeworfen hätte.

Die Federführung für die Verhandlungen lag beim Auswärtigen Amt und damit bei Außenminister Genscher. Die Verhandlungen auf Beamtenebene lagen in den Händen von Dieter Kastrup, mit dem ich schon zwischen 1964 und 1967 im Berlin- und Deutschlandreferat des Auswärtigen Amtes zusammengearbeitet hatte – ich selber war als Vertreter des Bundeskanzleramtes Teil unserer Verhandlungsdelegation. Dieter Kastrup hat in diesen Verhandlungen unsere Interessen mit Geschick und profunder Sachkenntnis vertreten – was ich erwähne, weil er selbst von seiner Rolle nie viel Aufhebens gemacht hat. Es war von Anfang an klar, dass wichtige Fragen wie die NATO-Mitgliedschaft und die Regelung der polnischen Westgrenze nur auf politischer Ebene gelöst werden konnten – das galt auch für die interne Abstimmung, die vor allem zwischen dem Bundeskanzler und Außenminister Genscher erfolgte. Dass es hierbei gelegentlich zu heftigen Kontroversen kam, ist kein Geheimnis – immerhin entschied in diesen Fällen am Ende nicht die Lautstärke, sondern das beiderseitige Interesse an einer einvernehmlichen Regelung.

Das Auswärtige Amt hatte vor Beginn der Verhandlungen unsere Ziele in einem internen Papier entworfen und mit unseren westlichen Verbündeten abgestimmt. Für uns war nicht zuletzt wichtig, dass sie unsere Auffassung teilten, auf keinen Fall einen Friedensvertrag anzustreben – dies wäre zu dieser Zeit – wir lebten schon seit Jahrzehnten im Frieden miteinander – das falsche Signal gewesen und hätte unvermeidlich zu einer Debatte über Reparationen geführt, was für die Bundesregierung grundsätzlich nicht infrage kam. Dass dies kein theoretisches Problem war, hatte mir ein Besuch des finnischen Botschafters gezeigt, der mir eine Note überreichen wollte, in der seine Regierung für den Fall der Wiedervereinigung Reparationen forderte. Ich habe die Annahme der Note ohne weitere Diskussion verweigert und dem Botschafter, dem die Sache ein wenig peinlich war, geraten, seinen Vorgesetzten im Außenministerium in Helsinki die Lektüre eines Geschichtsbuches zu empfehlen.

Über die zahlreichen Detailfragen, die im Zwei-plus-Vier-Vertrag geregelt wurden, will ich mich nicht weiter auslassen – die sowohl politische wie juristische Bewertung der einzelnen Vertragsbestimmungen füllt inzwischen mehrere Bände. Natürlich gab es auch über Fragen zähe Verhandlungen, die politisch weniger ins Gewicht fielen – etwa über den Erhalt und die Pflege sowjetischer Kriegsdenkmäler. Selbstverständlich sind wir solchen Wünschen der sowjetischen Delegation unter der Leitung von Pjotr Abrassimow in der Regel entgegengekommen. Im Übrigen gelang es eine Reihe schwieriger Fragen, bereits auf Arbeitsebene zu lösen, sodass das Ergebnis von den Außenministern nur noch abgesegnet werden musste. Wichtig war, dass unsere Anliegen von unseren westlichen Partnern durchweg unterstützt wurden – das galt nicht nur für die amerikanische Delegation, sondern auch für die Franzosen und – mit Einschränkungen – die Briten.

In einer wenig angenehmen Lage befand sich während der Verhandlungen die Delegation der DDR, die auf der politischen Ebene unter der Leitung von Außenminister Meckel stand. Auf der Arbeitsebene vertrat ihn ein Staatssekretär – wie Meckel ein früherer Pfarrer. Es war nicht zu übersehen, dass weder die sowjetische Delegation noch unsere westlichen Verbündeten ernsthaftes Interesse an den Einlassungen der DDR-Delegation an den Tag legten. Das lag nicht zuletzt daran, dass Außenminister Meckel sich vor allem auf Berater aus der westdeutschen Friedensbewegung stützte, die sich nicht gerade durch Sachkompetenz auszeichneten, ihn gleichwohl immer wieder mit Vorschlägen versorgten, die meist mit Kopfschütteln quittiert wurden – zum Beispiel die Idee einer regionalen Sicherheitszone, bestehend aus der bisherigen DDR, Polen und der CSSR.

Am 5. Mai 1989 – einem sonnigen Freitag – fand das erste Treffen auf Ministerebene im Weltsaal des Auswärtigen in Bonn statt. Zu wesentlichen Ergebnissen in den Sachfragen kam es dabei nicht, aber der sowjetische Außenminister Schewardnadse überraschte in seinem Beitrag die Runde mit dem Vorschlag, die inneren und äußeren Aspekte der Wiedervereinigung zu entkoppeln – was darauf hinausgelaufen wäre, dass es den beiden deutschen Staaten überlassen blieb, die innere Vereinigung zu vollziehen, aber die entscheidende Frage der äußeren Aspekte und damit der vollen Souveränität irgendwann später geregelt werden sollte. Das war nicht nur für uns, sondern auch für unsere westlichen Partner schlicht inakzeptabel, denn hätten wir uns darauf eingelassen, wäre eine abschließende Regelung ad calendas graecas vertagt worden. Genau dies dürfte die Absicht derjenigen gewesen sein, die sich diese Idee in Moskau ausgedacht hatten. Ich habe den Bundeskanzler noch am gleichen Tag entsprechend unterrichtet, der dem Vorschlag des sowjetischen Außenministers am darauffolgenden Montag öffentlich eine klare Absage erteilte.

Dass die Bündnisfrage zum schwierigsten Streitpunkt wurde, an dem alles scheitern konnte, war nicht nur der Bundesregierung, sondern auch unseren westlichen Verbündeten schon sehr früh klar. Auch wenn Befürchtungen, eine Lösung dieser Frage auf der Grundlage der westlichen Vorstellungen könne die Stellung von Gorbatschow gefährden, möglicherweise übertrieben waren, war zu erwarten, dass die Forderung, auch das vereinigte Deutschland müsse Mitglied der Atlantischen Allianz sein, die Gegner Gorbatschows in der KPdSU auf den Plan rufen und in ihrer Kritik an seiner Politik in der deutschen Frage bestärken würde. In der Tat wollten einige seiner Berater, wissend, dass die Wiedervereinigung nicht mehr zu verhindern war, wenigstens erreichen, dass ein vereinigtes Deutschland keinem Bündnis angehören solle, sondern neutral sein müsse, was zwar auch von linken Kräften in der DDR und der Bundesrepublik befürwortet wurde, aber weder für die Bundesregierung noch für unsere Verbündeten infrage kam.

Mit Blick auf die bekannten Vorbehalte, die Moskau in der Bündnisfrage hatte, war es ein wichtiger Schritt, dass der NATO-Gipfel am 5. und 6. Juli 1990 in London eine Erklärung verabschiedete, die einen grundlegenden Wandel und ein neues Selbstverständnis der Allianz festschrieb. NATO und Warschauer Pakt sollten sich, wie es wörtlich hieß, »nicht länger als Gegner betrachten«. Zudem verpflichtete sich die Allianz, ihre Streitkräftestruktur und Strategie den veränderten Bedingungen nach Ende des »Kalten Krieges« anzupassen, die Zahl der Nuklearwaffen zu reduzieren und die Strategie der »flexible response« umzugestalten. Die Botschaft kam in Moskau an und dürfte in der Tat dazu beigetragen haben, dass Gorbatschow auf dem vom 2. bis 13. Juli stattfindenden Parteitag der KPdSU mit großer Mehrheit wiedergewählt wurde. Die Wiederwahl Gorbatschows wurde im Westen mit Erleichterung aufgenommen, denn damit war davon auszugehen, dass die sowjetische Politik sich nicht grundlegend ändern werde.

War jetzt auch die Bündnisfrage reif für eine Lösung in unserem Sinne? Immerhin hatte Gorbatschows bereits bei seinem Besuch Ende Mai 1990 in Washington dem Vorschlag von Präsident Bush – wie es hieß durch Kopfnicken – zugestimmt, dass Deutschland das Recht habe, selbst zu entscheiden, welchem Bündnis es angehören wolle. Als der Bundeskanzler zusammen mit Außenminister Genscher am 15. Juli 1990 nach Moskau reiste, gestand Gorbatschow in einem ersten

Gespräch allerdings nur zu, dass ganz Deutschland de jure Mitglied der NATO werden könne, forderte aber zugleich, dass das Gebiet der DDR faktisch außen vorbleiben müsse. Das war weder mit dem deutschen Recht auf freie Bündniswahl noch mit den westlichen Sicherheitsinteressen vereinbar. Erst in den anschließenden Gesprächen im Kaukasus erklärte sich Gorbatschow schließlich damit einverstanden, dass Deutschland das Recht habe, sich einem Bündnis seiner Wahl anzuschließen – immer vorausgesetzt, dass das Reizwort NATO nicht im Vertragstext enthalten sei. Das war der Durchbruch – kein Wunder, dass die deutsche Delegation in Hochstimmung nach Bonn zurückflog.

Für den Bundeskanzler war von Anfang an die Bündnisfrage essentiell, denn er war überzeugt, dass eine Neutralisierung unseren fundamentalen außen- und sicherheitspolitischen Interessen widersprach. Ihm, der als gelernter Historiker in langen Zeiträumen dachte, war zudem klar, dass ein deutscher Sonderweg in der Außen – und Sicherheitspolitik das in Jahrzehnten errungene Vertrauen unserer Nachbarn in die deutsche Politik aufs Spiel gesetzt und unsere eigene und die Sicherheit Europas auf Dauer gefährdet hätte. Mir selber hat der Bundeskanzler irgendwann bei einem abendlichen Gespräch gesagt, ohne eine Lösung der Bündnisfrage in unserem Sinne werde er der deutschen Einheit nicht zustimmen. Unmissverständlicher hätte er seine Haltung nicht zum Ausdruck bringen können. Auch Gorbatschow hat sich am Ende dem Argument des Bundeskanzlers nicht entziehen können, dass ein deutscher Sonderweg in der Außen-und Sicherheitspolitik eine »historische Dummheit« sei.

Verglichen mit der Bündnisfrage war die Diskussion über die Anerkennung der polnischen Westgrenze, die monatelang die Zwei-plus-Vier-Verhandlungen begleitete und zeitweise belastete, schwer nachvollziehbar. Der Bundeskanzler hatte dem polnischen Ministerpräsidenten Mazowiecki schon sehr früh zugesagt, diese Frage unverzüglich nach der Wiedervereinigung in einem bilateralen Vertrag zu regeln. Dies war schon aus rechtlichen Gründen zwingend, denn die Bundesrepublik hatte keine gemeinsame Grenze mit Polen und konnte diese daher auch nicht vor der Wiedervereinigung völkerrechtlich wirksam anerkennen. Um dies zu verstehen, bedurfte es eigentlich nur des gesunden Menschenverstandes, aber die polnische Regierung bestand aus innenpolitischen Gründen zunächst auf einer Regelung der Grenzfrage vor einer deutschen Wiedervereinigung und ließ diese Forderung erst fallen, nachdem der Bundestag und die Volkskammer in einer Erklärung am 21. Juni 1990 festhielten, dass Deutschland die Frage nach der Wiedervereinigung abschließend regeln werde.

Selbstverständlich hat der Bundeskanzler vor Augen gehabt, dass eine abschließende Regelung der Grenzfrage für die Menschen, die mit der Vertreibung ihre Heimat verloren hatten, schmerzlich war. Aber es konnte auch niemand ernsthaft glauben, dass die Bundesregierung eine andere Wahl hatte. Dies hatte der Bundeskanzler auch gegenüber den Sprechern der Vertriebenen deutlich gemacht. Trotzdem fiel mir eines Tages die unangenehme Aufgabe zu, dem Unionsabgeordneten Czaja die aberwitzige Idee auszureden, die Bundesregierung solle vor Abschluss des Grenzvertrags mit der polnischen Regierung zumindest Grenzkorrekturen aushandeln – er hatte sogar entsprechende Vorschläge ausgearbeitet und bat mich sie zu prüfen. Ich habe mich darauf nicht eingelassen, sondern Herrn Czaja aufgefordert, seine Aufzeichnung wieder einzustecken und mit seinem Vorschlag auf keinen Fall an die Öffentlichkeit zu gehen. Als sich die Tür hinter ihm schloss, hatte ich das Gefühl, der deutschen Politik einen guten Dienst erwiesen zu haben.

In der Schlussphase drückte die sowjetische Seite unerwartet aufs Tempo und schlug vor die Verhandlungen beim nächsten Treffen der Außenminister in Moskau zu Ende zu bringen. So geschah es: am 12. September 1990 wurde der Vertrag »über die abschließende Regelung in Bezug auf Deutschland« – so lautet die offizielle Bezeichnung – von den Außenministern der sechs beteiligten Ländern in Anwesenheit von Generalsekretär Gorbatschow unterzeichnet – für die DDR unterzeichnete Ministerpräsident de Maizière, der nach Ausscheiden der SPD aus seiner Regierung auch das Amt des Außenministers übernommen hatte. Das Foto von der Unterzeichnungszeremonie prangt heute in den Geschichtsbüchern – dabei ist mir noch in Erinnerung, dass sich kurz vor der Aufnahme ein junger Mitarbeiter der DDR-Delegation nach vorne drängte, – er war zwar bis dahin nur als Statist auf der diplomatischen Bühne in Erscheinung getreten, hat aber auf diese Weise der Nachwelt die Botschaft vermittelt »Ich bin dabei gewesen«.

Da der Vertrag erst nach Hinterlegung der letzten Ratifikationsurkunde in Kraft treten konnte, unterzeichneten die Außenminister am 1. Oktober 1990 in New York ein weiteres Dokument, mit dem die Rechte der Vier Mächte suspendiert wurden. Damit war sichergestellt, dass Deutschland am Tag seiner Vereinigung seine volle Souveränität erhielt. Am 2. Oktober 1990 nahmen die in New York versammelten Außenminister der KSZE-Staaten den Vertrag förmlich zur Kenntnis. Die damalige Europäische Gemeinschaft hatte schon auf dem Europäischen Rat am 28. April 1990 in Dublin die Weichen für die Eingliederung der DDR gestellt – ein Beschluss, der mit dem Tag der Wiedervereinigung am 3. Oktober 1990 wirksam wurde.

Was die Bürger der DDR mit ihrer friedlichen Revolution in Gang gesetzt hatten, hat mit diesem Tag einen erfolgreichen Abschluss gefunden – dass es so gekommen ist, war nicht so selbstverständlich, wie es im Rückblick vielleicht aussieht: Geschichte ist keine Addition von Zufällen, aber unterliegt auch keiner inneren Gesetzmäßigkeit, der die einzelnen Akteure nur hier und da ihren Stempel aufdrücken. Zwar haben viele an dem außenpolitischen Kapitel der Wiedervereinigung mitgewirkt, aber die entscheidende Rolle auf deutscher Seite haben Bundeskanzler Helmut Kohl und Außenminister Hans-Dietrich Genscher gespielt. Bundeskanzler Helmut Kohl, der sich zu Recht als »Enkel« des ersten deutschen Bundeskanzlers, Konrad Adenauer, sah, hatte im Unterschied zum Defätismus anderer deutscher Politiker in seiner ganzen politischen Laufbahn unbeirrbar am Recht der Deutschen ihre Einheit in Frieden und Freiheit wieder zu erringen, festgehalten. Dass es ihm schließlich beschieden war, dass dieses Ziel unter seiner Führung erreicht wurde, hat er zu Recht als Geschenk empfunden, wie er in einer seiner späteren Reden einmal sagte.

Ich kann zwar wie viele andere auch sagen »Ich bin dabei gewesen« – und es erfüllt mich noch heute mit Befriedigung, dass ich den Tag der Wiedervereinigung in Berlin miterleben durfte. Die Geschichte der deutschen Wiedervereinigung zu schreiben, bleibt den Historikern überlassen – ihre Zunft hat ohnehin das Glück, dass die Leute am liebsten lesen, was diejenigen zu Papier bringen, die nicht dabei waren. Das ist nicht ironisch gemeint, denn Zeitzeugen haben zwar das ein oder andere aus der Nähe miterlebt, aber die Geschichte der Wiedervereinigung besteht aus vielen Facetten und auch nach nunmehr dreißig Jahren gibt es mit Sicherheit noch das ein oder andere zu entdecken, das in geheimen Archiven schlummert.

Wertvolle Vorreiterrolle des Sports
Alfons Hörmann

Als ich am Abend des 9. November 1989 in einem Hotelzimmer in Westdeutschland völlig fasziniert vor dem Fernseher saß, war noch nicht so direkt absehbar, dass sich durch die damaligen Ereignisse auch mein persönliches Leben weitreichend verändern würde. Ich war beruflich unterwegs und habe den Fall der Mauer somit leider nur als ferner Beobachter miterlebt. Aber natürlich hat auch mich das Geschehen auf dem Bildschirm emotional gepackt und nicht mehr losgelassen. Insbesondere in diesem Moment habe ich sehr bedauert, dass ich vor der Öffnung der Mauer nie in die DDR gereist bin – und das bedauere ich noch heute zutiefst, weil mir damit eine enorm wichtige Lebenserfahrung vorenthalten blieb.

Danach ging es aber ziemlich schnell mit meinem Kontaktaufbau in den Osten. Mein damaliges Unternehmen, die Schwenk KG in Ulm, hatte in Bernburg in Sachsen-Anhalt ein hochmodernes Zementwerk errichtet. Für uns Führungskräfte im Vertrieb war das eine einmalige Chance, völlig neue Kundenbeziehungen aufzubauen. In den folgenden Jahren verbrachte ich dank der beruflichen Verantwortung mehr Zeit und mehr Wochenenden in den Neuen Bundesländern als im heimischen Allgäu. Neben den ganz natürlich gewachsenen Freundschaften in meiner bayerischen Heimat entwickelten sich mehr und mehr wertvolle freundschaftliche Kontakte im Osten, auf die ich heute mit viel Freude und Dankbarkeit blicke. Ich mag und kann mir nicht vorstellen, wie mein Leben ohne die Grenzöffnung verlaufen wäre …

Und was bedeutete dieses Ereignis für den Sport? Ich habe am 8. Juli 1990 als normaler Fan in den Stadien Italiens erlebt, wie Deutschland faszinierende Spiele gezeigt und dann zur Krönung im WM-Finale in Rom Argentinien mit 1:0 besiegte und Weltmeister wurde. Obwohl die Vereinigung längst eingeleitet war, war diese Weltmeister-Mannschaft ein rein westdeutsches Team, das Team der Bundesrepublik Deutschland. Die DDR-Nationalmannschaft hatte die WM-Qualifikation knapp verpasst. Vor dem letzten Spieltag, der in der DDR bereits im Schatten der gesellschaftlichen Umwälzungen stand, lag die Mannschaft punktgleich hinter der Türkei und vor Österreich auf dem dritten Rang. Das letzte Spiel verlor sie gegen Gastgeber Österreich mit 0:3 und verpasste auf Platz vier ihre zweite WM-Endrundenteilnahme nach 1974. Aufgrund der eine Woche zuvor erfolgten Öffnung der innerdeutschen Grenze hatten zahlreiche DDR-Bürger diese Begegnung erstmals auch direkt im Stadion verfolgen können.

Nach der gescheiterten Qualifikation fanden noch sieben Spiele der A-Nationalmannschaft der DDR statt, das letzte am 12. September 1990 in Brüssel gegen Belgien (2:0), beide Tore erzielte Kapitän Matthias Sammer. Doch damals war bereits klar, dass zum nächsten großen Fußballturnier, der Europameisterschaft in Schweden zwei Jahre später, eine gesamtdeutsche Mannschaft antreten würde: Genau eine Woche vor dem WM-Finale von Rom, am 1. Juli 1990, war die Währungsunion in Kraft getreten, welche die Vereinigung der beiden deutschen Staaten vorwegnahm.

Bis dahin war im Sport schon viel geschehen. Wenige Tage nach der Öffnung der Berliner Mauer, am 17. November 1989, hatten die Sportführungen von Ost (DTSB-Präsident Klaus Eichler) und West (DSB-Präsident Hans Hansen), den innerdeutschen Sportverkehr freigegeben. Am 20. November 1989 fand bereits ein gemeinsames Training mehrerer Ost- und Westvereine in Berlin statt, organisiert vom damaligen Präsidenten des Landessportbundes Berlin, dem späteren DSB-Präsidenten Manfred von Richthofen. Viele weitere gesamtdeutsche Sporttreffen auf den verschiedensten Ebenen liefen in den letzten Wochen des Jahres 1989 nicht nur in Berlin völlig unkompliziert und fröhlich ab. Es war ein erstes wichtiges Signal, dass der Sport bei der Wiedervereinigung eine enorm wertvolle Vorreiterrolle übernehmen kann.

Unvergessenes Bild der Einheit

Dieses Signal wurde immer stärker erkennbar. In der Öffentlichkeit wurde es vor allem symbolisch sichtbar und wahrgenommen durch das unvergessene Bild bei den Leichtathletik-Europameisterschaften

1990 in Split: Der Kugelstoßer Ulf Timmermann (Ost) und die Hürdenläuferin Gabi Lippe (West) führten bei der Schlussfeier gemeinsam Arm in Arm mit der jeweiligen Fahne in der Hand die bunte Gruppe aus beiden deutschen Nationalmannschaften bei ihrem letzten getrennten Auftritt an. Die Athletinnen und Athleten hatten sich spontan zusammengeschlossen, völlig unabhängig von irgendwelchen Vorgaben oder von der offiziellen Einheit, die erst etwas später vollzogen wurde.

Viele Jahre später erinnerte mich eine spontane Aktion von Athletinnen und Athleten an das damalige emotionale Zusammenfinden und Zusammengehören von 1990: Vor der Eröffnungsfeier der Olympischen Spiele 2016 in Rio de Janeiro stimmten die Athletinnen und Athleten der Deutschen Olympiamannschaft während der Wartezeit im Tunnel zum Maracana-Stadion ebenso spontan gemeinsam die deutsche Nationalhymne an – auch das war ein großer Moment mit Gänsehaut-Gefühl, ein von den Athletinnen und Athleten initiiertes Gemeinschaftserlebnis, das uns allen gezeigt hat, dass die Wiedervereinigung im Sport heute nicht nur strukturell, sondern auch emotional längst vollzogen und gelebter Alltag ist.

Damals allerdings, im Jahr 1989 und in den Jahren danach, war der Sport nicht wirklich gut vorbereitet auf die Wiedervereinigung – wie sollte er auch, denn auch allen anderen Bereichen wie der Politik oder der Wirtschaft erging es ja nicht anders. In diesen Jahren ging alles rasend schnell, rückblickend vielleicht an manchen Stellen zu schnell. Denn zu diesem Zeitpunkt war wohl keinem wirklich klar, was die neue Situation des Miteinanders für die nächsten 30 Jahren bedeuten sollte. Das gilt natürlich auch für die handelnden Personen im Sport, die dennoch engagiert und mit viel Weitsicht agiert haben.

Rein formell war die Einheit im Sport sehr schnell vollzogen. Die so genannte Vereinigungsmitgliederversammlung fand am 17. November 1990 in Berlin statt und somit ein gutes Jahr nach dem Fall der Mauer. Aus zwei Nationalen Olympischen Komitees wurde eines, und aus dem Deutschen Turn- und Sportbund (DTSB) der DDR und dem Deutschen Sportbund (DSB) der Bundesrepublik wurde der gemeinsame Deutsche Sportbund, der DSB. Letztlich mündete diese Vereinigung noch einmal viel später, im Jahr 2006, in den heutigen

Deutschen Olympischen Sportbund (DOSB). Parallel zu dieser Entwicklung in den Dachverbänden des Sports wurden bei zahlreichen
»Wendeverbandstagen« die Weichen für die Vereinigung der Spitzen-
verbände gestellt – bis Jahresende 1991 war auch sie abgeschlossen.
Damit war auch für das Nationale Olympische Komitee und für den
DSB eine klare Struktur gegeben. Vor allem die Verbände und Landessportbünde haben damals Großartiges geleistet. Sie haben in jenen
turbulenten Jahren unter sehr unterschiedlichen Voraussetzungen jeweils die Grundlagen für die heutige Einheit innerhalb ihrer ehemals
getrennten Strukturen geschaffen.

Schon im August 1990 wurde z. B. im Skisport (nordisch) die erste
gemeinsame Nationalmannschaft gebildet. Und bei den Olympischen
Spielen 1992 in Albertville und Barcelona war die gesamtdeutsche
Mannschaft fast schon ein gewohntes Bild, jedenfalls für das Publi-
kum. Innerhalb der Mannschaft wurde zweifelsohne noch stark
landsmannschaftlich gedacht. Die jeweilige Herkunft aus dem Osten
und dem Westen prägte die Sportler und die Betreuer naturgemäß
noch sehr stark. Doch das war in der Außenwahrnehmung kein allzu
klar sichtbares Thema.

Es war also kein Wunder, dass der Sport von vielen Seiten gelobt
wurde für seinen sehr gelungenen Vereinigungsprozess. Gleichzeitig
wurden teilweise jedoch völlig falsche Erwartungen geweckt. Als vermeintlich wichtiger Beleg für eine erfolgreiche Vereinigung wurde in
den gemeinsamen Anfangsjahren fast ausschließlich die Medaillen-
statistik herangezogen. Es herrschte deshalb die wohl bis heute falsche
Erkenntnis vor, dass der Spitzensport am meisten von der Wiedervereinigung profitiert und schwerpunktmäßig nur dieser sie erfolgreich
umgesetzt habe. Diese Einschätzung sollte sich in der Folgezeit noch
als große Schwäche erweisen.

Denn zum einen ergibt eins und eins eben nicht immer logischer-
weise zwei, das wurde recht schnell klar. Es fing bei profanen Tatsachen an wie der Verringerung der Startplätze – denn diese werden
pro Land vergeben – und hörte bei der Finanzierung des Leistungssports nicht auf. Vor allem aber wird aus heutiger Sicht »Erfolg« wohl
zu Recht anders und ganzheitlicher definiert. Heute geht es zwar nach
wie vor um Erfolg im Spitzensport, aber es geht auch um einen funk-

tionierenden Breitensport in Ost und West, um die 90 000 Vereine,
um die Sportentwicklung generell und dies flächendeckend in Sportdeutschland.

Faire Ergebnisse und Teamgeist

Und im Spitzensport werden längst nicht mehr einfach nur die
Medaillen gezählt, sondern es wird auch weit kritischer hinter das
vordergründige Bild geblickt: Erfolg ja, aber nicht um jeden Preis. Es
geht um faire Ergebnisse, es geht um Teamgeist, es geht darum, dass
die Athletinnen und Athleten unser Land als Persönlichkeiten bestens
repräsentieren. Ein hervorragendes Beispiel für dieses Denken war das
Auftreten des Team Deutschland bei den Olympischen Winterspielen
2018 in Pyeongchang in Südkorea: Die Ausstrahlung unseres TEAM
D ging weit über die rein sportlichen Erfolge hinaus und weit in die
Bevölkerung hinein. Ein sympathisches, glaubwürdiges Team hat den
deutschen Sport würdig und sehr erfolgreich vertreten; Respekt und
Toleranz waren die Normen der Gemeinsamkeiten.

Der Blick zurück zeigt in vielen Teilen ein anderes Bild. Hinter den
Kulissen wurde damals nach und nach die schwierige Dimension der
Vereinigung deutlich. Die These des damaligen NOK-Präsidenten
Willi Daume, es gelte nicht, Gegensätze zu vereinigen, sondern Unterschiede auszugleichen, war aus heutiger Sicht wohl sehr optimistisch –
die Gegensätze waren schlichtweg vorhanden und sie waren groß. Die
Aufgabe war deshalb unglaublich schwer: den Sport der DDR von der
teilweise vorhandenen politisch-ideologischen Indoktrinierung und
der staatlichen Instrumentalisierung zu befreien, um demokratische
Prinzipien und parteipolitische Unabhängigkeit zu gewährleisten,
und dabei die völlig geänderten Lebensbedingungen und Existenz-
grundlagen der Betroffenen einzubeziehen und wertzuschätzen. Damals war noch nicht in vollem Umfang absehbar, wie schwierig die
Aufarbeitung des DDR-Erbes im Sport werden sollte und wie lange
die Nachwirkungen anhalten würden.

Die frühere Einflussnahme des Ministeriums für Staatssicherheit in
den Sport und das flächendeckende Doping unter Einbeziehung von

Jugendlichen sind die dunkelsten Kapitel dieses Erbes, und sie sind noch immer nicht endgültig ausgestanden. NOK und DSB haben sich umgehend gemeinsam mit der unabhängigen Stasi-Kommission und der Anti-Doping-Kommission an die Aufarbeitung gemacht. Diese Ermittlungstätigkeiten waren schwierig und führten nicht immer zur gewünschten Wirksamkeit. Die Aussagebereitschaft vieler ehemaliger DDR-Akteure war begrenzt, und oft genug konnte sich der Sport erst viel später von Personen trennen, nachdem deren politische Vergangenheit klar geworden war.

Staatlich gelenktes Zwangsdoping

Beim Thema Doping empfahl die so genannte Reiter-Kommission in ihrem Abschlussbericht 1991 ihren Auftraggebern NOK und DSB eine Generalamnestie für ehemalige DDR-Sportlerinnen und -Sportler, die dann von NOK und DSB auch umgesetzt wurde. Noch wichtiger aber war es, die Täter im Hintergrund aufzudecken und zur Verantwortung zu ziehen. Juristisch wurden die Straftaten im Zusammenhang mit Doping im Sport mit dem Strafvorwurf der Körperverletzung oder der Beihilfe zur Körperverletzung an Jugendlichen auf der Grundlage vormaligen DDR-Rechts aufgearbeitet. Diese Strafverfahren mit abschließenden Verurteilungen hatten eine hohe Bedeutung, weil sich daraus das staatlich gelenkte Zwangsdoping ableiten ließ.

Einen unverzichtbaren Beitrag zur Aufarbeitung trug Brigitte Berendonk, ehemalige Diskuswerferin, durch ihr 1991 veröffentlichtes Buch »Doping. Von der Forschung zum Betrug« bei. Darin stellte sie unter anderem das staatlich verordnete Doping im DDR-Leistungssport erstmals umfassend öffentlich dar. Das Buch basiert auf Recherchen in Stasiakten und DDR-Archiven sowie DDR-Dissertationen über unterstützende Mittel (wie Doping im Fachjargon in der DDR hieß) und deren Folgen aus der Militärmedizinischen Akademie Bad Saarow (MMA).

Dabei kam auch das Thema Doping in der Bundesrepublik zur Sprache, was für die Gesamtdiskussion und für die Gesamtbewertung der Thematik im ganzen Land große Bedeutung hatte. Längst ist ja auch bewiesen, dass es in Westdeutschland auch breit gestreute Dopingaktivitäten gab, denken wir als ein Beispiel nur an Freiburg, wo Ärzten und weiteren Verantwortlichen Doping nachgewiesen wurden.

Dennoch bleibt das Zwangsdoping in der DDR ein außergewöhnliches Unrecht, ein Verbrechen, weil unter anderem auch Minderjährigen ohne deren Wissen Dopingmittel verabreicht wurden und generell keine Aufklärung der Athletinnen und Athleten über mögliche gesundheitliche Schädigungen stattfand.

Die Auswirkungen dieser düsteren Zeit dauern bis heute an und werden Sport und Politik auch noch weiter beschäftigen. 1999 wurde der Doping-Opfer-Hilfeverein gegründet, der die Geschädigten des organisierten Sports in Deutschland unterstützt. Das erste Dopingopfer-Hilfegesetz für finanzielle Hilfe für anerkannte Dopingopfer der DDR wurde 2002 verabschiedet, das zweite Dopingopfer-Hilfegesetz 2016. Es sind viele Wunden aus der Zeit vor der Wende geblieben, die nicht mehr heilbar und heute höchstens noch zu lindern sind.

Die Aufarbeitung der Stasi-Problematik hat sich als mindestens genau so schwierig dargestellt. In allen Fällen zu gerechten und fairen Beurteilungen zu kommen, war eine höchst anspruchsvolle Aufgabe der ehrenamtlichen »Stasi-Kommission«, wie das 1995 gegründete »Unabhängige Beratungsgremium für Stasi-Fragen für den deutschen Sport« kurz genannt wurde. Die »Stasi-Kommission« hat ihre Arbeit über Jahrzehnte fortgeführt, erst Ende 2018 wurde sie aufgelöst – mögliche Fälle würden künftig von der neu gegründeten Ethik-Kommission des DOSB behandelt.

Erneute Wende für das gesamtdeutsche Sportsystem

Was den Leistungssport betrifft, hat der Sport eine Generation nach der Wiedervereinigung eine erneute Wende eingeleitet. Es hat sich ja nicht nur Deutschland verändert, es verändert sich die ganze Welt. Der weltweite Konkurrenzkampf wurde stärker und er wird sich noch weiter verschärfen. Diesen rasanten internationalen Entwicklungen mit zunehmender Professionalisierung muss Sportdeutschland durch die Optimierung des eigenen Systems gerecht werden. Die Förderung des Leistungssports in Deutschland war insgesamt lange nicht von einer einheitlichen Linie und Führung geprägt, sowohl in den verschiedenen Sportarten als auch in den verschiedenen Regionen. Mit der 2016 verabschiedeten Leistungssportreform wurde zwischenzeitlich ein System geschaffen, das von der Spitze bis zur Basis stringent in eine Richtung geht – das Nebeneinander der verschiedenen Akteure mündet in ein Miteinander, und somit sind wir 30 Jahre nach der Wiedervereinigung auf einem hoffentlich guten Weg, das gesamtdeutsche Sportsystem für die Zukunft fit zu machen.

Eine erfreulich positive Entwicklung können wir auch im Breitensport resümieren. Dabei haben der Austausch und der Dialog auf allen Ebenen der Vereine und Verbände eine große Rolle gespielt. Es gab Hunderte von Begegnungen. Die Basis hat quasi das Tempo vorgegeben für die große Sportpolitik. Gerade die Vereine haben viel dazu beigetragen, dass die Einigung nicht nur formell vollzogen wurde; die Menschen an der Basis haben die Gemeinschaft in den Jahren des Zusammenwachsens gelebt.

Gut funktionierendes Vereinssystem

Im Osten wurde in den vergangenen 30 Jahren im Breitensport und im Vereinswesen enorm viel aufgebaut. In den fünf neuen Ländern existiert heute ein gut funktionierendes Vereinssystem. Direkt nach der Wende sind Landessportbünde des damaligen DSB Partnerschaften mit den Bezirken des DTSB eingegangen, um beim Aufbau der LSB in den entstehenden neuen Bundesländern zu unterstützen. Nach dem Beitritt der fünf neuen Landessportbünde im Dezember 1990 zum DSB wurde die Vereinslandschaft intensiv entwickelt, unter anderem unterstützt durch den Goldenen Plan Ost für den Sportstättenbau.

Heute stellt sich die Situation unter dem Dach des DOSB im Vergleich zur ehemaligen Situation insgesamt recht einheitlich dar. 30 Jahre nach der Vereinigung ist aber natürlich noch immer nicht alles Gold, was glänzt. Im Organisationsgrad der Bundesländer gibt es zum Teil noch deutliche Unterschiede, und teilweise auch bei den Sportstätten. Es gibt sowohl im Osten als auch im Westen viele vorbildliche Sportanlagen und infrastrukturelle Projekte, die ganz wesentlich zum heutigen Erfolg der Vereine und Sportler/innen von der Spitze bis zur Breite beitragen. Aber wir konstatieren überall, in Ost und West, eben auch an zahlreichen Sportstätten nennenswerten Investitionsstau und teilweise besorgniserregende Zustände, was eine Mammutaufgabe für die Zukunft wird.

Rückblickend aber hat Sportdeutschland mit seinen 27 Millionen Mitgliedschaften als die größte Bürgerorganisation Deutschlands wesentlichen Anteil daran, dass eine friedliche und erfolgreiche Wiedervereinigung gelungen ist. Gerade der Sport hat ja den Vorteil, dass er im Osten wie im Westen nach einheitlichen Regeln funktioniert. Das gemeinsame Sport-Erleben hat von Beginn an dazu beigetragen, dass neben den faktischen auch viele emotionale Grenzen aufgehoben werden konnten. Insgesamt ist und bleibt es unser großes Ziel, den Zusammenhalt in Sportdeutschland zu sichern und zu stärken – nicht nur zwischen Ost und West.

Die Zwei-plus-Vier-Verhandlungen
»Die äußeren Aspekte der Herstellung der deutschen Einheit«
Dieter Kastrup

Am 30. September 1989 stand ich neben Hans-Dietrich Genscher und Rudolf Seiters auf dem Balkon unserer Botschaft in Prag, als der Außenminister den mehreren tausend Flüchtlingen aus der DDR – mit dem inzwischen berühmten unvollendeten Satz – verkündete, dass am selben Tag ihre Ausreise in die Bundesrepublik Deutschland möglich sei. Heute lässt sich sagen: Dies war der Anfang vom Ende der DDR. An jenem Abend jedoch wäre keinem der Beteiligten der Gedanke gekommen, dass wir fast auf den Tag genau ein Jahr später – am 3. Oktober 1990 – die deutsche Einheit feiern würden.

Über die dramatische Zeit 1989/90, die Deutschland, Europa und die Welt veränderten, gibt es inzwischen zahlreiche Aktenpublikationen der beteiligten Staaten, wissenschaftliche Einzeluntersuchungen sowie eine umfangreiche Memoirenliteratur. Ich war damals Politischer Direktor des Auswärtigen Amts und möchte mich auf einige persönliche Erinnerungen und Bemerkungen beschränken, die nicht beanspruchen können, die ganze Komplexität des Geschehens widerzuspiegeln.

Den Fall der Mauer am 9. November 1989 erlebte ich in Warschau. Ich begleitete den Bundeskanzler und Außenminister bei ihrem Besuch in der polnischen Hauptstadt, zu dem sie am Morgen dieses Tages aufgebrochen waren. Dies wäre mit Sicherheit nicht geschehen, wenn ein solches Ereignis vorauszusehen gewesen wäre. Spätestens seit diesem dramatischen Einschnitt entwickelten die Ereignisse in der DDR eine Dynamik, die durch politisches Handeln kaum zu steuern war.

Am 28. November 1989 stellte Bundeskanzler Kohl im Bundestag sein 10 Punkte-Programm vor, dessen Kernsatz der Vorschlag bildete, eine »Vertragsgemeinschaft« zwischen beiden deutschen Staaten abzuschließen mit dem Ziel einer Föderation, d. h. der »Wiedergewin-

nung der staatlichen Einheit Deutschlands«. Kohl ging offensichtlich
von einer längeren zeitlichen Dimension aus und verzichtete bewusst
auf einen konkreten Fahrplan. Seine Vorstellungen jedoch waren innerhalb weniger Wochen von der Entwicklung überholt. Der Ruf auf
den Straßen »Wir sind ein Volk« wurde immer lauter und drängender.

Das Reizwort »Einheit« war gefallen. Der Bundeskanzler hatte mit
seinem Programm die deutsche Frage als aktuell auf die internationale Tagesordnung gesetzt. Am 5. Dezember 1989 besuchte Außenminister Genscher Moskau. In dem Gespräch mit Generalsekretär
Gorbatschow, an dem ich teilnahm, war dieser außerordentlich erregt und warf dem Bundeskanzler empört vor, der DDR vorschreiben zu wollen, wie sie ihre innere Ordnung zu organisieren habe. Er,
Gorbatschow, sähe hierin eine ultimative Forderung. Die Geschichte
habe verfügt, dass wir es mit der Realität zweier deutscher Staaten
zu tun hätten. Die Geschichte werde auch über ihr weiteres Schicksal
entscheiden. Ich habe noch nie in einer politischen Unterredung einen Gesprächspartner so aufgebracht und emotional erlebt. Nach dieser Begegnung war es nur schwer vorstellbar, dass die Sowjetunion in
absehbarer Zeit einem Prozess zustimmen könnte, an dessen Ende die
Vereinigung der Bundesrepublik Deutschland mit der DDR stünde.

Was die Haltung unserer europäischen Partner anbetrifft, so war
der Europäische Rat in Straßburg am 8./9. Dezember 1989 ein Schlüsselerlebnis. Mir oblag es, mit meinen europäischen Kollegen den Entwurf einer Abschlusserklärung auszuarbeiten. Im Lichte der aktuellen
Entwicklungen erbaten wir Unterstützung für eine Politik der Bundesregierung, wie sie in dem Brief zur deutschen Einheit zum Mos-
kauer Vertrag von 1970 formuliert worden war, nämlich »auf einen
Zustand des Friedens in Europa hinzuwirken, in dem das deutsche
Volk in freier Selbstbestimmung seine Einheit wiedererlangt«. Ich
verwies auf die Erklärung des NATO-Gipfels vom Mai 1989. Seinerzeit habe niemand irgendwelche Schwierigkeiten gesehen. Es sei nicht
zu erkennen, warum nicht der Europäische Rat ein halbes Jahr später
dieselbe Aussage machen könne. Meine Kollegen waren – sicherlich
auf Weisung – nicht bereit, auf ihrer Ebene die Aufnahme des Sat-
zes zu akzeptieren. Über den Stand unserer Diskussion unterrichtete
ich meinen Minister auf Zetteln, die ihm in die Sitzung der Staats-

und Regierungschefs hineingereicht wurden. Als Antwort erhielt ich
mit dickem Grünstift die Weisung, hart zu bleiben. Die Frage führte
schließlich zu einer längeren kontroversen Debatte auf der Chef-
ebene, bis eine etwas abgeschwächte Kompromissformel gefunden
wurde. Für uns stand am Ende die Erkenntnis, dass auf dem Weg zur
deutschen Einheit noch erhebliche Widerstände und Vorbehalte, insbesondere auch in London und Paris, zu überwinden waren.

Nur zwei Tage später, am 11. Dezember 1989, trafen sich auf Einladung der sowjetischen Seite die Botschafter der Vier Mächte im
Gebäude des Alliierten Kontrollrats in Berlin, erstmals seit 18 Jahren
wieder. Vordergründig ging es um Fragen der Verbesserung des Berliner Luftverkehrs. Uns war jedoch klar, dass uns hier »die Instrumente
gezeigt« werden sollten und dies führte bei uns zu großer Verärgerung.
Natürlich war uns klar: Wenn es zu Verhandlungen über eine neue
Qualität des Verhältnisses der beiden deutschen Staaten zueinander
bis hin zu einer Vereinigung kommen sollte, müssen die fortbestehenden »Rechte und Verantwortlichkeiten der Vier Mächte in Bezug auf
Deutschland als Ganzes und Berlin« berücksichtigt und respektiert
werden. Über die Köpfe der Deutschen hinweg durfte jedoch nichts
entschieden werden. Eine Rolle der Deutschen am »Katzentisch« war
völlig inakzeptabel. Wir hatten einen Anspruch darauf, gleichberech-
tigt mit am Tisch zu sitzen. Das Botschaftertreffen, das auch in der
deutschen Öffentlichkeit erheblichen Unmut auslöste, war ein großer
psychologischer Fehler. Immerhin bezeichnete der amerikanische
Botschafter das nach Treffen vor dem Kontrollratsgebäude gemachte
Foto als »the worst picture of the year«. Der amerikanische Außenminister James Baker versicherte seinem deutschen Kollegen, der sich
bei ihm beschwert hatte, so etwas werde sich nicht wiederholen.

Die mit dem Botschaftertreffen verfolgte Absicht stand auch
nicht im Einklang mit der grundsätzlichen amerikanischen Haltung.
Bereits bei seinem Besuch in Deutschland hatte Präsident Bush am
31. Mai 1989 erklärt: »The world has waited long enough. The time
is right. Let Europe be whole and free … We seek self-determinati-
on for all of Germany and all of Eastern Europe.« Dementsprechend
hatte Washington die friedliche Revolution in der DDR von Anfang
an positiv gesehen und begrüßt. Der Mauerfall wurde in der Öffent-

lichkeit der USA geradezu euphorisch gefeiert und löste eine breite
Sympathiewelle aus. Bereits Ende November 1989 legte sich der amerikanische Außenminister in einer öffentlichen Erklärung auf die
grundsätzliche Zustimmung seines Landes zur deutschen Vereinigung fest. Beim Zustandekommen der späteren Verhandlungen und
in deren Verlauf spielten die Vereinigten Staaten eine äußerst aktive
und konstruktive Rolle. Ich bin nach meinen persönlichen Erfahrungen fest davon überzeugt, dass ohne das klare amerikanische Engagement die deutsche Einheit jedenfalls nicht so und nicht so schnell erreicht worden wäre. Das in diesen Zeiten festzustellen, erscheint mir
wichtig.

Präsident Mitterand reagierte auf die Entwicklungen in Deutschland tief verunsichert. Seine Haltung war unklar und zwiespältig.
Er äußerte in Gesprächen massive Bedenken gegen eine baldige
Vereinigung. Vorrang müsse eine Festigung und Weiterentwicklung
der Europäischen Gemeinschaft haben, welche ein wiedervereinigtes
Deutschland auffangen könne, d. h. die deutsche Einheit könne erst am
Ende eines langen Prozesses stehen. Bezeichnend ist, dass Mitterand
der DDR vom 20. bis 22. Dezember 1989 einen offiziellen Besuch ab-
stattete. Die tieferen Gründe dafür sind mir bis heute unklar. Wahrscheinlich war dies aus seiner Sicht der Versuch, die DDR zu stabilisieren und konsolidieren.

In London bezog die britische Premierministerin Thatcher eine
klare Position: sie lehnte eine deutsche Vereinigung scharf ab. Ihr
Deutschlandbild war geprägt von ihren eigenen Erfahrungen während des Krieges und der Gegnerschaft ihres Landes und Deutschlands in beiden Weltkriegen. Sie befürchtete zudem eine Verstärkung
der nach ihrer Auffassung ohnehin bestehenden Dominanz Deutschlands in der Europäischen Gemeinschaft. Gegenüber Gorbatschow
formulierte sie ihre Haltung mit den Worten: »Although NATO tra-
ditionally made statements supporting Germany's aspiration to be
reunited, in practice we would not welcome it at all.« Wie eine britische Aktenpublikation belegt, war man im britischen Außenministerium überwiegend anderer Auffassung. Den Deutschen könne die
Selbstbestimmung nicht vorenthalten werden. Wenn das deutsche
Volk die Vereinigung wolle, sei dies zu respektieren.

Am 10. Februar 1990 besuchte Bundeskanzler Kohl, begleitet von Außenminister Genscher, die Sowjetunion. In einem Gespräch mit Gorbatschow erhielt er die Zusage, es sei allein Sache der Deutschen, darüber zu entscheiden, ob sie sich vereinigen wollten. In den ersten Wochen des Jahres 1990 war in der sowjetischen Führung offensichtlich die Entscheidung gefallen, sich dem Prozess der deutschen Einigung nicht länger entgegenzustellen. Angesichts dieser Änderung in der sowjetischen Position sahen London und Paris keine Möglichkeiten mehr, den Prozess aufzuhalten. Mitterand musste zur Kenntnis nehmen, dass seine vermutliche Erwartung, Gorbatschow werde ein Veto gegen die deutsche Vereinigung einlegen, sich als Illusion erwiesen hatte. Auch Frau Thatcher fügte sich schließlich in die Erkenntnis, dass nach dem sowjetischen Einlenken der Prozess nicht aufzuhalten sei.

Jetzt drängte die Zeit, möglichst bald zu entscheiden, in welchem Rahmen die Verhandlungen über die im Zusammenhang mit einer Vereinigung der beiden deutschen Staaten stehenden außenpolitischen Fragen geführt werden sollten. Der Abschluss eines Friedensvertrages schied für uns schon deshalb aus, weil dies bedeutet hätte, dass alle ehemaligen Kriegsgegner des Deutschen Reichs – um die 50 – mit am Verhandlungstisch gesessen hätten. Auch die KSZE mit ihren damals 35 Teilnehmerstaaten kam als Verhandlungsforum nicht in Betracht. So hatten wir in zahlreichen Gesprächen auf Minister- und Beamtenebene seit Jahresbeginn dafür geworben, dass sich die beiden deutschen Staaten mit den vier Mächten zusammensetzten, die noch besondere Rechte und Verantwortlichkeiten in Bezug auf Deutschland als Ganzes und Berlin hatten und die es zu beenden galt. Unsere Position wurde sehr nachdrücklich von US-Außenminister James Baker unterstützt. Eine Gelegenheit, sich förmlich darauf verständigen zu können, bot die Open Skies Konferenz der NATO und des Warschauer Paktes in Ottawa, die am 13. Februar 1990 begann, und auf der alle in Betracht kommenden Regierungen vertreten waren. In zahlreichen Gesprächen am Rand der Veranstaltung, über die keine Vermerke existieren, weil mir als der den Minister begleitende Beamte schlicht die Zeit fehlte, etwas festzuhalten, gelang es sich darauf zu verständigen, dass die Bundesrepublik Deutschland, die DDR, Frankreich, Großbritannien, die USA und die UdSSR

Gespräche aufnehmen über »die äußeren Aspekte der Herstellung der deutschen Einheit, einschließlich der Fragen der Sicherheit der Nachbarstaaten«. Damit war Verhandlungsformat und -mandat eindeutig beschrieben. Über die Vaterschaft der »Zwei-plus-Vier«-Formel gab es später unterschiedliche Auffassungen. Für mich steht fest: Die Väter waren Hans-Dietrich Genscher und James Baker. Der deutsche Außenminister, unterstützt von seinem amerikanischen Kollegen, insistierte zudem mit Erfolg, die beiden deutschen Staaten zuerst zu nennen und nicht umgekehrt, um deutlich zu machen, dass es zuvörderst ihre Sache sei, über ihr eigenes Schicksal zu verhandeln.

Organisation und Arbeitsweise der Verhandlungen, auf die wir uns verständigten, entsprach weitgehend unseren Vorstellungen. Verhandelt wird an einem runden Tisch (es gibt kein oben oder unten). Die Treffen der Außenminister werden auf hoher Beamtenebene vorbereitet und finden statt in den Hauptstädten der Teilnehmerstaaten, und zwar in der Reihenfolge des deutschen Alphabets, beginnend mit der Bundesrepublik Deutschland. Die Beamten kommen nur in Deutschland zusammen, alternierend zwischen Bonn und Ost-Berlin, jeweils unter deutschem Vorsitz.

Die generellen Zielvorgaben, mit denen wir in die Verhandlungen gingen waren:

- kein Friedensvertrag, sondern eine abschließende völkerrechtlich verbindliche Verständigung über die äußeren Aspekte der deutschen Vereinigung,
- volle Souveränität des vereinten Deutschland zum Zeitpunkt seiner Entstehung,
- Verbleib Deutschlands in der NATO, keine Neutralisierung oder Demilitarisierung,
- Regelung der Grenzfrage mit Polen,
- kein Sonderstatus oder Diskriminierung des vereinten Deutschland,
- Abzug der 380 000 sowjetischen Soldaten vom Gebiet der DDR innerhalb einer geregelten Frist.

Die sowjetische Seite bestand darauf, die Verhandlungen noch vor der ersten freien Volkskammerwahl am 18. März 1990, also noch mit der SED-Regierung zu beginnen. Als Kompromiss einigten wir uns auf ein vorbereitendes Treffen der Politischen Direktoren am 14. März 1990.

Die erste Außenministerkonferenz fand am 5. Mai 1990 im Weltsaal des Auswärtigen Amts in Bonn statt. Es handelte sich ohne Zweifel um das wohl bedeutendste Treffen der Außenminister auf deutschem Boden nach dem Krieg. Dementsprechend war die internationale Aufmerksamkeit riesig, die gesamte Weltpresse war vertreten. Zahlreiche Mitarbeiter des Auswärtigen Amts hatten sich an diesem Samstag als Zuschauer eingefunden, um das historische Ereignis mitzuerleben, als die Limousinen der Minister, vom Protokoll sorgfältig getaktet, im Innenhof vorfuhren.

In dem Treffen der Minister gelang es, die »äußeren Aspekte« zu konkretisieren und die Tagesordnung der weiteren Gespräche auf vier Bereiche zu beschränken:

- Grenzfragen
- Politisch-militärische Fragen
- Berlin-Probleme
- Schaffung einer abschließenden völkerrechtlichen Regelung und Ablösung der Viermächte-Rechte und -Verantwortlichkeiten.

Für Verunsicherung sorgte die sowjetische Forderung, die inneren und äußeren Aspekte der Herstellung der deutschen Einheit zu »entkoppeln«. Die Klärung der außenpolitischen Fragen daure länger als die Herbeiführung der inneren Einheit. Daher sei eine mehrjährige Übergangsperiode erforderlich, in der die Viermächte-Verantwortung fortbestehen solle. Nach internen, nicht unstrittigen Überlegungen lehnte die Bundesregierung diesen Vorschlag ab. Deutschland könne verlangen, dass es seine staatliche Einheit herstelle, ohne mit noch offenen Fragen belastet zu sein.

Verabredet wurden weitere Treffen für Juni in Ost-Berlin, für Juli in Paris, zu dem wegen der Grenzfrage auch der polnische Außenminister eingeladen werden sollte, und für September in Moskau. Wie

sich glücklicherweise herausstellte, bedurfte es keiner weiterer Treffen
auf Außenministerebene mehr.

Es würde zu weit führen, den Verlauf der Verhandlungen im einzelnen zu schildern. Als besonders schwierig erwiesen sich das Problem
der Bündniszugehörigkeit des vereinten Deutschlands und die Regelung der Grenzfrage mit Polen. Die NATO-Mitgliedschaft des vereinten Deutschland hatte der sowjetische Außenminister Schewardnadse
als die »Frage der Fragen« bezeichnet. Die Sowjetunion war hier
zum Opfer ihrer eigenen Propaganda geworden, welche jahrzehntelang ein Feindbild vom westlichen Verteidigungsbündnis gezeichnet
und ihm aggressive Absichten unterstellt hatte. Die Aufgabe bestand
also darin, die NATO zu »entdämonisieren« und eine Mitgliedschaft
Deutschlands durch politisch-militärische Regelungen »verdaulich«
zu machen. Dies war umso schwieriger, als die beiden deutschen Staaten keine einheitliche Position vertraten. Die sowjetische Seite hatte
immer wieder auf innenpolitische Empfindlichkeiten hingewiesen.
Die Schwäche der Sowjetunion bei den Verhandlungen bestand allerdings darin, dass sie kein klares Konzept hatte. Eine Mitgliedschaft
des vereinten Deutschland wurde zunächst klar als inakzeptabel abgelehnt. Mehr oder minder deutlich spielte man in Moskau mit dem
Gedanken einer Neutralität oder Blockfreiheit Gesamtdeutschlands.
Sodann wurde die Idee ventiliert, das vereinte Deutschland solle beiden Bündnissen, NATO und Warschauer Pakt angehören. In geduldi-
gen diplomatischen Gesprächen, an denen Außenminister Genscher
besonderen Anteil hatte, gelang es, die Haltung der Sowjetunion allmählich aufzuweichen. Die NATO sandte bei ihrem Außenministertreffen in Turnberry am 7. Juni 1990 und dem anschließenden Gipfel
in London am 6. Juli 1990 ein deutliches Signal an die Sowjetunion,
indem sie ihr »die Hand zur Freundschaft« reichte, Formulierungen,
die auf unsere Initiative in die Schlussdokumente Eingang gefunden
hatten.

Der Durchbruch gelang schließlich bei den Gesprächen des Bundeskanzlers und des Außenministers mit Gorbatschow im Kaukasus
am 16. Juli 1990. Die Ergebnisse lassen sich wie folgt zusammenfassen:

- Die Einigung Deutschlands umfasst die Bundesrepublik Deutschland, die DDR und ganz Berlin.
- Mit der Herstellung der Einheit Deutschlands werden die Viermächte-Rechte und -Verantwortlichkeiten beendet. Deutschland erhält zum Zeitpunkt seiner Vereinigung seine volle und uneingeschränkte Souveränität.
- Das geeinte Deutschland kann frei und selbst entscheiden, ob und welchem Bündnis es angehören will.
- Deutschland schließt mit der Sowjetunion einen Vertrag über die Abwicklung des Truppenabzugs aus der DDR.
- Während der Dauer der Anwesenheit sowjetischer Truppen auf dem Territorium der heutigen DDR werden keine Strukturen der NATO auf dieses Gebiet ausgedehnt.
- Für die Dauer der Anwesenheit sowjetischer Truppen auf dem Gebiet der heutigen DDR sollen die Truppen der drei Westmächte in Berlin verbleiben.
- Nach Abzug der sowjetischen Truppen aus dem Gebiet der heutigen DDR und aus Berlin können in diesem Teil Deutschlands auch der NATO angegliederte Truppen stationiert werden. Ausländische Truppen und Atomwaffen sollen nicht dorthin verlegt werden.
- Die Streitkräfte des vereinten Deutschland sollen innerhalb von drei bis vier Jahren auf 370 000 Mann reduziert werden.
- Das vereinte Deutschland wird auf die Herstellung, Besitz und Verfügung von ABC-Waffen verzichten.

Mit dieser Einigung war die Frage der polnischen Westgrenze noch nicht endgültig geregelt. Gelegenheit dazu ergab sich bei dem Außenministertreffen am 17. Juli 1990 in Paris, zu dem der polnische Außenminister Skubiszewski, wie bei dem ersten Außenministertreffen in Bonn vereinbart, eingeladen worden war. Die Schwierigkeit, mit Polen zu einer Verständigung in der Grenzfrage zu gelangen, wird oft unterschätzt. Der Weg zu einer Einigung erwies sich als äußerst kompliziert.

Nach polnischen Vorstellungen sollte ein Grenzvertrag mit den beiden deutschen Staaten bis zu dieser Außenministerkonferenz ausgehandelt werden, der dann von den Ministern gebilligt worden

wäre. Der französische Außenminister Roland Dumas unterstützte
diese Idee nachdrücklich. Aus Gründen deutscher Innenpolitik erwies sich ein solches Vorgehen als nicht möglich. Um polnische Besorgnisse auszuräumen, entstand die Idee gleichlautender Resoluti-
onen beider deutscher Parlamente. Die förmlichen Erklärungen des
Bundestages und der Volkskammer mit der Verpflichtung, dass die
bestehende deutsch-polnische Grenze in einem völkerrechtlich verbindlichen Vertrag bekräftigt werden solle, wurden am 22. Juni 1990
verabschiedet. Die polnische Regierung betrachtete diesen Schritt als
nicht ausreichend und forderte, dass die abschließende Regelung erst
dann in Kraft treten könne, wenn der deutsch-polnische Grenzvertrag ratifiziert worden sei. Am Ende des Ringens zwischen dem deutschen und polnischen Außenminister stand eine Einigung, wie sie in
Art. 1 des Vertrages ihren Niederschlag gefunden hat. Normalerweise
hätte es genügt, festzuschreiben, dass das vereinte Deutschland und
die Republik Polen die zwischen bestehende Grenze in einem völkerrechtlich verbindlichen Vertrag bestätigen werden. Das reichte aber
nicht. Darüber hinaus wird gesagt, welche Gebiete vereinigt werden,
nämlich die Bundesrepublik Deutschland, die DDR und Berlin und
dass die Außengrenzen des so entstehenden Gebiets endgültig sein
werden. Ferner erklärt das vereinte Deutschland, dass es keinerlei
Gebietsansprüche gegen andere Staaten hat und solche auch in Zukunft nicht erheben wird. Nicht genug damit: Es wird zugesichert,
dass die Verfassung des vereinten Deutschland so verändert wird,
dass sie keine Bestimmungen enthält, die mit diesen Prinzipien unvereinbar sind. Und um das Ganze feierlich zu besiegeln, erklären
die vier Mächte, dass sie die Verpflichtungen und Erklärungen der
beiden deutschen Staaten förmlich entgegen nehmen. Eine von Polen
verlangte »Garantie« der vier Mächte war von uns abgelehnt worden.
Dieses komplizierte Ergebnis ist Ausdruck einer äußerst schwierigen
politischen und psychologischen Lage. Es bedurfte geduldiger Überzeugungsarbeit und Einfallsreichtum, um es zu erreichen.

Um die Vereinbarungen, die auf politischer Ebene erzielt worden
waren, in Vertragsform zu bringen, benötigten wir auf Beamtenebene
vier Tage intensiver Verhandlungen, die Anfang September 1990 in
Ost-Berlin stattfanden. Abweichend von der vereinbarten Regel war

mir der Vorsitz übertragen worden. Mitte August war die Koalition in der DDR auseinander gebrochen. Ministerpräsident Lothar de Maizière hatte auch das Außenministerium übernommen, ein eingearbeiteter Mitarbeiter auf der Leitungsebene für die Verhandlungen war aber nicht vorhanden. Am Ende teilweise kontroverser Diskussionen blieben zwei Punkte offen: Wenn auf dem Gebiet der DDR keine Atomwaffen oder deren Träger stationiert werden dürfen, wie steht es mit doppelt verwendbaren Waffensystemen? Und: Wenn ausländische Streitkräfte in diesem Teil Deutschlands weder stationiert noch dorthin verlegt werden dürfen, sind Manöver solcher Streitkräfte zulässig? Die Sowjetunion lud zu einem Außenministertreffen mit anschließender Unterzeichnung des Vertrages am 12. September 1990 nach Moskau ein. Ein Beamtentreffen sollte am Vortage stattfinden, um eine Regelung der noch offenen Fragen zu vereinbaren.

Die Frage der doppelt verwendbaren Waffensysteme ließ sich relativ leicht lösen, indem man auf Formulierungen zurückgriff, die in Abrüstungsabkommen verwandt worden waren. Eine endlose und hitzige Auseinandersetzung folgte darüber, was unter dem Wort »verlegt« zu verstehen sei. Die britische Seite beharrte darauf, dass Manöver ausländischer Streitkräfte möglich sein müssten. Ich verwies darauf, dass es Sache der dann souveränen gesamtdeutschen Regierung sei, darüber unter Berücksichtigung der Sicherheitsinteressen aller Vertragsparteien zu entscheiden. Wir gingen gegen 22 Uhr ohne Ergebnis auseinander. Ins Hotel zurückgekehrt, erreichte mich ein Anruf meines sowjetischen Kollegen Kwitzinski, der mir mitteilte, Außenminister Schewardnadse habe die für den nächsten Tag vorgesehene Unterzeichnung mangels Einigung auf einen Vertragstext abgesagt. Als ich Außenminister Genscher, der wenig später gut gelaunt von einem Essen mit seinem britischen Kollegen Douglas Hurd heimkehrte, diese Nachricht überbrachte, wurde er blass und entschied, sofort mit dem amerikanischen Außenminister James Baker zusammenzutreffen. Nach Auskunft des amerikanischen Delegationsbüros hatte dieser sich bereits schlafen gelegt. Wir fuhren trotzdem los in das Hotel, in dem die US-Delegation untergebracht war, und führten das Gespräch mit ihm, der geweckt worden war und uns in Pyjama und Morgenmantel in seinem Zimmer erwartete. Unser Vorschlag, die Entscheidungsfreiheit der deutschen Regierung in einer Protokollnotiz zum Vertrag festzuhalten, fand seine Zustimmung. Er sagte ferner zu, sich für diese Lösung gegenüber den Briten und den Sowjets einzusetzen. Nach der Rückkehr ins Hotel bat mich der Außenminister, Ministerpräsident de Maizière zu unterrichten, der die Entwicklung nur so fassungslos wie wir zur Kenntnis nehmen konnte. Am nächsten Morgen war die von mir in der Nacht entworfene Protokollnotiz zunächst Gegenstand eines Treffen der Vier in der französischen Botschaft. Baker konnte seine britischen und französischen Kollegen überzeugen, diesen Weg zu beschreiten. In einem anschließenden Gespräch Bakers und Genscher mit Schewardnadse erteilte auch dieser seine Zustimmung. So wurde schließlich der Weg freigemacht für die Unterzeichnung der abschließenden Regelung in Anwesenheit von Gorbatschow. Welche Gründe die Briten veranlassten, diese Haltung einzunehmen, ist mir bis heute unklar. Mutmaßungen, hier sei von Downing Street Nr. 10 unmittelbar eingegriffen worden, um in letzter Minute eine Einigung zu verhindern, halte ich für reine Spekulation.

Der Vertrag sollte, so war es vereinbart, nach Hinterlegung der letzten Ratifikationsurkunde in Kraft treten. Das allerdings hätte ein Fortbestehen der Viermächte-Rechte und Verantwortlichkeiten bis zu diesem Zeitpunkt bedeutet, obwohl die innerstaatliche Vereinigung bereits vollzogen war. Daher wurde beschlossen, die Vorbehaltsrechte bereits mit Wirkung vom Zeitpunkt der Vereinigung Deutschlands zu suspendieren. Für die Unterzeichnung einer solchen Erklärung bot das KSZE-Außenministertreffen am 1. Oktober 1990 in New York die Gelegenheit. Der Rückflug über Nacht brachte uns zeitig zu den Vereinigungsfeierlichkeiten nach Berlin zurück, nicht ohne zuvor einen Zwischenstopp in Halle einzulegen, wo Hans-Dietrich Genscher als Sohn der Stadt gebührend bejubelt wurde. Erschöpft und glücklich erlebte ich nach dem Konzert mit der 9. Symphonie von Beethoven im Konzerthaus am Gendarmenmarkt unter Leitung von Kurt Masur die Nacht vom 2. auf den 3. Oktober 1990 im Reichstag.Die Präambel des Vertrages lenkt den Blick auch nach vorn und weist in die Zukunft. Als Selbstbindung enthält sie programmatische Aussagen zur Außenpolitik des vereinten Deutschlands, die bis heute fortwirken. Die Sprache des Grundgesetzes aufnehmend bekennen sich beide deutsche Staaten zur Charta der Vereinten Nationen, zur KSZE-Schlussakte von Helsinki und zum Aufbau einer gerechten, dauerhaften Friedensordnung in Europa. Sie verpflichtet Deutschland zu einer Politik des Friedens. Feierlich wird zum Ausdruck gebracht: Der Platz des vereinten Deutschlands ist in Europa. Aktueller geht es nicht.

Der »Vertrag über die abschließende Regelung in Bezug auf Deutschland« wurde 2011 von der UNESCO in das Weltdokumentenerbe »Memory of the World«, das dokumentarische Zeugnisse für politische und kulturelle Wendepunkte der Menschheitsgeschichte enthält, aufgenommen.

Wirtschaft – Schlüssel zur Zukunft
Johannes Ludewig

Politischer Neubeginn – schneller als gedacht[1]

Dienstag, 19. Dezember 1989. Um 9.30 Uhr landet das Flugzeug des
Bundeskanzlers auf dem Flughafen Dresden-Klotzsche. Auf dem
Rollfeld wartet Hans Modrow, langjähriger Chef der SED-Bezirks-
leitung Dresden und seit dem 13. November Nachfolger Willi Stophs
als Ministerpräsident der DDR. Als sich die Tür unseres Flugzeugs
öffnet und wir auf dem Flugfeld stehen, sind wir völlig überrascht.
Wohin man schaut, überall drängen sich Menschen, nicht nur vor den
Flughafengebäuden, sondern auch auf den Dächern. Mit solch einem
Empfang hatte niemand gerechnet!

In der Stadt warten vor dem Hotel Bellevue wieder Tausende von
Menschen. Die Wagen haben Mühe, den Hoteleingang zu erreichen.
Als der Bundeskanzler aus dem Auto steigt, wird er mit Beifall und
Willkommensrufen überschüttet. Er winkt, sichtlich beeindruckt
von diesem überaus herzlichen Empfang, schüttelt Hände und betritt
zusammen mit Hans Modrow das Hotel. Wir in den dahinter stehenden Autos haben Mühe, an den vielen begeisterten Menschen vorbei
den Hoteleingang zu erreichen.

Wir treffen uns im Hotelzimmer des Bundeskanzlers. Alle haben
das Gefühl, erst einmal durchatmen zu müssen. Und uns allen ist
bewusst geworden, dass es in der Bevölkerung der DDR offenbar viel
größere Erwartungen gibt, als wir bisher angenommen haben, wie
immer diese auch im Einzelnen aussehen mögen.

Nach einem Vier-Augen-Gespräch zwischen dem Bundeskanzler
und Ministerpräsident Modrow beginnt das Delegationsgespräch.
Der DDR-Ministerpräsidenten ist vor allem besorgt über die sich

---

1 Zu diesem Abschnitt vergleiche auch: Johannes Ludewig, Unternehmen Wiedervereinigung, Hamburg 2015, S. 208–212.

spürbar verschlechternde Wirtschaftslage und verlangt einen »Lastenausgleich« von 15 Milliarden DM für 1990 und 1991. Ansätze zu einem
wirtschaftlichen Reformkonzept sind aus seinen Worten nicht zu
erkennen. Der Bundeskanzler verweist seinerseits auf die Bedeutung
des historischen Augenblicks und die großen Erwartungen der Menschen. Es gebe Punkte, bei denen elementare Unterschiede bestünden,
bei anderen könne er sich durchaus Gemeinsamkeiten vorstellen. Ein
»Lastenausgleich« komme schon deshalb nicht in Frage, weil es dafür
keine Begründung gebe, der Begriff sei einfach falsch. Für Finanz-
hilfen in der angedeuteten Milliarden-Größenordnung müssten von
DDR-Seite erst die notwendigen Voraussetzungen geschaffen werden,
damit das Geld nicht einfach verschwinde, sondern die anvisierte
Wirkung auch erreicht werden könne. Vereinbart werden ein gemeinsamer Reisedevisenfonds mit 2 Milliarden DM, die Ausweitung des
Kreditrahmens für Lieferungen in die DDR auf 6 Milliarden DM und
die Aufstockung der sogenannten ERP-Kredite für Investitionen in
der DDR um 2 Milliarden DM. Dem stehen auf der DDR-Seite die
Abschaffung von Visumspflicht und Zwangsumtausch gegenüber,
auch die Freilassung der politischen Häftlinge vor Weihnachten wird
zugesagt. Und die Übereinkunft, das Brandenburger Tor am 22. Dezember, also drei Tage später, nach fast dreißig Jahren wieder für Fuß-
gänger zu öffnen.

Nach Delegationsgespräch und anschließender Pressekonferenz
gehe ich langsam hinüber zur Ruine der Frauenkirche. Inzwischen ist
es dunkel geworden. Auf dem großen Platz ist eine unübersehbare
Menge von Menschen versammelt – ein Meer von schwarz-rot-goldenen und weiß-grünen Fahnen. Im Scheinwerferlicht sieht man
die Holztribüne vor der Ruine der Frauenkirche. Der Bundeskanzler
kommt gleich nach seiner Begrüßung auf den gewaltlosen Umbruch
in Ostdeutschland zu sprechen: »Das Zweite, was ich sagen möchte,
ist ein Wort der Anerkennung und der Bewunderung für diese friedliche Revolution in der DDR. Wir erleben, dass eine solche Umwäl-
zung sich zum ersten Mal in der deutschen Geschichte so gewaltlos,
mit so großem Ernst und im Geist der Solidarität vollzieht. Dafür
danke ich Ihnen allen sehr, sehr herzlich.« Und er fährt fort: »Es ist
eine Demonstration für Demokratie, für Frieden, für Freiheit und für

die Selbstbestimmung unseres Volkes. Und, liebe Freunde, Selbstbe-stimmung heißt für uns – auch in der Bundesrepublik –, dass wir Ihre Meinung respektieren. Wir wollen und wir werden niemanden bevor-munden. Wir respektieren das, was Sie entscheiden für die Zukunft des Landes. … Wir lassen unsere Landsleute in der DDR nicht im Stich. Und wir wissen – und lassen Sie mich das auch hier, angesichts dieser Begeisterung, die mich so erfreut, sagen –, wie schwierig dieser Weg in die Zukunft ist. Aber ich rufe Ihnen auch zu: Gemeinsam wer-den wir diesen Weg in die deutsche Zukunft schaffen!«

Die Menschen auf dem großen Platz hören aufmerksam zu. Wel-che Gefühle sie bewegen, ist nicht ohne weiteres zu erkennen. Ich stehe mitten in der Menge, etwa hundert Meter von der Sprecherplatt-form entfernt. Hoffnung ist das, was sich auf den meisten Gesichtern widerspiegelt, kein überschäumender Enthusiasmus. Ich merke, dass der Bundeskanzler die Menschen mit seinen Worten erreicht, eine Mischung aus realistischer Situationsbeschreibung und begründeter Zuversicht, aus Unterstützungsversprechen, aber auch deutlichen Hinweisen auf den schwierigen Weg in die Zukunft. Immer wieder unterbricht Beifall seine Rede. Am Ende merkt jeder, dass der Bun-deskanzler Mühe hat, seine Rede zu beenden, die Emotion dieses Augenblicks erreicht auch ihn. Er schließt mit den Worten: »Gott segne unser deutsches Vaterland!« Beifall, Winken, Fahnenschwen-ken, Helmut-Rufe – das alles scheint nicht enden zu wollen.

Am Abend lädt der Bundeskanzler die kleine Truppe von Mitar-beitern und Delegationsmitgliedern noch zu einem abschließenden Glas Wein ein. Das Gespräch dreht sich natürlich um das gerade Erlebte, die bewegenden Erfahrungen dieses Tages, die wir uns alle heute Morgen auf dem Flug hierher nicht hätten vorstellen können. »Die Fantasie ist von der Realität überholt worden«, wie es einer un-serer Gesprächsteilnehmer im Tagesverlauf treffend auf den Punkt gebracht hat. Auch der Bundeskanzler ist sichtlich berührt. Sein Fazit: »Das läuft. Ich glaube, das ist nicht mehr aufzuhalten, die Menschen wollen das. Das Regime ist definitiv am Ende.« Wir alle spüren, dass die politische Neuorientierung und Neugestaltung in Deutschland vielleicht viel schneller gehen könnte als bisher gedacht.

Die Wiedervereinigung – ein Traum wird Wirklichkeit[2]

Am 1. Oktober beginnt in Hamburg, meiner Heimatstadt, der Vereinigungsparteitag der CDU. Nach einem Besuch bei meinen Eltern fahre ich zum Kongresszentrum am Dammtor-Bahnhof. Die Stimmung bei den Delegierten erreicht ihren Höhepunkt, als die CDU-Landesverbände der wiedererstandenen ostdeutschen Länder ihren Beitritt zur Christlich-Demokratischen Union Deutschlands erklären. Viele haben Tränen in den Augen – unbeschreibliche Augenblicke des Glücks! »Einigkeit und Recht und Freiheit für das deutsche Vaterland …«, nie wurde die Nationalhymne auf einem Parteitag mit so viel Gefühl und Überzeugung gesungen. Als wir das Kongressgebäude verlassen, schaue ich hinüber nach »Planten un Blomen«, eine wunderschöne Parkanlage im Herzen der Hansestadt, die in meiner Kinderzeit in den fünfziger Jahren aus einer Trümmerlandschaft neu geschaffen wurde. So wie damals hat auch heute hier ein wirklicher Neubeginn stattgefunden.

Und dieser Tag, der 2. Oktober 1990, ist noch nicht zu Ende. Ich fliege in der Bundeswehrmaschine des Bundeskanzlers zusammen mit einigen Ministern und Kollegen von Hamburg nach Berlin – der erste Direktflug eines Bundeskanzlers mit einem deutschen Flugzeug nach Berlin seit dem Zweiten Weltkrieg! Wir landen in Berlin-Tempelhof und fahren von dort in die Stadt.

Um 21 Uhr beginnt der Festakt im Schauspielhaus am Gendarmenmarkt. Ministerpräsident Lothar de Maizière würdigt diesen historischen Augenblick. Er bringt zum Ausdruck, was alle empfinden:

»Das Ende der DDR ist gleichzeitig eine große Wende zum Positiven, wie sie die Geschichte nur selten bereithält. Wir haben wirklich allen Anlass zu Freude und Dankbarkeit. Es ist uns gegeben, die Einheit in Frieden und Freiheit zu erreichen, im Einvernehmen mit unseren Partnern und Nachbarn. Wir können einen neuen Anfang machen. Seine Vorzeichen sind

---

2 Zu diesem Abschnitt vergleiche auch: Johannes Ludewig, Unternehmen Wiedervereinigung, Hamburg 2015, S. 100–103.

- die Freiheit, die wir selbst erstritten haben,
- die Einheit, die wir gewollt haben,
- das Recht, das wir zu lange entbehren mussten, und
- die Menschenwürde, die uns neu gegeben ist. …

Nicht was wir gestern waren, sondern was wir gemeinsam sein wollen, vereint uns zum Staat.

Von morgen an wird es ein geeintes Deutschland geben. Wir haben lange darauf gewartet. Wir werden es gemeinsam prägen. Wir freuen uns darauf.«

Dann lässt das Gewandhausorchester unter Leitung von Kurt Masur Ludwig van Beethovens 9. Symphonie erklingen. Wie könnte das, was die Menschen hier im Konzertsaal ebenso wie draußen im Land empfinden, besser zum Ausdruck gebracht werden? »Freude schöner Götterfunken …« – viele singen am Ende mit.

Noch benommen von diesen Gedanken und Empfindungen verlasse ich das Schauspielhaus. Eine Autokolonne bringt uns – wegen der vielen Menschen auf den Straßen mit langsam-würdiger Geschwindigkeit – zum Reichstag. Als es auf Mitternacht zugeht, versammeln sich die Spitzen der Republik, viele Abgeordnete, Mitstreiter aus den unzähligen Besprechungen und Verhandlungen der letzten Monate, auf den Stufen auf der Westseite des Reichtags. Davor eine unübersehbare Menschenmenge, ungezählte Fahnen und winkende Hände. Eine einzigartige Mischung aus festlicher Feierlichkeit und jubelnder Freude. Als um Mitternacht die Bundesflagge hochgezogen wird und Helmut Kohl, Lothar de Maizière, Richard von Weizsäcker, Willy Brandt und Hans-Dietrich Genscher ganz nach vorn treten, singen wir alle das Deutschlandlied. Der Jubel kennt keine Grenzen.

Auf einer der oberen Stufen erkenne ich Detlev Rohwedder, den Chef der Treuhandanstalt. Ich gehe zu ihm, und wir sprechen über diesen einzigartigen Augenblick. Ich frage ihn, wie er die wirtschaftliche Entwicklung in den kommenden Monaten einschätzt. Nach einigen Momenten des Überlegens sagt er: »Da kommen eine Menge Probleme, wir haben zweifellos eine sehr schwierige Phase vor uns, 1,7 Millionen Kurzarbeiter sprechen eine klare Sprache. Aber«, und jetzt schaute er mir direkt in die Augen, »alles, was ich bisher in den

Unternehmen und Betrieben gesehen habe, vor allem die Menschen, die ich getroffen habe, ihre Entschlossenheit zu einem wirklichen Neubeginn, all das gibt mir das sichere Gefühl: Wir schaffen es!« In seiner unnachahmlichen, jungenhaften Weise lächelt er mir zu, winkt und verschwindet in der Menschenmenge.

Ich schaue noch einmal auf die jubelnde, fahnenschwenkende Menschenmenge, drehe mich um und betrete das Reichstagsgebäude. Ich gehe den mir von früheren Besuchen vertrauten langen Gang entlang und schaue auf der gegenüberliegenden Seite aus dem Fenster auf das Reichstagspräsidentenpalais – genauer: dorthin, wo zwischen Reichstag und dem Palais die Mauer verlief. Wie oft habe ich in den letzten Jahren an dieser Stelle gestanden und auf die Mauer und über sie hinweg geschaut – so nah und alles dahinter doch so unerreichbar weit entfernt. Und jetzt ist diese Mauer verschwunden, alles ist offen, die Menschen bewegen sich hin und her, als ob es diese Mauer nie gegeben hätte. Wie hatte der Bundeskanzler vor wenigen Stunden doch im Fernsehen gesagt: »Ein Traum ist Wirklichkeit geworden.« Wo ist dies wahrer als hier!

Es ist gegen 2 Uhr nachts, als wir im Dienstzimmer des Bundeskanzlers im zweiten Stock des Reichstags noch zusammensitzen. Helmut Kohl und Lothar de Maizière mit ihrer Begleitung. Aus dem Kanzleramt sind Horst Teltschik und Eduard Ackermann, Juliane Weber und Norbert Prill, Wolfgang Bergsdorf und ich mit dabei. Draußen auf dem weiten Platz vor den großen Treppen zum Reichstag feiern immer noch Tausende von Begeisterten. Immer wieder muss sich der Bundeskanzler am Fenster zeigen, immer wieder brandet Beifall auf. Noch nie hatte ich dieses Gefühl, mit dabei zu sein, wenn Geschichte eine neue Wendung nimmt, wenn ein neues Kapitel aufgeschlagen wird. Die Seiten dieses Kapitels sind noch unbeschrieben. Es liegt auch mit an uns, was später dort stehen wird.

Gegen halb drei machen wir uns auf den Weg zurück zum Hotel. Straßen und Plätze sind mit Scherben übersät. Das tut unseren Gefühlen keinen Abbruch. Die Wiedervereinigung Deutschlands ist Wirklichkeit.

Abstimmung mit den Füßen – die Zukunft hat schon begonnen

Als die Mauer am 9. November 1989 fiel, gehörte ich zu derjenigen, die sich im Bundeskanzleramt um wirtschaftspolitische Fragen kümmern. Über Nacht fiel auch mir die Aufgabe zu, nach Ideen und Konzepten zu suchen, wie es wirtschaftlich weitergehen soll in einem Deutschland, dessen beide Teile enger zusammenrücken werden, in welcher Weise und in welchem Tempo auch immer. Spätestens seit dem Besuch des Bundeskanzlers in Dresden am 19. Dezember 1989 ahnten wir im Kanzleramt, wie hoch die Erwartungen der Menschen in Ostdeutschland waren. Wenige Tage später begann bereits die Zahl derer, die nicht warten wollen, die im Osten ihre Koffer packen, um im Westen eine bessere Zukunft für sich suchen, rasant in die Höhe zu schnellen. Hinzu kam die Unsicherheit, wie es politisch weitergeht. Wird Gorbatschow es zulassen, dass die innerdeutsche Grenze – und damit auch die Grenze des Kalten Krieges zwischen Ost und West – ihre Bedeutung verliert? Welche Rolle spielen 370 000 sowjetische Soldaten, die in der DDR stationiert sind? Wie viel Zeit haben wir, um den Weg zu einer Vereinigung der beiden Teile Deutschlands unumkehrbar zu machen? Und – für uns als Ökonomen besonders wichtig – mit welchen wirtschaftlichen Realitäten haben wir es in der DDR eigentlich jetzt zu Beginn des Jahres 1990 zu tun?

Die Wirtschaft der DDR – Dichtung und Wahrheit

Als wir uns in Kanzleramt und Bundesministerien nach dem Fall der Mauer auf die Suche nach der Realität der ostdeutschen Wirtschaft machten, fanden wir nach einigen Irrungen und Wirrungen und vielen geschönten und gefälschten Statistiken ein wichtiges Dokument: den sog. Schürer-Bericht vom 27. Oktober 1989. Gerhard Schürer, Chef der staatlichen DDR-Planungskommission und Mitglied des ZK der SED, hatte nach dem Rücktritt Erich Honeckers von Egon Krenz den Auftrag bekommen, aufzuschreiben, wie es denn tatsächlich um die DDR-Wirtschaft bestellt sei.

Sein Fazit – wohlgemerkt vor dem Fall der Mauer: »Die Zahlungs-
fähigkeit der DDR im Handel mit dem NSW (dem Nicht Sozialistischen Wirtschaftsgebiet) ist dadurch gekennzeichnet, dass wir zur
Einhaltung unserer Zahlungsverpflichtungen aus Krediten und Zinsen sowie zur Durchführung jährlicher Importe bereits jetzt weitestgehend von kapitalistischen Kreditgebern abhängig sind.«

Auf eine Kurzformel gebracht: Die DDR war aus eigener Kraft
wirtschaftlich nicht mehr handlungsfähig.

Wieder einige Wochen später wurde mir dies bei einem Besuch
in Bitterfeld am Beispiel der Chemie anschaulich bestätigt: 1970 arbeiteten – so wurde mir erläutert – in der DDR-Chemie 10 000 Menschen für laufende Reparaturen; 1988 mussten bereits 60 000, ein
Fünftel aller Beschäftigten dieser Branche, aufgeboten werden, um
diese Industrie noch am Laufen zu halten. Es hatte über Jahre und
Jahrzehnte einfach viel zu wenig Geld gegeben für Investitionen in
Maschinen und Anlagen, vom Umweltschutz ganz zu schweigen – mit
dem Ergebnis, dass jede Art von Wirtschaftlichkeit und Umweltver-
träglichkeit längst verloren gegangen war.

Hinzu kam jetzt zur Jahreswende 1989/1990 eine andere, neue
Realität: Die Menschen in der DDR wollten das alte System nicht
mehr – politisch genauso wenig wie wirtschaftlich, sie wollten die
politische Freiheit, und sie wollten die D-Markt, von der sie sich ein
besseres Leben erwarteten und die Chance, Grenzen zu überqueren
und die ihnen bisher verschlossene freie Welt kennenzulernen.

Die Volkskammerwahl am 18. März ergab ein überraschend klares
Votum für dieses Ja zur Freiheit und zur D-Mark. Alle Zwischentöne – wie
etwa die Position vieler Bürgerrechtler für eine längere Eigenständigkeit
der DDR – wurden an der Wahlurne mit 2,9 % von den Menschen in der
DDR zu einer politischen Marginalie heruntergestuft. Das Ergebnis war
die deutsch-deutsche Währungs-, Wirtschafts- und Sozialunion. Die
vorangegangenen Verhandlungen waren nicht einfach, vor allem zum
Umtauschverhältnis D-Mark gegen Ost-Mark. Die ostdeutsche Seite
verlangte – wie schon im vorangegangenen Wahlkampf zur Volkskammerwahl – fast ultimativ 1:1. Die westdeutsche Seite war zurückhaltender
– nicht wegen mangelnder Großzügigkeit, sondern wegen der absehba-
ren Probleme für die Wettbewerbsfähigkeit der ostdeutschen Wirtschaft.

Das Ergebnis ist bekannt – es blieb beim Umtausch 1:1 für alle laufenden Zahlungen wie Löhne, Mieten u. ä.. Die westdeutsche Seite – ich gehörte damals zur Verhandlungsdelegation – hatte letztendlich zugestimmt, denn alle Modellrechnungen zeigten, dass ein ungünstigeres Umtauschverhältnis – ausgehend von den niedrigen Nominallöhnen in der DDR – für sehr viele Menschen in Ostdeutschland zu Löhnen unterhalb des Sozialhilfeniveaus geführt hätte. Und selbst wenn man dies für einen Augenblick als denkbar unterstellte, hätte dies mit Sicherheit die Zahl der Übersiedler von Ost nach West erneut sprunghaft nach oben getrieben, ebenso wie den Druck zu noch schnelleren Lohnerhöhungen in Ostdeutschland. Genau dies sollte ja versucht werden, mit Hilfe der Währungsunion so weit wie möglich zu vermeiden bzw. zu begrenzen. Allerdings, auch die mit dem Umtausch 1:1 erwarteten Wettbewerbsprobleme vieler DDR-Unternehmen in einem jetzt offenen Weltmarkt stellten sich umgehend ein. Sie hätten sich aber aller Voraussicht nach ohnehin sehr bald bemerkbar gemacht, weil viele DDR-Produkte im Jahr 1990 nicht nur in preislicher Hinsicht sondern auch in ihrer Qualität und ihrem technologischen Stand – von Ausnahmen abgesehen – nur begrenzt den Anforderungen des Weltmarktes entsprachen. Wie dem auch sei, es gab einfach keine ideale Lösung, die allen Wünschen und Befürchtungen gleichzeitig gerecht wurde.

Es gab aber noch einen weiteren drängenden Grund für die schnelle Verwirklichung der Währungs- und Wirtschaftsunion, der meistens vergessen wird: 370 000 sowjetischen Soldaten in der DDR. Die Frage, die uns umtrieb, war: Was würden diese Soldaten und ihre Kommandeure tun, wenn sich die Mehrheitsverhältnisse im Zentralkomitee in Moskau plötzlich ändern würden? Wer zurückdachte an den 17. Juni 1953, hatte eine klare Vorstellung von dem Risiko, mit dem wir es hier zu tun hatten. Keiner wusste damals, wie lang das Zeitfenster offen bleiben würde, das sich im Februar 1990 mit Gorbatschows grundsätzlichem Ja zur Wiedervereinigung geöffnet hatte.

Es galt also, so schnell wie möglich neue, feste Klammern zwischen den beiden Teilen Deutschlands zu installieren, um eine Rückkehr zu Mauer und Stacheldraht unmöglich zu machen. Und der Putsch gegen Gorbatschow im August 1991, also gerade einmal ein gutes Jahr

nach Inkrafttreten der deutsch-deutschen Währungsunion, hat dieses
Gefühl, dass die Gunst der Stunde schnell und konsequent genutzt
werden musste, im Rückblick mehr als nachdrücklich bestätigt. Es
bleibt das große Verdienst Helmut Kohls und Lothar de Maizières, die
historische Chance, die sich aus dem Fall der Mauer für Deutschland
ergeben hat, erkannt und genutzt zu haben: In weniger als 11 Monaten
vom Fall der Mauer am 9. November 1989 bis zur Wiederherstellung
der Deutschen Einheit am 3. Oktober 1990, und zwar in Übereinstim-
mung zwischen Ost und West und mit allen unseren Nachbarn. Wer
hätte das im November 1989 für möglich gehalten?

Gemeinsam viel erreicht – Grund für Stolz und Respekt in Ost und West

Mein persönliches Fazit: Bei allen Unzulänglichkeiten haben wir allen
Grund, stolz auf das Erreichte zu sein – und zwar gemeinsam in Ostdeutschland genauso wie in Westdeutschland. Beide Teile Deutschlands haben in den zurückliegenden 28 Jahren Außerordentliches und
Ungewöhnliches geleistet:

Der **Osten** hat eine historisch einzigartige Transformationsleistung
erbracht, er hatte einen noch nie dagewesenen wirtschaftlichen, gesellschaftlichen und sozialen Umbruch zu bestehen, von dem man
sagen kann, dass nahezu nichts so geblieben ist, wie es vorher war.
Das war eine enorme Belastung und zugleich eine enorme Leistung,
wirtschaftlich, gesellschaftlich und vor allem für jeden einzelnen ganz
persönlich. Von außen gesehen war es eine Leistung, die weltweit
ihresgleichen sucht.

Der **Westen** wiederum hat seine Solidarität unter Beweis gestellt,
indem er Finanzmittel in Größenordnungen mobilisiert hat, die für
mich bis dahin nicht vorstellbar gewesen waren. Je nachdem, welchen
Zeitraum man zugrunde legt, dürften es 1000 oder 1500 Milliarden
DM gewesen sein – davon knapp die Hälfte für Infrastruktur und
Unternehmensinvestitionen, gut die Hälfte für soziale Leistungen, um
diesen dramatischen wirtschaftlichen Umbruch im Zeitraffertempo
für die betroffenen Menschen überhaupt erträglich zu machen.

Beide Leistungen stehen nicht nur neben einander, sondern bedingen einander – ohne massive Finanzmittel, ohne umfassende Investitionen in allen Bereichen und ohne Sozialleistungen, die in dieser Größenordnung alles bisher Dagewesene hinter sich ließen, wäre es nicht gegangen.

Aber ohne die Menschen, die diese gewaltigen Veränderungen vor Ort bestanden und durchgetragen haben, hätte der Neubeginn ebenfalls nicht stattfinden können. Ohne dieses Mit-Tun so vieler – Neu-Unternehmer ebenso wie Betriebsleiter und Führungskräfte, Arbeitnehmer ebenso wie Betriebsräte und Gewerkschaftler – wäre alles andere nichts gewesen. Denn was nützen noch so viele Milliarden auf dem Regierungskonto, wenn keiner mitmacht? Wir alle haben also guten Grund, stolz auf das zu sein, was wir gemeinsam zustande gebracht haben – in Ost und West gleichermaßen.

Die aktuelle öffentliche Diskussion hierzulande zeigt allerdings, dass dieser Stolz auf das gemeinsam Geleistete bei vielen Menschen, vor allem in Ostdeutschland, heute nicht im Vordergrund steht. Im Gegenteil. Zu viele fühlen sich als Verlierer und als Zu-Kurz-Gekommene, als Deutsche zweiter Klasse, ohne Einfluss auf das, was in Wirtschaft, Gesellschaft und Politik in unserem Land geschehen ist und weiterhin geschieht – und werden in dieser Opfer-Haltung noch bestärkt von politischen »Rattenfängern« des linken Spektrums, die sich davon Wasser auf ihre ideologischen Mühlen versprechen.

Den Grund für diese gefühlte Unzufriedenheit sehe ich zum einen darin, dass die Leistung der Menschen in Ostdeutschland bei der Bewältigung des dramatischen wirtschaftlichen und sozialen Umbruchs nach der Wiedervereinigung von ihnen selbst kaum wahrgenommen wird, und zum andern – noch wichtiger – darin, dass diese Leistung keine öffentliche Anerkennung erfahren hat, vor allem nicht in den westdeutsch geprägten und geführten Medien. Wenn ich meine Erfahrungen aus 7 Jahren als Beauftragter für Ostdeutschland zugrunde lege, dann haben sich die Medien in den 1990er-Jahren zu allererst für die gewaltigen Geldtransfers von West nach Ost interessiert und, fast noch mehr, für die größeren und kleineren Skandale, die dieser gewaltige Umbruch natürlich auch mit sich gebracht hat. Der Alltag der Menschen in Ostdeutschland, d. h. das alltägliche Ringen in den vielen

kleinen und mittleren Betrieben um das Überleben, die immer wieder
neue Suche nach Marktchancen und Investitionsmitteln, die Organisation sinnvoller Arbeitsbeschaffungsmaßnahmen, der Einsatz von
Geschäftsführungen und Arbeitnehmervertretern für zukunftsfähige
Unternehmenskonzepte, die Entwicklung und Umsetzung weiterfüh-
render regionaler Strukturkonzepte – all das hat vergleichsweise wenig
Interesse gefunden. Wie viele Tage, Wochen, Monate, Jahre haben
wichtige Medienlenker in den Jahren nach 1990 in Ostdeutschland ver-
bracht – dort wo nahezu nichts so geblieben ist, wie es vorher war, wo
es also viel zu berichten gegeben hätte? Zur Erinnerung: Keine Region
in Westdeutschland hat in der Nachkriegszeit auch nur annähernd ver-
gleichbare wirtschaftliche und soziale Turbulenzen zu bestehen gehabt.

Dieser fehlende Respekt hat fatale Folgen gehabt: Denn fehlende
Anerkennung tatsächlich erbrachter großer Leistungen führt zu Frustration, verbunden mit dem Gefühl, dass man irgendwie doch nicht
dazugehört und dass die Regeln in dieser Gesellschaft von anderen
gemacht worden sind. Man selbst sieht sich eher auf der Zuschauer-
tribüne, ohne die Chance, selbst in das Spielgeschehen eingreifen oder
es beeinflussen zu können.

Fehlenden Respekt und mangelndes Interesse gab es im Übrigen
nicht nur bei den Medien. Beides gab es auch bei zu vielen Westdeutschen, die nach 1990 zwischen Ostsee und Erzgebirge unterwegs
waren. Sie konnten oder wollten den Menschen, die sie trafen, gar
nicht zuhören, geschweige denn sie und ihre Geschichte wirklich kennenlernen. Sie hatten nicht verstanden, dass in einer solch existenziel-
len Situation »der Stärkere auch immer die größere Verantwortung
hat«, wie Helmut Kohl es mir gegenüber einmal formuliert hat. Wir,
die Westdeutschen, waren in den Jahren nach 1990 sicher die wirtschaftlich und finanziell Stärkeren, aber wir hatten zu oft nicht die
Fähigkeit, mit denen, die wir in den Betrieben und auf den Straßen in
Ostdeutschland trafen, »auf Augenhöhe« zu sprechen, ihnen also zu
vermitteln, dass wir Partner waren, von denen jeder etwas einzubringen hatte, das den Respekt des anderen verdiente.

Ich selbst habe unzählige Male diese Erfahrung gemacht: Bei Besuchen in Industriebetrieben z. B. lag es nahe, nach einem ersten Rund-
gang mit Geschäftsführung und Betriebsräten Qualität und Leistungs-

fähigkeit der Produkte anzuerkennen, wenn man gesehen hatte, mit welch schlechter, heruntergewirtschafteter Ausstattung an Maschinen und Anlagen diese hergestellt worden waren – ohne die eigentlich notwendigen Investitionen und Ersatzteile, für die in den Plänen der DDR-Planwirtschaft kein Raum war und deren Fehlen durch Ideen, Improvisationen und Einsatz der Mitarbeiter ausgeglichen wurden, so gut es irgendwie zu machen war. Wenn man dies erkannt und auch ausgesprochen hatte, spürte man, wie sich das Selbstwertgefühl auf der anderen Seite des Tisches wieder mit Leben erfüllte. Und danach war es dann fast schon einfach, auch über die jetzt anstehenden Herausforderungen »auf Augenhöhe« miteinander zu sprechen, über Investitionen, Produktivität und auch den notwendigen Abbau von Arbeitsplätzen, um im internationalen Wettbewerb erfolgreich bestehen zu können. Ich kann mich nicht an ein einziges Gespräch dieser Art in einem ostdeutschen Betrieb erinnern, das ohne weiterführendes, konstruktives Ergebnis geendet hätte – und an dessen Ende man sich nicht »auf Augenhöhe« verabschiedet hätte.

Die Treuhandanstalt – im Auge des Orkans

In den letzten Monaten ist die Treuhandanstalt von manchen Politikern des linken Spektrums verstärkt für die wirtschaftlichen Probleme in Ostdeutschland verantwortlich gemacht worden. Diese vielfach pauschale und oft polemisch formulierte Kritik entbehrt jeder sachlichen Grundlage. Denn die Fakten, die hier eine Rolle gespielt haben, sind hinreichend bekannt und haben mit der Treuhandanstalt keine Berührungspunkte:

1. Der sogenannte Schürer-Bericht vom Oktober 1989 – also *vor* dem Fall der Mauer –, angefertigt vom damaligen Chef der Staatlichen Plankommission im Auftrag des neuen SED-Chefs Egon Krenz, kommt zu dem klaren Ergebnis, dass die DDR aus eigener Kraft wirtschaftlich nicht mehr handlungsfähig ist.
2. Die unerwartete Öffnung der innerdeutschen Grenze am 9. November 1989 führt dazu, dass heißbegehrte westliche Waren auf

jetzt nicht mehr geschützte, technologisch weniger attraktive Ost-
produkte treffen.

3. Der von der ostdeutschen Bevölkerung und der frei gewählten
   DDR-Regierung geforderte Umtauschkurs bei der deutsch-deutschen Währungsunion von 1:1 (»Kommt die D-Mark nicht zu uns,
   gehen wir zu ihr!«) überfordert die ostdeutschen Betriebe beim
   Übergang aus einer isolierten Planwirtschaft in eine offene Weltwirtschaft und stellt ihre Wettbewerbsfähigkeit in Frage. Der Run
   ostdeutscher Verbraucher auf westliche Produkte zulasten ostdeutscher Waren tut ein Übriges, um die Wettbewerbsprobleme der
   Unternehmen weiter zu verschärfen.

4. Gleichzeitig beginnt die Auflösung des etablierten Handelssystems
   zwischen den »sozialistischen Ländern« (RGW). Ende 1991 ist der
   Transferrubel abgeschafft, die Sowjet-Union auseinandergebro-
   chen, jahrelange Lieferbeziehungen bedeutungslos geworden, und
   jedes Land des ehemaligen Ostblocks sucht seinen eigenen Weg in
   die offene Weltwirtschaft. Das im Juli 1991 abgeschlossene Handel-
   sabkommen zwischen Deutschland und der Sowjet-Union über
   Warenbezüge aus Betrieben der ehemaligen DDR im Umfang von
   25 Mrd. DM ist wenige Monate später Makulatur.

5. Unternehmen, die gewohnt waren, von einer zentralen Planung
   vorgegebene Mengen bestimmter Produkte mit ebenfalls zuge-
   teilten Ressourcen herzustellen, müssen sich über Nacht einer
   weltweiten Konkurrenz stellen. In dieser Konkurrenz entscheiden
   nicht Mengen und Tonnen, sondern Produktivität und Preise über
   das wirtschaftliche Sein oder Nicht-Sein von Unternehmen – ein
   Paradigmenwechsel ohne Beispiel in der Wirtschaftsgeschichte.

Die Ursachen dieser katastrophalen wirtschaftlichen Situation hatte
nicht die Treuhandanstalt, sondern die politische Führung der DDR zu
verantworten. Sie hatte zuerst den flexiblen und innovativen Mittelstand
enteignet und dann die ostdeutschen Unternehmen über Jahrzehnte auf
Verschleiß gefahren – ohne die notwendigen Investitionen, von Geldern
für Forschung und Entwicklung ganz zu schweigen. Dass trotzdem immer noch gute, vielfach begehrte Produkte für die Märkte des sogenannten Ostblocks hergestellt wurden, war ausschließlich dem beruflichen

Können, dem persönlichen Einsatz und der erstaunlichen Improvisationskunst der Belegschaften in diesen Betrieben zu verdanken.

Aufgabe der Treuhandanstalt war es, den Übergang der ostdeutschen Planwirtschaft in eine marktwirtschaftliche Ordnung zu organisieren. Kein Zweifel: Angesichts der desolaten Ausgangslage kam diese historisch einmalige Herausforderung der Quadratur des Kreises gleich! Der Sozialdemokrat Detlev Karsten Rohwedder hatte den Mut, diese Aufgabe zu übernehmen. Er verfügte über langjährige Erfahrungen sowohl in der Politik (Staatssekretär im Bundeswirtschaftsministerium, u. a. bei Karl Schiller) als auch als Unternehmenschef und Unternehmenssanierer beim Stahlunternehmen Hoesch. Er hatte die Fähigkeit unter Beweis gestellt, Unternehmen, die wettbewerbsmäßig ins Abseits geraten waren, zu restrukturieren und erfolgreich in den Markt zurück zu bringen – also genau das zu tun, worum es jetzt zwischen Ostsee und Erzgebirge ging. Und er hatte im Ruhrgebiet gezeigt, dass er gerade auch in solch schwierigen Anpassungssituationen die richtigen Worte für den notwendigen Dialog mit Arbeitnehmern, Betriebsräten und Gewerkschaften finden konnte. Seine »Gespräche« mit Kurt Schrade, dem Betriebsratsvorsitzenden der Hoesch Stahl AG, in den 1980er-Jahren sind Legende. Detlev Karsten Rohwedder hat seinen Mut, sich dieser historischen Herausforderung in vorderster Front zu stellen, mit seinem Leben bezahlt. Birgit Breuel übernahm diese im wahrsten Sinn des Wortes lebensgefährliche und noch dazu undankbare Aufgabe. Dank ist ihr dafür in der deutschen Öffentlichkeit kaum zuteil geworden.

Zwei Faktoren, die für die Arbeit der Treuhandanstalt von erheblicher Bedeutung waren, möchte ich hervorheben, da sie heutzutage kaum erwähnt oder absichtlich verschwiegen werden: zum einen die Zusammensetzung des Verwaltungsrats der Treuhandanstalt, dessen Zustimmung zu allen wichtigen Entscheidungen, gerade auch bei Privatisierungen, Sanierungen und Stilllegungen, notwendig war. Im Herbst 1990, unmittelbar nach der Wiedervereinigung, berief die Bundesregierung als stimmberechtigte Mitglieder: die Ministerpräsidenten der 6 ostdeutschen Länder, 4 Spitzenvertreter der Gewerkschaften (Die Chefs von DGB, DAG, IG Chemie und IG Metall), 9 Spitzenvertreter der Wirtschaft sowie 2 Vertreter der Bundesregierung (Staatssekretäre des Finanz- und des Wirtschaftsministeriums). Es gab also eine bemerkenswert starke Vertretung Ostdeutschlands und der Gewerkschaften, der gegenüber sich die zwei Vertreter der Bundesregierung eher bescheiden ausnehmen. Alle Entscheidungen der Treuhandanstalt – und das möchte ich ausdrücklich in Erinnerung rufen – haben in diesem obersten Gremium – oft nach langen Diskussionen – am Ende Unterstützung und Mehrheiten gefunden, auch von ostdeutscher Seite und von Seiten der Gewerkschaften.

Zum anderen wird die Arbeit der Treuhandanstalt in der Öffentlichkeit immer wieder mit kriminellen Machenschaften in Zusammenhang gebracht[3]. Dabei ist unbestritten, dass angesichts der Größe der Herausforderung natürlich auch Fehler unterlaufen sind. Alles andere wäre ein Wunder gewesen. Bei genauem Hinsehen ist allerdings festzuhalten, dass es bei 15 000 sogenannten »großen« Privatisierungen (Unternehmen, Unternehmensteile), weiteren 25 000 »kleinen« Privatisierungen (Gaststätten, Hotels, Ladengeschäfte, Kinos, etc.) sowie 4000 Reprivatisierungen etwa 1500 Ermittlungsverfahren gegeben hat, die letztendlich – je nach genauer Abgrenzung der erfassten Kategorien und Bereiche – zu 50 bis 100 gerichtlichen Urteilen geführt haben. Auch wenn man zusätzlich eine Dunkelziffer in Rechnung stellt, ist das ein Befund, der dokumentiert, dass die Treuhandanstalt insgesamt ihren Auftrag professionell und im Rahmen der ihr vorgegebenen Regeln erfüllt hat.

Was noch aussteht, ist die Aufarbeitung der umfangreichen Treuhandakten. Diese wurden vor zwei Jahren in das Bundesarchiv überführt und sind damit für die Forschung zugänglich geworden. Ein Forschungsprojekt zur Treuhandanstalt beim Münchener Institut für Zeitgeschichte (IfZ) hat inzwischen mit der Aufarbeitung der Akten begonnen und wird einen wissenschaftlich Einblick in die Arbeit der Treuhandanstalt liefern. Die Ergebnisse werden dann eine solide Grundlage für eine fundierte öffentliche Diskussion zur Arbeit der

---

3 Vergleiche hierzu: Barbara Bischoff und Thomas Wiepen, »Formelle und informelle soziale Kontrolle im Zusammenhang mit der Privatisierung von DDR-Betrieben«, in: »Wirtschaftskriminalität und die Privatisierung der DDR-Betriebe«, Hrsg. Klaus Boers u. a., Baden-Baden, 2010, S. 605–614.

Treuhandanstalt schaffen. Und das ist es, was wir brauchen: belastbare Zahlen und Fakten, keine politisch inspirierten und schon vorab instrumentalisierten »Wahrheits- oder Versöhnungskommissionen«!

Ostdeutschland heute – der Weg nach vorn

Unbestritten ist, dass Ostdeutschland insgesamt, Wirtschaft und Infrastruktur ebenso wie Bausubstanz und Umweltstandards einen enormen Aufhol- und Modernisierungsprozess durchlaufen haben. Blickt man von Deutschland aus nach Osten, so zeigt der Vergleich mit anderen Ländern des ehemaligen Ostblocks, dass Ostdeutschland heute in Sachen Wirtschaftskraft an der Spitze steht. Der Blick nach Westen offenbart demgegenüber, dass Produktivität und Löhne gegenüber Westdeutschland und anderen westlichen Ländern immer noch einen spürbaren Rückstand aufweisen. Nach stürmischem Beginn in den 1990er-Jahren sind die ostdeutschen Zuwachsraten schon zur Jahrhundertwende deutlich kleiner geworden. Kein einziges ostdeutsches Flächenland erreicht bis heute die Produktivität des Saarlands, des westdeutschen Schlusslichts. Die Transferabhängigkeit Ostdeutschlands von Westdeutschland ist spürbar zurückgegangen, besteht aber weiter fort.[4]

Hinzu kommt, dass die kommenden Jahre für Ostdeutschland besondere Herausforderungen mit sich bringen: Der Solidarpakt 2 läuft Ende 2019 aus. An seine Stelle wird ein gesamtdeutsches Fördersystem treten, an dem alle strukturschwachen Regionen in ganz Deutschland nach vergleichbaren Grundsätzen partizipieren werden. Die Mittel aus Brüssel für den Europäischen Struktur- und Wachstumsfonds werden ab 2021 geringer ausfallen. Der Austritt Großbritanniens aus der EU führt zu einem geringeren durchschnittlichen Bruttoinlandsprodukt pro Kopf in der EU; Deutschland wird also sta-

---

4   Zum Stand der wirtschaftlichen Entwicklung in Ostdeutschland vergleiche: Jahresbericht der Bundesregierung zum Stand der Deutschen Einheit 2018, Hrsg. Bundesministerium für Wirtschaft und Energie, Berlin 2018; »Vereintes Land – drei Jahrzehnte nach dem Mauerfall«, Hrsg. Leibnitz-Institut für Wirtschaftsforschung Halle (IWH), Halle (Saale) 2019.

tistisch im Vergleich zu diesem niedrigeren Durchschnitt reicher, so dass die deutschen Regionen noch einmal weniger Geld aus Strukturfondmitteln der EU erwarten können.

Wie immer die finanziellen Fördermöglichkeiten im Einzelnen aussehen werden, eines erscheint mir besonders wichtig: Mit Geld allein können die vor uns liegenden Herausforderungen nicht bewältigt werden. Das lässt sich schon daran ablesen, dass in den zurückliegenden Jahren kein wichtiges Vorhaben in Ostdeutschland am Geld gescheitert ist. Ähnliches trifft übrigens auch für die Restrukturierung der Braunkohlengebiete in Ost und West zu: Die Geldbeträge, die im Zusammenhang mit dem Bericht der sog. »Kohlekommission«[5], genannt worden sind, sind wichtig, dürfen aber keinesfalls mit der Lösung der Restrukturierungsfragen in den Braunkohlegebieten gleichgesetzt werden. Denn Finanzierungsmöglichkeiten sind das eine, das andere sind die konkreten Vorhaben und Investitionen in den betroffenen Regionen, für die in der Regel private Unternehmen und Investoren gewonnen werden müssen. Letzteres ist die große Herausforderung für die Politik in den betroffenen Regionen und Ländern. Schon der Aufbau Ost hat gezeigt: Geld ist eine notwendige, aber keine hinreichende Bedingung für Wachstum und Beschäftigung!

Was ist also seitens der Politik zu tun, damit der Aufholprozess zwischen Ostsee und Erzgebirge wieder an Dynamik gewinnt? Ohne Anspruch auf Vollständigkeit möchte ich folgende Punkte nennen:

1. Es gibt auch in der Politik – anders als viele glauben – einen Wettbewerb der Ideen und Konzepte. Bayern hat in den 1950er- und 1960er-Jahren vorgemacht, wie man aus einem Empfängerland des Länderfinanzausgleichs zu einem Geberland wird. Der Wille der dort politisch Verantwortlichen war, aus einem Agrarland eine Region zu machen, die auch in Sachen Industrie ganz vorn mit dabei ist. Der Weg dorthin lässt sich mit der Kurzformel zusammenfassen: »Infrastruktur und Wissenschaft«. Die verfügbaren Mittel wurden auf diese Ziele konzentriert, und in der Bundesregierung

---

5 Abschlussbericht der Kommission »Wachstum, Strukturwandel und Beschäftigung«, Hrsg. Bundesministerium für Wirtschaft und Energie, Berlin 2019.

wurden – immer wenn CDU/CSU die Bundesregierung führten – die Infrastrukturressorts Verkehr sowie Post und Telekommunikation besetzt – mit bemerkenswerter Konsequenz und Zielstrebigkeit. Der CSU gelang es über Jahrzehnte hinweg, für dieses Konzept schlagkräftige Organisationsformen zu schaffen und zu Haus immer wieder Wähler zu mobilisieren – nach dem Motto: Erfolg generiert Erfolg.

Meine Frage: Haben die ostdeutschen Landesregierungen davon gelernt? Und wenn ja, was?

2. Wirtschaftliche Zukunft hat viel mit Forschung und Innovation zu tun, wie die Entwicklung der Informationstechnik gezeigt hat. Wenn Forschung und Innovation so wichtig sind, dann war die bundesweite Auswahl zu Anträgen deutscher Universitäten im Rahmen der Exzellenzstrategie im September 2018 und im Juli 2019 kein Erfolg für Ostdeutschland. Im Gegenteil. Die hiesigen Hochschulen sind weitgehend leer ausgegangen. Hier muss in den östlichen Landeshauptstädten offener und besser nachgedacht werden, wie Spitzenforschung und Spitzeninnovation so wirkungsvoll organisiert werden können, dass ostdeutsche Universitäten und Hochschulen in Zukunft ganz vorn mit dabei sind. Gelingt das nicht, ist es um die Zukunftschancen Ostdeutschlands nicht gut bestellt.

3. Das gilt auch für die vom linken politischen Spektrum in den letzten Jahren stark propagierte und geförderte »Opfermentalität«. Um Missverständnisse zu vermeiden: Es kann keinen Zweifel geben, dass der radikale wirtschaftliche Umbruch nach 1990 tief in die Biografie vieler Menschen in Ostdeutschland eingegriffen und schmerzhafte Veränderungen erzwungen hat. Der wirtschaftliche Neubeginn war für sehr viele Menschen mit Anpassungen verbunden, die an die Grenze dessen gingen, was zugemutet werden darf, nicht selten auch darüber hinaus. Dass dann Resignation und Verunsicherung die Oberhand gewinnen können, ist menschlich mehr als verständlich. Gleichwohl, dieser Befund ändert nichts daran, dass wirtschaftlicher Neubeginn den auch öffentlich erkennbaren Willen voraussetzt, tatsächlich neu beginnen zu wollen, auch unter schwierigen Bedingungen. Kein Unternehmen und kein Investor wird sich in einem Umfeld engagieren und investieren, selbst wenn die Zahlen

stimmen, in dem in erster Linie zurück statt nach vorn geschaut wird, in dem man sich mehr mit sich selbst als mit denen beschäftigt, die man für neue Aktivitäten gewinnen möchte. Hier ist die Politik in besonderer Weise gefordert. Nur wenn es in Ostdeutschland gelingt, immer wieder über alle Regionen hinweg »Raum für Zukunft« zu schaffen und dieses Gefühl denen, die man ins Land holen will, aktiv zu vermitteln, nur dann kann es voran gehen.

4. Wie werden in Zukunft nicht mehr alles und jedes fördern können, einfach weil die Steuereinnahmen nicht immer so üppig sein werden und weil sich neue Prioritäten wie die Alterung unserer Bevölkerung und der Klimaschutz nach vorn drängen.
Ich denke, dass es vorteilhaft wäre, sich in Ostdeutschland auf einige wenige Schwerpunkte zu konzentrieren. Einer davon könnte die gezielte Unterstützung für mittelgroße, wachsende Unternehmen bei der Kapitalbeschaffung sein, damit sie weiter und schneller wachsen können. So könnten aus mittleren Unternehmen schneller als anderenorts große Unternehmen werden, die das befördern, was im Osten besonders dringend gebraucht wird: Forschung und Innovation, Internationalisierung und anspruchsvolle Arbeitsplätze mit Aufstiegsperspektive.

5. Damit das erreicht wird, muss auch überlegt werden, wie in Ostdeutschland politische Schwerpunkte und Akzente wirkungsvoller gesetzt werden können als bisher, gerade weil man im direkten Wettbewerb mit anderen Ländern und Regionen steht. Könnte es sein, dass die einzelnen ostdeutschen Länder mit jeweils gut 2 Millionen Einwohnern, Sachsen mit gut 4 Millionen, jedes für sich genommen schlicht zu klein sind, einfach nicht die kritische Größe haben, um weiterführende Ideen und Konzepte zu entwickeln, zu konzipieren und mit Durchschlagskraft umzusetzen? Zum Vergleich: Bayern allein hat in etwa so viele Einwohner wie ganz Ostdeutschland (ohne Berlin) zusammengenommen.
Eine solche Bündelung der Kräfte muss nicht gleich zu Länderfusionen führen (was gleichwohl überlegenswert bleibt), aber doch zu der Erkenntnis, dass in Sachen Wirtschafts- und Regionalpolitik, Bildung, Wissenschaft, Innovation viel mehr gemeinsam in Angriff genommen und gestaltet werden kann und muss, wenn man im

Wettbewerb mit anderen Regionen und Standorten in Deutschland und Europa ernst genommen werden will. Ich habe Zweifel, ob dies von den meisten Verantwortlichen schon verstanden worden ist.

6. Aufholen ist anstrengend und geschieht nicht von selbst. Um aufzuholen, braucht man eine klare Strategie, wie dieses Ziel denn erreicht werden kann, dazu die feste Entschlossenheit, eine solche Strategie auch umzusetzen, wie groß die Widerstände auch immer sein mögen.

Ich erinnere noch einmal an die 50er- und 60er-Jahre und an das Beispiel Bayern mit seiner Strategie »Infrastruktur und Wissenschaft«. Der Mann hinter dieser Strategie hieß Franz Josef Strauß. Man muss damals wie heute nicht alle seine politischen Ansichten teilen, aber an einem gibt es keinen Zweifel: Er hat gezeigt, wie Überholen in Sachen Wirtschaft und Wohlstand in Deutschland funktionieren kann, dass es mit guten Ideen, anspruchsvollen Konzepten und fester Entschlossenheit machbar ist. Das gilt bis heute.

Und das führt zu der Frage nach der Strategie Ostdeutschlands. Ich wünsche mir eine möglichst gemeinsame Strategie der Verantwortlichen in den ostdeutschen Ländern – eine Strategie, die natürlich weiterhin auf die finanzielle Solidarität des Bundes und der besser gestellten Bundesländer rechnen kann, eine Strategie, die aber – und das ist wichtiger als Geld und Subventionen – zugleich die eigenen Kräfte bündelt, klare inhaltliche Prioritäten setzt und gesetzte Ziele mit Entschlossenheit und Selbstvertrauen anpackt.

In meiner Zeit als Koordinator und Beauftragter für Ostdeutschland bin ich sieben Jahre lang jede Woche in Ostdeutschland unterwegs gewesen und habe Land und Leute kennengelernt und viele Unternehmen ein Stück ihres schwierigen Weges begleitet. In diesen Jahren habe ich immer wieder erlebt, dass ungewöhnliche, außerordentliche Leistungen möglich sind, dass die Menschen dazu bereit sind, wenn Sie Anerkennung, Wertschätzung und Ermutigung erfahren. Wenn es einer klugen und weitsichtigen Politik gelingt, dieses Potenzial an Können und Wollen zu mobilisieren, dann ist mir um die Zukunft Ostdeutschlands nicht bange.

Mein Weg zur deutschen Einheit
Lothar de Maizière

Lassen Sie mich mit einem Zitat beginnen: »Ein knappes Jahr lebte die DDR noch weiter, aber in meinem privaten Festtagskalender ist dieser Tag als der ihres Endes verzeichnet; ein Gefängnis, in dem Tor und Türen geöffnet werden, hört auf, eins zu sein.« So schreibt Günther de Bruyn, ein Schriftsteller, dessen Werke zu den Schätzen gehören, die aus dem Osten Deutschlands in die deutsche Einheit gekommen sind, über den 9. November. Es ist sein Lebensbericht »40 Jahre«, und es ist ein großartiges Bild: »Ein Gefängnis, in dem Tor und Türen geöffnet werden, hört auf, eins zu sein.«

Es bestanden in der DDR im Wesentlichen drei Denkrichtungen:

1. Die einen meinten, es gehe nun um einen Neuanfang des Sozialismus. Jetzt könne man diese Idee endlich so richtig umsetzen, frei von stalinistischen Verwerfungen.

2. Eine zweite Gruppierung waren diejenigen, die meinten, nachdem die Fesseln gebrochen seinen, geht es darum, am Runden Tisch, der zunächst im Bonhoeffer-Haus der evangelischen Kirche tagte, eine neue DDR zu entwerfen. Sie meinten, diese neue DDR sollte wie folgt gestaltet sein: klein, bescheiden, pazifistisch, ökologisch, basisdemokratisch, himmlisch gerecht. Ein rechter kleiner Gottesstaat mitten im Herzen Europas. Nur wie man so ein Gemeinwesen finanziert, das war ihnen nicht so ganz bewusst.

3. Die dritte Gruppierung bestand aus denjenigen, die sagten: »Wir lösen unsere Probleme am besten, wenn wir auf die deutsche Einheit zugehen. Wir werden unsere Probleme allein nicht mehr lösen können.« Diese Gruppe hat sich als die letztlich entscheidende erwiesen.

Der Runde Tisch, den wir nach polnischem Vorbild bildeten, war wichtig für uns. Er diente der Selbstfindung, der Einübung von Demokratie. Zum ersten Mal wurden Fragen ergebnisoffen diskutiert, anders als zu SED-Zeiten, da stand vorher fest, was als Ergebnis herauskommen sollte. Beim Runden Tisch haben wir gelernt zuzuhören, die Meinung anderer zu respektieren.

Ein zentrales Element für politische Umgestaltungen sind immer Wahlen. Der Runde Tisch hat ein Wahlgesetz beschlossen, das erstmals freie Wahlen in der DDR ermöglichte: die ersten freien Wahlen seit 1932. Sie müssen sich vorstellen: Jemand musste fast 80 Jahre alt sein, um schon einmal an freien Wahlen teilgenommen zu haben. Es war ein unglaubliches Erlebnis, frei zwischen Parteien und Personen auswählen zu dürfen. Wie hoch der Politisierungsgrad der Bevölkerung war, können Sie daran ermessen, dass wir eine Wahlbeteiligung von 93,4 % hatten. Die Wahlen gewannen die Parteien, die sich unter dem Begriff »Allianz für Deutschland« zusammengeschlossen hatten: also CDU, der Demokratische Aufbruch, die DSU.

Diese Wahlen waren meiner Meinung nach ein Plebiszit. Sie waren ein Plebiszit zur Herstellung der Einheit Deutschlands. Das war das Hauptthema. Alle Parteien, die eine neue, andere DDR haben wollten, wurden nicht gewählt, sondern die Menschen wählten die Parteien, die am deutlichsten sagten: Wir wollen die Einheit Deutschlands.« Es war ein Plebiszit für einen föderalen Rechtsstaat. Die Wahlen waren letztlich ein Plebiszit für die soziale Marktwirtschaft.

Die neue Volkskammer wählte dann eine Regierung, die den merkwürdigsten Auftrag erhielt, den eine Regierung überhaupt erhalten kann. Er lautete: »Macht euch so schnell wie möglich überflüssig. Verabschiedet den Staat, den ihr leiten sollt, aus der Weltgeschichte.« Und das ist psychologisch gar nicht so einfach. Üblicherweise sind Regierungen darauf ausgerichtet, die Macht aufrechtzuerhalten und nach Möglichkeit zu sichern. Wir aber sollten uns abschaffen, stückchenweise die Souveränität an etwas Neues, Gemeinschaftliches abgeben.

Welche Schritte mussten wir gehen, um dieses zu erreichen? Es waren fünf Schritte.

1. Schritt: Kommunalreform

Wir haben im Mai 1990 die ersten freien Kommunalwahlen durchgeführt. Zuvor schufen wir eine Kommunalverfassung, die an die westdeutschen Kommunalverfassungen angelehnt war, und wir haben ein kommunales Vermögensgesetz erlassen. Wir waren aus mehreren Gründen dafür, dass zuerst Kommunalwahlen stattfinden müssten. Zum einen hatte mir Tadeusz Mazowiecki gesagt:»Wir haben es in Polen lange nicht geschafft, im Zuge unserer Reform auch die unteren Ebenen zu erreichen. In den unteren politischen Entscheidungsebenen saßen noch die alten Kader, die sich mit Händen und Füßen gegen das wehrten, was im Parlament beschlossen wurde.«

2. Schritt: Neubildung der Länder

Der zweite Schritt – wenn auch nicht chronologisch, so doch systematisch – war die Neuformierung der traditionellen fünf Länder.

Es gab damals heftige Diskussionen darüber, wie die Länder gestaltet sein sollten. Die Mehrheit der Bevölkerung sagte:»Wir wollen die Länder so wieder haben, wie sie 1952 abgeschafft wurden.«

Am 14. Oktober 1990 fanden die ersten freien Wahlen in den Ländern der DDR statt. Wer sich das Gesetz über die Länderwiedereinführung noch einmal genauer ansieht, wird eine merkwürdige Bestimmung darin finden. Sie lautet in Paragraph 2 sinngemäß, nicht wörtlich:»Verfügungen über das Staatsgebiet der DDR kann als Ganzes nur die Volkskammer treffen.«, das heißt, allein die Volkskammer sollte über die Einigung entscheiden dürfen.

3. Schritt: Wirtschafts-, Währungs- und Sozialunion

Der nächste Schritt war die Aushandlung und der Abschluss des Vertrages mit der Bundesrepublik über die Wirtschafts-, Währungs- und Sozialunion. Sie entsinnen sich, nach dem Fall der Mauer erhielten die Ostdeutschen in Westdeutschland ein Begrüßungsgeld in Höhe von 100 D-Mark, aber dieser Betrag reichte natürlich nicht aus, um all die Wünsche, die über die Jahre hinweg aufgestaut waren, zu befriedigen. Die wirtschaftliche Attraktivität des Westens machte sich täglich stärker bemerkbar und führte zu einem laufenden Bevölkerungsverlust in der DDR. Sie erinnern sich vielleicht an die neue Losung, die damals bei Demonstrationen aufkam:»Kommt die D-Mark bleiben wir, kommt sie nicht, gehen wir zu ihr.« Nach dem Fall der Mauer wechselten pro Tag zwischen 3000 und 4000 Menschen in die Bundesrepublik hinüber, fast so viele wie 1961 vor dem Bau der Mauer.

Eines der in der Öffentlichkeit besonders heftig diskutierten Themen bei der Währungsunion war der große Streit, zu welchem Kurs man das westdeutsche Geld bekommen sollte – 1:1 oder 1:2 –, wie die Umrechnung von Ersparnissen erfolgen sollte usw. Die DDR-Bürger hatten Ersparnisse in Höhe von 180 Milliarden Mark der DDR. Die Umrechnung in D-Mark führte zu einem geballten Kaufkraftschub zugunsten der westdeutschen Wirtschaft.

Mit dem Vertrag über die Wirtschafts-, Währungs- und Sozialunion haben wir nicht nur die D-Mark eingeführt, sondern auch etwas gewagt, was kein anderes europäisches Land getan hat, nämlich per Knopfdruck die soziale Marktwirtschaft eingeführt. Alle volkseigenen Betriebe wurden kraft Gesetzes zu Kapitalgesellschaften, zu GmbHs oder Aktiengesellschaften. Das betraf Betriebe, die vorher nach dem Gewinnabführungsprinzip der volkseigenen Wirtschaft gelebt hatten. Wir konnten nicht einschätzen, wie viele Steuern von ihnen kommen würden, ob sie überhaupt Erträge erwirtschaften würden, und wenn sie Erträge erzielen, wie viele Steuern auf uns zukommen würden. Nach dem Vertrag mussten wir die gesamte soziale Gesetzgebung Westdeutschlands übernehmen. Wir wussten, dass wir unter diesen Umständen eine hohe Arbeitslosigkeit bekommen würden, denn in der DDR wurde auf die Herstellung eines Produktes etwa dreieinhalb Mal so viel menschliche Arbeit aufgewendet wie in der Bundesrepublik.

Wir mussten vorsorgen, wie wir mit diesem Transformationsprozess umzugehen hätten. Es gab keine Transformationsphilosophie, auch nicht in den Ministerien der Bundesrepublik. Ich sage immer etwas spöttisch, die Bundesrepublik hielt sich 40 Jahre lang ein ziemlich teures Ministerium für Gesamtdeutsche Fragen – leider aber keines für gesamtdeutsche Antworten.

4. Schritt: Einigungsvertrag

Der vierte Schritt war die Aushandlung und Verabschiedung des Einigungsvertrages. Während der erste Vertrag – der Vertrag über Wirtschaft-, Währungs- und Sozialunion – einen einheitlichen Wirtschafts- und Währungsraum schuf, diente der zweite Vertrag der Herstellung eines einheitlichen Rechtsraumes. Die beiden deutschen Rechtsordnungen waren seit 1949 weit auseinander gedriftet. So erließ die DDR in den 1960er-Jahren ein neues Strafrecht, und in den 1970er-Jahren bekamen wir ein neues Zivilrecht. Wir hatten in der DDR ein völlig anderes Arbeits- und Vertragsrecht. Die Vertragsbeziehungen zwischen volkseigenen Wirtschaftssubjekten sind natürlich völlig anders gestaltet als zwischen in Privatautonomie geführten Wirtschaftseinheiten.

All dies musste 1990 neu geregelt werden. Ich weiß, dass ich damals zu Wolfgang Schäuble gesagt habe: »Wir müssen etwas herstellen, was man aus der Technik kennt, nämlich einen Adapter. Einen Adapter zwischen zwei Systemen, die nicht miteinander funktionieren können. Und wir müssen uns im Klaren darüber sein, dieser Vertrag ist kein Kaufvertrag, kein juristischer Vertrag im üblichen Sinne, sondern ein Gesellschaftsvertrag, ein contract social. Es muss ein Ergebnis herauskommen, mit dem wir alle leben können.«

Dabei waren schwierige Fragen zu klären. Was wird mit den ostdeutschen Berufsabschlüssen und Ausbildungsabschlüssen, mit akademischen Graden usw.? Das Schwierigste war, wie die Eigentumsfrage an Grund und Boden geregelt werden sollte. Wie geht man mit 40 oder 45 Jahren Enteignungspraxis um?

5. Schritt: Zwei-plus-Vier-Vertrag

Der fünfte Schritt war die Aushandlung dessen, was wir den Zwei-plus-Vier-Vertrag nennen, d. h. den Vertrag der vier Weltkriegsalliierten mit den beiden deutschen Staaten über die Wiedergewinnung der vollen Souveränität Deutschlands. Im Februar 1990 fand in Ottawa eine Konferenz mit dem schönen Titel »Offener Himmel« statt. An dieser Konferenz nahmen für die DDR noch Oskar Fischer, also der Außenminister aus kommunistischer Zeit, und für die Bundesrepublik Hans-Dietrich Genscher teil. Es wurde beschlossen, mit Blick auf die Herstellung der Deutschen Einheit einen 4+2-Prozess in Gang zu bringen. Beide deutschen Staaten haben darum gekämpft, dass aus diesem »4+2« ein »2+4« wurde, und zwar deshalb, weil wir die Auffassung vertraten, nicht die vier Weltkriegsalliierten beteiligten die beiden deutschen Staaten an dem Prozess, sondern umgekehrt: Die beiden deutschen Staaten beschließen in Ausübung des Selbstbestimmungsrechts der Völker ihre Wiedervereinigung und beteiligen die vier Siegermächte in dem Maße, wie es sich aus der Vertragssituation der Nachkriegsordnung als notwendig erweist. Das sollte heißen: Wir lassen die Frage des »Ob« nicht mehr von euch entscheiden, sondern nur die Frage des »Wie«. Es war für die Alliierten ein schwerer Umdenkungsprozess, zu akzeptieren, dass wir diesen Grundsatz nicht mehr in Frage stellen ließen, insbesondere für die Sowjetunion. Aber auch Frau Thatcher tat sich schwer.

Der Vertrag regelte die Grenzfrage Deutschlands endgültig. Es heißt: Das geeinte Deutschland besteht aus der Bundesrepublik, der DDR und Berlin.

Dieses »und Berlin« war eine sowjetische Forderung und knüpfte an die alte Chruschtschow-Formel von der besonderen politischen Einheit Berlin an. Berlin war insofern ein Sondergebiet gewesen als alle vier Mächte dort präsent waren. Deutschland hat sich in dem Vertrag ferner verpflichtet, endgültig auf die Herstellung und den Besitz von ABC-Waffen zu verzichten. Deutschland hat seine Truppenstärke endgültig definiert – nicht mehr als 370 000. Inzwischen ist die Zahl der Soldaten viel niedriger, aber damals wurde diese Obergrenze festgelegt. Weiterhin ist geregelt, dass Deutschland seine volle Souveränität wieder erhält und dass es frei ist, seine Bündnispartner zu wählen.

Vielleicht in diesem Zusammenhang eine kleine Anekdote: Als ich meine Unterschrift geleistet hatte, und mich bereits auf den Weg nach außen machte, überwältigte mich der Eindruck des Augenblicks, und ich nahm den für meine Unterschrift vorbereiteten Füllhalter als Erinnerungsstück an mich. Ich ging dann zum Ausgang und blickte noch einmal kurz zurück. Dabei stellte ich fest, dass auch bei allen anderen Unterschriftsmappen die Füllhalter fehlten.

Nachdem wir diesen Vertrag unterschrieben hatten, waren die fünf Schritte erfüllt: Kommunalwahlen, Länderwiedereinführung, einheitlicher Währungs- und Wirtschaftsraum, einheitlicher Rechtsraum.

Für ein Europa des Geistes –
Die Vision von Papst Johannes Paul II. für das Haus Europa mit einem vereinigten Deutschland
Bertram Meier

Die letzten zwei Jahrzehnte des 20. Jahrhunderts waren auch für mich persönlich Zeiten von Wechsel und Wandel: In den achtziger Jahren kam ich als junger Priester zum Promotionsstudium nach Rom und kehrte 1989 in mein Heimatbistum Augsburg zurück, um in der Seelsorge tätig zu sein. Dort erlebte ich die Wendejahre in Neu-Ulm, wo Spätaussiedler aus ost- und mitteleuropäischen Ländern sowie Neubürger aus der ehemaligen DDR zuzogen und nicht nur in die Stadtgesellschaft, sondern auch in die Kirche(n) aufgenommen werden wollten. Mitte der neunziger Jahre folgte ich erneut einem Ruf nach Rom, diesmal unmittelbar in den Vatikan ans Päpstliche Staatssekretariat. Dort übernahm ich die Verantwortung für die deutschsprachige Abteilung. Dabei durfte ich Papst Johannes Paul II. aus der Nähe kennenlernen und wurde Zeuge für sein Wirken in spannender Zeit.

Die zahlreichen, je nach Anlass unterschiedlich nuancierten Aussagen des polnischen Papstes zu Europa können aus dem Rückblick teils als prophetisch-visionär betrachtet werden, teils verstehen sie sich als ethische Mahnung auf dem Hintergrund der christlichen Vergangenheit Europas.[1]

Zu Beginn seiner Amtszeit stellte sich der Pontifex in die Reihe seiner Vorgänger, ein Vorgehen, das der ehemalige Apostolische Nuntius in Deutschland Erzbischof Giovanni Lajolo folgendermaßen beschreibt: »Es geht um ein fortgesetztes Stellungnehmen, Sich-äußern und Eingreifen. Das geschieht nicht systematisch, sondern bei den

---

1 Vorab sei angemerkt, dass es wenig explizite Äußerungen des Papstes zur deutschen Einheit gibt, was möglicherweise an dessen polnischer Herkunft liegt. Aber umgekehrt gilt auch: Das über die Einheit Europas Gesagte lässt sich ohne Weiteres auf die Einheit Deutschlands übertragen.

sich bietenden Gelegenheiten und ohne den Anspruch auf eine umfassende Behandlung des Themas zu erheben.«[2]

Damit ist bereits ein Spezifikum päpstlicher Äußerungen benannt, das auch im Blick auf deren Einschätzung bzw. politisch-historischen Einordnung bedacht werden muss: Johannes Paul II. greift oft und gerne positiv konnotierte Schlagworte auf, wenn er etwa von einem Europa der Freiheit, der Gerechtigkeit, der Solidarität etc. spricht, doch bietet er im Gegensatz zu anderen Staatsmännern kein eigenes wirtschaftliches oder politisches Konzept an. Denn die Kirche ist kein »sozialer Weltverbesserungsverein«, der aus eigener Kraft und Kompetenz die gesellschaftlichen Probleme in die Hand nehmen könnte. Für Europa – und damit auch für Deutschland – gilt, was bereits das Zweite Vatikanische Konzil ausführte:»Die Kirche hat keine eigenen Modelle vorzulegen. Die konkreten und erfolgreichen Modelle können nur im Rahmen der jeweils verschiedenen historischen Situationen durch das Bemühen aller Verantwortlichen gefunden werden, die sich den konkreten Problemen in allen eng miteinander verflochtenen gesellschaftlichen, wirtschaftlichen, politischen und kulturellen Aspekten stellen.«[3] Zwar macht es einen Unterschied, ob der Papst sich vor Politikern und Diplomaten äußert, zu europäischen Bischöfen spricht oder eine Wallfahrtspredigt hält, andererseits ist bei päpstlichen Äußerungen eine klare Abgrenzung zwischen dem weltlichen und kirchlichen Bereich nicht möglich, vielmehr sind die Übergänge fließend. So waren z. B. bei einem Wallfahrtsgottesdienst in Gnesen zum 1000. Todestag des hl. Adalbert am 3. Juni 1997 die Oberhäupter sieben europäischer Staaten anwesend, die in der Predigt natürlich auch als Zielgruppe angesprochen wurden. Folgende Passage daraus sei hier zitiert, da sie m. E. die Atmosphäre von damals sehr gut vermittelt und der Papst – unter Rückgriff auf seinen ersten Besuch (1979) vor Ort als neu gewähltes Oberhaupt der katholischen Kirche – selbst eine Deutung der jüngsten geschichtlichen Ereignisse

---

2 Europa: Anfrage – Vision – Auftrag, Vortrag auf einem Kongress der deutschen Sektion von Kirche in Not/Ostpriesterhilfe, in: *Die Tagespost*, 3.7.1999, S. 13.

3 Enzyklika *Centesimus annus* (1991), in: *Acta Apostolicae Sedis* (=AAS) 1991, S. 1097 in Anlehnung an die Pastoralkonstitution *Gaudium et spes*, Nr. 36, die von der recht verstandenen Autonomie der irdischen Wirklichkeiten handelt.

vornimmt: »Heute, nach achtzehn Jahren, sollte man auf jene Predigt von Gnesen zurückgreifen, die in gewissem Sinn zum Programm des Pontifikats wurde. In erster Linie aber war sie eine bescheidene Auslegung der Pläne Gottes für die letzten fünfundzwanzig Jahre unseres Jahrtausends. Damals sagte ich: ›Will nicht vielleicht Christus, fügt es nicht vielleicht der Heilige Geist, dass dieser polnische, dieser slawische Papst gerade jetzt die geistige Einheit des christlichen Europas sichtbar macht, das durch die zwei großen Traditionen des Westens und Ostens geprägt wurde? Ja, Christus will es. Der Heilige Geist fügt es so, dass ich das gesagt habe, hier in Gnesen.‹« Und er zieht das Fazit: »Von diesem Ort strömte dann die gewaltige Kraft des Heiligen Geistes aus.«[4]

Dieses Plädoyer für die geistige Einheit Europas gehört zu den Grundanliegen des Papstes. Vor dem Warschauer Parlament zeichnet er am 11. Juni 1999 das spirituelle Gesicht Europas, das durch das Werk der Missionare und das Zeugnis der Märtyrer geformt worden sei: »Wenn wir eine dauerhafte neue europäische Einheit anstreben, müssen wir von diesen spirituellen Werten ausgehen, die einst ihre Grundlage waren, und den Reichtum und die Verschiedenheit der Kulturen und Traditionen der einzelnen Nationen berücksichtigen. Das nämlich muss die Große Europäische Gemeinschaft des Geistes sein. Auch hier erneuere ich meine an den alten Kontinent gerichtete Botschaft: ›Europa, öffne Christus deine Tore!‹«[5]

Beide Textstellen machen die Kontinuität des Denkens von Papst Johannes Paul II. über den langen Zeitraum seines Pontifikats hinweg deutlich. Er wiederholt nicht nur oft die geistige Einheit Europas, er beschwört sie förmlich. Der Aufruf, Christus die Tore zu öffnen, ist dabei zugleich ein Echo der Predigt bei seiner Amtseinführung am 22. Oktober 1978 auf dem Petersplatz in Rom.

Das »Europa des Geistes« wird zum Leitmotiv, das die Äußerungen des Papstes wie ein roter Faden durchzieht. Nicht nur gläubigen

---

4 Predigt in Gnesen am 3.6.1997, in: *L'Osservatore Romano* deutsch, Nr. 24/97, S. 9f.
5 Ansprache vor dem polnischen Parlament in Warschau am 11.6.1999, in: *L'Osservatore Romano* deutsch, Nr. 29-30/99, S. 14.

Christen, sondern auch Politikern und Staatsmännern legt er es ans Herz. Johannes Paul II. geht es also nicht primär um ein wirtschaftlich starkes Europa, sondern um eines, bei dem alle wesentlichen Dimensionen des menschlichen Lebens zum Tragen kommen. Im gesellschaftlichen Miteinander soll besonders die Dimension des Transzendenten nicht vergessen werden. Mit dem Begriff »Europa des Geistes« schlägt der Papst bewusst eine Brücke zu nichtgläubigen Menschen, ohne auf den eigenen christlichen Anspruch zu verzichten. Denn für alle Europäer ist offensichtlich: Es wird keine Einheit Europas geben ohne Einheit des Geistes. Mit dem Terminus »Europa des Geistes« eröffnen sich dem Zuhörer Interpretationsspielräume, was etwa beim Postulat eines christlichen Europas nicht in gleicher Weise der Fall wäre. Dies darf jedoch keinesfalls als Unsicherheit oder Vagheit missverstanden werden. Denn ad intra lässt der Papst über die enge Verbindung des Geistes mit Christus keinen Zweifel, wie er in der Enzyklika *Redemptoris missio* ausführt: »Er [= der Geist] ist nicht eine Alternative zu Christus, er füllt nicht eine Lücke aus zwischen Christus und dem Logos, wie manchmal angenommen wird. Was immer der Geist im Herzen der Menschen und in der Geschichte der Völker, in den Kulturen und Religionen bewirkt, hat die Vorbereitung der Verkündigung zum Ziel und geschieht in Bezug auf Christus, das durch das Wirken des Geistes fleischgewordene Wort, ›um ihn zu erwirken, den vollkommenen Menschen, das Heil aller und die Zusammenführung des Universums‹.«[6] Wenngleich der Papst hier durchaus als missionarisch verstanden werden kann, da mit diesem Gedanken auch ein Anknüpfungspunkt zu einem seiner Herzensanliegen, nämlich zur (Neu-)Evangelisierung, gegeben ist, bleibt festzuhalten, dass man das »Europa des Geistes« nicht zwingend und vorschnell mit dem Anspruch eines christlichen Europas gleichsetzen kann.

Als besonders relevant für die Verwirklichung der geistigen Einheit Europas erscheint aus kirchlicher Perspektive – wie es aus der griechischen Wortwurzel *oikouméne*, die bewohnte, bewohnbare

---

6 Enzyklika *Redemptoris missio* (1990), in: *AAS* 1990. S. 1182 f. Inkludiert ist hier der Bezug zum Konzilsdokument *Gaudium et spes* (Nr. 45). Karol Wojtyła hatte persönlich an der Redaktion der Pastoralkonstitution mitgewirkt.

Welt, resultiert – die Ökumene, das friedliche Miteinander der christlichen Konfessionen und, weiter gefasst, der Religionen überhaupt, besonders aber der monotheistischen Geschwisterreligionen. Deren unverzichtbare Kennzeichen sind der Einsatz für die Einheit unter den Christen und der aufrichtige Dialog mit Vertretern anderer Religionen sowie allen Menschen guten Willens. In diesem Kontext steht die Aussage des tschechischen Kardinals Vlk, der im Blick auf Johannes Paul II. auf den Zusammenhang von Neuevangelisierung und Ökumene hinwies: »Darum liegt dem Papst gerade auch in Europa sehr am ökumenischen Gespräch, an einer eindeutigen Beziehung zum Judentum und nicht zuletzt zum Islam. Im Kontakt mit den anderen christlichen Konfessionen und den beiden großen monotheistischen Religionen Judentum und Islam wird aber auch eine wichtige Dimension sichtbar, die wesentlich ist für den Fortbestand der Menschheit und bei deren Entfaltung Europa und seine Geistesgeschichte eine entscheidende Rolle gespielt haben: die Offenheit auf Transzendenz hin.«[7] Gleichzeitig berühren wir hier den Ansatzpunkt päpstlicher Kritik an der rein ökonomischen Perspektive auf die europäische Einigung. Dabei fällt auf, dass der Papst, der sich der begrenzten konkreten Handlungsmöglichkeiten der Kirche in Bezug auf die ökonomischen Perspektiven bewusst ist, in seinen Predigten und Schriften zum Thema Europa Zurückhaltung übt, wenn es darum geht, zu den wirtschaftlichen Herausforderungen unseres Kontinents Position zu beziehen. Dennoch hat er sich in der Enzyklika *Centesimus annus*, die zum 100. Jahrestag von *Rerum novarum*, der sog. Sozialenzyklika Leos XIII., erschien, auch zur ökonomischen Entwicklung in Ost und West klar geäußert. Darin nimmt Papst Johannes Paul II. das Scheitern des Kommunismus in Europa einerseits und das Weiterbestehen einer liberalen, doch zunehmend neokapitalistischen Wirtschaftsordnung andererseits zum Anlass einer ernsten Mahnung: »Die westlichen Länder laufen (…) Gefahr, (…) den einseitigen Sieg ihres Wirtschaftssystems zu sehen, und kümmern sich daher nicht

---

7 Miloslav Vlk, Johannes Paul II. und die Kirche in Europa, in: Stephan Otto Horn, Alexander Riebel (Hg,)., Johannes Paul II. – Zeuge des Evangeliums, Würzburg 1999, S. 131.

darum, an ihrem System die gebotenen Korrekturen vorzunehmen.«[8] Allerdings, so der Papst weiter, seien dort immerhin grundlegende Tugenden des Wirtschaftslebens wie Zuverlässigkeit, Aufrichtigkeit und Fleiß verwirklicht, die im kommunistischen System pervertiert wurden.[9]

Gleichzeitig wird konstatiert, das westliche Wirtschaftssystem sei eng mit einer drohenden Reduktion der menschlichen Person auf ihre Kaufkraft verbunden: »Die Entscheidung für bestimmte Formen von Produktion und Konsum bringt immer auch eine bestimmte Kultur als Gesamtauffassung des Lebens zum Ausdruck. Hier entsteht das Phänomen des Konsumismus.«[10] Nach der Vorstellung des Papstes müssen jedoch alle Dimensionen des menschlichen Seins berücksichtigt werden, wobei die materiellen und triebhaften den inneren und geistigen unterzuordnen sind, da ansonsten Konsumgewohnheiten und Lebensweisen entstehen, die dem Menschen auf Dauer schaden können: »Das Wirtschaftssystem besitzt in sich selber keine Kriterien, die gestatten, die neuen und höheren Formen der Befriedigung der menschlichen Bedürfnisse einwandfrei von den neuen, künstlich erzeugten Bedürfnissen zu unterscheiden, die die Heranbildung einer reifen Persönlichkeit verhindern.«[11]

Eine derartige Analyse des Wirtschaftssystems dient zweifellos der ethischen Orientierung. Grundsätzlich sieht der Papst Chancen in der liberalen Wirtschaftsordnung, wenn sie sich als ökonomisches System versteht, das die gestalterische Kraft der Unternehmer, die Freiheit des Marktes und den Schutz des Privateigentums anerkennt, womit auch die Verantwortung für die Produktionsmittel und die freie Kreativität des Menschen einhergeht. Demgegenüber macht er unmissverständlich klar: »Wird aber unter ›Kapitalismus‹ ein System verstanden, in dem die wirtschaftliche Freiheit nicht in eine feste Rechtsordnung eingebunden ist, die sie in den Dienst der vollen menschlichen Freiheit stellt und sie als eine besondere Dimension dieser Freiheit mit

---

8 Enzyklika *Centesimus annus* (1991), in: *AAS* 1991, S. 1101.
9 Ebd., S. 1081.
10 Ebd., S. 1090.
11 Ebd., S. 1091.

ihrem ethischen und religiösen Mittelpunkt ansieht, dann ist die Antwort [sc. der Kirche] ebenso entschieden negativ.«[12] Der Papst bejaht
also ein freiheitliches, kapitalistisches Wirtschaftssystem, knüpft aber
seine positive Einstellung an eine Bedingung: Es braucht eine Rück-
bindung an ethische Vorgaben, wie dies etwa bei uns in Deutschland
mit der Sozialen Marktwirtschaft gegeben ist, ein Begriff, der in päpstlichen Äußerungen so allerdings nicht erscheint. Konsequent warnt
Johannes Paul II. vor einer radikalen kapitalistischen Ideologie, die
den Weg in die Zukunft mit einem blinden Glauben an die freie Entfaltung der Marktkräfte gehen möchte.

Die ökonomische Dimension in Europa (und damit auch in
Deutschland) hat nach Ansicht des Papstes, der als Oberhaupt der
katholischen Kirche naturgemäß global denken muss, auch eine
besondere Relevanz für die Länder der Südhalbkugel, die der Solidarität des Nordens bedürfen: »Wir wissen, dass die jüngste Entwicklung
der Ost-West-Beziehungen in Europa Unruhe unter den Ländern des
Südens erregt hat, denn sie sind schutzlos einer Wirtschaftskrise ausgesetzt, die allein zu überwinden sie nicht die Möglichkeit haben. Sie
erleiden die Rückschläge der Marktfluktuationen, ohne sie auffangen
zu können, und haben oft den Eindruck, von den Mächten, die nur
ihren egoistischen Interessen gemäß vorgehen, schlecht behandelt zu
werden.«[13] Damit forderte er bereits Anfang der 90er-Jahre, die unter
dem Zeichen der *new economy* standen, aus heutiger Sicht prophetisch die Globalisierung der Solidarität ein.

Ungeachtet der notwendigen Schritte zur europäischen Einigung,
vor allem 1989/1990, kritisiert der Papst in den 80er-Jahren wiederholt die zunehmende Säkularisierung in Europa. Dieser Kontinent
müsse, wie er 1985 bei einem Treffen mit der Jugend in Echternach
formuliert, »im Glauben an Gott und an Christus und in der Besinnung auf seine eigene christliche Vergangenheit seine Seele wieder-
finden. Dieser Seele Europas entspricht es, sich immer wieder von
den ängstlichen Sorgen um die eigenen Interessen zu lösen und sich

---

12 Ebd., S. 1096 f.
13 Ansprache bei der Begegnung mit dem Diplomatischen Korps in Bujumbura
    (Burundi) am 05.09.1990, in: *AAS* 1990, S. 611.

im Dialog und im brüderlichen Teilen weltweit für die Menschen in
anderen Erdteilen zu öffnen.«[14] Im Wissen darum, dass menschliche
Freiheit zwischen Selbstbestimmung und Willkür changiert, ist die
nach 1989 wiedergewonnene Freiheit in Europa für Johannes Paul II.
von sittlichen Maßstäben nicht zu trennen. Dennoch steht sie für ihn
unbestritten im Mittelpunkt seiner Vision eines künftigen Europas,
wie es beispielhaft die Ansprache vom 23. Juni 1996 am Brandenburger Tor in Berlin zeigt. Darin führt er aus, dass die menschliche Freiheit nicht Beliebigkeit bedeute, denn der freie Mensch bleibe immer
auch der Wahrheit verpflichtet. Es gebe keine Freiheit ohne Solidarität
und Opfer.[15] Im Hinblick auf den Gang durch das Brandenburger Tor
resümierte damals die *Süddeutsche Zeitung*: »Nichts könnte besser das
Pontifikat Karol Wojtyłas symbolisieren als dieser Gang. Der Kommunismus ist besiegt, die atheistische Ideologie am Boden, doch der
Kampf für ein christliches Europa vom Atlantik bis zum Ural noch
längst nicht gewonnen.«[16]

Schließlich hielt der Papst bereits 1988 – also ein Jahr vor der
sog. Wende – vor dem europäischen Parlament in Straßburg eine
Ansprache, an deren Ende er herausfordernde und ehrgeizige Ziele
für das zukünftige Haus Europa formulierte, die mit Fug und Recht als
prophetisch gelten können und bis heute nichts von ihrem Anspruch
verloren haben, ja angesichts aktueller politischer Herausforderungen
wie Klimaschutz, Bewahrung der Schöpfung, Migration und Flücht-
lingsfragen, Digitalisierung etc. erst recht durch die Wirklichkeit ein-
geholt werden müssen:

»Zum Abschluss möchte ich drei Bereiche in Erinnerung rufen, in
denen – wie mir scheint – das integrierte Europa von morgen wieder die

---

14 Ansprache an die Jugend im Hof der Abtei von Echternach (Luxemburg) am
    16.05.1985, in: *AAS* 1985, S. 611. Wie unterschiedlich der Begriff »Seele Euro-
    pas« gefasst werden kann, zeigt die Verwendung durch Bundeskanzlerin Angela
    Merkel, die am 13.11.2018 vor dem Europäischen Parlament in Straßburg die
    Toleranz als Seele Europas beschwor.
15 Ansprache zum Abschied am Brandenburger Tor am 23.06.1996, in: Sekretariat
    der Deutschen Bischofskonferenz, Verlautbarungen des Apostolischen Stuhls
    Nr. 126, Bonn 1996, S. 91.
16 *Süddeutsche Zeitung* vom 22.06.1996, in: CDU-Bundesgeschäftsstelle, Doku-
    mentation 22/1996, Bonn 1996, S. 28.

Funktion eines Leuchtturms in der Weltzivilisation einnehmen sollte:
- Zunächst die Versöhnung des Menschen mit der Schöpfung, indem er darauf achtet, die Unversehrtheit der Natur zu bewahren, ihre Fauna und ihre Flora, ihre Luft und ihre Flüsse, ihre subtilen Gleichgewichte, ihre begrenzten Ressourcen, ihre Schönheit, die die Herrlichkeit des Schöpfers preist;
- ferner die Versöhnung des Menschen mit seinesgleichen, indem die Europäer aus verschiedenen kulturellen Traditionen und geistigen Familien sich untereinander gegenseitig akzeptieren, aufgeschlossen gegenüber dem Fremden und dem Flüchtling, in Offenheit gegenüber dem geistigen Reichtum der Völker anderer Kontinente;
- schließlich die Versöhnung des Menschen mit sich selbst: ja, die Bemühung, eine umfassende und vollständige Sicht des Menschen und der Welt wiederherzustellen, gegen die Kulturen der Verdächtigung und der Entmenschlichung, eine Sichtweise, bei der die Wissenschaft, die technische Kapazität und die Kunst den Glauben an Gott nicht ausschließt.«[17]
Auf der Basis des Evangeliums sind für den Papst der Einsatz für eine solidarische Gesellschaft, in der die Schwachen und Kranken nicht marginalisiert werden, sowie der Schutz des menschlichen Lebens von der Empfängnis bis zum natürlichen Tod zentral. Mit Vehemenz und Nachdrücklichkeit fordert er von den Politikern und Wissenschaftlern, das Recht auf Leben in allen seinen Phasen zu achten: »Zu den Grundanliegen meines Pontifikats gehört der Aufbau einer ›Kultur des Lebens‹, die einer sich ausbreitenden ›Kultur des Todes‹ entgegenwirken soll. Daher werde ich nicht müde, den unbedingten Schutz des Lebens vom Augenblick seiner Empfängnis an bis zum natürlichen Tod einzufordern.«[18]
Ebenso sind der Wunsch nach Frieden und sein Erhalt in Europa unverzichtbar für das Wohlergehen aller. Frieden jedoch ist kein Besitz, sondern ein Auftrag. Er muss immer wieder verteidigt und

---

17 Ansprache an das Europäische Parlament in Straßburg am 11.10.1988, in: *AAS* 1988, S. 877 f.
18 Ansprache an das Diplomatische Korps in Wien am 20.06.1998, in: *L'Osservatore Romano* deutsch, Nr. 26/98, S. 9. Vgl. zu diesem Anliegen des Papstes grundsätzlich die Enzyklika *Evangelium vitae* vom 25.03.1995.

errungen werden. Dieses Anliegen, das Johannes Paul II. für das ganze Haus Europa formuliert, zeigte sich beispielhaft in jenem denkwürdigen Moment der deutschen Geschichte: »Was nach dem Bröckeln der Mauer das Motto für Deutschland war, kann auch als Regel für die Einigung Europas dienen: Es soll zusammenwachsen, was zusammengehört. Nicht Kühnheit oder Träumerei bewegen mich zu diesem Gedanken, sondern eine Vision, die in hoffnungsvollem Realismus gründet.«[19]

Bereits in den 90er-Jahren hatte der Papst eine Entwicklung vorausgesehen, die mittlerweile eine der größten Herausforderungen für die Stabilität des Hauses Europa bildet: »Wir sind heute Zeugen zweier scheinbar widersprüchlicher Phänomene: Einerseits stellen wir das freie Sich-Zusammenschließen oder Sich-Verbünden ganzer Nationen- oder Ländergruppen in größeren Gemeinwesen fest, andererseits sehen wir hervorbrechende Partikularismen wieder auftauchen, die Zeichen eines Identitäts- und Überlebensbedürfnisses angesichts weitreichender kultureller Assimilierungsprozesse sind.«[20] Wer fühlt sich bei diesen Worten nicht an das derzeitige Erstarken nationalistischer Bewegungen und Parteien erinnert und ihr Wirken als Zentrifugalkräfte innerhalb der Europäischen Union?

In einer Situation, in der viele Politiker meinen, die Zeit der Visionen sei vorbei, und daher dem puren Pragmatismus huldigen, gibt dieser Pontifex noch immer klare Orientierung. Er hat zum rechten Zeitpunkt den gesellschaftlichen Einfluss des Papstamtes für sich entdeckt und entschlossen und verantwortungsvoll genutzt, wodurch der Heilige Stuhl mit seiner globalen Vernetzung, die auf den Nuntiaturen in allen Ländern mit katholischen Gläubigen gegründet ist, zu einem nicht zu unterschätzenden Faktor der Weltpolitik wurde. Im Laufe eines langen Pontifikates konnte der »Papst aus dem Osten« seine von Evangelium inspirierten Ansichten zu Gesellschaft und Welt ent-

---

19 Ansprache in der Audienz für den neuen Botschafter der Bundesrepublik Deutschland beim Heiligen Stuhl Theodor Wallau bei der Überreichung des Beglaubigungsschreibens am 19.10.2000, in: *L'Osservatore Romano* deutsch, Nr. 43/2000, S. 7.

20 Ansprache bei der Generalaudienz am 11.10.1995, in: *L'Osservatore Romano* deutsch, Nr. 42/95, S. 1.

wickeln und sich Gehör verschaffen. Bemerkenswert ist dabei, so ein schottischer Theologe, seine »höchst eindrucksvolle, konsistente und einflussreiche Version der an der Idee der Christenheit orientierten Zukunft Europas«.[21] Nicht zuletzt fand der Papst durch seine persönliche Ausstrahlung und die frühe Formulierung einer solchen Zielperspektive auch in den Medien nachhaltige Resonanz.[22]

Zu Beginn des Pontifikats wurde freilich unter europäischer Integration noch die wachsende Einheit der Staaten westlich des Eisernen Vorhangs verstanden, weshalb die Länder Ost- und Mitteleuropas nicht unbedingt im Fokus des Interesses standen. Bezeichnenderweise hat jedoch Papst Johannes Paul II. schon von Anfang seiner Amtszeit an über diese Grenze hinausgeblickt und den Fall der Mauer gewissermaßen gedanklich vorweggenommen. So deutete er 1987 die ungewöhnliche und nicht unumstrittene Ernennung des in der DDR lebenden Kardinals Joachim Meisner zum Erzbischof von Köln im Zusammenhang mit dem heraufdämmernden Ende der europäischen und deutschen Spaltung. Gewährsmann dafür ist Kardinal Meisner selbst, der die Antwort des Papstes auf die Einwände bezüglich der Versetzung in den Westen überliefert: »Der Papst sagte: ›Was wollen Sie denn? Sie werden der erste von vielen Ostdeutschen sein, die nach Westdeutschland gehen und viele Westdeutsche werden danach nach Ostdeutschland gehen. Die Verhältnisse werden sich grundlegend verändern.‹« Und der Kardinal fügt hinzu: »Dies hat der Papst mir im September 1987 gesagt. Ich gebe zu, ich habe ihm das nicht geglaubt.«[23]

Weil Karol Wojtyła, schon in den achtziger Jahren, damals Oberhirte in Krakau, der festen Überzeugung war, dass das kommunistische System auf Dauer keinen Bestand haben würde, konnte er den

---

21 Duncan B. Forrester, Der Ort der Kirche im neuen Europa, in: *Ökumenische Rundschau* 1993, S. 155.

22 Die päpstliche Vision von Europa wurde schon am Anfang des Pontifikats – also längst vor der dem Fall der Mauer – zu einem festen Begriff. So überschrieb beispielsweise die Zeitung *Die Welt* am 8. Juni 1979 einen Bericht über die erste Polenreise des Papstes: »Karol Wojtyła und die Vision vom neuen, christlichen Europa«, zitiert nach Adalbert Krims, Wojtyła: Politik und Programm des Papstes, Köln 1982.

23 Joachim Meisner, Mit dem Herzen sehen, Aachen 2000, S. 32.

Danziger Werftarbeitern um Lech Wałesa den nötigen seelsorglichen Rückhalt geben nach dem Motto: Steter Tropfen höhlt den Stein. Andererseits hielten noch bis kurz vor dem November 1989 führende Persönlichkeiten in Politik und Kirche einen derartigen gesellschaftlichen Umbruch für unwahrscheinlich und betrachteten daher die europäische bzw. deutsche Teilung als Gegebenheit, mit der man zu leben hätte. Bischof Karl Lehmann konstatierte 1991: »Wir haben mit der Dauerhaftigkeit der Teilung des Kontinents gerechnet. Der Ernstfall einer europäischen Einigung aus Ost und West war lange Utopie, auch wenn viel davon gesprochen worden ist.«[24] Dass Papst Johannes Paul II. mit seiner Einschätzung von einem bevorstehenden Ende des kommunistischen Systems ziemlich allein stand, zeigt auch eine Äußerung von Joschka Fischer (Bündnis 90/Die Grünen) kurz nach den Ereignissen im Herbst 1989: »Und niemand, wirklich niemand, hatte diesen epochalen Zusammenbruch des Sowjetblocks, ja diesen vielleicht säkularen Umbruch in der Zeitgeschichte vorhergesehen, kein Experte, kein Geheimdienst, kein Politiker, vermutlich auch keine Wahrsagerin. Wirklich niemand.«[25] Bundeskanzler Helmut Kohl wiederum beschreibt die Veränderungen durch das Pontifikat des slawischen Papstes so: »Die Wahl von Papst Johannes Paul II. war ein großes Signal der Hoffnung, ja der Gewissheit, dass mit der Spaltung Europas in eine Sphäre der Freiheit und in eine Sphäre der Unterdrückung das letzte Wort der Geschichte nicht gesprochen sein könnte. In seiner Person verkörperte ›der Papst aus Polen‹, wie er bald genannt wurde, die Überzeugung, dass die Kraft des Geistes der Gewalt von Panzern und Bajonetten letzten Endes überlegen ist. Unermüdlich sprach er vom ›Genius Europas‹ – von der geistig-kulturellen Einheit unseres Kontinents, die auch nach Jahrzehnten der Teilung lebendig war und alle Europäer über Mauer und Stacheldraht hinweg miteinander verband.«[26]

---

24 Karl Lehmann, Die stille Revolution der Freiheit: ihre Bedingungen und ihr Preis, in: Johannes Joachim Degenhardt, Die katholische Kirche im vereinigten Deutschland und in Europa, Paderborn 1991, S. 67 f.

25 Joschka Fischer, Die Linke nach dem Sozialismus, Hamburg 1992, S. 25.

26 Helmut Kohl, Auf dem Weg zu einem Europa des Friedens und der Freiheit, in: Renovabis / Infoheft zur Pfingstaktion 1999, München 1999, S. 4.

In diesem Zusammenhang sei noch an eine Richtigstellung erinnert, die in den Augen Johannes Pauls II. weit mehr ist als eine terminologische Spitzfindigkeit. Er war der Meinung, man müsse die Begriffswahl im Westen kritisch hinterfragen und es »sollte vielleicht weniger von einer ›Osterweiterung‹ als vielmehr von einer ›Europäisierung‹ des gesamten Kontinents die Rede sein.«[27] – Und weiter führte er aus: »Mehrmals habe ich über dieses Thema gesprochen und die Metapher von den ›zwei Lungen‹ geprägt, mit denen ein Europa atmen soll, das in sich sowohl die orientalische wie die westliche Tradition vereint.«[28] Gerade dieses Bild des poetisch hochbegabten und sprachsensiblen Papstes, der noch als junger Priester literarisch produktiv war, fiel bei einem Mann auf fruchtbaren Boden, der als Generalsekretär des Zentralkomitees der Kommunistischen Partei der Sowjetunion zum Auslöser der Ereignisse von 1989/90 werden sollte, Michail Gorbatschow: »Der Papst hat einen Ausdruck verwendet, der mir im Herzen geblieben ist, nämlich den der zwei Lungenflügel. Europa, so sagte der Papst Johannes Paul II. während der dramatischen Zeit des Kalten Krieges, muss wieder mit beiden Lungenflügeln – dem östlichen und dem westlichen – atmen. Diese epochemachende Intuition hat den Dingen eine entscheidende Wende gegeben. Auch meinem Leben. Es war eine spirituelle Intuition, aber Spiritualität ist ja wahre Politik, im höchsten Sinne des Wortes.«[29]

Der Zusammenbruch der kommunistischen Systeme in Ost- und Mitteleuropa kann von der Geschichtswissenschaft derzeit noch nicht zur Gänze aufgearbeitet werden, da wesentliche Dokumente des Vatikans sowie der Regierung in Moskau und in anderen europäischen Hauptstädten nicht publiziert sind. Nichtsdestotrotz, so scheint mir, sind ausreichend Anhaltspunkte vorhanden, um eine Würdigung des Engagements des Papstes für den Fall des Eisernen Vorgangs zu rechtfertigen. Am 3. März 1992 schrieb beispielsweise wiederum Michail

---

27 Ansprache an das Diplomatische Korps in Wien am 20.06.1998, in: *L'Osservatore Romano* deutsch, Nr. 26/98, S. 9.

28 Ansprache vor dem polnischen Parlament in Warschau am 11.06.1999, in: *L'Osservatore Romano* deutsch, Nr. 29-30/99, S. 14.

29 Zit. n. Giampaolo Mattei, Interview mit Michail Gorbatschow, in: *L'Osservatore Romano* deutsch, Nr. 30/2000, S. 6.

Gorbatschow in einem Artikel für die Turiner Zeitung *La Stampa*: »Was in Osteuropa in den letzten Jahren geschehen ist, wäre nicht möglich gewesen ohne die große – auch politische – Rolle, die Johannes Paul II. im Weltgeschehen gespielt hat. Ich bleibe überzeugt von der Wichtigkeit des Handelns Johannes Pauls II. in diesen Jahren. Wir stehen vor einer außergewöhnlichen Persönlichkeit. Ich möchte nicht übertreiben. Aber ich habe einen besonderen Eindruck empfunden, als ob von diesem Mann eine Energie ausgehe, dank der man ein tiefes Gefühl des Vertrauens ihm gegenüber empfindet.«[30] In einem dritten Beitrag geht Gorbatschow sogar noch weiter und gibt seiner Überzeugung Ausdruck, »dass alles, was geschehen ist, angefangen mit dem Fall der Mauer, ohne die enorme spirituelle Kraft des Christentums nicht möglich gewesen wäre.«[31] Ungeachtet dessen gelte aber auch: »Niemand wird je sagen können, welchen Anteil Johannes Paul am Aufstand der Völker gehabt hat, der schließlich zum Fall des Eisernen Vorhangs geführt hat.«[32]

Die zentrale gesellschaftspolitische Bedeutung des Papstes für sein Heimatland wurde schon bei seiner ersten Pilgerreise nach Polen im Juni 1979 offenkundig. Vorausgegangen war ein Tauziehen mit der kommunistischen Staatsregierung um den Reisetermin.[33] Als die Pilgerreise, wie der Pastoralbesuch offiziell hieß, schließlich realisiert werden konnte, wurde sie zu einem politischen Ereignis, weil der Papst Millionen Menschen mobilisierte und durch sein Auftreten auch emotionalisierte. Auf diese Weise war das vordergründig rein religiöse Großereignis als Demonstration der Massen eine »Initialzündung« für weitere Länder hinter dem Eisernen Vorhang. In der bereits zitierten Predigt in Gnesen beschwor der Papst aus Rom, der nun als Pole zugleich ein auswärtiges Staatsoberhaupt geworden war, nicht nur die

---

30 Zit. n. Heinz-Joachim Fischer, »Öffnet die Grenzen!« – Der Beitrag des Papstes für die Einheit Deutschlands, in: Stephan Horn, Alexander Riebl (Hg.), Johannes Paul II. – Zeuge des Evangeliums, Würzburg 1999, S. 77.
31 Zit. n. Giampaolo Mattei, Interview mit Michail Gorbatschow, in: *L'Osservatore Romano* deutsch, Nr. 30/2000, S. 6.
32 Luigi Accatoli, Johannes Paul II. Die Biographie, Graz 2000, S. 80.
33 Ursprünglich wollte der Papst schon im Mai zum 1000. Todestag des hl. Stanislaus in seine Heimat kommen, der seinerzeit wegen der Auseinandersetzung mit den Mächtigen des Landes das Martyrium erlitten hatte.

geistige Einheit Europas mit einer indirekten, aber unmissverständlichen Stoßrichtung gegen die Diktaturen hinter dem Stacheldraht, sondern forderte zugleich auch direkt die Einhaltung der Menschenrechte ein. Ohne das kommunistische Unrechtssystem mit Namen zu nennen, stellte er dessen Absolutheitsanspruch umso eindringlicher in Frage: »Man kann Christus nirgendwo auf Erden aus der Geschichte des Menschen ausschließen, gleich um welchen Längen- und Breitengrad es sich handelt. Der Ausschluss Christi aus der Geschichte des Menschen ist ein gegen den Menschen selbst gerichteter Akt.«[34] Was in Polen begann, sollte sich den Weg in die Zukunft bahnen: »Die Lunte, die Johannes Paul II. im Juni 1979 in Polen angezündet hatte, brannte langsam, aber stetig. 14 Monate später, am 14. August 1980, führte sie eine gewaltlose Explosion herbei, die im Laufe des nächsten Jahrzehnts zum Zusammenbruch des Kommunismus in Europa führen sollte.«[35], resümiert der amerikanische Biograph des Papstes.

Eines steht nach heutigem Kenntnisstand fest: Der Einfluss Johannes Pauls II. auf die Entwicklung in Polen, die ihrerseits die Dynamik der Wende in Europa wesentlich beschleunigt hat, ist nicht von der Hand zu weisen. Die Wahl eines Polen zum Papst und sein politischer Einsatz für die Menschenrechte haben den sehr mit der Kirche verbundenen Menschen in Polen und den Christen in den anderen ost- und mitteleuropäischen Ländern, die unter der kommunistischen Herrschaft litten, neuen Mut und Zuversicht gegeben. Das unterstreicht einmal mehr der damalige Prager Erzbischof Miloslav Vlk: »Die innere Kraft des Christentums in den kommunistischen Ländern wurde seit der Wahl Karol Wojtyłas zum Papst immer mehr sichtbar. Mir scheint, dass dieses Ereignis schon etwa zehn Jahre vor der politischen Wende den entscheidenden Wendepunkt darstellt.«[36]

---

34 Predigt auf dem Siegesplatz in Warschau am 02.06.1979, in: Sekretariat der Deutschen Bischofskonferenz, Predigten und Ansprachen von Papst Johannes Paul II. bei seiner Pilgerfahrt durch Polen, Verlautbarungen des Apostolischen Stuhls 10, Bonn 1979, S. 14.

35 George Weigel, Zeuge der Hoffnung. Johannes Paul II. Eine Biographie, Paderborn 2002, S. 417.

36 Miloslav Vlk, Kirchliche Identitätsfindung nach dem Kommunismus, in: Werner Schreer, Georg Steins, Auf neue Art Kirche sein, München 1999, S. 434.

Am Ende soll eine Anekdote stehen, die ein bezeichnendes Schlaglicht auf die Beziehung Deutschlands zu diesem Papst wirft und für sich selbst spricht: »Als der brandenburgische Ministerpräsident Manfred Stolpe bei einem Aufenthalt in Rom dem Papst für dessen und der polnischen Kirche Mitwirkung am Zusammenbruch des Kommunismus dankte, fragte Papst Johannes Paul II. fast zaghaft zurück: ›Weiß man das in Deutschland?‹«[37]

---

37 Überliefert von Heinrich Fries, Das neue Europa und die christlichen Kirchen, in: Stimmen der Zeit 1992, S. 743.

Vom Fulda Gap zur deutschen Einheit –
Ein Rückblick auf den Kalten Krieg und
sein glückliches Ende
Klaus Naumann

A. Erinnerung

An den 9. November 1989 und die Stunde der Öffnung der Berliner Mauer erinnere ich mich sehr genau. Ich saß in meiner Wohnung in Rheinbach bei Bonn und arbeitete an einem Vortrag, den ich am nächsten Tag als Stabsabteilungsleiter Militärpolitik zu halten hatte, als mich meine Frau rief: »Komm schnell, die Mauer ist auf, du musst das sehen, sie übertragen aus dem Bundestag.« Ich sah gerade noch den Schluss der von den Abgeordneten spontan gesungenen Nationalhymne, da klingelte das Telefon und einer meiner amerikanischen Freunde aus Seattle, ein Offizier der US Navy, war am Telefon: »Klaus, Glückwunsch, nun erlebst Du doch die Einheit Deutschlands und wir Alle das Ende des kalten Krieges.« Von keinem meiner Freunde aus den europäischen Streitkräften bekam ich ähnliche Reaktionen. Ich habe in dieser Stunde nicht gedacht, dass ich nur ein Jahr später in einem vereinten Deutschland, vereint mit der Zustimmung der vier Siegermächte des Zweiten Weltkriegs, aller unserer Verbündeten und auch aller unserer Nachbarn in Europa in den weiterhin in die NATO eingebundenen Streitkräften des vereinten Deutschland dienen würde.

Ich glaube sagen zu können, dass wohl Niemand froher und dankbarer war als die Soldaten, wohl auch die der ehemaligen Nationalen Volksarmee der DDR, dass es gelungen ist, den Kalten Krieg friedlich zu beenden und im weiteren Verlauf dann auch die erzwungene Spaltung Europas zu überwinden.

Das für den Westen erfolgreiche Ende eines fast halben Jahrhunderts Kalten Krieges haben die Deutschen einer klugen Politik der alten Bundesrepublik Deutschland und ihrer westlichen Verbündeten, der Entschlossenheit und dem Willen Deutschland gegen jeden Angriff von außen zu verteidigen und dann einer glücklichen Konstellation von Staatsmännern, die im Triumph des Westens die Größe hatten, die Hand zur Versöhnung zu reichen und gemeinsam mit Gorbatschow die Vision einer Zone der Freiheit und der Demokratie von Vancouver bis Wladiwostok zu entwickeln.

Als in der Stunde der Einheit die Fahne des vereinten Deutschland vor dem Reichstag gehisst wurde, da kamen noch einmal die Erinnerungen zurück an viele Stunden und Tage im hessischen Bergland beiderseits des zum Symbolbegriff gewordenen Fulda-Gaps in meinen 14 Jahren in Truppenverwendungen unterhalb der Brigade-Ebene und an die zwei Jahre als Brigadekommandeur in Süddeutschland. Es waren Aufgaben mit sehr eingeschränkten Chancen im Kriegsfall zu überleben gewesen, deshalb die Dankbarkeit für das nun sichtbare glückliche Ende. Doch dazu kam die Freude nun gestalten zu dürfen und zu helfen, aus der Bundeswehr und Teilen der Nationalen Volksarmee der DDR die Armee der Einheit zu formen.

Wirklich verstehen kann man diese Gedanken in der glücklichsten Stunde der deutschen Geschichte im 20. Jahrhundert nur, wenn man sich noch einmal an die Wirklichkeit des Kalten Krieges 1989 erinnert und dann die Erinnerung an den Hürdenlauf zur Einheit Revue passieren lässt.

Durch unser Land lief ein mehr als 1200 Kilometer langer Zaun, bestückt mit Sprengfallen und Tag und Nacht von den Grenztruppen der DDR überwacht. Dahinter lagen fünf Kilometer tiefe Sperranlagen. Auf westlicher Seite fuhren alliierte Truppen Patrouillen, der Bundesgrenzschutz lief Streife an der innerdeutschen und tschechoslowakischen Grenze, uniformierte Soldaten der Bundeswehr durften nicht näher als einen Kilometer an die Grenze heran. Der Luftraum wurde lückenlos durch die NATO überwacht, Abfangjäger und Flugabwehrraketen waren in Minutenbereitschaft, deutsche U-Boote lagen feuerbereit Woche für Woche südlich Bornholm auf dem Grund der Ostsee, bereit sowjetische oder polnische Invasionskräfte abzufangen.

Im Westen standen neun Armeekorps aus sieben NATO-Staaten, darunter das I., II. und III. Korps der Bundeswehr, zur grenznahen Vorneverteidigung bereit, – als ich von 1984 bis 1986 eine Brigade führte, war mein Auftrag, einen fünfzig Kilometer breiten Abschnitt gegen eine tschechoslowakische Armee verteidigen oder im wahrscheinlichen Falle der Verletzung der Neutralität Österreichs mich einem Angriff sowjetischer Truppen südlich der Donau entgegenzuwerfen –, eine zum Teil in Deutschland stationierte französische Armee war Heeresgruppenreserve, zwei alliierte Luftflotten waren zur Unterstützung der Abwehr bereit und die geballte Seemacht der NATO sollte im Nordatlantik die Seeverbindungen nach Nordamerika offen halten. Mehr als 10 000 Atomwaffen waren in der alten Bundesrepublik Deutschland gelagert, dazu Tonnen chemischer Munition der USA. In der DDR gab es ähnliche Lager, die gelagerten Mengen waren vermutlich ähnlich oder größer.

Dort standen fast 500 000 Mann sowjetische Streitkräfte, die so genannte Westgruppe der Truppen (WGT), und etwa 160 000 Mann Nationale Volksarmee (NVA) mit ihren sechs aktiven und fünf binnen 48 Stunden einsatzbereiten mobil zu machenden Divisionen. In der CSSR waren zwei Armeen der CSSR zum Angriff bereit, dahinter standen sowjetische Truppen. In Polen hatten polnische Truppen den Auftrag in einer Seelandung Schleswig-Holstein zu nehmen. An die Beachtung der Neutralität Österreichs durch den Warschauer Pakt glaubten wir nicht, sondern rechneten mit einem sowjetischen Angriff südlich der Donau, Richtung Elsass. Die sowjetischen Angriffspläne mit Ziel Atlantikküste, die wohl auch umfangreichen atomaren Ersteinsatz vorsahen blieben bis 1988 bestehen, obwohl Gorbatschow 1986 die Umstellung auf Verteidigung angeordnet hatte, eine Anweisung die bei der Militärführung der DDR auf klare Ablehnung stieß.

Die erstarrte Welt des Kalten Krieges zeigte erste Risse als die Umsetzung der Schlussakte von Helsinki zu zahlreichen Ost-West Begegnungen führte, die den Menschen im Sowjetimperium regelrecht die Augen öffnete. Hinzu kam der Doppelbeschluss der NATO vom Dezember 1979. Es war ein neuer Weg, der, angeregt durch Bundeskanzler Schmidt, die nukleare Bedrohung durch die sowjetischen SS-20 zu beseitigen suchte und im Gegenzug versprach, die Stationierung von Pershing 2 und bodengestützten Marschflugkörpern, rückgängig zu machen. Dieser Vorschlag, der zum INF-Vertrag führte, war die vielleicht bedeutendste strategische Idee des Kalten Krieges, denn sie gab dem Westen die Initiative zurück. Gorbatschow selbst bezeichnete den Doppelbeschluss als den Wendepunkt im Kalten Krieg. Es war somit nicht zuletzt die Festigkeit der Regierung Kohl trotz wütender Proteste an der Stationierung weitreichender Waffen festzuhalten, die zum Erfolg führte und die größte militärische Konfrontation beendete, die Europa je in Friedenszeiten erlebt hatte.

Zusätzlich gab es ab Mitte der 80er-Jahre Anzeichen, dass das sowjetische Imperium bröckelte und die UdSSR wirtschaftlich vor dem Ruin stand. Man wusste auch, dass die DDR mit ihren wirtschaftlichen Problemen kaum fertig werden konnte, aber mit den Ereignissen des November 1989 rechnete dennoch niemand. Es gab deshalb auch keine Pläne für die Einheit Deutschlands. Im Verteidigungsministerium dachte selbst am Tag als die Mauer fiel niemand an die Vereinigung der beiden deutschen Staaten binnen Jahresfrist.

Die Vereinigung Deutschlands war mehr als der deutsche Traum: Sie beendete die Spaltung Europas und ließ die erstarrte bipolare Weltordnung einstürzen.

Für die Bundeswehr aber wurde das Geschenk der deutschen Einheit zu einer Herausforderung von einmaliger und wahrhaft historischer Dimension. Zunächst mussten innerhalb weniger Wochen die Lücken geschlossen werden, die der Status der beiden deutschen Staaten als Staaten mit eingeschränkter Souveränität geschaffen hatte, Beispiel Übernahme Lufthoheit, es waren zudem die internationalen Verpflichtungen beider Staaten zu überprüfen und anzupassen und dann waren die Streitkräfte der beiden deutschen Teilstaaten zusammenzufügen.

B. Ein Beitrag auf dem Weg zur Armee der Einheit

Mein Beitrag in der Gestaltung der deutschen Einheit begann mit der Planung nach dem Fall der Mauer 1989 und endete nach Umbau der Bundeswehr mit der NATO Assignierung der ersten Truppenteile der Bundeswehr auf dem Gebiet der früheren DDR 1995. Es war die Aufgabe, die meine Amtszeit als Generalinspekteur der Bundeswehr ab 1991 mehr bestimmte als jede andere.

Ich war 1989 Generalmajor im Verteidigungsministerium und als Stabsabteilungsleiter Militärpolitik einer der engsten Berater des damaligen Verteidigungsministers Gerhard Stoltenberg. In dieser Aufgabe war ich sozusagen der Dritte im Bunde, der zusammen mit dem damaligen Politischen Direktor des AA, Kastrup, und unter Vorsitz des sicherheitspolitischen Beraters des Bundeskanzlers, Teltschik, die sicherheitspolitischen Dimensionen der Einheit zu beraten und für politische Entscheidungen aufzubereiten hatte. Aus diesem Grunde habe ich die Zwei-plus-Vier-Verhandlungen eng begleitet und auch den Einheitsvertrag, wo ich sogar einmal an einer der letzten Runden teilzunehmen hatte.

Viele erinnern sich noch heute an die unglaubliche Welle nationaler Begeisterung als die Mauer fiel, wie wir heute wissen eher aus Versehen denn geplant und keineswegs von der damaligen Sowjetunion oder von Gorbatschow gewollt. Es war ein Tag, der nur möglich wurde, das darf nicht vergessen werden, weil unsere Landsleute in der ehemaligen DDR den Mut hatten, in den Montagsdemonstrationen friedliche Veränderung und Freiheit zu fordern. Doch dem Jubel folgte Ernüchterung als der steinige Weg zur Einheit begann. Es galt ein Land zu einen, das vierzig Jahre lang geteilt und im wahrsten Sinn des Wortes durchschnitten war, dessen einer Teil als Ergebnis harter Arbeit Wohlstand und Demokratie erlebt hatte und dessen anderer Teil nur Mangelwirtschaft kannte, dem jede Bürgerlichkeit ausgetrieben worden war und in dem nur 70 Jährige freie Wahlen erlebt hatten.

Der Weg zur Einheit Deutschlands war holprig. Für mich nenne ich ihn meinen Weg vom Fulda Gap zur Einheit.

Das Thema Einheit Deutschlands spielte zwar schon vor dem Fall der Mauer in vertraulichen politischen Gesprächen zwischen Deutschen und Amerikanern eine Rolle, doch zum Ziel wurde sie erst durch den Zehn-Punkte-Plan, den Bundeskanzler Kohl am 28. November 1989 vorstellte, und dann beim NATO-Gipfel am 4. Dezember 1989, wenige Tage nach dem überraschenden Treffen Mitterand-Gorbatschow in Kiew und am Tag nach dem Gipfeltreffen zwischen Bush und Gorbatschow vor der Küste Maltas.

Der Bundeskanzler sprach zwar zunächst noch von einer Föderation der beiden deutschen Staaten, aber als bei diesem NATO Gipfel Präsident Bush das Recht der Deutschen auf Selbstbestimmung als politisches Ziel des Bündnisses durchsetzte, wurde die Einheit Deutschlands vorstellbar. Ich habe diesen Gipfel miterlebt, auch die Ablehnung der deutschen Einheit durch engste Verbündete, allen voran durch Großbritannien. Ich weiß daher, dass es Präsident Bush sen. ist, dem unser Land die Einheit mehr als jedem anderen in Ost und West zu verdanken hat. Es folgte der 2+4 Prozess ab Februar 1990, der Durchbruch aber wurde erst bei der Begegnung Kohl/Gorbatschow im Juli 1990 im Kaukasus erreicht. Uns, den Akteuren in Bonn, war im Dezember 1989 zwar klar, dass am Ende eines langen Weges die Einheit stehen würde, aber wir rechneten mit Jahren, gewiss nicht mit Ende Oktober 1990. Es konnten deshalb im Bereich Verteidigung keinerlei Vorarbeiten für Aufgaben geleistet werden, die mit den Stichworten Gestaltung der Streitkräfte, Ausgestaltung der Souveränität und Regelung der Bündnisfragen in ihren Umrissen beschrieben sind.

Im Januar 1990 trafen beim Doktrinen-Seminar der KSZE in Wien erstmals der Generalinspekteur der Bundeswehr und der Chef des Hauptstabes der NVA aufeinander, doch es wurde nur über Möglichkeiten der Zusammenarbeit gesprochen. Die Option der Einheit Deutschlands wies die DDR-Seite als völlig unrealistisch ab. Die Bundesregierung dagegen sah diese Option schon, aber über den sicherheitspolitischen Status eines vereinten Deutschland gab es im Februar 1990 heftigen Streit zwischen dem Verteidigungsminister Stoltenberg und Außenminister Genscher. Stoltenberg sah nur eine Lösung: Eine Armee in einem Staat. Angesichts des fortbestehenden Warschauer Paktes gab es für ihn auch keine andere Lösung als für das vereinte Deutschland den Schutz der NATO zu suchen. Neutralität war für Stoltenberg ebenso wie für den Bundeskanzler keine Lösung. Genscher erschienen diese Fragen nachrangig und er sah in ihnen eine Belastung, ihm ging es darum, die Zustimmung der Sowjetunion zur Einheit Deutschlands zu erreichen. Diesem Ziel ordnete er Alles unter und war zu sehr weitgehenden Zugeständnissen bereit. Die Frage, ob es in einem Staat zwei Zonen unterschiedlicher Sicherheit geben könne oder gar Umfangszahlen der Streitkräfte, das waren für ihn Nebensachen. Am 19. Februar 1990 musste Stoltenberg auf Wunsch des Kanzlers eine für ihn bittere Erklärung unterschreiben, die Genschers Drängen folgend, sogar davon absah, deutsche Truppen im Gebiet der DDR zu stationieren, obwohl es eine derartige Forderung der Sowjetunion gar nicht gab. Stoltenberg schluckte die damit ausgesprochene Bereitschaft, weiterhin ein Staat mit beschränkter Souveränität zu sein, aber sein Ziel, die volle Souveränität zu erreichen und ganz Deutschland als Zone gleicher Sicherheit zu sehen, gab er nicht auf. Dass genau das am Ende erreicht wurde, ist auf deutscher Seite niemandem mehr zu danken als Gerhard Stoltenberg.

Für die Arbeit im Verteidigungsministerium bedeutete dieser 19. Februar erneuten Stillstand. Erst nach den Volkskammerwahlen im März 1990 und mit Beginn der 2+4 Gespräche kam etwas Bewegung auf. Sichtbarer Ausdruck war die Begegnung zwischen Minister Stoltenberg und dem neu ernannten Minister für Nationale Verteidigung und Abrüstung der DDR, Eppelmann. Sie fand am 27. April 1990 im Hotel Holiday Inn beim Flugplatz Köln/Bonn statt, da Eppelmann nicht in das Bonner Verteidigungsministerium kommen wollte. Eppelmanns Vorstellung waren zwei Armeen in einem deutschen Staat, die durchaus unterschiedlichen Bündnissen angehören könnten. Er sah für die DDR eine Art Brückenfunktion zwischen NATO und Warschauer Pakt in einer von der KSZE überwölbten Sicherheitsarchitektur. Eine gewiss kühne Vorstellung, aber ob sie Sicherheit für Deutschland bedeutet hätte, muss dahingestellt bleiben, sie hätte sicher erneut eine Sonderrolle Deutschlands bewirkt. Stoltenberg hielt von dieser Idee nichts, konnte sie aber wegen der ihn bindenden Erklärung vom 19. Februar nicht zurückweisen. Eppelmann hat deshalb seine Idee in der Kommandeurtagung der Nationalen Volksarmee (NVA) am 2. Mai 1990 als Richtlinie vorgegeben und damit Hoffnungen auf ein eigenständiges Fortbestehen der NVA geweckt, Hoffnungen, die wenige Monate später bitter enttäuscht werden mussten. Aber auch für das Bonner Ministerium hatte dies Folgen: Planungen für den Tag der Einheit durften weiterhin nicht aufgenommen werden, obwohl zunehmend klar wurde, dass eine Einigung in den 2+4 Gesprächen auch Aussagen zu den Streitkräften und zum sicherheitspolitischen Status Deutschlands enthalten müsse. Es wurde deshalb begonnen, wenigstens eine den Sicherheitsinteressen des vereinten Deutschlands entsprechende Position für die Wiener Verhandlungen

über die Begrenzung konventioneller Streitkräfte in Europa zu bestimmen. Dazu wurden Personalobergrenzen knapp unter 400 000 Sol-
daten entwickelt, allerdings ohne Kenntnis der DDR Planungsdaten.
Diese Daten nutzte der Bundeskanzler nach langwierigen und vom
Außenminister nicht gerade geförderten internen Verhandlungen
(Genscher forderte, weil dies vorgeblich die dann nicht bestätigte Bedingung der Sowjetunion war, eine Obergrenze von 250 000 Soldaten,
die das Ende der Wehrpflicht bedeutet hätte) als Grundlage bei seinen
Gesprächen mit Präsident Gorbatschow im Kaukasus. Bundeskanzler
Kohl erzielte dort am 16. Juli mit Gorbatschow Einvernehmen, dass
das vereinte Deutschland Mitglied der NATO sein werde und seine
Streitkräfte bis Ende 1994 auf die Höchstgrenze von 370 000 Mann
abbauen würde, eine Höchstgrenze, die im Gegensatz zu den Wiener Verhandlungen auch die Marine einschloss. Damit und mit der
Entscheidung, die Sowjetische Westgruppe der Truppen (WGT) aus
der DDR bis Ende 1994 abzuziehen, war Anfang August 1990 endlich
die Klarheit geschaffen, die wir für die Planung der Streitkräfte des
vereinten Deutschland brauchten. Nun galt es unter einem unglaublichen Zeitdruck in nur zwei Monaten zu planen, denn als Datum des
Beitritts der DDR zur Bundesrepublik nach Artikel 23 GG schälte
sich immer mehr der frühe Herbst 1990 heraus. Aber selbst Anfang
August durfte das BMVg noch keine offizielle Verbindung zum DDR
Ministerium in Strausberg aufnehmen, obwohl es inzwischen auf
Truppenebene zahlreiche Begegnungen von Bundeswehr und NVA
gegeben hatte. Erst am 17.8.1990 trat eine kleine Verbindungsgruppe
des Bonner Verteidigungsministeriums ihren Dienst in Strausberg an.

Die Planungen in Bonn sahen vor, in der DDR ein Bundeswehrkommando Ost von etwa 50 000 Mann Stärke aufzustellen. Damit
blieb nach Abzug von 25 000 Mann Marine für die Bundeswehr West
ein Zielumfang 1994 von 295 000 Mann übrig. Die bisherige Planung
sah ohne Marine 470 000 Mann vor, es musste somit eine völlig neue
Streitkräfteplanung erarbeitet werden und es war nun klar, dass für
jeden aus der NVA zu übernehmenden Soldaten einer aus der alten Bundeswehr zu entlassen sein würde. Kein geringes Führungs-
problem, dafür Verständnis zu wecken und für die zu Entlassenden
durchaus ein Opfer. Vor allem aber musste nun endlich Klarheit ge-

schaffen werden, was mit der NVA geschehen solle. Eppelmann hatte der NVA noch am 21. Juli versichert, sie werde bestehen bleiben. Ende August entschied Minister Stoltenberg: Die NVA wird aufgelöst und die Soldaten der NVA, nicht aber die Angehörigen der anderen bewaffneten Organe der DDR, werden mit dem Tag der Einheit vorläufig Soldaten der Bundeswehr. Es wurde die Aufstellung des Bundeswehrkommando Ost beschlossen und es wurde entschieden, dass spätesten am Tag vor dem Beitritt der DDR noch durch die DDR Regierung alle Generale und Admirale der NVA, alle Politoffiziere sowie alle Soldaten, die älter als 55 Jahre waren, zu entlassen seien. Im Einheitsvertrag war auf Drängen Stoltenbergs festgelegt worden, dass sie trotz leerer DDR-Rentenkassen Anspruch auf bescheidene Pensionszahlungen haben würden. Am 3. Oktober 1990 übernahm Generalleutnant Schönbohm das dem Minister direkt unterstellte Bundeswehrkommando Ost. Die Bundeswehr erreichte damit ihre Höchststärke von rund 600 000 Mann.

Die Armee der Einheit entsteht

Die Aufgabe, die Schönbohm und seine Mannen zu bewältigen hatten, war und bleibt einzigartig in der deutschen Militärgeschichte. Er musste eine ihm im Detail unbekannte Armee übernehmen, ihre Auflösung einleiten und gleichzeitig aus Teilen der NVA unter Führung von Offizieren der Bundeswehr die Truppenteile der Bundeswehr Ost aufbauen. Dazu mussten er und sein Team das Vertrauen und die Mitarbeit der Offiziere und Unteroffiziere der NVA gewinnen und ihnen glaubhaft vermitteln, dass sie im vereinten Deutschland eine faire Chance bekommen würden. Sie mussten sie umschulen auf einen Stil der Menschenführung und die Anwendung einer für sie neuen Wehrgesetzgebung, in deren Mittelpunkt die Freiheit des Einzelnen und sein Schutz vor der Macht des Staates stehen. Das musste gelingen, denn nur dann konnte man die Herzen und Köpfe der Menschen in der früheren DDR gewinnen und nur so konnte man dem ganzen Warschauer Pakt zeigen, dass man in der NATO auch dem Gegner von einst eine faire Chance gibt. Es war Einheit zu leben und das gelang in diesen ersten Monaten ebenso wie in den dann 1991 folgenden vier Jahren des Aufbaus der Armee der Einheit, besser als in jedem anderen Bereich unserer Gesellschaft. Es war ein Beitrag zum Zusammenwachsen der Deutschen, aber auch ein Beitrag zur Überwindung der fünf Jahrzehnte dauernden Teilung Europas.

Der erste Schritt war ab August 1990 eine Bestandsaufnahme mit überraschenden Ergebnissen gewesen. Wir hatten einen militarisierten Staat übernommen. Rechnet man alle militärischen Liegenschaften der DDR und der sowjetischen WGT einschließlich des nur vom Militär zu nutzenden, geheimen Straßennetzes von 11.000 Kilometer Länge zusammen, dann war ein Drittel der Fläche der DDR militärisch genutzt. Das Bundeswehrkommando Ost übernahm ohne die sowjetischen Liegenschaften anfänglich 900 Standorte mit 2285 militärischen Liegenschaften. Dazu gehörten 800 militärische Sicherheitsbereiche, neun größere Truppenübungsplätze und 19 Standortübungsplätze von der Größe westdeutscher Truppenübungsplätze. Der Zustand der Einrichtungen, die dem Herstellen der schnellen Einsatzbereitschaft dienten, war ordentlich, die Kasernen dagegen waren in erbärmlichem Zustand. Nach westdeutschen Maßstäben hätte die Mehrzahl der Küchen und Sanitätseinrichtungen sofort geschlossen werden müssen. Die mit Braunkohle betriebenen Heizanlagen erwärmten die Stuben auf nicht mehr als 12 Grad, eine Wohlfühltemperatur für abgestellte Panzer, für die Soldaten aber eine Gefahr für ihre Gesundheit. Von diesen Liegenschaften wollte die Bundeswehr anfänglich 587 nutzen und für deren Instandsetzung ab 1992 jährlich rund eine Milliarde Mark ausgeben. Mehr als 1500 Liegenschaften sollten so rasch wie möglich der Bundesvermögensverwaltung übergeben werden, alles in allem, die sowjetischen Liegenschaften eingeschlossen, ein Buchwert von mehr als 55 Milliarden Mark. Hinzu kam eine gewaltige Menge Material, denn die Bundeswehr hatte nicht nur das Material der NVA, sondern auch das der rund 400 000 Mann Betriebskampfgruppen und der etwa 40 000 Mann Grenztruppen zu übernehmen.

Es waren, in deutlicher Abweichung von den bei den Wiener Abrüstungsverhandlungen von der DDR in einem internationalen Vertrag eingebrachten Zahlen:

- 8317 Kampfpanzer bzw. gepanzerte Gefechtsfahrzeuge,

- 3400 Artilleriewaffen, davon 2245 Artillerie-Geschütze,

- 479 Flugzeuge und Angriffshubschrauber,

- 71 Kriegsschiffe,

- 250 Boden-Boden-, 10 600 Flugabwehr- und 46 000 Panzerabwehrraketen,

- 70 000 Kraftfahrzeuge,

- 1,2 Mill. Handwaffen,

- 300 000 t Munition.

Diese gewaltige Menge Material war einzulagern, zu vernichten oder, zu geringen Teilen, an andere Länder zu verkaufen. Durch die Bundeswehr wurde NVA Material nur in geringem Maße, so beispielsweise das Kampfflugzeug MIG-29, weiterverwendet, deshalb waren ab 1992 aus dem Verteidigungshaushalt jährlich rund 150 Millionen DM für die Vernichtung von Material der NVA aufzuwenden.

Außerdem hatte die Bundeswehr 136 km Mauer in Berlin und rund 1200 km Grenzzaun abzubauen, 818 Beobachtungstürme zu entfernen und 1,3 Millionen Minen zu räumen.

Das volle Ausmaß der Militarisierung der DDR wird aber erst deutlich, wenn man den Umfang der sowjetischen, später dann der russischen Truppen mit in Betracht zieht. Es waren rund 546 200 russische Staatsbürger, davon 338 800 Soldaten in der DDR stationiert. Sie verfügten über 4209 Kampfpanzer, 3682 Artilleriegeschütze, 8209 gepanzerte Fahrzeuge, 691 Flugzeuge, 683 Hubschrauber und rund 3 Millionen Tonnen Material, davon 677 032 Tonnen Munition. Es waren in den rund 1500 Liegenschaften zahlreiche Kasernen, Wohnsiedlungen, Depots, Übungsplätze enthalten. Sie machten rund 300 000 Hektar Fläche aus, also etwa ein Prozent der Fläche Deutschlands.

Die Bundeswehr im Osten hatte den während der Aufstellung der Armee der Einheit zusätzlich belastenden Auftrag, den Abzug der Russen zu begleiten und wo nötig zu unterstützen. Unsere Soldaten waren angewiesen alles zu tun, um einen Abzug in Würde wahr werden zu lassen. Auch diese Facette gehört zum Bild der Streitkräfte in dieser einmaligen Phase deutscher Militärgeschichte. Ich glaube sagen zu können, auch das ist gelungen.

Doch das Wichtigste bei der Auflösung der NVA war der Umgang mit den Menschen. Unsere Devise war: Wir gehen als Deutsche zu Deutschen, es gibt weder Sieger noch Besiegte.

Aber wir konnten und wollten die NVA nicht in die Bundeswehr integrieren, denn die NVA war die Armee der SED, die Bundeswehr dagegen war niemals die Armee einer Partei, sondern immer die Armee des ganzen deutschen Volkes.

Bundeswehr und NVA wurden am 3.Oktober 1990 nicht miteinander verschmolzen, die NVA wurde aufgelöst. Das dauerte je nach Truppenteil zwischen drei Monaten und zwei Jahren.

Aus dem Westen waren 2000 Soldaten und 250 Beamte /Angestellte entsandt worden. Daraus wurden 156 Kommandeurgruppen und 175 Ausbildungsgruppen sowie eine Reihe von Unterstützungsgruppen für die sofort aufzulösenden Truppenteile gebildet. Jedem Truppenteil im Osten wurde ein Couleurtruppenteil im Westen zugeordnet und so wurde die Aufstellung der Armee der Einheit von der ersten Minute an, was sie bis zum formellen Abschluss im Februar 1995, der NATO Assignierung der Bundeswehr Ost, blieb: Eine Aufgabe der gesamten Bundeswehr.

Das Heer stellte in Potsdam/Geltow das Territorialkommando Ost auf, dem die Wehrbereichskommandos VII in Leipzig und VIII in Neubrandenburg, hervorgegangen aus den Militärbezirken der NVA, unterstellt waren. Sie entsprachen in ihrer Gliederung weitgehend Divisionen im Westen und führten insgesamt sechs Heimatschutzbrigaden in Dresden, Weißenfels, Erfurt, Schwerin, Eggesin und Potsdam-Eiche sowie zusätzlich insgesamt 15 Verteidigungsbezirks- und 45 Kreiskommandos. Zudem wurde die Offiziersschule des Heeres von Hannover nach Dresden verlegt und das Militärgeschichtliche Forschungsamt von Freiburg nach Potsdam.

Die Luftwaffe stellte zunächst die 5. Luftwaffendivision in Straus-
berg-Eggersdorf auf. Daraus wurde später die 3. Luftwaffendivision
in Berlin-Gatow. Die Marine richtete in Rostock das Abschnittskom-
mando Ost ein und begann mit den Vorbereitungen für die Verlegung
der Schnellboot-Flottille aus Schleswig-Holstein nach Warnemünde
und dem Aufbau ihrer technischen Schulen in Stralsund.

In Strausberg wurde die Wehrbereichsverwaltung VII als Kopf der
26 Kreiswehrersatzämter und der 19 Standortverwaltungen eingerichtet, ein Novum im Osten, denn eine eigenständige zivile Wehrverwal-
tung hatte es in der NVA nicht gegeben.

Am Tag der Vereinigung gab es 23 354 Offiziere in der NVA. Von
ihnen bewarben sich 1990 insgesamt 11 500 für einen zweijährigen
Dienst auf Probe. Anfang 1991 übernahm die Bundeswehr 6056 Offiziere, deren Dienstgrade durch die Anpassung an die Laufbahnen im
Westen zum Teil um einen, in Einzelfällen sogar um drei Dienstgrade
herabgesetzt wurden. Sie hatten mit der Bewerbung eine Erklärung
abzugeben, dass sie nie mit der STASI zusammengearbeitet hatten
und wussten, dass sie bei Unwahrheit sofort entlassen werden würden. Nach Ablauf der zweijährigen Probezeit bewarben sich 5662 ehemalige NVA-Offiziere um die Übernahme als Berufssoldaten oder als
Zeitsoldaten mit bis zu 15 Jahren Dienstzeit. Sie alle waren vorher von
mindestens zwei Vorgesetzten beurteilt worden, die in 80 Prozent der
Fälle die Eignung zur Übernahme bestätigten, zwanzig Prozent wurden als ungeeignet bewertet. Von den Geeigneten fielen etwa 20 Prozent den Ergebnissen der Anfrage bei der Gauck-Behörde zum Opfer,
da ihre Mitarbeit bei der STASI nachgewiesen werden konnte. Der zusätzlich eingerichtete zivile Ausschuss zur Überprüfung der Eignung,
dem Bürger aus der früheren DDR angehörten, die man dem Widerstand zurechnen konnte, überprüfte alle Akten, lud 500 Bewerber zur
Anhörung vor und beurteilte 40 als nicht geeignet. Sie wurden nicht
übernommen. Insgesamt wurden 3575 Offiziere der NVA übernommen, 600 wurden in die Laufbahn der Unteroffiziere überführt und
etwa 1600 ehemalige NVA Offiziere wurden zu Beamten oder Ange-
stellten der Bundeswehrverwaltung.

Die ersten ehemaligen NVA Offiziere nahmen 1993 am Stabsoffi-
zierslehrgang der Bundeswehr an der Führungsakademie in Ham-

burg teil. Man könnte das als den formalen Abschluss der Integration bezeichnen.

Schwieriger war die Lage bei den Unteroffizieren. Die NVA kannte nach sowjetischem Muster keine Unteroffiziere, die, wie die der Bundeswehr, Führungskompetenz haben. Die Unteroffiziere der NVA waren Gehilfen, aber keine Unterführer, doch 11 500 von ihnen bewarben sich um die Übernahme. Um dem eigenen Anspruch, jedem eine faire Chance zu geben, gerecht zu werden, wurde nun in den Jahren 1991 bis 1993 umgeschult was das Zeug hielt. Der Erfolg hielt sich in Grenzen und so konnte der Bedarf an Unteroffizieren im Osten erst nach 1994 halbwegs gedeckt werden als die ersten Rekruten des Jahres 1991 ihre Ausbildung zum Unteroffizier erfolgreich abgeschlossen hatten.

Es hat in diesen Jahren des Aufbaus der Bundeswehr im Osten sicher manche Härte und gelegentlich auch Unzufriedenheit gegeben, aber insgesamt ist das Bild positiv.

Die ehemaligen Berufssoldaten der NVA haben trotz ihres oft ungewissen Schicksals überwiegend loyal und kompetent mitgearbeitet. Ohne sie wäre der gleichzeitige Ab-, Auf- und Umbau der Armee der Einheit nicht gelungen. Das Versprechen der ersten Stunde, als Deutsche zu Deutschen gekommen zu sein, wurde erfüllt und die Soldaten der ehemaligen NVA erlebten, dass ihre neuen Vorgesetzten sich um sie kümmerten. Die Bürger in der ehemaligen DDR sahen, dass die Streitkräfte nicht mehr Machtinstrument der Partei, sondern das in die Gesellschaft integrierte, vom Parlament kontrollierte Instrument des Staates zur Wahrung der äußeren Sicherheit sind, eine offene, transparente Organisation, die sich nicht mehr hinter Mauern versteckte und die sich keine Privilegien zuschanzt.

Dank gebührt auch den Soldaten und Beamten der Bundeswehr, die anfangs ohne jegliche Zulagen in den Osten gingen. Sie waren Patrioten, die in der Gestaltung der Einheit die Erfüllung eines Traums sahen. Die Bundeswehr hat wie keine andere Gruppe unserer Gesellschaft Vereinigung gelebt. Sie hat damit geholfen, die Einheit Deutschlands zu gestalten. Als die auf dem Gebiet der ehemaligen DDR stationierten Truppenteile der Bundeswehr der NATO 1995 assigniert wurden war der Aufbau formell abgeschlossen. Als Armee der Einheit ist die Bundeswehr aber erst in den Herzen der Menschen angekommen als Soldaten aus Ost und West Schulter an Schulter 1997 am Oderbruch und 2002 an der Elbe halfen, retteten und schützten. Doch die Aufgabe die Einheit zu vollenden ist auch heute noch immer nicht abgeschlossen. Sie zu vollenden bleibt tägliche Aufgabe aller Deutschen.

C. Bilanz dreißig Jahre später

Manches ist über den Prozess der deutschen Einheit gesagt und geschrieben worden, aber kaum erwähnt ist, dass es so gut wie keinen Anhalt dafür gibt wie man den Wandel vom Sozialismus in Marktwirtschaft und Demokratie bewältigen kann während es für die Überführung kapitalistischer Systeme in sozialistische ganze Regale von Literatur gibt. Es musste also ohne Blaupause gehandelt werden, immer schwierig, im überregulierten Deutschland aber besonders. Das galt auch für die sicherheitspolitische Dimension der deutschen Einheit. Sie ist weitgehend unbekannt, vielleicht auch weil sie lautlos bewältigt wurde, so lautlos, dass sie selbst der damalige Bundespräsident von Weizsäcker in seinem Buch»Der Weg zur Einheit« nicht erwähnt, obwohl das Zusammenführen der Streitkräfte der beiden deutschen Teilstaaten der Teil der Vereinigung, vielleicht ihr einziger war, in dem Einheit gelebt und geschaffen wurde. Politisch gebührt dafür besonders dem damaligen Minister Rühe Dank. Er hat die von Stoltenberg durchgesetzte Grundlage eines vereinten Deutschland als Staat gleicher Sicherheit konsequent genutzt und die Armee der Einheit gestaltet.

Vor dreißig Jahren wurde die Landkarte Europas durch die deutsche Einheit friedlich verändert. Das war zugleich der Anfang vom Ende der Teilung Europas. Für die ehemalige Sowjetunion war es schwer, die Eingliederung ganz Deutschlands in die NATO hinzunehmen. In Moskau denkt man gerne, auch heute noch, in den Kategorien einer Landmacht, die sich umso sicherer fühlt je mehr Territorium in ihrem Vorfeld sie kontrollieren kann. Das maritime Bündnis NATO und vor allem seine Führungsmacht USA denken nicht in solchen Kategorien und darum war es doch relativ leicht möglich, die NATO

1990 zur Zustimmung zu bewegen, keine alliierten Truppen dauerhaft auf dem Gebiet der ehemaligen DDR zu stationieren. Deshalb war es dann auch 1997/98 beim Verhandeln der NATO-Russland Vereinbarung nicht zu schwer, ähnliche Zugeständnisse für die Gebiete 1999 der NATO beitretenden Bündnismitglieder zu machen. An diese Frage aber, Erweiterung der NATO, dachte zum Zeitpunkt der deutschen Einheit Niemand. Die Sowjetunion bestand, der Warschauer Pakt ebenso, Planungen, die deren Zerfall annahmen, gab es nicht. Eine Festlegung der gesamten Bundesregierung auf Verzicht jeglicher NATO-Erweiterung für alle Zeit gab und gibt es nicht. Kein Minister wäre befugt gewesen sich so festzulegen und kein NATO-Staat hätte dies im Alleingang für das Bündnis tun dürfen. Dennoch wird gerade dies noch heute in Moskau und auch von einigen Unbelehrbaren hierzulande behauptet. Daraus wird das Gift gebraut, das die Zusammenarbeit zwischen NATO und Russland so schwer macht, weil zu viele in Moskau behaupten, der Westen habe seine 1990 gegebenen Versprechen gebrochen. Dies ist und bleibt eine Lüge, verbreitet von denen, die noch immer nicht einsehen wollen, dass der Kommunismus 1990 seine letzte Chance verspielt hatte, die Menschen zu gewinnen und die noch immer glauben, die Sowjetunion und ihre Vorherrschaft in ihrem Vorfeld hätten gerettet werden können. Das war 1989 das Ziel Michael Gorbatschows, doch dazu bestand weder 1990 eine Chance noch gibt es heute eine Chance für russische Dominanz in Europa. Aber gerade wir Deutschen wissen, wie gefährlich Dolchstoßlegenden sein können. Es ist deshalb dreißig Jahre nach der deutschen Einheit, noch immer notwendig an den Geist von 1990 zu erinnern. Die Protagonisten der Einheit auf westlicher Seite, Präsident Bush und Bundeskanzler Kohl, sahen in der Einheit einen Triumph von Freiheit, Rechtsstaatlichkeit und Selbstbestimmung und sie hofften, dass dieser Geist es möglich machen würde, den Antagonismus des Kalten Krieges dauerhaft zu überwinden. Die 1990 vereinbarte Charta von Paris der KSZE ist der Ausdruck dieser Hoffnung.

Diese auch von Gorbatschow unterschriebene Vereinbarung wiederholt die Festlegung der KSZE-Schlussakte von Helsinki, wonach jeder Staat Europas frei entscheiden kann zu welchem Bündnis er gehören möchte.

Es ist nun, dreißig Jahre nach dem größten Glücksfall der jüngeren deutschen Geschichte, Zeit sich an diesen Geist von 1990 zu erinnern und trotz der russischen rechtswidrigen Annexion der Krim und die damit erfolgten Vertragsbrüche einen erneuten Versuch des Aufbruchs zur Zusammenarbeit zu machen. Gerade wir Deutschen könnten und sollten dies versuchen. Wir sind fest eingebettet in die NATO und wir müssen dies bleiben, weil Europa Sicherheit in einer noch viel unruhiger gewordenen Welt nur im festen Bündnis mit den USA erreichen kann. Sie sind auch unter einem erratisch handelnden Präsidenten unersetzlich. Die Entscheidung von 1990 war deshalb eine kluge und richtige Entscheidung von strategischer Weitsicht. Sie hält gerade uns den Rücken frei, nun Russland erneut die Hand des Westens zur Zusammenarbeit zu bieten, weil niemand deutlicher und schmerzlicher als die Deutschen im Kalten Krieg erlebt hat, dass dauerhafte Stabilität in Europa nur zu erreichen sind, wenn Europa, untrennbar mit Nordamerika verbunden, versucht Sicherheit nicht gegen, sondern mit Russland zu erreichen. Das vereinte Deutschland in der NATO erlaubt ganz Europa Kooperation mit Russland ohne Angst vor Russland. Das zu verwirklichen ist das Vermächtnis der friedlichen Veränderung der Welt von 1989/1990, deren Anfang die Einheit Deutschlands war.

D. Ausblick

Politisch ging die kurze uneingeschränkte Hegemonie der USA mit den Terrorangriffen auf New York und Washington an 9/11 zu Ende. Mehr noch, die USA verloren ihre Unverwundbarkeit und in der Folge auch noch ihre moralische Glaubwürdigkeit. An 9/11 begann der lange, noch offene Weg in eine neue Welt, die noch lange voller Ungewissheit, Unsicherheit und Gefahr sein wird.

Strategisch verlor an 9/11 die im Kalten Krieg so erfolgreiche Strategie der Friedenssicherung durch Abschreckung ihre Anwendbarkeit, denn die Gegner waren nun nicht mehr nur Staaten, sondern nichtstaatliche Akteure, die aus dem Dunkel zuschlagen, die nicht mehr eindeutig erkennbar und lokalisierbar sind.

Auch militärisch geriet die Welt aus den Fugen. Der Zweck militärischer Anstrengungen, der Schutz des eigenen Staates, war selbst der mächtigsten Armee der Welt nicht mehr möglich. Die einzige Supermacht wurde schwer verwundet, wie schwer haben viele Europäer bis heute nicht begriffen. Doch nicht nur Amerikas Traum von Hegemonie zerbrach, auch viele Streitkräfte- und Rüstungsplanungen wurden durch drei von Terroristen als Bomben verwendete Passagierflugzeuge entwertet.

Die USA bleiben zwar der mächtigste Staat der Welt. Auch die NATO bleibt Dank der USA das Bündnis, das niemand angreifen oder gar besiegen kann. Die gute Nachricht ist deshalb: Krieg in Europa bleibt unwahrscheinlich.

Dennoch ist die Lage dreißig Jahre nach der Einheit Deutschlands düsterer als je: Die Welt könnte dank amerikanischen Nationalismus einen Wirtschaftskrieg erleben, der am Ende nur Verlierer kennen wird. Zudem sind die USA es müde, Lasten für die Welt zu tragen und sie sind innenpolitisch gespalten.

Europa muss nach dem BREXIT um die EU bangen. Die EU ist allenfalls eine wirtschaftliche Weltmacht, zögert aber globale Verantwortung zu übernehmen und kann es derzeit auch nicht, sie ist sogar für seine eigene Sicherheit angesichts eines autokratisch regierten und erneut rüstenden Russlands abhängiger von den USA als je zuvor. Europa sieht vor allem nach innen, muss aber endlich anfangen seine Sicherheit ein Stück weit in die eigenen Hände zu nehmen. Dazu muss Europa verstehen, dass europäische Sicherheit auch heißt Verantwortung in Afrika zu übernehmen und in Zusammenarbeit mit den USA und den Demokratien in Asien und Australien zu versuchen, in Asien durch Kooperation Konfrontation zu verhindern.

Zudem besteht die Gefahr, dass das Machtmonopol der Staaten zerbrechen könnte, weil nichtstaatliche Akteure Zugang zu Waffen aller Art haben, weil Terroristen und Kriminelle oftmals besser zusammenarbeiten als Verbündete und weil sie Mittel erlangen könnten, mit denen man Staaten erpressen, ja schutzlos machen und lähmen könnte. Cyber Angriffe und künftige biologische/bio-chemische Waffen sind die Mittel dafür. Hinzukommen die dramatischen Veränderungen, die demografische Umwälzungen, Klimawandel und technischer Fortschritt, vor allem im Bereich Künstliche Intelligenz bringen werden.

Die Welt ist unsicherer und unberechenbarer geworden. Noch gibt es kein Konzept zum Schutz unserer Gesellschaften.

Doch Schutz bleibt die erste und wichtigste Pflicht aller Staaten dieser Welt. Staat und Gesellschaft sind nun gefordert: Es gilt wie eh und je auf das Unerwartete vorbereitet zu sein. Eine Gesellschaft wie die deutsche sollte in dieser Lage darüber nachdenken, ob das Übermaß an Individualisierung, das die Deutschen sich gönnen, die richtige Haltung in einer Zeit voller Unsicherheit ist, ob man nicht bereit sein muss, für das große Glück in einem freien und demokratischen Rechtsstaat zu leben auch Pflichten zu übernehmen und ob man nicht dafür arbeiten muss, bewährte Bindungen zu erhalten statt sie aufzugeben.

Das große Glück der deutschen Einheit müssen wir nun als Verpflichtung begreifen, ein ganzes und freies Europa zu gestalten, in dem der Traum des Westens verwirklicht wird: Seine freien Bürger werden durch die Macht des Rechts in seinen demokratischen Staaten geschützt und durch eine nach vereinbarten Regeln handelnde internationale Ordnung vor allen äußeren Gefahren bewahrt. Das ist die beste Ordnung, die Menschen je für Ihr Zusammenleben in Staaten gefunden haben. Für ganz Deutschland wurde sie mit der deutschen Einheit Wirklichkeit.

Sie zu schützen ist Verpflichtung, für sie einzutreten und sie zu verbreiten ist das Vermächtnis der deutschen Einheit.

Die Wiedervereinigung war ein Glücksfall der Geschichte

Arend Oetker

Als vor dreißig Jahren in Leipzig die Montagsdemonstrationen begannen, hat mich das Engagement der Bevölkerung enorm bewegt. Eine
wirkliche Überraschung waren die Proteste für mich nicht, denn dass
sich in der Bevölkerung etwas regte, sich ein Aufbegehren gegen die
Verhältnisse breit machte, hatte sich angekündigt. Tatsächlich war damals der Blick insbesondere nach Leipzig gerichtet – passenderweise
jener Stadt, in deren Historie eine aktive, engagierte Bevölkerung oft
schon ein besonderes Gespür für Freiheit und Liberalismus zum Ausdruck gebracht hatte. Ich war beeindruckt, beispielsweise von dem
Beitrag, den Kurt Masur als damaliger Leiter des Gewandhausorches-
ters für die friedliche Revolution leistete.

Die Wiedervereinigung ist für Deutschland ein Glücksfall gewesen.
Sie hat mich dermaßen berührt, dass ich als Unternehmer ein Zeichen
setzen und Verantwortung für den Wiederaufbau Deutschlands als
geeinter Republik übernehmen wollte. In der Überlegung, wo und
wie ich mich am besten einbringen konnte, fiel die Entscheidung auf
Leipzig. Leipzig ist eine Handelsstadt, mit den ältesten Messerechten
der Welt. Und sie hat einen hohen kulturellen Anspruch, man denke
nur an einflussreiche Dichter, Denker und Musiker wie Bach, Wagner,
Mendelssohn, Goethe, Fontane, Lessing, Kästner oder Nietzsche, die
hier gewirkt haben, wie auch an den Thomaner Chor oder die Bedeutung der Stadt für den Buchdruck. Als Kaufmann, Kunstfreund und
Musikliebhaber passt die Stadt zu mir.

Als eines unter vielen Projekten ist mir die Galerie für Zeitgenössische Kunst (GfZK), deren Leiterin in diesem Jahr den Deutschen
Pavillon der Biennale in Venedig kuratiert, ein besonderes Anliegen.
Die GfZK verbindet Ost und West und zeigt seit Anbeginn Werke
von Künstlern aus beiden Regionen auf Augenhöhe. Um von meinem
wirtschaftlichen Erfolg etwas zurückgeben zu können, habe ich viele

Bilder als Schenkungen bereitgestellt. Damit wird ein Museum aufgewertet und eine breite interessierte Öffentlichkeit erhält Zugang zur Kunst. Das steigert auch die Attraktivität einer Stadt und damit auch ihre Wirtschaftskraft. Kunst ist ein weicher Standortfaktor. Auch in Rostock, Chemnitz und Frankfurt an der Oder habe ich mich früh dafür eingesetzt, dass nach der Wende Ausstellungen stattfinden konn ten – und zwar in einer gleichwertigen Behandlung von Ost- und Westdeutschland.

Der 100. Geburtstag des Bauhauses, der im Jahr 2019 ebenfalls gefeiert wird, erinnert daran, welches Potenzial Kreativität hat. Wenn sich der Blick damit in diesem Jahr nach Weimar und Dessau richtet, erinnern wir uns daran, wie wichtig es ist, eine neue Avantgarde anzuziehen. Ihr die nötigen Räume zu geben, um sich auszuprobieren, ausgefallene Ideen zu entwickeln und Konzepte umzusetzen, kann eine Wirkung erzielen, die sich nicht nur ökonomisch oder politisch auswirkt, sondern insbesondere auch Orte zu attraktiveren Lebensräumen zu machen.

Bildung, Wissenschaft und Forschung im Transformationsprozess

Das Land der Dichter und Denker ist noch immer eines der führenden in Bildung, Wissenschaft und Forschung. Sie sind der Schlüssel zu mehr Wirtschaftswachstum und gesellschaftlichem Wohlstand. Inzwischen findet immer mehr anwendungsorientierte Forschung nicht mehr nur in Universitäten und Hochschulen statt, sondern zunehmend in den Unternehmen selbst. Auch in Ostdeutschland kann die Wirtschaft ihre Wertschöpfung steigern, wenn in den zahlreichen kleinen und mittleren Unternehmen mehr geforscht und entwickelt wird. Innovativere Produkte durch eine höhere Wissensintensität führen zu stärkerer Nachfrage, die ihrerseits Wachstumseffekte fördert. Einer der Vorreiter und wichtigste Institution auf dem Gebiet der Vernetzung zwischen Forschung, Wissenschaft und Unternehmertum ist der Stifterverband für die Deutsche Wissenschaft.

Der Stifterverband, dem ich in den Jahren von 2000 bis 2013 als Präsident vorsitzen durfte, ist für alle deutschen Wissenschaftsorganisationen der zentrale Ansprechpartner aus der Wirtschaft. Traditionell ist er sehr eng mit der Deutschen Forschungsgemeinschaft verknüpft, die die Hochschulforschung mit jährlich mehreren Milliarden Euro fördert. Die großen Herausforderungen der nächsten Jahre kann der Staat nicht alleine bewältigen. Nicht zuletzt deshalb hat der Stifterverband heute mehr als zuvor Gesicht und Gewicht in der Politik. Er war immer schon der wichtigste Mittler zwischen Wirtschaft und Wissenschaft – und wir haben ihn seit Ende der 90er-Jahre deutlich politischer und wirkungsvoller gemacht.

Der Stifterverband hatte sich schon zu Zeiten der deutsch-deutschen Teilung für eine Vermittlung von Kontakten zwischen Wissenschaftlern auf beiden Seiten der Mauer eingesetzt. Ein Beispiel solcher Bemühungen des Wissenschaftsaustausches waren die jährlichen Workshops von Philosophen und Wissenschaftshistorikern in Jugoslawien am University Center in Dubrovnik – damals eine Drehscheibe für Ost-West-Begegnungen. Einen wichtigen Meilenstein zu einem allgemeinen deutschen Wissenschaftssystem setzte der Stifterverband am 30. Oktober 1990: Zu dem Villa-Hügel-Gespräch »Wege zu einer deutschen Wissenschaftslandschaft« in Essens gleichnamiger, traditionsreicher Villa kamen Persönlichkeiten aus Wissenschaft, Wirtschaft und Politik zusammen. Sie wagten eine erste Bestandsaufnahme und entwickelten Perspektiven für einen gemeinsamen Prozess, der ein neues, gesamtdeutsches Wissenschaftssystem hervorbringen sollte.

Über diesen eher akademischen Ansatz hinaus gab es zahlreiche praktische Hands-On-Initiativen aus den Reihen des Stifterverbandes. So machten sich einige Mitglieder persönlich auf den Weg in die neuen Bundesländer, um vor Ort dort mitanzupacken, wo in der ersten Zeit der größte Bedarf war: Löcher in Dächern von Bildungseinrichtungen zu stopfen, Mauerbestände zu restaurieren oder Materialien für den Unterricht bereitzustellen.

Unter den wichtigsten Einzelmaßnahmen sind drei Förderformate zu nennen, die von struktureller Bedeutung waren. Dazu zählt die Vergabe von fünf Studien zur Bewertung von Forschungsleistungen der ehemaligen DDR auf der Grundlage bibliometrischer Daten und Patente. Verantwortlich für die Durchführung waren Arbeitsgruppen an fünf Instituten aus Ost- und Westdeutschland.

Ein zweites großes Projekt, das zugleich den wissenschaftlichen Austausch über die deutschen Grenzen hinaus auf internationaler Ebene förderte, bot mehrmonatige Forschungsaufenthalte für qualifizierte Nachwuchswissenschaftlerinnen und -wissenschaftler. Sie erhielten intensive Weiterbildungsmöglichkeiten an renommierten Einrichtungen wie dem St. Anthony's College in Oxford, dem Zentrum für interdisziplinäre Forschung (ZiF) in Bielefeld, am Center for German and European Studies in Berkeley (CGES) in Kalifornien oder am Institute for Contemporary German Studies (AICGS) in Washington.

Als drittes und eines der nachhaltig wegweisenden Projekten ist die Einrichtung von Stiftungsprofessuren zu nennen. Eingeführt im Jahr 1985 setzte sich der Stifterverband durch die Förderung der Stiftungsprofessuren für die Stärkung der Forschung an den Universitäten ein. Nicht ganz uneigennützig: In Zeiten verstärkter Lehrbelastungen sollte die Funktions- und Leistungsfähigkeit der Forschung sichergestellt und damit einem Strukturproblem der Wissenschaft Abhilfe geleistet werden, das schließlich auch der Entwicklung in den Unternehmen zugutekam. An den Universitäten der neuen Länder haben diese Stiftungsprofessuren einen erheblichen Mehrwert zur Erneuerung des Wissenschafts- und Hochschulsystems geleistet. Ihr Beitrag zu einer vereinten deutschen Wissenschaftslandschaft ist nicht zu unterschätzen.[1] Die Impulse, die der Stifterverband zur Förderung von Bildung, Wissenschaft und Forschung geleistet hat, haben großen Anteil daran, dass die wiedervereinte Bundesrepublik Deutschland unbestritten zu den technologisch führenden Ländern gehört.[2]

Damals wie heute gibt es branchenübergreifend erfreulicherweise ein großes Verantwortungsbewusstsein deutscher Unternehmenschefs für die gemeinschaftliche Förderung der Wissenschaft. Viele Forscher indes fürchten, dass eine Zusammenarbeit mit Unternehmen die Freiheit der Wissenschaft beeinträchtigt – das war dem Stifterverband immer bewusst. Sie sollten aber mit Selbstbewusstsein

---

1 Vgl. Winfried Schulze: Der Stifterverband für die Deutsche Wissenschaft 1920–1995. Berlin 1995, S. 283–290.
2 Vgl. Hans-Dieter Heike: Was leistet die Forschungsförderung?, in: Forschung und Lehre. Mitteilungen des Hochschulverbands 5/1995, S. 242–252.

eher die Chancen solcher Kooperationen nutzen. Beide Seiten tun gut daran, die Freiheit der Wissenschaft zu verteidigen: Trotz finanzieller Förderungen aus der Wirtschaft muss die Art und Weise, das Was und Wie der Forschung unabhängig sein.

Unsere wirkliche Herausforderung über die Forschung hinaus – in der wir gut aufgestellt sind – ist die Bildung. Hier muss die Wirtschaft ebenfalls koordiniert handeln. Im Bundesverband der Deutschen Industrie, BDI, und im Bundesverband der Deutschen Arbeitgeber, BDA, habe ich mich persönlich dafür eingesetzt, dass die beiden Verbände zusammen je einen Ausschuss für Bildung und Forschung einrichten. Die Arbeit in den Gremien läuft gut und findet Gehör, insbesondere, wenn es um die nötige Qualifizierung der Mitarbeiterinnen und Mitarbeiter von morgen geht. Die Bildungslandschaft begegnet der Wirtschaft nach wie vor mit Skepsis und der Sorge um eine zu große Einmischung. Wir müssen offener über Bedarfe und Intentionen sprechen, um Vorbehalte zugunsten des gegenseitigen Respekts abzubauen und zukunftsorientiert zu agieren. Eine Zusammenarbeit vor allem hinsichtlich der Frage, welche Kompetenzen unsere Gesellschaft von morgen benötigt, um bei Entwicklungen wie der zunehmenden Automatisierung der Industrie und der Digitalisierung ganzer Lebensbereiche auf hohem Niveau und unter Wahrung der europäischen ethischen Werte an der Spitze bleibt, halte ich für unabdingbar für eine Zukunft, in der Freiheit, Demokratie und Rechtsstaatlichkeit hohes Gut sind.

Erzielte Erfolge, wachsende Sorgen

Anders als Altkanzler Helmut Kohl hatte ich nach der Wende nicht die Hoffnung, dass wir in Ostdeutschland sofort blühende Landschaften sehen würden. Auch, wenn der Schrebergarten in Leipzig seinen Ursprung hat – die »politische Hegekunst«[3] hinkte doch etwas hinter-

---

3 Wolfgang Tiefensee: Aufbau Ost – wie weiter?, in: Jens Hartung, Irina Mohr, Franziska Richter (Hrsg.): 50 Jahre Deutsche Einheit: Weiter denken – zusammen wachsen. Bonn 2015, S. 17–31; hier: S. 19.

her und ließ ihre Früchte nicht über Nacht gedeihen. 1990 haben wir unterschätzt, dass der Angleichungsprozess zwischen Ost und West weit länger dauern wird. Aufzuerstehen aus Ruinen, Löhne, Lebensverhältnisse und Renten anzugleichen, dauert mindestens eine Generation. Als sich mit dem Ende der DDR dortige Betriebe als nicht konkurrenzfähig erwiesen, drohte der Kollaps der Industrieproduktion mit verheerenden Folgen für die Mitarbeiter, Lieferketten und ganze Landstriche, die unter der Abwanderung zu leiden hatten. Von der Treuhand war ich dazu beauftragt, Textilbetriebe in Ostdeutschland zu privatisieren. Selbstkritisch muss ich anmerken, dass es eine meiner Sorgen war, dass kleine Betriebe die Wettbewerbsfähigkeit erreichen würden. Tief beeindruckt war ich vor allem von den Frauen, die dort bis zur Managementebene enormes geleistet haben. Meinem Eindruck nach fällt es Frauen leichter, sich auf Neues einzustellen und Veränderungen mitzugehen. Das ist ein weit unterschätzter Vorteil, den private und öffentliche Institutionen in Zeiten von wirtschaftlichen wie auch gesellschaftlichen Umbrüchen mehr beachten und nutzen sollten. Veränderungsbereitschaft und die Fähigkeit, Umbrüche zu gestalten, sind Tugenden, die in einer Zeit wie der unseren, in der Entwicklungen exponentiell vonstattengehen, mehr denn je benötigt werden.[4]

Zu den erreichten Erfolgen der letzten dreißig Jahre gehört eine wesentlich verbesserte Infrastruktur, die – so wage ich zu behaupten – im Osten sogar besser ist als im Westen. Die Wirtschaftsentwicklung der alten Bundesrepublik wurde in den ersten beiden Nachkriegsjahren durch den amerikanischen Marshallplan als einem groß angelegten Wiederaufbauprogramm befördert. Und Ostdeutschland? Es zeigt ähnliche Muster wie andere klassische Beispiele für nachholende wirtschaftliche Entwicklung. Davon, dass der Aufbau Ost gescheitert sei, kann also keine Rede sein.[5] Vor allem Leipzig ist dabei auf gutem

---

4 Vgl. Sigmar Gabriel: Grußwort, in: Jens Hartung, Irina Mohr, Franziska Richter (Hrsg.): 50 Jahre Deutsche Einheit: Weiter denken – zusammen wachsen. Bonn 2015, S. 12–13; hier: S. 13.

5 Vgl. Karl-Heinz Paqué: Gewachsen, aber gefährdet: Eine wirtschaftliche Zwischenbilanz der Deutschen Einheit für den Mittelstand und Thüringen, anno 2013, in: Reihe Thüringer Memos 2. Hrsg. v. Thüringer Ministerium für Wirtschaft, Arbeit und Technologie. Erfurt, September 2013.

Weg: Als Markenartikler freut mich besonders, dass sich Sachsens bevölkerungsreichste Stadt als Marke etabliert hat. Die Arbeitslosigkeit sinkt, die Einwohnerzahl steigt. Die Stadt ist für Investoren attraktiv. Für die Stadt, für Sachsen und für Ostdeutschland ist zum Beispiel die Leipziger Messe ein enorm wichtiger Wirtschaftsfaktor. Neue Leitmärkte zu erschließen und ein eigenständiges ökonomisches Profil zu entwickeln, mehr Differenzierung zu wagen und eigenständige starke Marken zu entwickeln wird in Zukunft eine wichtige Aufgabe von Gründern und etablierten Unternehmen in den neuen Ländern sein.[6]

Die aktuelle Entwicklung hinsichtlich der Wahlerfolge der AfD und dem wachsendem Hass auf Fremde bedaure ich zutiefst. Man darf die populistischen Tendenzen und den damit einhergehenden Rechtsruck aber nicht unterschätzen und muss sich mit dem Populismus, wenn er auch vorrangig auf Emotionen zielt und Fakten ignoriert, argumentativ und offensiv auseinandersetzen. Die Angst vor Migration scheint in den östlichen Bundesländern höher zu sein, als in den westlichen, die über die letzten Jahrzehnte bereits mehr Erfahrung gesammelt haben mit der Integration von Menschen aus anderen Kulturkreisen. Wir müssen die Befindlichkeit der Bevölkerung besser im Auge behalten. Ich bin zuversichtlich, dass uns das auf friedliche Weise gelingen wird. Für die Gesellschaft wünsche ich mir mehr subjektive Zufriedenheit der Betroffenen mit dem Erreichten, denn sie haben Enormes geleistet, auf das sie stolz sein können. Ein verbesserter Austausch zwischen Ost und West ist auch wichtig. Immer wieder staune ich darüber, dass es Personen aus den alten Bundesländern gibt, die noch nie einen Fuß nach Ostdeutschland gesetzt haben, von Berlin einmal abgesehen. Viele Freunde habe ich bereits nach Leipzig eingeladen, damit sie sich selbst ein Bild machen können.

Bildung ist ein weiterer Faktor, an dem wir ansetzen sollten: Menschen bereits in jungen Jahren miteinander in Kontakt zu bringen, nicht nur zwischen Ost- und Westdeutschland, sondern auch auf europäischer und internationaler Ebene, Gemeinsamkeiten zu entdecken

---

6 Wolfgang Tiefensee: Aufbau Ost – wie weiter?, in: Jens Hartung, Irina Mohr, Franziska Richter (Hrsg.): 50 Jahre Deutsche Einheit: Weiter denken – zusammen wachsen. Bonn 2015, S. 17–31; hier: S. 26.

statt Unterschiede zu betonen und eine Sensibilität in Freundschaft füreinander zu entwickeln halte ich für maßgeblich und hilfreich.

Nationalstaatliches Denken zu überwinden und Grenzen zu überschreiten, auch darin hat sich der Stifterverband verdient gemacht. Am 9. November 1989, einem Datum, das wie kein anderes den Aufbruch zu einem neuen Europa symbolisiert, gelang mit der Gründung des European Foundation Center (EFC) in Brüssel der Durchbruch zu einer ersten gemeineuropäischen Organisation zur Förderung des Stiftungswesens. Neben dem Stifterverband waren sieben weitere Gründungsmitglieder aus verschiedenen Ländern Europas daran beteiligt, die Bedeutung des gemeinnützigen Engagements für die Zivilgesellschaft hervorzuheben und in einem übergreifenden europäischen Bewusstsein zu stärken.[7]

Heute steht Deutschland auf demokratischen Grundfesten, und wir haben mit Angela Merkel eine Bundeskanzlerin, die für Europa und den Zusammenhalt der Europäischen Union kämpft. Ein freier Handel und offene Grenzen garantieren unseren Wohlstand und sichern Frieden. Wir Deutschen neigen aus historischer Vorsicht dazu, uns klein zu machen. Letztlich haben wir in den Jahren seit dem Ende des Zweiten Weltkriegs in enger Zusammenarbeit zunächst mit den Alliierten, aus denen unsere Verbündeten wurden, Beachtliches erreicht. Deshalb plädiere ich dafür, dass wir weiter in den Dialog innerhalb der europäischen Staaten wie auch mit jenen außerhalb wie mit Russland, den USA, Iran, China und anderen intensivieren. Wer miteinander redet und handelt, führt keine Kriege gegeneinander.

Rückblickend kann ich sagen, die friedliche Revolution und die Wiedervereinigung haben nicht nur individuelle Freiheit, Rechtsstaatlichkeit, Bildungschancen und wirtschaftlichen Wohlstand gebracht. Wir haben Unfreiheit überwunden und Mauern eingerissen. Für mich persönlich hat dieser historische Prozess mein Leben verändert. Dafür bin ich allen, die zu dieser Entwicklung beigetragen haben und sich noch immer engagieren – sei es politisch, wirtschaftlich oder gesellschaftlich – aus tiefstem Herzen dankbar.

---

7 Vgl. Winfried Schulze: Der Stifterverband für die Deutsche Wissenschaft 1920–1995. Berlin 1995, S. 292 f.

30 Jahre Wiedervereinigung:
Blick zurück in Freude
Friedhelm Ost

Erinnerung ist die Dankbarkeit des Herzens – so zitierte Helmut Kohl gern und oft den Religionsphilosophen Romano Guardini. Wenn ich an das Jahr 1990 denke, fällt mir dieser Satz immer wieder ein. Doch zugleich erinnere ich mich an die Zeit vor der glücklichen Wiedervereinigung unseres so lange geteilten Vaterlandes. Wie oft musste ich als Sprecher der Bundesregierung zu negativen Ereignissen an der innerdeutschen Grenze Stellung beziehen. Da gab es immer wieder Schüsse aus den Maschinengewehren von DDR-Grenzern auf Deutsche, die die Flucht von Ost nach West wagten. Neun Monate vor dem Fall der Mauer, also im Februar 1989, wurde noch der 20-jährige Chris Gueffroy von ostdeutschen Grenzern bei einem Fluchtversuch erschossen. Die SED erklärte seiner Mutter, ihr Sohn sei bei einem »Angriff auf die militärische Sicherheitszone« ums Leben gekommen.

Die Hoffnung starb nie!

In der Tat ist richtig, was die Bundeskanzlerin Angela Merkel vor Jahren geschrieben hat: »Wer Anfang 1989 vorhergesagt hätte, im Laufe des Jahres werde das SED-Regime in der DDR seine Macht verlieren, hätte bestenfalls ungläubiges Kopfschütteln geerntet.« Seit der Teilung Deutschlands im Jahre 1949 ging viel Zeit ins Land. Viele Menschen im Westen hatten sich mehr oder weniger mit der Teilung abgefunden. Manche, die sich nicht an Mauer und Stacheldraht, also an den Eisernen Vorhang, als ewigen Dauerzustand gewöhnen wollten und für die Wiedervereinigung offen eintraten, wurden nicht selten als »kalte Krieger« oder als »Einheitsillusionisten« bezeichnet. Noch ein Jahr vor dem Fall der Mauer geißelte der frühere Bundeskanzler Willy Brandt den »Gedanken an die Wiedervereinigung als Lebenslüge der

Zweiten Deutschen Republik«. Wenige Jahre zuvor hatten viele Politiker aus der SPD und von den Grünen den Geraer Forderungen der SED zugestimmt – allen voran Egon Bahr. Seitens der DDR sollte die Bundesrepublik Deutschland u. a. die DDR-Staatsbürgerschaft anerkennen und die Erfassungsstelle für Gewaltverbrechen der DDR in Salzgitter auflösen sowie die ständigen Vertretungen in Botschaften umwandeln; einige SPD-regierte Bundesländer strichen damals auch ihren Beitrag zur Finanzierung der Erfassungsstelle in Salzgitter.

Helmut Kohl hielt an dem großen und ehrgeizigen Ziel unbeirrt fest: Die Wiedervereinigung des deutschen Vaterlandes lag ihm mehr am Herzen als alles andere. In vertrauter Runde machte er seinen engsten Mitarbeitern immer wieder deutlich, dass es ganz wichtig sei, die Mauer und den Grenzzaun zunächst einmal für Begegnungen von Deutschen aus Ost und West durchlässiger zu machen. Dafür war er zu manchen materiellen Zugeständnissen bereit – vom Milliarden DM-Kredit an die DDR bis zur Erweiterung des Swing, also des Kreditrahmens für den innerdeutschen Handel. Im Vordergrund von Kohls Erwägungen stand die Einsicht, dass die menschlichen Begegnungen einfach unerlässlich seien, um das Miteinander, die Verbundenheit und damit den nationalen Gedanken aufrechtzuerhalten. Die Zahl der innerdeutschen Reisenden nahm seit Mitte der 1980er-Jahre deutlich zu; das war ohne Zweifel ein großer Erfolg der Deutschlandpolitik der Regierung Kohl. Vor allem jene Landsleute, die aus der DDR auch nur für einige Tage Verwandte oder Bekannte im Westen besuchten, waren die besten Zeitzeugen für die Entwicklungen in der Bundesrepublik – insbesondere für das Leben in Freiheit, aber natürlich auch für den Wohlstand in breiten Schichten der Bevölkerung. Denn sie erlebten so die großen Unterschiede zu den Gegebenheiten im Arbeiter- und Bauernparadies im real existierenden Sozialismus der DDR.

Honeckers Staatsbesuch in Bonn

Zugleich ermunterte Helmut Kohl auch die westdeutschen Landsleute, Reisen in die DDR zu machen, sich dort mit Verwandten und Bekannten zu treffen und mit ihnen zu sprechen sowie Gefühle des

Zusammengehörens auszutauschen. Als Kohl 1982 Kanzler wurde, hatte er die Einladung, die sein Vorgänger, Helmut Schmidt, an Erich Honecker zu einem Besuch in der Bundesrepublik ausgesprochen hatte, in einem Brief erneuert. Lange Zeit wurde spekuliert, ob der SED-Generalsekretär diese Einladung annehmen würde. Mindestens einmal bei der dreimal pro Woche stattfindenden Bundespresse-Konferenz wurde ich von Journalisten befragt, ob Honecker kommt oder nicht. Nach einigen Jahren der Ungewissheit und Unentschlossenheit gab es das Signal aus Ostberlin, dass Erich Honecker im September 1987 nach Bonn kommen will.

Die von ihm gestellten Bedingungen für den Besuch in der Bundesrepublik waren hart: Honecker wollte alle Ehren eines Staatsbesuchs, einen Empfang mit militärischen Ehren und mit dem Hissen der DDR-Spalterflagge. Als Wolfgang Schäuble, der als Chef des Bundeskanzleramtes für die operative Deutschlandpolitik mit diesen Forderungen nach einem Gespräch in Ostberlin am Abend eines Mai-Tages im Kanzler-Bungalow aufwartete, war Helmut Kohl fast »auf der Pappel«. Denn solche Ehren wollte er dem DDR-Chef nicht zuteil werden lassen. Doch nach einer langen Diskussion stimmte Kohl nolens volens zu. Entscheidend dafür war seine Einsicht, dass er bei der Begegnung mit Erich Honecker größere Erleichterungen für die Landsleute aus der DDR erreichen könnte. Zugleich konnte eine Gegenforderung realisiert werden, nämlich die Live-Übertragung der Reden im West- und Ostfernsehen, die der Bundeskanzler und der SED-Generalsekretär beim Abendessen in der Godesberger Redoute hielten. Zudem konnte beim Essen, das Honecker am nächsten Abend zu Ehren des Bundeskanzlers im Bonner Hotel Bristol gab, eine Reise in die DDR vereinbart werden – keine offizielle Reise etwa nach Ostberlin, mit der Kohl das SED-Regime nicht aufwerten wollte, sondern eine »geheime Reise«, bei der als wichtiges Ziel der Besuch eines Fußballspiels von Dynamo Dresden – Kohl sprach immer vom Dresdner SC – erörtert wurde.

Kohls geheime Reise in die DDR

Diese Reise fand im Mai 1988 statt. Der Bundeskanzler wurde von seiner Frau Hannelore, seinem Sohn Peter, von Wolfgang Bergsdorf und mir begleitet. Die Tour führte uns nach Gotha, Erfurt, Weimar und Dresden – ohne eigene Sicherheitsbeamte und ohne Journalisten, allerdings – wie aus den nach der Wiedervereinigung einsehbaren DDR-Akten hervorgeht – mit 156 Stasi-Beobachtern, die zum größten Teil nicht erkennbar operierten.

Im Vorwort zu dem Buch »Westbesuch – Die geheime DDR-Reise von Helmut Kohl«, das die MDR-Redakteure Jan Schönfelder und Rainer Erices publizierten und in dem sie – vor allem auch mit Einsicht in die Stasi-Akten – die Tour nachzeichneten, schrieb der Bundeskanzler: »Mein privater Besuch Ende Mai 1988 in der DDR war eine der bewegendsten Reisen, die meine Frau Hannelore und ich in unserem Leben unternommen haben. Die damaligen Erlebnisse prägten sich uns tief ein. Während dieser Reise spürten wir einmal mehr, dass wir Deutsche zusammengehören und eine Nation sind. … Wie erhofft erfuhren wir während dieser Wochenendreise mehr vom real existierenden sozialistischen Alltag als bei einem offiziellen Besuch. … Überall hatten wir direkte Begegnungen mit unseren Landsleuten. Manche von ihnen baten darum, ihnen bei der Ausreise aus der DDR zu helfen, andere ermutigten mich, an der Politik der deutschen Einheit festzuhalten.« Kohl fühlte sich geradezu verpflichtet, alles zu tun, damit sich Deutsche und Deutsche nicht weiter auseinanderlebten: »Auch wenn ich das Ziel der deutschen Einheit nicht aus den Augen verlor, so musste es zunächst darum gehen, Mauer und Stacheldraht durchlässiger zu machen.«

Polen und Ungarn als Mutmacher

Bei seiner ersten persönlichen Begegnung mit Michail Gorbatschow, dem KP-Generalsekretär der UdSSR, im Oktober 1988 brachte Helmut Kohl die Sprache auch auf das Thema »mehr Durchlässigkeit des Eisernen Vorhangs«, doch im Kreml musste er eine kalte Abfuhr dafür hinnehmen. Fast nirgendwo auf der Welt standen die Zeichen auf eine friedliche Revolution in der DDR, auf ein Einreißen von Mauer und Stacheldraht von innen heraus. Einzig Papst Johannes Paul II. machte dem Kanzler Kohl Mut: Der Heilige Vater zeigte sich zuversichtlich für die Deutschen und verwies bei einer Privataudienz auf sein Heimatland Polen, wo bereits der Freiheitskämpfer Lech Walesa den Kommunisten den Garaus bereitet hatte. Tadeusz Mazowiecki war am 24. August 1989 in freier und geheimer Wahl Ministerpräsident geworden; gemeinsam mit dem damaligen Bischof des Ruhrbistums, Franz Hengsbach, und mit dem Bundesminister Norbert Blüm war ich bei dieser Wahl als Gast im Sejm, wo einige polnische Politiker aus der Partei »Club der Katholischen Intelligenz« uns Deutschen mit Hinweis auf die Demonstrationen in einigen Kirchen der DDR Mut und Hoffnung auf ein Ende der SED-Herrschaft machten.

Schon einen Monat später, Ende September 1989, hatten sich Menschen aus der DDR in die bundesdeutsche Botschaft in Prag geflüchtet: Sie wollten in die Bundesrepublik – und trotz intensiver Bemühungen des Rechtsanwalts Vogel aus Ostberlin nicht zurück ins »Honecker-Reich«. Die Fluchtbewegungen nahmen zu, die sozialistische Unterstützung der DDR durch die einstigen »Bruderstaaten« nahm ab: Im September 1989, als einige innerparteiliche CDU-Revolutionäre das Ende für Helmut Kohl auf dem Parteitag in Bremen einläuteten und Lothar Späth ins Kanzleramt bugsieren wollten, teilte der ungarische Ministerpräsident Miklós Németh dem deutschen Regierungschef mit, dass Ungarn die Grenze zu Österreich für Flüchtlinge aus der DDR öffnen wird. Obwohl Helmut Kohl wegen einer Erkrankung unter großen Schmerzen litt, nach dieser Nachricht am Vorabend des CDU-Parteitages wurde die Németh-Botschaft voller Freude im Bremer Parkhotel gefeiert.

Die Mauer wurde von innen geöffnet

Ohne Zweifel gab es manche Vorzeichen und Hinweise, doch die Öffnung der Berliner Mauer am 9. November 1989 kam für alle mehr als überraschend – für alle Deutschen sowohl im Osten wie im Westen.

Unsere Landsleute in der DDR hatten ein wahres Wunder vollbracht: Der Eiserne Vorhang, der Deutschland so viele Jahrzehnte geteilt hatte, wurde von ihnen ein- und niedergerissen. Es war eine friedliche Revolution, es floss dabei kein Blut. Die Sehnsucht nach Freiheit hatte die Fesseln des Sozialismus gesprengt. Der Weg zur Wiedervereinigung schien offen, war aber noch keineswegs vorgezeichnet oder gar selbstverständlich. Denn Michail Gorbatschow ließ aus Moskau verkünden, dass er zwar die Entwicklung in der DDR und einen Reformweg unterstützt; einer Wiedervereinigung Deutschlands stand er jedoch eher ablehnend gegenüber. Auch aus anderen Hauptstädten gab es nicht allzu viel Jubel zu vernehmen: Vor allem unsere europäischen Partner hielten sich mit Blick auf die nun möglich gewordene Einheit der deutschen Nation zurück, einige meinten gar vor einem »Vierten Reich« warnen zu müssen. Und es fehlte auch nicht an Mahnungen aus der SPD, allen voran von Oskar Lafontaine und aus Literaten- wie Intellektuellen-Kreisen.

Der Konkurs des SED-Regimes

Natürlich wusste niemand genau, wie es denn nach dem 9. November 1989 in Deutschland, insbesondere in der DDR, weitergehen sollte. Wenige Tage nach dem Mauerfall hatte Norbert Blüm zu einem Treffen mit Rainer Eppelmann und Lothar de Maizière eingeladen, an dem auch ich teilnahm. Wir waren zwar glücklich darüber, dass wir uns nun ohne Probleme begegnen konnten, doch waren wir unsicher darüber, wie es jetzt weitergehen sollte. Die Ereignisse überschlugen sich: Egon Krenz, der Honecker-Nachfolger, trat Anfang Dezember auf dem SED-Parteitag zurück; sein Nachfolger wurde Hans Modrow, der für eine Vertragsgemeinschaft der DDR mit der Bundesrepublik Deutschland plädierte. Die wirtschaftlichen Probleme in der DDR brannten Modrow auf den Nägeln. Bereits Ende Oktober 1989 hatte der DDR-Chefplaner Gerhard Schürer dem Politbüro einen Bericht über die ökonomische Lage der DDR präsentiert, der sich wie eine Konkurserklärung las: Die Verschuldung gegenüber anderen nichtsozialistischen Staaten hatte eine Rekordhöhe erreicht, die bestenfalls

mit einer weiteren Absenkung des Lebensstandards um 25 bis 30 %
zu meistern wäre. »Damit«, so folgerte Schürer, »würde die DDR
unregierbar.«

Modrow und seine Finanzministerin Christa Luft baten dringend
um finanzielle Hilfe aus Bonn; doch Helmut Kohl lehnte es ab, Milliarden an die SED-Oberen zu geben. Vielmehr lag ihm daran, dass
Hilfen aus dem Westen den Menschen aus dem Osten zugutekom-
men sollten. Deshalb legte er in seinem 10-Punkte-Programm sein
Bekenntnis zur Einheit der Nation mit dem »Wir sind ein Volk«
nochmals dar, wollte jedoch, dass die Menschen in der DDR zunächst
in freien und geheimen Wahlen über ihren weiteren Weg im eigenen
Staat entscheiden sollten. Zugleich hielt er ganz praktische Schritte in
den Bereichen Wirtschaft, Verkehr, Umweltschutz usw. für vordring-
lich. Allerdings lehnte Kohl den von einigen geforderten »runden
Tisch« mit Vertretern aus der DDR und der Bundesrepublik ebenso
ab wie ein »materielles und finanzielles Notopfer« für die DDR. Diese
politische Haltung führte bei nicht wenigen Menschen in der DDR zu
einer Enttäuschung, da sie doch auf Hilfen aus der Bundesrepublik
gehofft hatten. Der Bundeskanzler wollte jedoch auf keinen Fall das
Regime in Ostberlin mit Geld aus dem Westen unterstützen und gar
stabilisieren.

Immerhin gab es einige Schritte auf dem Weg der deutsch-deutschen Zusammenarbeit: Bundesminister Rudolf Seiters hatte nach
dem Wechsel von Krenz zu Modrow bei Verhandlungen in Ostberlin
die volle Reisefreiheit für alle Deutschen von Anfang 1990 an erreicht.
Außerdem wurden die Visumsgebühren für Westdeutsche bei Reisen
in die DDR ebenso wie der Mindestumtausch abgeschafft. Die DDR
hob das Einfuhrverbot für Fernsehgeräte, Kopierer und Gebraucht-
wagen auf. Schließlich wurde vereinbart, schon bald Gespräche über
joint ventures, den Ausbau des Tourismus, den Umweltschutz und
die medizinische Hilfe sowie den Telefonverkehr zu führen. Bei seinem Besuch in Dresden am 19.12.1989 traf Helmut Kohl auch Hans
Modrow und sprach mit diesem über die wirtschaftliche Zusammenarbeit, Gemeinschaftsunternehmen und Kapitaltransfer.

Go West – die Flut der Übersiedler

Anfang Dezember 1989 zeigten die demoskopischen Umfrageergebnisse, dass rund 80 % der Menschen in der DDR die Wiedervereinigung Deutschlands wollten, im Westen waren es sogar 83 %. Auf die Frage, wer denn am meisten für die Öffnung der Mauer getan habe, nannten 70 % Gorbatschow, 6 % Krenz, 5 % Kohl und nur 3 % Bush. Zur Jahreswende 1989/90 wurde der Ruf nach freien Wahlen in der DDR immer lauter. Als möglicher Termin dafür wurde der Mai 1990 immer wieder genannt. Diese politische Perspektive sollte nicht zuletzt zu einer gewissen Beruhigung und Stabilisierung beitragen. Denn viele Landsleute trauten der Entwicklung in der DDR nicht und machten sich als Übersiedler auf in Richtung Westen. Per Ende 1989 waren es bereits weit über 300 000. Außerdem waren etwa 350 000 deutsche Aussiedler vor allem aus der Sowjetunion in 1989 in die Bundesrepublik gekommen; für 1990 wurden gar 2 Millionen erwartet. Vor diesem Hintergrund gab es intensive Beratungen mit Helmut Kohl, wie wir allen Landsleuten in der DDR so helfen könnten, dass sie dort bleiben. Freie Wahlen und ökonomische Weichenstellungen waren dafür die wichtigsten Voraussetzungen.

Zugleich machte Helmut Kohl klar: »Wer als Deutscher zu uns kommt, muss auch hier bei uns aufgenommen werden. Dies ist unsere nationale Aufgabe. Das ist die große Herausforderung für alle Bundesbürger, die das große Glück haben, über 40 Jahre in der Bundesrepublik in Frieden und Freiheit mit allen Menschenrechten und in überwiegend recht guten wirtschaftlichen Verhältnissen zu leben.« Kohl forderte die moralische Kraft von den Westdeutschen, mit Humanität, Engagement und Zuwendung den zu uns kommenden Menschen zu begegnen, die als Deutsche schwere Schicksale, Entbehrungen und leidvolle persönliche Erfahrungen auf sich nehmen mussten.

Erste Hilfen gegen materielle Not

Kurz vor Weihnachten 1989 machte ich mich mit CDU-Mitgliedern aus meinem Wahlkreis Paderborn in Richtung DDR auf. Die Erz-diözese Paderborn pflegte seit langem enge Beziehungen zum Bistum Magdeburg. Mit einem LKW voller Nahrungsmittel und westfälischer Spezialitäten machten wir uns auf den Weg, doch der führte uns nur bis Helmstedt. Denn es galten noch die DDR-Importrestriktionen, so dass hohe Abgaben auf unsere Weihnachtsgeschenke aus dem Westen fällig geworden wären. So vereinbarten wir mit dem Probst Stolpe und dem Pfarrer Mertens eine Warenübergabe auf westdeutscher Seite in einem Kloster bei Helmstedt. Die beiden Geistlichen organisierten zahlreiche Mitglieder aus ihren katholischen und protestantischen Gemeinden, mit ihren Trabis und Wartburgs zu dem vereinbarten Übergabeort zu fahren und alles in Empfang zu nehmen. Es war eine sehr tief bewegende deutsch-deutsche Begegnung zwischen Men-schen, die trotz der langen Trennung keineswegs fremdelten, sondern spüren und fühlen ließen, dass sie zusammengehörten.

Helmut Kohl hat mich bereits Ende 1989 gebeten, mich vor allem bei den wirtschaftlichen Herausforderungen zu engagieren. Mit den Kollegen aus dem Bundeswirtschaftsministerium, Staatssekretär Dieter von Würzen, und dem Bundesumweltministerium, Clemens Stroetmann, nahm ich sofort Kontakt auf. Bereits Anfang 1990 wurde so über eine deutsch-deutsche Wirtschafts-, Energie- und Umwelt-gemeinschaft gesprochen.

Derweil war es interessant, zu Beginn des Jahres 1990 auf die de-moskopischen Befunde zu blicken. Laut Infratest-Umfrage hatte die Union bei der Sonntagsfrage kräftig auf 42 % zugelegt; die SPD lag bei 40 %, FDP und Grüne jeweils bei 7 %. Bei der Popularität rangierte Genscher mit 60 % ganz obenan – gefolgt von Brandt mit 46 % und Lafontaine mit 33 %, während Helmut Kohl bei mageren 26 % landete. 71 % der Westdeutschen sprachen sich für die Wiedervereinigung aus, 91 % waren jedoch für eine Konföderation. 50 % der Befragten erwar-teten von der Entwicklung in der DDR Vorteile, 23 % eher Nachteile.

Die erste freie Wahl in der DDR

Die Vorbereitungen für die erste freie Wahl in der DDR begannen Anfang Februar 1990. Der Bundesvorstand der CDU hatte am 8. Februar 1990 im Bonner Konrad-Adenauer-Haus die Bildung der »Allianz für Deutschland« abgesegnet. Helmut Kohl hatte sich dafür eingesetzt, denn er war der Meinung, dass die »Allianz« aus der Ost-CDU, dem Demokratischen Aufbruch (DA) und der Deutschen Sozialen Union (DSU) mehr Chancen haben würde als die CDU allein. Kohl wies seinen CDU-Generalsekretär Volker Rühe an, dass er in einem Schreiben alle Landes- und Kreisverbände aufforderte, jeweils einen Partnerkreis in der DDR zu übernehmen und dort aktive Unterstützung im Wahlkampf zu leisten.

Mit dieser politischen Hilfsaktion gab es eine einzigartige Mobilmachung auf allen Ebenen unserer CDU. In seinem Buch »Ich wollte die Deutsche Einheit« schrieb Helmut Kohl u. a.: »Der ehemalige Regierungssprecher Friedhelm Ost koordiniert den Wahlkampf vom Ost-Berliner Wahlkampfzentrum, Volker Rühe von der Bonner Parteizentrale aus, und der Bremer CDU-Landesvorsitzende Bernd Neumann berät die Allianz-Parteien innerhalb der DDR. Sie sind es auch, die mit den Spitzenvertretern des Bündnisses an einer gemeinsamen programmatischen Linie arbeiten.« Helmut Kohl hatte mich zudem beauftragt, die Rolle des Medienberaters der Allianz für Deutschland zu übernehmen.

Als Termin stand bald der 18. März 1990 fest; ursprünglich sollte es der 6. Mai 1990 sein. Die Unionsfreunde in der DDR taten sich außerordentlich schwer bei den Vorbereitungen für den Wahlkampf. Die Allianz für Deutschland bildeten die CDU mit Lothar de Maizière an der Spitze, die Deutsche Soziale Union mit dem Leipziger Pfarrer Hans-Wilhelm Ebeling, der vor allem die Gunst der CSU genoss, und der Demokratische Aufbruch mit Wolfgang Schnur. Dem Rechtsanwalt Schnur, für den sich Rainer Eppelmann stark eingesetzt hatte, bin ich wiederholt in seiner Kanzlei an der Rosenthaler Straße in Berlin, aber auch in Magdeburg und anderen DDR-Städten, begegnet. Er war mir aufgefallen mit seinem Eifer und Engagement, nämlich möglichst viele Wahlveranstaltungen zu machen. Allerdings hatten wir mit ihm auf's falsche Pferd gesetzt, denn 3 Tage vor der Wahl stellte sich heraus, dass er inoffizieller Mitarbeiter des Ministeriums für Staatssicherheit (MfS) war. Die Wahlkampfauftritte von Helmut Kohl waren geradezu überwältigend. Zu einigen Wahlkampfeinsätzen begleitete ich Helmut Kohl, so auch am 20. Februar 1990 nach Erfurt. Wir flogen mit einem Bundeswehr-Jet nach Thüringen. Das war schon recht ungewöhnlich, denn in den Jahren zuvor mussten wir bei Flügen nach Berlin stets die Flugbereitschaft unserer amerikanischen Freunde, die US-Airforce, in Anspruch nehmen – von Köln-Bonn nach Berlin-Tempelhof. Niemals zuvor und auch nicht danach habe ich erlebt, dass so viele Menschen zu einer Wahlveranstaltung kamen. Es waren viele Zehntausende, die – um nur ein Beispiel zu nennen – am 20. Februar auf dem Platz unter dem Erfurter Dom dem Bundeskanzler zuhörten und ihm immer wieder viel Beifall zollten. Als nach dem Wahlkampfauftritt Helmut Kohl die Matadoren der Allianz für Deutschland zu einem Abendessen im Restaurant Hohe Lilien versammelte, forderte er sie nachdrücklich auf, mögliche MfS-Zusammenarbeit zu offenbaren und »die Hosen noch frühzeitig runter zu lassen«. Es gab bei dem einen oder anderen zwar einen verschämten Blick nach unten, doch geoutet hat sich dort niemand – auch nicht Wolfgang Schnur.

Lothar de Maizière: Der Wahl-Sieger

Manche böse Überraschung gab es immer wieder in den Wahlkreisen. Nach einer Veranstaltung in Sperenberg im damaligen Kreis Zossen, auf der ich kräftig für die Allianz für Deutschland in die Saiten griff, standen weinende Frauen vor mir, um mir zu erklären, dass der CDU-Kandidat doch lange Zeit ein Stasi-Spitzel war. Bernd Neumann, der CDU-Politiker aus Bremen, der unermüdlich in der DDR aktiv war, berichtete mir über ähnliche unerfreuliche Vorkommnisse. So blickten wir nicht gerade mit übertriebenen Erwartungen auf die Volkskammerwahl 1990. Die Wahlbeteiligung von über 93 % bewies die Sehnsucht unserer Landsleute, endlich frei und geheim wählen zu dürfen. Mit 40,8 % landete die CDU einen grandiosen Sieg; die DSU kam auf 6,3 %, der DA gerade auf 0,9 %. Die SPD schnitt mit 21,9 % sehr schlecht ab, die PDS erhielt 16,4 % der Stimmen. Lothar de Maizière bildete eine Große Koalition aus der Allianz für Deutschland, der SPD und den Liberalen. Am 12. April 1990 wurde er mit 269 Stimmen zum Ministerpräsidenten der DDR gewählt, 108 Abgeordnete stimmten gegen ihn, 9 enthielten sich.

Lothar de Maizière und seine Regierung stellten sich mutig den riesigen Herausforderungen, die in der DDR zu bewältigen waren. Von der besseren Versorgung der Menschen mit Nahrungsmitteln bis hin zur Restrukturierung der Wirtschaft, von der Sicherung der Energieversorgung bis hin zum Umweltschutz – die Liste der Probleme war geradezu endlos, und die Probleme waren schier unlösbar. Mein ehemaliger Büroleiter im Presse- und Informationsamt der Bundesregierung, Dr. Ulrich Born, war von Anfang an mit seinem großen juristischen Sachverstand und seinen politischen Erfahrungen der wichtigste Berater der Allianz-Fraktion in der Volkskammer. Dort arbeitete er bei allen Entscheidungen insbesondere mit Günther Krause eng zusammen, der zum einen die Fraktion führte, zum anderen auf's Engste mit dem Ministerpräsidenten Lothar de Maizière und der Volkskammerpräsidentin Sabine Bergmann-Pohl kooperierte. Sabine Bergmann-Pohl war im Übrigen auch das letzte Staatsoberhaupt der DDR, da die Funktion des Staatsrates auf die Volkskammerpräsidentin übertragen wurde.

Die Einheit der Nation: Kohls Herzenswunsch

Am 3. April 1990 feierte Helmut Kohl im Kanzler-Bungalow seinen 60. Geburtstag mit einer kleinen Schar von Freunden und Wegbegleitern. Er war bestens gelaunt und ließ uns alle, die wir von ihm eingeladen waren, spüren, wie entschlossen er seinen Kurs verfolgte, nämlich den Weg zu Vollendung der deutschen Einheit und zugleich zur Vertiefung der europäischen Integration. Diese Ziele zu erreichen, das war trotz mancher Widerstände für einen kurzen historischen Moment möglich, erforderte jedoch die größten Anstrengungen, die höchsten diplomatischen Künste und schier übermenschliche Kräfte. Helmut

Kohl konzentrierte alles nur Menschenmögliche auf diese einzigartige historische Herausforderung und Chance. Er wollte der »Kanzler der deutschen Einheit« werden und die widernatürliche Teilung Deutschlands überwinden. Dabei machte er immer wieder deutlich, dass die Bundesrepublik fest eingebunden in die NATO und in die Europäische Gemeinschaft ist und in Zukunft bleiben wird. Daran ließ er niemals Zweifel aufkommen, zumal mancher Argwohn auch bei Partnern im westlichen Ausland aufkam. Der US-Präsident George Bush war in dieser Zeit der Politiker, der dem Bundeskanzler sein volles Vertrauen und seine Unterstützung auf dem Wege zur deutschen Einheit signalisierte. Helmut Kohl hatte mit Beginn seiner Kanzlerschaft schon bei Ronald Reagan und dann bei George Bush ein großes Vertrauenskapital geschaffen, was ihm nun zugutekam. Viel Überzeugungsarbeit musste er indessen bei den europäischen Partnern leisten, was ihm indessen auch gelang. Das schwierigste Hindernis war schließlich, dem Kreml-Chef Michail Gorbatschow die Zustimmung zur Wiedervereinigung abzuringen. Gorbatschow, der die Probleme der Sowjetunion, vor allem die Misserfolge seiner Politik mit Perestroika und Glasnost erkennen musste, setzte letztlich auf wirtschaftliche Hilfen, die Helmut Kohl ihm in Aussicht stellte. Da die einstigen Partner im Comecon wie Polen, die Tschechoslowakei, Rumänien und eben auch die DDR kaum noch zu größeren ökonomischen Lieferungen in die Sowjetunion fähig und willens waren, erwartete Moskau von einer engeren Partnerschaft mit Deutschland positive Impulse und somit eine Stabilisierung des brüchig gewordenen Sowjetreichs.

Das Ende der Mark der DDR

Innenpolitisch stand für Helmut Kohl im Frühjahr 1990 die Schaffung einer gesamtdeutschen Währungs-, Wirtschafts- und Sozial-Union im Vordergrund. Delegationen aus der DDR und der Bundesrepublik verhandelten intensiv über den Umtauschkurs von Mark der DDR in D-Mark. Hauptakteur aus Bonn war Hans Tietmeyer, der Staatssekretär aus dem Bundesfinanzministerium, der mit Günther Krause aus Ostberlin die richtige Parität suchte. Der Kurs auf dem

»Schwarzmarkt« lag bei 10 und mehr Mark der DDR für 1 D-Mark. Kluge Wirtschaftswissenschaftler legten Gutachten vor, in denen sie einen längerfristigen Stufenplan für die Währungsunion empfahlen. Allerdings hatten sie in ihrem Elfenbeinturm nicht mitbekommen, dass Landsleute in Leipzig und anderswo in der DDR in Demonstrationen auf den Straßen signalisierten: »Kommt die D-Mark nicht zu uns, kommen wir zur D-Mark.« Es galt also, so schnell wie möglich den Strom der Übersiedler zu stoppen. Helmut Kohl schaltete sich ein, damit schließlich ein Umtauschkurs von 1 zu 1 bis zu 2000 Mark der DDR für Kinder bis zum vollendeten 14. Lebensjahr, bis zu 4000 Mark der DDR für Personen im Alter von 15 bis 59 Jahren und bis zu 6000 Mark der DDR für die Menschen über 60 verkündet werden konnte. Darüber hinausgehende Beträge sollten in der Relation von 2 zu 1 bzw. 3 zu 1 umgetauscht werden. Da diese großzügigen Wechselkurse keineswegs den realen ökonomischen Kräfteverhältnissen entsprachen, wurde von vielen Seiten in Westdeutschland scharfe Kritik laut – von der Bundesbank, aus der Wissenschaft und auch aus der Wirtschaft.

Die Herkulesaufgabe: Der Aufbau Ost

Als am 10. Mai 1990 Helmut Kohl den DDR-Ministerpräsidenten Lothar de Maizière traf, stellte sich die ökonomische Entwicklung in Ostdeutschland geradezu krisenhaft dar. Ohne Zweifel hatten wir im Westen die Strukturen der DDR-Volkswirtschaft über Jahrzehnte falsch eingeschätzt. In den Berichten unserer Geheimdienste fanden sich zwar einige Hinweise auf die unzulängliche Versorgung der Menschen mit Konsumgütern wieder, doch die Informationen über die total marode Substanz in den volkseigenen Betrieben und Produktionsgenossenschaften im Gewerbe wie in der Landwirtschaft waren nur sehr spärlich.

Die Bemühungen, westdeutsche Unternehmen für Investitionen in DDR-Betrieben zu gewinnen, verliefen dementsprechend recht mühsam. Die Bereitschaft war durchaus vorhanden, doch es fehlte immer wieder an Fakten und Daten. Die Investoren aus dem Westen sondierten viele Möglichkeiten und Angebote, doch zuckten sie vielfach zurück, wenn sie die Produktionsanlagen, die Werkshallen und die Infrastrukturen in Augenschein nahmen. Auch die Daten und Zahlen, die die Treuhand-Anstalt vorlegte, waren für viele Unternehmen aus dem Westen völlig unzulänglich, um Millionen DM schnell zu investieren. Das Interesse am »Aufbau Ost« musste dennoch geweckt und gestärkt werden. Zahlreiche Beratungen waren notwendig – bei der VEBA und RWE über die Sicherung der Energieversorgung, bei Kali & Salz über den Kalibergbau in Nordhausen und bei vielen anderen westdeutschen Firmen. Die Appelle an den Patriotismus fanden dort durchaus ein positives Echo, doch bei DDR-Firmen, bei denen der Verlust gar über dem Umsatz lag, zuckten nicht wenige Entscheider zurück. Die Altlastenprobleme – ob im Kupferbergbau in Mansfeld oder Uranbergbau in Wismut – waren einfach riesig und schienen schier unlösbar.

Wahlen in den Neuen Bundesländern

Nach der Wiedervereinigung am 3. Oktober 1990 standen Landtagswahlen in den neuen Bundesländern und die erste gemeinsame Bundestagswahl an. Dafür musste viel Organisationsarbeit in den CDU-Landesverbänden und -Kreisverbänden geleistet werden. Bei meinen Einsätzen machte ich vielfältige Erfahrungen: Zum einen lernte ich immer wieder Regionen kennen, die in früheren Zeiten unerreichbar schienen, zum anderen waren die Entfernungen zum Beispiel zwischen Dresden und Rostock, Erfurt und Rügen außerordentlich groß und nur schwer zu bewältigen. Doch überall herrschte Aufbruchstimmung bei den Menschen, die so lange in der DDR leben mussten. Allerdings gab es bei vielen auch Gefühle einer großen Unsicherheit. Als ich Anfang Oktober etwa mit dem CDU-Spitzenkandidaten für das Ministerpräsidentenamt in Mecklenburg-Vorpommern, Alfred Gomolka, und dem Pfarrer Frieder Jelen in Prora auf Rügen im Wahlkampf mit hohen Militärs der NVA diskutierte, wollten diese nach unseren Ausführungen über Demokratie und Soziale Marktwirtschaft vor allem wissen, was aus ihnen nun werden würde. Einige hatten sich selbst so schneidig vorgestellt, dass wir ihnen empfahlen, sich in Zukunft als Bauleiter zu engagieren, um am Auf- und Umbau mitzuwirken. Nicht wenige waren dann diesem Rat gefolgt und bedankten sich zur Jahreswende 1990/91 in Neujahrsgrüßen für diese Hinweise.

Die erste gesamtdeutsche Bundestagswahl

Im November 1990 liefen die Vorbereitungen für die erste gemeinsame Bundestagswahl auf Hochtouren. In einer kleinen Kommission, die Helmut Kohl gebildet hatte, fanden dazu intensive Beratungen statt. Bei den Sympathie-Werten lag der Bundeskanzler Ende November mit 49 % deutlich vor Oskar Lafontaine (26 %). Professor Noelle-Neumann, Chefin des Instituts Allensbach, prognostizierte mutig »die absolute Mehrheit« für die CDU/CSU und warnte nachdrücklich davor, im Wahlkampf über die »Kosten der Einheit« zu sprechen. Das Endergebnis am Wahlabend des 1.12.1990 war einigermaßen enttäuschend – mit 43,8 % für die Union; die FDP kam auf 11 %, die SPD auf 33,5 % und die Grünen auf 3,9 %. Ich hatte meinen Wahlkreis Paderborn, in dem ich zum ersten Mal kandidierte, mit 58,2 % gewonnen, zog in den ersten gesamtdeutschen Bundestag ein und wurde der Vorsitzende des Ausschusses für Wirtschaft.

Die ökonomischen Herausforderungen auf dem zukünftigen Weg zur Vollendung der Einheit, vor allem der Aufbau Ost als Gemeinschaftswerk lagen vor meinen Kollegen aus West- und Ostdeutschland. Helmut Kohl hatte den Menschen »blühende Landschaften« in Aussicht gestellt. Dreißig Jahre nach der Wiedervereinigung ist dies in vielen Regionen der neuen Bundesländer Realität. Doch es bleibt noch viel zu tun, damit wir Deutschen aus West und Ost wirklich ein Volk mit gleichen Lebens- und Wirtschaftsbedingungen werden. Dabei geht es nicht vorrangig nur um weitere ökonomische Verbesserungen, sondern vor allem auch um ein größeres sensibles Verständnis der Westler für die schwierigen Biographien vieler aus Ostdeutschland, die mit großem Mut und voller Hoffnung den Eisernen Vorhang von innen – aus der DDR – her aufrissen.

Im »Maschinenraum« für die Wiedervereinigung
Klaus-Dieter Schnapauff

Nachfolgend werde ich meine Aufgaben, Eindrücke und Erfahrungen als Leiter der 1990 im Bundesinnenministerium gebildeten *Arbeitsgruppe Deutsche Einheit* beschreiben. Diese war auf der Arbeitsebene federführend für den Einigungsvertrag, dem – neben dem Vertrag über die Währungs-, Wirtschafts- und Sozialunion mit der DDR, dem Zwei-plus-Vier-Vertrag und dem Wahlvertrag – zentralen Vertragswerk zur Wiederherstellung der staatlichen Einheit Deutschlands. Die damit verbundenen Aufgaben stellten für meine Mitarbeiterinnen und Mitarbeiter und für mich eine einmalige Herausforderung dar und ich empfinde Genugtuung und Dankbarkeit für den Beitrag, den wir mit unserer Unterstützung für die politisch Verantwortlichen zum glücklichen und erfolgreichen Gelingen leisten konnten.

Zu Hintergrund und Ausgangslage sei hier nur folgendes ausgeführt:

Für die anstehenden Aufgaben und Herausforderungen gab es keine Vorarbeiten, Ablaufpläne, Krisenszenarien oder vorfabrizierte Konzepte, die aus der Schublade hätten geholt und umgesetzt werden können – wir waren nicht vorbereitet. Es mussten vielmehr Antworten und Lösungen für eine Vielzahl von neuen, unerwarteten und unvorhersehbaren Fragestellungen und Schwierigkeiten gefunden werden, für die vorfabrizierte Konzepte und Pläne vermutlich eher hinderlich als nützlich gewesen wären.

Das bedeutet freilich nicht, dass wir »bei Null« hätten anfangen müssen. Wir hatten im Bundesinnenministerium durchaus Einblicke in die Verhältnisse in der DDR; als Stichworte seien nur erwähnt der Sicherheitsbereich, die Grenzkommission, Flüchtlinge und Vertriebene, der Kulturaustausch, der Sport. Bekannt war der Widerspruch zwischen dem öffentlich behaupteten Anspruch und der Wirklichkeit in der DDR vor der Wende hinsichtlich wirtschaftlicher und technologischer Entwicklung, Versorgung der Bevölkerung, Achtung und Wahrung der Menschenrechte und Grundfreiheiten etc. Eingehend verfolgt und analysiert wurden die Vorgänge um die Kommunalwahlen in der DDR am 7. Mai 1989 – die Beobachtung der Auszählung der Stimmen durch die Bürger; der Umfang der zutage getretenen Wahlfälschungen; die sich dagegen erhebenden Proteste, öffentlichkeitswirksam jeweils am 7. der folgenden Monate in (Ost-) Berlin vor Kirchen und auf dem Alexanderplatz; die erkennbar werdende Formierung einer nicht mehr nur im Privaten und in den Kirchen geäußerten und wachsenden Opposition. Es bahnte sich also etwas an.

Überraschend waren Dynamik und Ausmaß des begonnen und sich stetig beschleunigenden Auflösungsprozesses. Dass dieser auch maßgeblich in der tatsächlichen wirtschaftlichen Misere begründet war, wurde zunächst nur in langsamen, später sich beschleunigenden Schritten sichtbar. So wurde bei den Montagsdemonstrationen in Leipzig und anderen Städten ab dem 4. September 1989 nicht nur »Wir sind ein Volk« gerufen, sondern es gab auch die Parole »Kommt die D-Mark nicht zu uns, gehen wir zu ihr«. Die hierin zum Ausdruck kommende Präferenz für die westdeutschen Wirtschafts- und Lebensverhältnisse beinhaltete nicht in gleichem Maße auch ein Votum für die ihnen zugrundeliegende westdeutsche Staats- und Verfassungsordnung. Diese Differenzierung hat uns später in den Vorbereitungen und den Verhandlungen zum Einigungsvertrag eingehend beschäftigt und sie führte zu erheblichen Konflikten auf der politischen Ebene. Namentlich gilt dies für die Frage, ob die Wiederherstellung der staatlichen Einheit im Wege eines Beitritts nach dem damaligen Artikel 23 GG oder nach dem damaligen Artikel 146 GG aufgrund einer neuen Verfassung für ein wiedervereinigtes Deutschland erfolgen sollte; diese wäre zuvor von einer das gesamte deutsche Volk repräsentierenden verfassunggebenden Versammlung auszuarbeiten und in einer Volksabstimmung anzunehmen gewesen. Die sich hieraus ergebenden Fragen und Konflikte – z.B. die Parole von *Bündnis 90 – Neues Forum* »Art. 23 – Kein Anschluß unter dieser Nr.!« – sind in den Medien und im Schrifttum eingehend behandelt und erörtert worden und brauchen hier nicht erneut nachgezeichnet zu werden.

Seit langem erhofft, tatsächlich aber unerwartet und unvorbereitet standen aufgrund der Ereignisse und Entwicklungen in der DDR die Frage der deutschen Teilung und das Ziel der Wiederherstellung der staatlichen Einheit wieder ganz oben auf der politischen Tagesordnung. Dies führte zu weitreichenden Konsequenzen auf allen staatlichen Ebenen – im Bund in Bundesregierung, Bundestag, Bundesrat, Bundesverfassungsgericht, in den Ländern und in den Kommunen. Neue Arbeitsschwerpunkte entstanden, für die die bestehenden Arbeitsstrukturen nicht mehr ausreichten.

So bildete die Bundesregierung den *Kabinettausschuss Deutsche Einheit.* Vorsitzender war der Bundeskanzler, stellvertretender Vorsitzender der Chef des Bundeskanzleramtes, ständige Mitglieder waren der Außenminister, der Innenminister, der Justizminister, der Finanzminister, der Wirtschaftsminister, die Ministerin für innerdeutsche Beziehungen, der Arbeitsminister und der Umweltminister. Je nach Beratungsgegenstand wurden beratend weitere Minister, Beamte, Abgeordnete des Bundestages oder Mitglieder der Landesregierungen hinzugezogen. Der Kabinettausschuss erwies sich als sehr effizient und erfolgreich arbeitende Steuerungs-Zentrale sowohl zur politischen, als auch fachlichen Koordinierung innerhalb der Bundesregierung, zwischen Bundesregierung und Bundestag sowie zwischen Bund und Ländern. Hierhin wurden im Zuge der vielfältigen Beratungen und Verhandlungen auf den unterschiedlichen Ebenen alle Fragen von politischer Bedeutung rückgekoppelt und dort wurden maßgeblich die Verhandlungspositionen der Bundesregierung entwickelt.

Bundestag und Bundesrat bildeten jeweils *Sonder-Ausschüsse Deutsche Einheit.* Das Bundesverfassungsgericht hatte mehrfach Fragen von weitreichender Bedeutung zu entscheiden, so z. B. mit höchster Dringlichkeit am 29. September 1990 – aufgrund einer mündlichen Verhandlung nur 3 Tage zuvor – zum Wahlvertrag für die erste gesamtdeutsche Bundestagswahl am 2. Dezember 1990.

In allen Bundesressorts wurden *Schwerpunktzuständigkeiten* gebildet bzw. Ansprechpartner für die Wiedervereinigung benannt, in einigen besonders belasteten Ressorts auch neue Arbeitsstäbe in Form von *Arbeitsgruppen* unterschiedlicher Größe eingerichtet. Dies geschah auch im Bundesinnenministerium.

Bis zum Beginn des Einigungsprozesses im Herbst 1989 waren für Fragen der deutschen Teilung und ihre Überwindung innerhalb der Bundesregierung neben dem Bundeskanzleramt als maßgeblicher politischer Steuerungs- und Koordinierungszentrale alle Bundesministerien im Rahmen ihrer jeweiligen Ressortzuständigkeiten zuständig. Diese Zuständigkeiten wurden im Zuge des Einigungsprozesses nicht verändert sondern beibehalten. Die Regelungen im Einigungsvertrag zur Wiederherstellung der staatlichen Einheit Deutschlands waren in ihrem Kern staatsorganisationsrechtlicher Natur, die in Artikel 4 des Vertrages vorgesehenen sog. beitrittsbedingten Änderungen des Grundgesetzes darüber hinaus verfassungsrechtlicher Natur. Dafür fiel die Federführung in die Ressortzuständigkeit des Bundesinnenministers für Staatsorganisations- und Verfassungsrecht – und nicht etwa in die der damaligen Bundesministerin für innerdeutsche Beziehungen. Dabei erwies sich als Glücksfall, dass der damalige Bundesinnenminister *Dr. Wolfgang Schäuble* zuvor, wie er selbst in seinem Buch »Der Vertrag« ausführt, in viereinhalb Jahren als Chef des Bundeskanzleramtes bereits intensiv mit den Problemen der deutschen Teilung und mit Wegen zu ihrer Überwindung befasst gewesen war.

Im Hinblick auf die Federführung des Ministers für den Einigungsvertrag wurde im Bundesinnenministerium im Frühjahr 1990 die eingangs erwähnte, von mir geleitete *Arbeitsgruppe Deutsche Einheit* eingerichtet. Ihre Aufgabe war, den Einigungsvertrag auf der Arbeitsebene vorzubereiten, zu formulieren und abzustimmen, die politisch bedeutsamen und die kontroversen Fragen für die politische Führung, insbes. Bundesminister *Schäuble* als Verhandlungsführer, aufzubereiten und die Ergebnisse in Vertrags- und Gesetzestexten auszuformen. Die Arbeitsgruppe hatte anfangs 17 Mitarbeiterinnen und Mitarbeiter aus nahezu allen Abteilungen des Ministeriums, alle erfahren und bewährt in der ministeriellen Tätigkeit. Mit zunehmendem Arbeitsumfang, insbesondere ab der ersten Verhandlungsrunde zum Einigungsvertrag mit der DDR am 6. Juli 1990 wurde die Arbeitsgruppe personell erweitert, im Maximum waren es etwa 35 Personen.

Zu ergänzen ist, dass es auch auf Seiten der DDR-Regierung eine entsprechende, zahlenmäßig allerdings deutlich kleinere Arbeitsgruppe gab, dort eingerichtet im Amt des Ministerpräsidenten *Dr. Lothar de Maizière*, unmittelbar unterstellt dem Parlamentarischen Staatssekretär – und Verhandlungsführer auf Seiten der DDR – *Dr. Günther Krause* und geleitet von *Dr. Wolfram Lässig*. Er und seine Mitarbeiterinnen und Mitarbeiter waren für uns – häufig täglich oder sogar mehrfach täglich kontaktierte – immer hilfreiche und verlässliche Ansprechpartner, mit denen Vieles schnell geklärt und weitergebracht werden konnte.

Im Maschinenraum für die Wiedervereinigung

Aufgaben und Tätigkeit in beiden Arbeitsgruppen, bei uns im BMI und auf Seiten der DDR, können bildlich als »Maschinenraum für die Wiedervereinigung« beschrieben werden.

Uns oblagen auf der Arbeitsebene Zuständigkeit und Verantwortung insbes. für Aufbau, Struktur und Text des Einigungsvertrages sowie für das gesamte Verfahren für das Zustandekommen. Wir hatten uns demzufolge einzuarbeiten in ein breites Spektrum von Materien mit außerordentlicher Bedeutung und Tragweite und uns fortlaufend abzustimmen mit einer Vielzahl von Akteuren.

Betrachtet man das im Ergebnis zustande gekommene Vertragswerk näher, ergibt sich eine Gliederung in den eigentlichen, aus Präambel und 45 Artikeln bestehenden Vertragstext, ein Protokoll mit Klarstellungen bei der Unterzeichnung des Vertrages, eine Protokollerklärung zu den zu diesem Zeitpunkt noch bestehenden Rechten und Verantwortlichkeiten der Vier Mächte, eine ergänzende Vereinbarung zur Durchführung und Auslegung, die Anlagen I und II mit detaillierten Regelungen zur Überleitung von Bundesrecht und die teilweise Weitergeltung von Recht der DDR sowie schließlich die Anlage III mit der Gemeinsamen Erklärung zur Regelung offener Vermögensfragen. Im Bundesgesetzblatt umfasst das Werk immerhin 360 Seiten. Hinsichtlich des Zustandekommens ist zwischen der »politischen« Ebene einerseits und der Arbeitsebene andererseits zu unterscheiden: etwas vergröbert betrachtet, wurden auf der »politischen« Ebene beraten und verhandelt der Vertragstext selbst, die ergänzende Vereinbarung zur Durchführung und Auslegung, die ergänzenden Erklärungen, und die Anlage III; weitgehend nur auf der Arbeitsebene dagegen die den größten Umfang einnehmenden Anlagen I und II, dies selbstverständlich unter fortlaufender Unterrichtung der »politischen« Ebene über den Sachstand.

Für die Beratungen und Verhandlungen auf der »politischen« Ebene waren, wie bereits ausgeführt, die politisch bedeutsamen und die kontroversen Fragen aufzubereiten und die Ergebnisse umzusetzen. Dafür waren zahlreiche Verhandlungsunterlagen in Form von Positionspapieren, alternativen Lösungsmöglichkeiten, Sachstands-Darstellungen etc. zu fertigen. An vielen der Beratungen und Verhandlungen haben zudem ich selbst sowie Mitarbeiterinnen und Mitarbeiter meiner Arbeitsgruppe teilgenommen – zur Beratung und Unterstützung des Ministers oder des Staatssekretärs (meist *Hans Neusel*) und um die Ergebnisse direkt umsetzen zu können.

Die umfangreichen Regelungen in den Anlagen I und II über die Überleitung von Bundesrecht und die begrenzte Weitergeltung von DDR-Recht wurden demgegenüber wie ausgeführt weitgehend auf der Arbeitsebene vorbereitet, abgestimmt und in das Vertragswerk eingefügt. Die Federführung dafür oblag prinzipiell beiden Arbeitsgruppen in West und Ost. Tatsächlich lag die Hauptlast jedoch bei der von mir geleiteten Arbeitsgruppe im BMI. Wir hatten die größere Anzahl von Mitarbeiterinnen und Mitarbeitern, erfahren und bewährt in der ministeriellen Gesetzgebungstätigkeit, und die leistungsfähigere Infrastruktur – allerdings auch den umfangreicheren Abstimmungsbedarf, nämlich mit anderen Arbeitseinheiten im BMI selbst sowie mit anderen Ressorts und darüber hinaus. Der Einigungsvertrag hat normativen, juristischen Charakter, unsere Ansprechpartner auf Seiten der DDR, mit denen wir in der Anfangsphase allein zu tun hatten, waren jedoch weder juristisch geschult, noch in der Gesetzgebungstätigkeit erfahren – dies änderte sich erst mit der Verstärkung durch entsprechend erfahrene Mitarbeiter aus Ressorts und Verwaltung im Westen, namentlich den späteren Bundesminister *Dr. Thomas de Maizière*. Auch dann bestand allerdings noch die Schwierigkeit, einen zuverlässigen Überblick über das dort geltende Recht zu erlangen – die DDR war kein Rechtsstaat gewesen und die Regierung de Maizière hatte erst mit der Neuordnung begonnen.

Was die Hauptlast und -verantwortung für die Regelungen in den Anlagen I und II des Einigungsvertrages für die von mir geleitete Arbeitsgruppe im BMI bedeutete, möchte ich nachfolgend wie folgt skizzieren:

Es war ein weites Spektrum abzudecken mit Regelungen zu praktisch sämtlichen Rechtsgebieten; von Regelungen über eine Überleitung von Bundesrecht in die neuen Länder entweder 1:1 oder mit im Vertrag bestimmten Änderungen oder Maßgaben; gewissermaßen spiegelbildlich dazu Regelungen über die Weitergeltung von DDR-Recht in den neuen Ländern, als partielles Bundesrecht oder als Landesrecht, unverändert oder mit Änderungen und/oder Maßgaben, befristet oder unbefristet.

Zudem wurde erst in der zweiten Verhandlungsrunde mit der DDR vom 1. bis 3. August 1990, also nur 4 Wochen vor Vertragsunterzeichnung, unsere bis dahin während der gesamten Vorbereitungsphase ab Frühjahr 1990 im Einvernehmen mit der DDR-Seite vorgesehene Systematik für die Überleitung von Bundesrecht und die Weitergeltung von DDR-Recht grundlegend umgestellt. Abgesehen von dem einheitlichen Rahmen für die gemeinsame Verfassungs- und Rechtsordnung einschließlich eines einheitlichen Bürgerlichen Rechts, Strafrechts, Verwaltungsrechts etc. sowie einheitlicher Grundprinzipien etwa im Sozialrecht – insoweit bestand von Anfang an Konsens über die sofortige Überleitung bzw. den Vorrang von Bundesrecht – hatten wir zunächst als Regel vorgesehen, dass Bundesrecht nur übergeleitet werden sollte, soweit dies ausdrücklich bestimmt wurde. Umgekehrt sollte DDR-Recht in den fünf neuen Ländern als partielles Bundesrecht oder als Landesrecht zunächst weitergelten, soweit es nicht mit dem Grundgesetz oder übergeleitetem Bundesrecht unvereinbar war oder die Weitergeltung ausdrücklich ausgeschlossen wurde. Dem lag die Vorstellung zugrunde, im Einigungsvertrag nur das zur Einigung mit der DDR als Voraussetzung für den Beitritt Erforderliche zu regeln, im Übrigen aber entsprechend dem Grundgedanken des damaligen Artikel 23 Satz 2 GG die Rechtsangleichung und die Bildung von Landesrecht den späteren Gesetzgebern in Bund und Ländern zu überlassen. Das Regel-Ausnahmeverhältnis wurde nunmehr in das genaue Gegenteil umgekehrt, nämlich in die generelle Überleitung von Bundesrecht mit nur ausdrücklich bestimmten Ausnahmen oder Einschränkungen, während umgekehrt DDR-Recht nur weitergelten sollte, soweit dies ausdrücklich bestimmt wurde.

Dies hatte für unsere Arbeit erhebliche Konsequenzen: vieles war bereits geleistet und gedanklich abgehakt, nunmehr musste praktisch alles noch einmal aus umgekehrter Perspektive in den Blick genommen und gegebenenfalls geändert werden. In Bezug auf das Bundesrecht mussten zusätzlich diejenigen Gesetze und Verordnungen im Hinblick auf etwa notwendige Ausnahmen, Änderungen oder Maßgaben für die Überleitung einbezogen werden, deren Überleitung zuvor nicht vorgesehen war, was eine nicht unerhebliche Ausweitung bedeutete. Für das DDR-Recht galt Ähnliches mit umgekehrten Vorzeichen. Zwar konnten einerseits Bestimmungen über Ausnahmen oder Beschränkungen einer Weitergeltung entfallen, andererseits musste geregelt werden, ob und welche bisher nicht einbezogenen Vorschriften, gegebenenfalls unter welchen Einschränkungen, weitergelten sollten. Bei alldem steckte der sprichwörtliche Teufel vielfach im Detail, und speziell in dieser Phase sowie später bei der Schlussredaktion des Vertragswerks glich unsere Arbeit einem hochtourig laufenden Maschinenraum.

Die eingangs erwähnte Beibehaltung der Ressortzuständigkeiten bedeutete für uns eine wichtige Arbeitsteilung und Entlastung. Sie bedingte aber auch einen hohen Koordinierungs- und Abstimmungsbedarf.

Für die Materien, für die aufgrund der Beibehaltung der Zuständigkeiten andere Arbeitseinheiten des Hauses oder andere Ressorts zuständig waren, waren wir auf deren Zulieferungen und Beiträge angewiesen. Sie hatten die inhaltliche und fachliche Verantwortung dafür und ihnen oblag primär die Abstimmung, Verhandlung und möglichst Einigung sowohl mit den anderen Ressorts und ggf. den Ländern, als auch mit den jeweils auf Seiten der DDR zuständigen Ansprechpartnern. Die Ergebnisse erhielten wir im besten Fall, glücklicherweise allerdings auch in weitem Umfang, in Form von Entwürfen für den Vertragstext, im Übrigen in Gestalt von Positionspapieren, Mitteilungen des Sachstandes etc. Wir hatten in der Arbeitsgruppe »Spiegel«-Zuständigkeiten bestimmter Mitarbeiterinnen und Mitarbeiter zu allen Ressorts und zu den anderen Arbeitseinheiten im BMI selbst und konnten aufgrund dessen in einem intensiven Austausch bereits bilateral vielfache Klärungen herbeiführen.

Aufbauend hierauf erfolgte die weitere fachliche Abstimmung in einer Reihe von, teilweise kurz hintereinander stattfindenden, Ressortbesprechungen. Zur verfahrensmäßigen Abkürzung fanden diese von vornherein bereits auf der Ebene der Abteilungsleiter statt, allerdings unter Hinzuziehung einer Vielzahl von Fachleuten für die behandelten Themen und Fragen. Es handelte sich daher wiederholt um wahre Mammut-Veranstaltungen, die sorgfältig vorbereitet und umsichtig geführt werden mussten. Anerkennend hervorzuheben sind die außerordentliche Bereitschaft und der Wille aller Beteiligten zu konstruktiven Lösungen und Ergebnissen, um zum baldigen Gelingen beizutragen. Sonst gelegentlich zu beobachtende Ressort-Egoismen wurden zurückgestellt und nur vereinzelt gab es Ansätze, die Verhandlungen als willkommene Gelegenheit für eine Änderung und Fortentwicklung bestehenden Bundesrechts außerhalb des Rampenlichts zu nutzen. Als Kriterium für Änderungen des Bundesrechts durch den Einigungsvertrag hatten wir zuvor in Abstimmung mit dem Minister und im *Kabinettausschuss Deutsche Einheit* festgelegt, dass es sich um für die Verständigung und Einigung mit der DDR-Seite notwendige und in diesem Sinne »einigungsbedingte« Änderungen handeln musste oder ob die Regelungen dem späteren gesamtdeutschen Gesetzgeber vorbehalten werden konnten und sollten. Neben dem Bestreben, das ohnehin äußerst umfangreiche Vertragswerk nicht noch mehr auszuweiten, war hierfür vor allem maßgebend, dass der Vertrag als völkerrechtlicher Vertrag der Zustimmung der gesetzgebenden Körperschaften Bundestag, Bundesrat und Volkskammer bedurfte – wegen der vorgesehenen Änderungen des Grundgesetzes zudem noch mit 2/3-Mehrheiten in Bundestag und Bundesrat –, die gesetzgebenden Körperschaften dabei aber kein eigenes Gestaltungsrecht hatten, sondern nur mit Ja oder Nein votieren konnten.

Im Ergebnis konnte auf diese Weise weitestgehend Einigung über die umfangreichen Regelungen in den Anlagen I und II erzielt werden und nur in – nach meiner Erinnerung wenigen – Ausnahmefällen bedurfte es der Einschaltung der »politischen« Ebene, d. h. des Ministers, teilweise auch des *Kabinettausschusses Deutsche Einheit* oder darüber hinaus.

Als ein für unsere Arbeit besonders wichtiges und hilfreiches Arbeitsmittel erwies sich eine schon sehr frühzeitig von meiner Arbeitsgruppe begonnene, fortlaufend aktualisierte und abgearbeitete »Liste der offenen Punkte«. Darin wurden alle Gegenstände aufgeführt, zu denen noch keine Einigung erzielt oder Fragen offen geblieben worden waren. Sie ermöglichte nahezu jederzeit einen Überblick über den Sachstand und zeigte auf, was noch zu tun war. Auf der Grundlage dieser Liste fertigten wir zudem für die Verhandlungen auf der »politischen« Ebene ab der dritten Verhandlungsrunde ergänzend zum Vertragsentwurf eine Synopse, in der neue Änderungen, Ergänzungen oder noch strittige Punkte aufgeführt wurden. Sie stellte Transparenz des jeweiligen Sachstandes her und erwies sich auch hier als verfahrensmäßig wichtiges Hilfsmittel zur Vorbereitung und Steuerung der Verhandlungen im Sinne eines rationalen Vorgehens.

Auch in der Arbeitsgruppe selbst war entscheidend wichtig, dass alle über den jeweiligen Sachstand im Bilde waren. Zu diesem Zweck fand jeden Morgen eine Besprechung der für alle bedeutsamen Punkte statt, an der alle Mitarbeiterinnen und Mitarbeiter mit einer Ausnahme teilnahmen: eine oder einer versah den Telefondienst für wichtige Anrufe. Es galt die Regel, dass wir nicht gestört und unterbrochen werden wollten, und dies war auch der Hausleitung bekannt und wurde dort zumeist respektiert. Hier konnten wir uns untereinander beraten und helfen, erfuhren, wo es hakte, und entwickelten so eine sehr gute, vertrauensvolle und erfolgreiche Zusammenarbeit.

Für unsere Arbeit prägend war ein enormer, permanent präsenter Erfolgsdruck. Vom Gelingen hing ab, dass die friedliche Revolution in der DDR und der gewaltlose Fall der Mauer überführt werden konnten in eine geordnete und friedliche Wiederherstellung der staatlichen Einheit Deutschlands. Jeder leistete hierzu seinen Beitrag – weit über das »normale« Maß hinaus.

Unsere Arbeiten erfolgten zudem durchweg unter hohem Zeitdruck, vor allem aus dreierlei Gründen: bis zum erlösenden Durchbruch in den Gesprächen des Bundeskanzlers mit Präsident Gorbatschow im Kaukasus im Juli 1990 war nicht einzuschätzen, ob und wie lange ein Fenster zur Wiedervereinigung Deutschlands geöffnet sein könnte. Ferner war aufgrund des anhaltenden insbesondere wirtschaftlichen Niedergangs in der DDR ein »ungeordneter« Beitritt nach Artikel 23 GG mit fortschreitender Zeit immer weniger auszuschließen. Und schließlich ergaben sich im Hinblick auf die Ende 1990 anstehenden Wahlen zum angestrebten ersten gesamtdeutschen Bundestag Fristen und Termine, die unseren Arbeiten einen anspruchsvollen – heute sagt man: sportlichen – Rahmen setzten.

Wie eingangs erwähnt, waren im Verlauf unserer Arbeit Lösungen für eine Vielzahl von unerwarteten Schwierigkeiten zu finden. Dies lag auch an einer – im Transformationsprozess vom autoritären DDR-Regime zu geordneten demokratischen und rechtsstaatlichen Verfahren begründeten und deshalb verständlichen – Unerfahrenheit von Akteuren auf Seiten der DDR. Beispiel hierfür war folgendes: am Freitag, den 31. August 1990, war im Prinzenpalais Unter den Linden in Berlin der Einigungsvertrag unterzeichnet und damit unser wichtigstes Etappenziel erreicht worden. Am darauf folgenden Montag meldete sich bei mir telefonisch ein Mitarbeiter von Herrn Lässig an und erschien, entweder noch am selben oder am darauf folgenden Tag, mit einer dick gefüllten Aktentasche und darin Beschlüssen der Volkskammer zur Einrichtung von 14 Biosphärenreservaten und Naturparks auf dem Gebiet der noch bestehenden DDR; die Regelungen dafür bestanden noch nicht einmal, sondern erfolgten erst mit entsprechenden Verordnungen vom 12. September 1990. Die ultimative Forderung dazu lautete, Voraussetzung für die Zustimmung der Volkskammer zum Einigungsvertrag sei die Einbeziehung in den Vertrag und damit Weitergeltung im vereinigten Deutschland. Mein Hinweis, dass der Vertrag bereits fertig unterschrieben sei und so ratifiziert werden müsse, wurde mit der Aufforderung quittiert, dass wir uns »etwas einfallen lassen« müssten. Ich unterrichtete umgehend Bundesminister *Schäuble* und entwickelte im Gespräch mit ihm den Gedanken einer Zusatzvereinbarung zum Einigungsvertrag, wobei ich auch auf die umweltpolitische Bedeutung hinwies. *Schäuble* entgegnete, ich sei ja verrückt geworden und es sei schwierig, auch dafür noch eine Verständigung herbeizuführen. Wir haben uns immer gut verstanden und mir war sofort klar, was es für ihn bedeutete, die Verhandlungen wieder eröffnen zu müssen. Deshalb habe ich die Bemerkung auch nicht übel genommen. In den folgenden Tagen stellte sich heraus, dass auch noch Regelungen zu den Stasi-Unterlagen und zur Entschädigung von NS-Opfern zu treffen waren, und so kam es zur Vereinbarung vom 18. September 1990 zur Durchführung und Auslegung des Einigungsvertrages, in der die Bestimmungen zu den Biosphärenreservaten und Naturparks etwas versteckt (Artikel 3) untergebracht wurden. Für diese Zusatzvereinbarung musste – wir waren bereits mitten in der Ausarbeitung und Abstimmung des Vertragsgesetzes zum Einigungsvertrag und der Denkschrift dazu – unsere gesamte Maschinerie für die Verhandlungen erneut angeworfen werden.

Abschließend sei noch auf zweierlei Besonderheiten in technischer Hinsicht hingewiesen, die heute kaum noch vorstellbar erscheinen. Wir hatten zwar einige wenige, noch sehr in den Kinderschuhen ihrer Entwicklung steckende PCs für die Textverarbeitung; aber sie waren weder vernetzt, noch gab es Intranet oder Internet und damit die Möglichkeit eines schnellen Austauschs auch umfangreicher Texte. Außerdem waren die Telefon- und Fax-Verbindungen nach Ost-Berlin jedenfalls zu Beginn schwierig und unzuverlässig und es war unsicher, wer mithörte oder mitlas.

Für vieles waren daher persönliche und zumeist vertrauliche Besprechungen erforderlich – mit entsprechendem Reiseverkehr zwischen Bonn und Berlin. Ich erinnere mich, an einem Tag 3 mal nach Berlin geflogen zu sein: frühmorgens hin und am Vormittag wieder zurück; um die Mittagszeit wieder hin und nachmittags zurück sowie schließlich am frühen Abend wieder hin, dann allerdings erst am nächsten Tag wieder zurück; in Berlin dazwischen und am Abend Beratungen in der Arbeitsgruppe Lässig, in Bonn in meiner BMI-Arbeitsgruppe sowie mit dem Minister.

Ferner waren beeindruckende Berge von Papier zu bedrucken und zu bewegen. Selbst innerhalb der Arbeitsgruppe musste vieles ausgedruckt werden. Die Arbeit am Bildschirm setzte sich erst Jahre später, ab etwa 1992/93 durch. Folglich waren vielfältige Aufzeichnungen zu schreiben, auszudrucken und zu verteilen. Zum Glück hatten wir im BMI eine leistungsfähige, hilfsbereite und auf vorherige Anforderung auch am Wochenende zur Verfügung stehende Druckerei. Vermutlich im Laufe des August 1990 wurde mir von dort mitgeteilt, wie viele Tonnen Papier und wie viel Farbe bereits verarbeitet waren – und wir steckten noch mitten in der Produktion.

Die Verteilung unserer Papiere erforderte eine besondere Logistik. Vermutlich im Zusammenhang mit der ersten Verhandlungsrunde mit der DDR am 6. Juli 1990 ergab sich, dass wir jeweils sonntags abends für die Beratungen und Verhandlungen in der darauf folgenden Woche unsere Aufzeichnungen fertig gestellt und den Beteiligten zugeleitet haben mussten. Für unsere Ansprechpartner in der DDR musste dafür der letzte Flug abends nach Berlin erreicht werden. Ein Mitarbeiter meiner Arbeitsgruppe brachte das Paket unmittelbar an das Flugzeug, in Tegel wurde es von einem Mitarbeiter der Arbeitsgruppe Lässig in Empfang genommen. Die für die anderen Bundesressorts bestimmten Pakete wurden ebenfalls noch am Sonntagabend mithilfe der Fahrbereitschaften ausgeliefert. Und nicht zuletzt erhielten auch der Minister, die Staatssekretäre usw. sowie die im Hause zu beteiligenden Arbeitseinheiten ihre Exemplare noch am selben Abend.

Resümee

Wenn ich rückblickend meine Eindrücke und Erlebnisse bei all diesen Vorgängen und Ereignissen betrachte, so waren diese die mich am meisten bewegenden in meiner beruflichen Laufbahn. Es ging um so viel und es stand so viel auf dem Spiel. Als wir endlich alles geschafft hatten, waren wir glücklich und euphorisch über die Erfüllung eines lange gehegten Traumes. Wir konnten die vielen Mühen und Schwierigkeiten hinter uns lassen, und wir waren dankbar, dass unser wunderbares Ziel einer Wiederherstellung der staatlichen Einheit Deutschlands friedlich und im Konsens mit unseren Partnern in der DDR sowie darüber hinaus mit unseren Nachbarn und Partnern in Europa und in der Welt hatte erreicht werden können. Aber uns war auch bewusst, dass die eigentliche Aufbauarbeit für das Zusammenwachsen noch bevorstand und mit vielen Mühen verbunden sein werde.

Meinen Mitarbeiterinnen und Mitarbeitern ebenso wie meinen Vorgesetzten mit Bundesminister *Schäuble* an der Spitze sowie den vielen anderen Beteiligten war und bin ich in besonderem Maße dankbar für die gute und erfolgreiche Zusammenarbeit und für das gegenseitige Vertrauen.

Die deutsche Einheit – Wie mir ein verbotener Gedanke zur Wirklichkeit wurde

Richard Schröder

1. Prägungen der Kindheit

Politisch interessiert war ich von Kindheit an, weil die SED meine Familie als reaktionär eingestuft hat und diese sich dem Druck zur Mitgliedschaft in den Vorhoforganisationen der SED widersetzte. Mein Vater war privater Apotheker und das hieß nach der Terminologie des innerstaatlichen Klassenkampfes: er war Kapitalist und der Kapitalismus sollte bekämpft werden. Und unsere Familie hielt sich bewusst zur evangelischen Kirche, was ein zweiter schwerwiegender Makel war. In der Nazizeit standen meine Eltern bei der Bekennenden Kirche, die sich besonders gegen die Nazifizierung des Christentums wehrte, wie sie die Deutschen Christen betrieben. Insofern waren sie bereits darin erfahren, sich aufgrund des christlichen Glaubens den totalitären Ansprüchen einer Weltanschauungsdiktatur zu entziehen. »Man muss Gott mehr gehorchen als den Menschen« sagt Petrus in der Apostelgeschichte. Daraus ergab sich für uns Kinder, dass wir nicht den »Jungen Pionieren«, der Kinderorganisation der SED, beitraten. In meiner Klasse waren das mit mir wohl vier Schüler, eine Minderheit, die beim Fahnenappell ohne Pionieruniform oder Halstuch auffiel. Aber noch immer gehörten damals nahe bei 90 Prozent der DDR-Bevölkerung der Evangelischen Kirche an. Meine Mitschüler nahmen mehrheitlich an der Konfirmation teil. An der noch jungen Jugendweihe haben wohl nur zwei oder drei teilgenommen. Innerhalb meiner Klasse war ich deshalb nie diskriminiert. Als ich 1958 die Grundschule mit der 8. Klasse abschloss, bekam ich zwar für »sehr gute schulische Leistungen« eine Buchprämie, dennoch aber die Ablehnung des Besuchs der Oberschule, wie übrigens meine beiden älteren Geschwister zuvor auch schon. Mir fehle »die Bereitschaft, aktiv am Aufbau des Sozialismus mitzuwirken« hieß es in dem

Ablehnungsschreiben und das bezog sich offenkundig per Sippenhaft auf mein Elternhaus, ansonsten aber wohl nur darauf, dass ich nicht Mitglied der Pionierorganisation war, denn ansonsten habe ich ja wie alle anderen Schüler am Schulleben teilgenommen, Mitschülern Nachhilfe gegeben, mich gar als Junger Sanitäter und Junger Rettungsschwimmer qualifiziert und wenn befohlen Schrott und Altpapier gesammelt. So etwas vergisst sich nie. Der Schulleiter, der 1958 meine Ablehnung von der Oberschule veranlasst hat, war verstört und voller Unverständnis, als sein Lehrerkollegium ihn 1989 abgewählt hat.

Da Kinder kirchlich engagierter Eltern sehr oft vom Besuch der Oberschule abgelehnt wurden, gab es in der DDR drei Schulen der evangelischen Kirche, die sozusagen Geheimgymnasien waren, aber vom Staat, der das Schulmonopol beanspruchte, nicht anerkannt wurden. Geduldet wurden sie, weil die sowjetische Militäradministration seinerzeit derartiges genehmigt hatte und die DDR-Regierung keine Maßnahmen der Besatzungsmacht antasten durfte. Studieren konnte man mit diesen Abschlüssen nur an kirchlichen Ausbildungsstätten für Theologen, Kirchenmusiker, Kirchenjuristen. Auch diese Ausbildungsstätten wurden vom Staat nicht anerkannt mit der erfreulichen Folge, dass sie nicht dem Hochschulministerium unterstanden und dadurch als einzige in der DDR in der Gestaltung der Lehre völlig frei waren – Freiheit durch Nichtanerkennung. An zwei dieser kirchlichen Hochschulen, dem Katechetischen Oberseminar Naumburg[1] und dem Sprachenkonvikt Berlin[2] habe ich studiert, war ich Assistent und bin 1977 promoviert worden (die staatliche Anerkennung

---

1 Ulrich Schröter, Harald Schultze (Hrsg.): Im Schatten des Domes. Theologische Ausbildung in Naumburg 1949–1993. Evangelische Verlagsanstalt, Leipzig 2012.

2 Matthias Köckert: Vom Sprachenkonvikt zum Theologischen Konvikt. In: *Berliner Theologische Zeitschrift* 26 (2009), S. 256–272; Wolf Krötke, Das Profil des Berliner Sprachenkonvikts für die selbständige Theologenausbildung in der DDR. In: *Zeitschrift für Theologie und Kirche*. 107 (2010), S. 123–138; Rudolf Mau, Das »Sprachenkonvikt«. Theologische Ausbildungsstätte der Evangelischen Kirche in Berlin-Brandenburg (»Kirchliche Hochschule Berlin-Brandenburg«) (1992) In: Der Wahrheit Gottes verpflichtet. Theologische Beiträge aus dem Sprachenkonvikt Berlin. Festschrift für Rudolph Mau. Hrsg. von Matthias Köckert, Berlin 1993.

dieser Promotion erfolgte dreizehn Jahre später, 1990) und wurde 1977 an beiden Ausbildungsstätten Dozent für Philosophie. Die seltsamen Namen der Institute erklärten sich daraus, dass sie unter diesen Namen einmal genehmigt worden waren. Ich war einer der wohl drei Personen in der DDR, die hauptberuflich Philosophie unterrichteten ohne auf den Marxismus-Leninismus verpflichtet zu sein. Und die kirchlichen Hochschulen waren die einzigen Institutionen in der DDR, an denen Studenten unzensiert und ungefiltert mit Philosophie vertraut gemacht wurden. Es sind übrigens sehr viele Absolventen dieser kirchlichen Hochschulen 1989/90 politisch aktiv geworden. Im Herbst 1989 bereitete im Vorderhaus des Sprachenkonvikts eine Gruppe die Gründung der Sozialdemokratischen Partei in der DDR vor und im Hinterhaus Wolfgang Ullmann, mein Kollege, mit den Seinen die Gründung von »Demokratie jetzt«.

2. »Kirche im Sozialismus«

Für meinen Weg in die Volkskammer bedurfte es noch des Umwegs über das streitige Thema »Kirche im Sozialismus«. Nachdem Honecker 1978 erstmals Vertreter der Evangelischen Kirche in der DDR zum Gespräch empfangen hatte, gewannen viele, auch ich, den Eindruck, dass die SED an einem entspannten Verhältnis zur Kirche interessiert sei. Dafür stand die Formel »Kirche im Sozialismus«, die allerdings von der SED und der Kirche sehr verschieden verstanden wurde, aber darüber schwieg man lieber. Die SED verstand sie als Zustimmung zu ihrem marxistisch-leninistischen Verständnis des Sozialismus, die Kirche verstand sie als Ortsbestimmung: in dieser faktisch so geprägten Gesellschaft wolle sie Kirche sein und nicht nur überwintern oder in die Katakomben gehen. Diese Hoffnung verflog, als die Sicherheitskräfte nach der staatsoffiziellen Demonstration zur Erinnerung des Mordes an Karl Liebknecht und Rosa Luxemburg am 17. Januar 1988 ungebetene Demonstranten verhaftete, die sich mit dem Plakat »Freiheit ist immer die Freiheit des Andersdenkenden« (Rosa Luxemburg) eingereiht hatten. Kurz danach wurden weitere Wortführer der kritischen Gruppen unter dem Dach der evangelischen Kirche, die mit dieser Aktion gar nichts zu tun hatten, verhaftet. Offenkundig war diese Verhaftungswelle, die nach langen Verhandlungen zur Ausreise der Verhafteten in den Westen (und wenigstens nicht ins Gefängnis!) führte, als Enthauptungsschlag gemeint mit der Erwartung, den Widerspruchsgeist in der evangelischen Kirche mundtot zu machen, oder eben: »Kirche im Sozialismus« zu dem zu machen, was sich die SED darunter vorstellte.[3] Das hat mich ungemein empört und im Zorn habe ich zwei Thesenreihen niedergeschrieben. Die erste: »Was kann ›Kirche im Sozialismus‹ sinnvoll heißen?«[4] legte dar, dass die evangelische Kirche in der DDR das Wort »Sozialismus« gar nicht im Sinne des Marxismus-Leninismus verstehen kann und auch nicht versteht, dass die Formel »Kirche im Sozialismus« deshalb bei der SED leicht unerfüllbare Erwartungen fördert und besser durch die weniger zweideutige Ortsangabe »Kirche in der DDR« ersetzt werden sollte. Die zweite vertrat die These, dass eine DDR-Identität weder eine weltanschaulich-sozialistische sein könne, da nicht alle DDR-Bürger überzeugte Kommunisten seien, aber auch keine nationale, da es keine DDR-Nation gebe. Nur korrekte Rechtstaatlichkeit könne die Identifikation der DDR-Bürger mit dem Staat DDR fördern[5].

---

3 Die Entstehung und Geschichte dieser Formel habe ich ausführlich dargestellt in: Richard Schröder (unter Mitarbeit von J. Zachhuber, K. Laudien, Chr. Raschke): Der Versuch einer eigenständigen Standortbestimmung der Evangelischen Kirchen in der DDR am Beispiel der »Kirche im Sozialismus«. In: Kirchen in der SED Diktatur (Bd. 2), Materialien der Enquete-Kommission, »Aufarbeitung von Geschichte und Folgen der SED-Diktatur in Deutschland«, hrsg. vom Deutschen Bundestag, Baden Baden 1995. Dort sind auch einschlägige Dokumente abgedruckt. – Zum Verständnis der Formel muss vor allem zweierlei berücksichtigt werden. 1. Die DDR war kein Rechtsstaat. Die Kirche konnte sich nicht auf Rechtstitel berufen. 2. Die Kirche musste verhindern, dass sie als staatsfeindliche Institution eingeordnet und – behandelt wird, und zwar nicht so sehr ihrer Mitarbeiter wegen, die glücklicherweise nicht vom Staat bezahlt wurden wie in anderen sozialistischen Ländern, sondern der Mitglieder wegen.

4 Richard Schröder, Was kann »Kirche im Sozialismus« sinnvoll heißen? In: *Kirche im Sozialismus* 14, 1988, S. 135–137. Wieder abgedruckt in: Richard Schröder, Denken im Zwielicht. Vorträge und Aufsätze aus der Alten DDR, Tübingen 1990, S. 49–54.

5 Ders., Was kann DDR-Bürger verbinden? Gefährdungen und Möglichkeiten einer »DDR-Identität«. In: *Kirche im Sozialismus* 14, 1988, S. 177–179. Wieder abgedruckt in: Richard Schröder, Denken im Zwielicht. S. 55–61.

Zunächst wollte ich mit den beiden Thesenreihen nur die inner-kirchlichen Diskussionen befördern und habe sie als Vervielfältigun-gen (»Für den innerkirchlichen Dienstgebrauch« hieß die übliche For-mel über solchen Papieren) verbreitet. Über Reinhard Henkys, einen sorgfältigen Westberliner journalistischen Beobachter der Kirchen der DDR, der seit 1976 in Westberlin jene Zeitschrift *Kirche im Sozialis-mus. Zeitschrift zu Entwicklungen in der DDR* namens der (West-)Ber-liner Arbeitsgemeinschaft für Kirchliche Publizistik herausgab, konnte ich jenen Artikel im August 1988 in Westberlin veröffentlichen. Unter freiem Himmel (also abhörsicher) hat Reinhard Henkys mich vorher gefragt, ob ich mir der Konsequenzen dieses Schrittes auch bewusst sei. Ich habe ihm geantwortet, nach meiner Einschätzung werde ich zwar irgendwelchen Ärger zu erwarten haben, aber keine Verhaftung. Das sah er genauso. Zu meiner Überraschung erfuhr ich aber gar keine staatliche Reaktion oder gar Repression wegen dieser Artikel.

Möglicherweise wäre jener Aufsatz der SED gar nicht aufgefallen, wenn nicht Enno von Loewenstern am 27.8.1988 in der Tageszeitung *Die Welt* von meinem Aufsatz unter der Überschrift »Die Kirche, die Scheinwahlen und die Menschenopfer. Endlich beginnt eine Diskus-sion über den Ausdruck ›Kirche im Sozialismus‹« berichtet hätte. Denn die staatlichen Reaktionen, von denen wir später erst erfuhren, bezogen sich durchweg auf den Artikel in *Die Welt*.

Was sich hinter den Kulissen abspielte, davon erfuhren wir bis 1990 ja so gut wie nichts. Eine Nachricht aber kam im Herbst 1988 bis zu mir. Bei einer Zusammenkunft der Sektionsdirektoren der staatlichen Theologischen Fakultäten im Hochschulministerium der DDR – nach meiner Erinnerung im September 1988 – sei den Teilnehmern mein Beitrag und der Artikel aus *Die Welt* vorgelegt worden mit der Frage, wie diese Position innerhalb der Evangelischen Kirchen der DDR einzuordnen sei. Die Antwort sei gewesen, diese Position werde von nicht wenigen geteilt. Drauf wurden die gegen mich geplanten und inzwischen aktenkundigen publizistischen Maßnahmen abgeblasen.[6] Glück gehabt. Gott sei Dank.

---

6 Näheres dazu in: Richard Schröder, »Kirche im Sozialismus« in: *Berliner Theo-logische Zeitschrift* (BThZ) 26. Jg. 2009, Heft 2.

Dieser Artikel und zeitnahe kritische Veröffentlichungen anderer zu der Formel »Kirche im Sozialismus« führten dazu, dass sich der Thüringer Bischof Werner Leich, damals Vorsitzender des Bundes der Evangelischen Kirchen in der DDR, am 5. März 1989 in einem Vortrag in Jena dafür aussprach, künftig auf die Formel »Kirche im Sozialismus« zu verzichten und besser von der Evangelischen Kirche in der DDR zu sprechen. Damit war die Formel endgültig destruiert.

Diese meine beiden Thesenreihen führten dazu, dass ich zum Berater in die »Ökumenische Versammlung für Gerechtigkeit, Frieden und Bewahrung der Schöpfung in der DDR« berufen wurde.

3. Die »Ökumenische Versammlung für Gerechtigkeit, Frieden und Bewahrung der Schöpfung in der DDR« 1988/89

Dietrich Bonhoeffer hatte 1934 die Idee eines ökumenischen Friedenskonzils, um der drohenden Kriegsgefahr entgegenzuwirken. Diese Idee hat Heino Falcke 1983 aufgenommen und bei der VI. Vollversammlung des Ökumenischen Rates der Kirchen in Vancouver die Vorbereitung eines Friedenskonzils vorgeschlagen. C. F. von Weizsäcker hat diesen Vorschlag kräftig unterstützt[7]. Aus Dresden kam 1986 der Vorschlag, vor einer solchen globalen Konferenz eine »Ökumenische Versammlung für Gerechtigkeit, Frieden und Bewahrung der Schöpfung in der DDR« abzuhalten. Diese hat dreimal getagt: in Dresden 12.–15.2.1988; in Magdeburg 8.–11.10.1988; in Dresden 26.–30.4.1989. An der Versammlung nahmen 146 Delegierte der Kirchen in der DDR teil sowie zwischen 20 und 30 berufene Berater.

Diese drei Versammlungen waren von großer Bedeutung für die Vorgeschichte der Herbstrevolution. Erstmals trafen sich Vertreter der »Gruppen« mit etablierten Kirchenvertretern, und zwar aus allen Mitgliedskirchen der Arbeitsgemeinschaft christlicher Kirchen, also auch der Katholiken. Jene Gruppen, meist junge Leute, hatten sich seit Ende

---

7 Carl Friedrich von Weizsäcker, Die Zeit drängt. Eine Weltversammlung der Christen für Gerechtigkeit, Frieden und Bewahrung der Schöpfung. München 1986.

der siebziger Jahre unter dem Dach der evangelischen Kirche gebildet und sich mit den Problemen der Dritten Welt, mit der Friedensfrage, mit Umweltproblemen oder auch den Problemen Homosexueller befasst – also Themen, die die SED zwar nicht, wie die Forderung nach der Einheit Deutschlands oder nach freien Wahlen als staatsfeindlich betrachtete, aber für die sie die Alleinzuständigkeit beanspruchte, z. B. nach dem Motto: Umweltprobleme gibt es nicht im Sozialismus, sondern nur im Kapitalismus oder: Sozialismus heißt Frieden. Der Frieden muss bewaffnet sein. Es waren nicht zufällig Themen, die bei der Entstehung der Partei der Grünen in der Bundesrepublik die entscheidende Rolle spielten. Namentlich in Ostberlin war der Austausch zwischen Ostdeutschen und Westdeutschen immer sehr intensiv, weil Westdeutsche unangemeldet mit Tagesvisum Ostberlin besuchen durften.

Die Gruppen bürsteten diese Themen gegen den sozialistischen Strich und das brachte ihnen Ärger ein. In diesen Versammlungen also fanden sie sich erstmals zusammen mit Gleichgesinnten aus der ganzen DDR. Das begeisterte. Andererseits aber fanden es viele als ernüchternd, dass nun nach Geschäftsordnung und Redezeitbegrenzung und Abstimmung verfahren werden musste, im Gegensatz zur face-to-face-Kommunikation in den Gruppen. Aber das war eine gute Vorbereitung auf den Herbst 89. Versammlungsleitung nach Geschäftsordnung war nämlich in der DDR nur noch im kirchlichen Raum praktiziert.

Ich war Berater in der Arbeitsgruppe mit dem umstrittensten Thema: »Mehr Gerechtigkeit in der DDR«. Denn viele der Delegierten bejahten »den Sozialismus« oder befürworteten einen »dritten Weg« ohne jeweils klar zu sagen, was damit gemeint war. In einer kleinen Redaktionsgruppe haben Reinhard Höppner und ich dagegen die institutionellen Defizite der DDR hervorgehoben, die Unterscheidung von Staat und Partei sowie Staat und Gesellschaft gefordert und die Vervollständigung der Rechtswege durch Verwaltungsgerichte und ein Verfassungsgericht. »Wahlen, in denen die Urteilsfähigkeit der Bürger wirklich gefordert wird«, werden verlangt. Gegenüber denjenigen, die die parlamentarische Demokratie irgendwie durch etwas Vollkommeneres überbieten wollten, haben wir die Defizite und den Nachholbedarf in Sachen Demokratie und Rechtsstaat angemahnt, gemessen am westlichen Standard.

Unser Entwurf fand nicht den ungeteilten Beifall der Arbeitsgruppe. Es entbrannten noch einmal heftige Debatten, die schließlich dazu führten, dass dem Papier ein weiterer Punkt zugefügt wurde: »Offene und umstrittene Fragen«, von denen hier einige genannt seien.

»Welches sind die bestimmenden Elemente und Werte einer sozialistischen Gesellschaft? Welche ökonomischen Strukturen werden diesen Werten am ehesten gerecht?«

»Worin bestehen die für ein möglichst gerechtes LEBEN DER Gesellschaft notwendigen Funktionen des Staates? Wie können wir zu einer Neubestimmung von Staat und Gesellschaft kommen?«

»Was heißt es, Deutscher in der DDR zu sein?«[8]

Mit diesen Differenzen sind die Delegierten in den Herbst gegangen, und zwar, wie nicht anders zu erwarten, in verschiedene Parteien. Wir waren einmütig gegen die gegenwärtigen Verhältnisse in der DDR, aber nicht ebenso einmütig für etwas. Auch das wiederholte sich in der Volkskammer.

4. Die Herbstrevolution, der Mauerfall

Die Fluchtbewegungen des Spätsommers 1989 über Ungarn und über die Prager Botschaft wühlten das Land auf. Das führte zu Gründungen von politischen Bewegungen zumeist durch Mitglieder jener Gruppen, die aber nun aus dem Schutzraum der Kirche in die Öffentlich-

---

8 Die Ergebnistexte der Ökumenischen Versammlung in der DDR sind dokumentiert in: Aktion Sühnezeichen / Pax Christi (Hrsg.), Ökumenische Versammlung für Gerechtigkeit, Frieden und Bewahrung der Schöpfung. Dresden – Magdeburg – Dresden. Eine Dokumentation, Berlin 1990. und im Internet unter: http://oikumene.net/home/regional/dresden/index.html. Vgl. noch: Richard Schröder, Die Ökumenische Versammlung für Gerechtigkeit, Frieden und Bewahrung der Schöpfung in der DDR. Arbeitsgruppe 3: Mehr Gerechtigkeit in der DDR- unsere Aufgabe, unsere Erwartung. In: D. Brockemann (Hrsg.), Freiheit gestalten. Zum Demokratieverständnis des deutschen Protestantismus; Festschrift für G. Brakelmann zum 65. Geburtstag, Göttingen 1996; Katharina Kunter, Erfüllte Hoffnungen und Zerbrochene Träume. Evangelische Kirche in Deutschland im Spannungsfeld von Demokratie und Sozialismus (1980-1993). Vandenhoeck und Ruprecht Göttingen 2006. Katharina Seifert, Glaube und Politik. Die Ökumenische Versammlung in der DDR 19887/89. Benno-Verlag, Leipzig 2000.

keit traten. Am 9. September 1989 gründete sich das »Neue Forum«
und erreichte ein Echo, das die Gründer völlig überraschte. Dem folgten »Demokratie jetzt« am 12.9., der »Demokratische Aufbruch« am
1.10. und die bereits Ende August öffentlich angekündigte Gründung
der »*Sozialdemokratischen Partei in der DDR*« am 7.10. Diese unterschied sich von den anderen Gründungen nicht nur dadurch, dass sie
an eine politische Tradition anknüpfte, sondern auch in der erklärten
Absicht, Partei zu sein mit verbindlichem Statut und Programm. Das
erschien den anderen mindestens zum Teil altmodisch und überholt.
Namentlich das Neue Forum wollte tatsächlich ein Forum sein, ein
Marktplatz für den unreglementierten Diskurs. Auch Mitglieder von
Parteien wurden zur Mitgliedschaft eingeladen, was später am Runden Tisch zu großen Auseinandersetzungen um das Wahlgesetz für
die ersten freien Wahlen führte, weil doch Abgeordnete nicht gleichzeitig zwei Parteien angehören können. Die Gründung einer sozialdemokratischen Partei hat die SED ganz zutreffend als Angriff auf die
führende Rolle der SED verstanden, zumal diese beanspruchte, aus
der Vereinigung von SPD und KPD hervorgegangen zu sein.

Bis zur Maueröffnung am 9. November ging es den Demonstranten
und oppositionellen Gruppen (die sich aber weder »Oppositionelle«
noch »Bürgerrechtler« nannten, so hießen sie damals nur in der westlichen Berichterstattung) um die Reform der DDR, um die »Herbstrevolution«, wie wir sie am besten nennen sollten. Erst vom 6. November an, seit der Maueröffnung aber zunehmend, war auf der Leipziger
Montagsdemonstration zu hören: »Deutschland einig Vaterland«, ein
Zitat aus der Nationalhymne der DDR, deren Text seit Honecker unterdrückt wurde. Und auch mir ging es so, dass mir erst durch die Maueröffnung die deutsch-deutsche Vereinigung in den Bereich des Möglichen rückte. Bis dahin waren wir doch allermeist davon überzeugt, dass
die Sowjetunion auch unter Gorbatschow ihren westlichen Vorposten
nicht aufgeben werde. Mit Gorbatschow verbanden wir die Hoffnung
auf Glasnost und Perestroika auch in der DDR, aber nicht die auf die
deutsche Einheit. Wir hatten diesen Wunsch tief im Herzen vergraben
und die einzige Hoffnung darauf auf die Ostpolitik von Egon Bahr und
Willy Brandt gesetzt: wenn durch die Entspannungspolitik der Eiserne
Vorhang durchlässig wird, wird sich im Zuge gesamteuropäischer An-

näherung irgendwann auch die deutsche Frage lösen lassen. Dazu kam, dass die Forderung nach der deutschen Einheit von der SED als konterrevolutionär gebrandmarkt war. Honecker hatte ja im Unterschied zu Ulbricht den Gedanken der einen deutschen Nation aufgegeben, ihn durch die merkwürdige Theorie von zwei Nationen auf deutschem Boden, eine kapitalistische und eine sozialistische, ersetzt und ansonsten alle Anspielungen an Deutschland wie DRK bis in den DDR-Duden hinein ausmerzen lassen. Nur den Namen SED änderte er nicht.

Nach der Maueröffnung äußerten einige Oppositionelle zunächst den Verdacht, die SED wolle dadurch die Herbstrevolution boykottieren, da nun alle den Westen besuchen wollten und nicht mehr demonstrierten. Wolfgang Ullmann von »Demokratie jetzt« wollte gar Willy Brandt dafür gewinnen, sich für die Schließung der Mauer einzusetzen. Aber im Laufe eines Monats hatte sich in der DDR der Wunsch nach der deutschen Einheit die Bahn gebrochen.

Bald nach dem Fall der Mauer haben unsere Studenten einen Studientag gewünscht zu der Frage: »Wie sozialistisch wird die DDR sein?« Mein damaliges Referat (28. November 1989) hat dargelegt: ein Sozialismusverständnis, das diesen als Vorstufe des Kommunismus versteht, kann nicht bleiben. Ebenso wenig eines, das die führende Rolle der SED einschließt und schließlich auch keines, das man nur zusammen mit dem Marxismus-Leninismus akzeptieren kann. Gefordert habe ich den demokratischen Rechtsstaat, die Abschaffung des Volkseigentums im bisherigen Verständnis und den Übergang von der Planwirtschaft zur sozialen Marktwirtschaft. »Eine europäische Friedensordnung muss für die Deutschen den Vorrang vor der deutschen Frage haben«, weil die Nachbarn mitzureden haben.[9] Tatsächlich wurde schließlich die Zustimmung der KSZE zum Zweiplus-Vier-Vertrag am 1.10.1990 die Voraussetzung für den Beitritt der DDR zum Geltungsbereich des Grundgesetzes am 3.10.1990.

Am 7. Dezember trat auf Einladung der Kirchen erstmals der Runde Tisch zusammen, in dem sich nach polnischem Vorbild je zur Hälfte Vertreter der Parteien der bisherigen Volkskammer und der opposi-

---

9   Wie sozialistisch wird die DDR sein? In: Richard Schröder, Denken im Zwielicht (vgl. Anm. 1), S. 174–181.

tionellen Gruppen gegenüber saßen, um den gewaltfreien Übergang von der Diktatur der SED zur parlamentarischen Demokratie zu moderieren. Der Runde Tisch gründete eine Reihe von Kommissionen, darunter eine Verfassungskommission. Mit den Erfindern der Sozialdemokratischen Partei in der DDR, Martin Gutzeit und Markus Meckel, war ich seit Jahren freundschaftlich verbunden und regelmäßig zusammen in einem Gesprächskreis »Theologie und Philosophie«, den Pfarrer Hilsberg unterhielt und zu dem auch Manfred (Ibrahim) Böhme gehörte, der als einziger Nichttheologe den Gründungsaufruf der SDP unterzeichnet hatte und nach der Volkskammerwahl vom *Spiegel* als Stasi-Mitarbeiter enttarnt wurde. Markus Meckel fragte mich, ob ich für die SDP in der Verfassungskommission mitarbeiten könne, da sie unter Personalmangel litten. Ich habe zugesagt und bin am 20. Dezember 1989 der SDP beigetreten. Als sich abzeichnete, dass diese Verfassungskommission bis zur Volkskammerwahl keinen fertigen Entwurf wird vorlegen können, habe ich meine Mitarbeit eingestellt und statt dessen am Grundsatzprogramm der SDP und an ihrem Wahlprogramm mitgearbeitet. Daraus ergab sich dann, dass ich auch für die nun in SPD umbenannte neu gegründete Partei zur ersten und einzigen freien Volkskammerwahl kandidiert habe. Nach Böhmes Rücktritt wurde ich Fraktionsvorsitzender der SPD in der Volkskammer und habe dieses Amt bis zum Bruch der Großen Koalition wahrgenommen (3. März bis 21. August 1990).

5. Die Fraktion der SPD in der frei gewählten Volkskammer

»Zur Arbeit der Volkskammerfraktion der SPD.[10] Die Wahl am 18. März brachte der Ost-SPD einen Schock, denn das Wahlergebnis fiel für uns sehr viel schlechter aus, als viele erwartet hatten. Die CDU hatte aber keineswegs einen strahlenden Wahlsieger zu bieten, denn Lothar de Maizière war geradezu erschlagen, weil er ran musste. Wir wiederum konnten auch erleichtert sein, dass Ibrahim Böhme am

---

10 Ich gebe hier einen Auszug meiner Rede vor der Volkskammerfraktion zum 5. Jahrestag der freien Volkskammerwahlen am 18.3.1995 wieder.

Wahlabend nicht als zukünftiger Ministerpräsident im Rampenlicht stand, denn kurz danach ließ er bekanntlich seine Ämter ruhen wegen der Stasi-Vorwürfe, die der *Spiegel* veröffentlicht hatte. Wir hatten ihn bis dahin nicht für einen Stasi-Mitarbeiter gehalten, aber manches Merkwürdigkeiten an ihm sehr besorgt beobachtet. Deshalb mussten wir die *Spiegel*-Vorwürfe sehr ernst nehmen, sie erklärten uns manches. Beweise jedoch hatten wir nicht. Die Teilnehmer an der Akteneinsicht haben uns nämlich zwar dies und jenes, aber nicht die ganze Wahrheit mitgeteilt. Es hat einige Mühe gekostet, den östlichen Parteivorstand von einer voreiligen Ehrenerklärung für Ibrahim Böhme abzuhalten und das hat uns wiederum den Verdacht der Manipulation eingebracht. Täglich wollte zudem die Presse wissen, was nun los ist. Inzwischen ist übrigens seine Sekretärin, die ihm aus Bonn geschickt worden ist, auch als Stasi-Mitarbeiterin enttarnt worden.

Gleichzeitig begannen die *Koalitionsverhandlungen*. Sollen wir oder sollen wir nicht? Wir haben uns schließlich für die Große Koalition einer 2/3-Mehrheit entschieden, weil der Weg zur deutschen Einheit über 2/3-Entscheidungen gehen musste und die deutsche Einheit wollten wir allerdings. Die Koalitionsvereinbarung trug eindeutig sozialdemokratische Züge.

Ich habe sie mir noch einmal unter einem anderen Gesichtspunkt angesehen: was steht da zur Eigentumsfrage drin? Schutz der Ergebnisse der Bodenreform; die besatzungsrechtlichen Enteignungen werden nicht rückgängig gemacht; redlicher Erwerb von Eigentums- und Nutzungsrechten werden geschützt. Zu den ›Westgrundstücken‹ heißt es: ›Prüfung strittiger Eigentumsverhältnisse im Zusammenarbeit mit den zuständigen Stellen der Bundesrepublik unter Beachtung von Lastenausgleichsmaßnahmen‹ und ›Überprüfung unrechtmäßiger Enteignungen nach der Bodenreform und gegebenenfalls Entschädigung oder andere Formen der Wiedergutmachung‹. Das haben wir auch erreicht.

Eine Episode aus den ersten Tagen der Volkskammer. Man musste sich ja auch über die Sitzordnung verständigen, diesmal nicht nach rund oder oval, sondern nach rechts und links. Die PDS wollte unbedingt links von der SPD sitzen. Martin Gutzeit hat im Präsidium kategorisch erklärt: das kommt überhaupt nicht in Frage. Setzt ihr euch mal zu den Parteien, die ihr von früher her schon kennt. Also

kam folgende Reihenfolge zustande: CDU, FDP, PDS, Bündnis 90/
Grüne, SPD und links außen der einzige Abgeordnete der Vereinigten
Linken. Gregor Gysi hat etwas von Geschichtsfälschung gebrummelt,
in Wahrheit aber hat Martin Gutzeit eine Geschichtsfälschung verhindert.

Was hat die Ost-SPD zur Arbeit der Volkskammer beigetragen?

An erster Stelle nenne ich *Reinhard Höppner.* Lothar de Maizière
wollte ihn unabhängig von der Koalitionsfrage zum Volkskammer-
präsidenten machen, weil er wusste, dass sich er als Präses der Magde-
burger Synode auf das Geschäft der Tagungsleitung versteht, aber die
CDU-Fraktion hat nicht mitgemacht. Trotzdem war er der heimliche
Volkskammerpräsident, der von der Präsidentin immer dann das
Ruder in die Hand gedrückt bekam, wenn es schwierig wurde.

Am schwierigsten wurde es am *17. Juni 1990,* als nämlich die DSU
den sofortigen Beitritt zur Bundesrepublik beantragte, obwohl die
Zwei-plus-Vier-Verhandlungen längst nicht zu ende geführt waren.
In dieser Situation war die SPD-Fraktion für den Ministerpräsiden-
ten der verlässlichere Partner als seine eigene, die CDU-Fraktion.
Dass der Unfug nicht zustande kam, ist vor allem Reinhard Höppners
Geschick zu verdanken. Und ein Glück, dass er nicht zustande kam.
Denn wir wollten die deutsche Einigung nur unter der Bedingung des
Konsens mit den Siegermächten und namentlich der Wahrung der
sowjetischen Interessen sowie in gesamt-europäischer Abstimmung,
als Krönung von Willy Brandts Ost- und Entspannungspolitik. Eini-
gung aus Eigensinn wäre eine schwere Hypothek für das vereinigte
Deutschland geworden.

In ihrer *zweiten Sitzung* hat die Volkskammer Erklärungen verabschiedet, in denen sie sich zur deutschen Schuld an den Juden
und den Völkern der Sowjetunion bekannte, für die Teilnahme der
DDR an der Niederschlagung des Prager Frühlings um Entschuldi-
gung bat und die Anerkennung der Oder-Neiße-Grenze bekräftigte.
Das geschah auf Veranlassung der SPD-Fraktion. Besonders Hans
Misselwitz hatte vorgearbeitet. Und es war wichtig, dass sich das frei
gewählte Parlament auf diese Weise der Öffentlichkeit vorstellte. Es
musste eindeutig sein, dass der Weg zur Deutschen Einheit nichts verdrängen oder verwischen sollte.

Am 19. August ist die SPD-Fraktion aus der Regierungskoalition ausgetreten. Anlass war die Entlassung des sozialdemokratischen Finanzministers Walter Romberg durch den Ministerpräsidenten. Der Parteivorstand der SPD hatte die Fraktion allerdings schon am 24. Juli 1990 zum Austritt aus der Koalition aufgefordert. Ich will das nicht kommentieren, weil ich in dieser Frage wohl befangen bin. Jedenfalls habe ich nach meiner Abstimmungsniederlage den Fraktionsvorsitz niedergelegt. Wolfgang Thierse, seit dem 9. Juni Parteivorsitzender, übernahm den Fraktionsvorsitz.

Trotz ihres Austritts aus der Koalition hat die SPD mit ihrer weit überwiegenden Mehrheit sowohl den Beitrittsbeschluss als auch den *Einigungsvertrag* mitgetragen. Über die Fehler und Schwächen des Einigungsvertrages brauche ich euch nichts zu erzählen. Dass wir mit der Eile recht hatten, hat der Putsch in der Sowjetunion und ihr Zerfall gezeigt.

Nun muss ich noch berichten, wie es uns mit unserer älteren Schwester, der West-SPD, ergangen ist. Am 7. Oktober 1989 wurde ja in der DDR nicht etwa eine Tochterpartei, sondern eine *Schwesterpartei* der West-SPD gegründet. Von der Geburt einer Schwester wird man in der Regel *mehr* überrascht als von der Geburt einer Tochter. Und eine neue Schwester ist für das Einzelkind nicht nur die reine Freude. Man muss die Aufmerksamkeit mit ihr teilen. So war es denn auch hier. Die West-SPD hat über die unerwartete Schwester gestutzt, manche hielten sie gar für eine verfehlte Geburt.

Für uns waren Willy Brandt und Helmut Schmidt der Inbegriff für sozialdemokratische Politik. Deshalb war es ein kleiner Schock, als wir mitbekamen, dass manche Altersgenossen in der SPD Willy Brandt bloß als Denkmal akzeptierten und Helmut Schmidt geradezu ablehnten. ›Jetzt wächst zusammen, was zusammengehört‹, durch diesen glücklichen Satz fühlten wir uns verstanden und ermuntert, das von der SED auferlegte Tabu in Sachen deutsche Vereinigung zu durchbrechen. Einmal bin ich von jemandem aus dem Vorstand der West-SPD mit dem Satz begrüßt worden: ich frage mal in Österreich an, ob die euch nach Art. 23 nehmen.

Irgendwann tauchte das Wort ›Lebensgefühl‹ auf. Es sollte heißen: die DDR, die da drüben, das passt nicht zu meinem Lebensgefühl. Ich fühle europäisch. Merkwürdig, dass diejenigen, die sich für besonders weltoffen hielten, von dem bisschen Fremdheit der Ostdeutschen in ihrem ›Lebensgefühl‹ schon überfordert sahen. Dem allen bin ich allerdings erst im Juni 1990 begegnet.

Denn die ersten und überwiegenden Erfahrungen waren doch die der selbstlosen Unterstützung und Solidarität, durch Hans-Jochen Vogel und viele andere in Bonn, in Berlin aber vor allem durch Dietrich Stobbe, der uns buchstäblich Tag und Nacht zur Verfügung stand, und, als treuen Eckehart, Walter Zöller. Schließlich die vielen Mitarbeiter, die uns die Bundestagsfraktion ausgeliehen hat.

Journalisten haben uns immer wieder bestätigt: die SPD-Fraktion war für sie die interessanteste, mit sehr vielen originellen Köpfen, was allerdings manchmal auch anstrengend ist, und einer großen Energie, sich in die völlig neuen Materien einzuarbeiten.

Für uns alle war die Volkskammer ein Schnellkurs in Sachen parlamentarische Demokratie, aber ganz und gar ohne Studienurlaub, ein halbes Jahr ständig bis an die Grenze der Erschöpfung eingespannt. Trotzdem war das für viele, auch für mich, die intensivste Zeit unseres Lebens. Der Schnellkurs war nicht vergeblich. Nicht wenige Volkskammerabgeordnete der SPD haben ihre Erfahrungen in die Landtage der neuen Länder eingebracht.

Die Volkskammer war für uns die Schule der parlamentarischen Demokratie.«

So weit meine Rede von 1995. Von ihr muss ich nichts wiederrufen. Aber die Arbeit der Volkskammer hatte auch noch andere, wenige erfreuliche Seiten. 1990 war die DDR ein Staat in Auflösung. Lediglich das Versprechen der schnellen Einheit verschaffte der Regierung de Maizière eine gewisse Autorität. Für durchgreifende Reformen aber war sie nicht mehr stark genug. Die Volkskammer wurde vom »Volk« weniger als ihre Vertretung verstanden, eher als Klage- und Anklagemauer, vor der regelmäßig die verschiedensten Gruppen für ihre Interessen demonstrierten. Nach der Währungsunion kam es zu turbulenten Demonstrationen der Bauern, die ihre Produkte nicht mehr absetzen konnten, weil die einheimische Bevölkerung westliche Nahrungsmittel bevorzugte (West-Eier schienen besser zu schmecken als Ost-Eeier) und der Export namentlich von Schweinefleisch in die Sowjetunion stockte, weil diese nun Devisen aufwenden musste. Dem Landwirtschaftsminister, der zu aufgebrachten Bauern sprechen wollte, wurde das Auto demoliert, so groß war der Zorn. Die Währungsunion hatte die Ostprodukte dermaßen verteuert, dass der Export weithin zum Erliegen kam. Die Produktion musste deshalb gedrosselt werden, bis hin zu »Kurzarbeit Null«. Die Unruhe in der Bevölkerung wuchs, so dass auch deshalb viele in der SPD forderten: wir müssen raus aus der Koalition, damit uns bei der Bundestagswahl nicht der Zorn der Enttäuschten trifft. Regierungsmitglieder erklärten intern, dass sie auf gepackten Koffern sitzen, falls das hier in der DDR noch eskaliert. Das war zwar nach meinem Urteil eine übertriebene Befürchtung und mutig gewiss nicht, aber nicht grundlos. Entsprechend wuchsen die Erwartungen an die deutsche Einheit ins Unermessliche. Und umso größer wurde der Druck, schnell beizutreten. Und umso größer wurde später die Enttäuschung, als die Probleme mit dem Beitritt keineswegs verschwanden.

Und dann warf der Bundestagswahlkampf seine Schatten voraus. Der Kanzlerkandidat der West-SPD betrachtete die Koalition von CDU und SPD in der DDR als störend und wollte sie zur Bereinigung des Schlachtfelds beseitigt sehen. Nachdem die Ost-FDP am 24. Juli aus der Koalition ausgetreten war, forderten Oskar Lafontaine und Gerhard Schröder die Ost-SPD auf, ebenfalls die Koalition zu verlassen, womit die Regierung de Maizière die Mehrheit verloren hätte. Am 27. Juli hatte die Fraktion zwar noch einmal gegen diese Empfehlungen den Verbleib in der Koalition beschlossen. Aber ich spürte, wie der Rückhalt sank. Nachdem der Ministerpräsident am 15. August neben drei anderen Ministern auch den sozialdemokratischen Finanzminister Walter Romberg entlassen hatte (nach meinem Urteil nicht unbegründet), beschloss die aus den Parlamentsferien zurückgerufene Fraktion der SPD den Austritt aus der Koalition – ohne vorherige Aussprache.[11] Daraufhin bin ich vom Fraktionsvorsitz

---

11 Meine Darstellung des Koalitionsbruchs findet sich in: Richard Schröder, Schwierigkeiten auf dem Weg zur deutschen Einheit: Koalitionsbruch 1990. In: Manfred Stolpe. beraten und gestalten: Weggefährten erinnern sich. Hrsg. von Ulrich Schröter, Karl-Heinz Lütke, Hans Bräutigam, Gerburg Thunig-Nittner, Wichern Verlag Berlin 2016.

zurückgetreten, denn andernfalls hätte man von mir einen Misstrau-
ensantrag gegen den Ministerpräsidenten erwartet, dem ich gar nicht
misstraute. So etwas muss man sich nicht antun, fand ich – und trat
zurück.

Es kam dann zu einer wenig erbaulichen Auseinandersetzung um
den Beitrittstermin, bei der einerseits der Ministerpräsident sich von
den Spitzen der West-CDU schlecht behandelt fühlte. Nach meinem
Eindruck hat auch der Bundeskanzler die Große Koalition in der DDR
eher als misslich für seinen Wahlkampf betrachtet, aber das bleibt
eine Vermutung. Beim Streit um den Beitrittstermin hat Oskar Lafontaine die Verwirrung auf die Spitze getrieben mit seiner Forderung:
Beitritt zum 15. September. Da war aber der Zwei-plus-Vier-Vertrag
zwar von den Alliierten beschlossen (12. September), aber noch nicht
der KSZE vorgelegt. Was er sich bei diesem Affront gegenüber der
KSZE gedacht hat, wird wohl sein Geheimnis bleiben. Außerdem war
am 15. September der Einigungsvertrag noch nicht beschlossen. Das
hat aber Lafontaine nicht weiter beunruhigt. Einen Einigungsvertrag
brauchen wir gar nicht, ließ er verlauten, das lässt sich auch durch
ein Überleitungsgesetz allein des Bundestags regeln, wie seinerzeit
beim Beitritt des Saarlandes. Das war aber kein Systemwechsel von
der Diktatur zur Demokratie und von der Planwirtschaft zur Marktwirtschaft. Lafontaines Vorschlag des Beitritts zum 15. September hieß
im Klartext: auf die östliche Kompetenz in Einigungsfragen, wie sie in
den Einigungsvertrag eingeflossen ist, können wir getrost verzichten.
Da ließ schon mal der »Besserwessi« grüßen. Zum Glück hatte allein
die Volkskammer zu entscheiden, wann sie beitritt und die hat den
15. September als Beitrittstermin weise abgelehnt.

Der Wahlkampf zur Bundestagswahl hat die letzte Phase des Einigungsprozesses massiv beeinträchtigt, man kann wohl auch sagen:
vergiftet. Am Ende haben die zerstrittenen Koalitionspartner in der
DDR doch gemeinsam den Beitrittstermin und den Einigungsvertrag
beschlossen – unter dem Grinsen des oppositionellen Bündnis 90/
Grüne –, weil schließlich doch die Verantwortung für das Gelingen
der Einigung die Oberhand gewonnen hat.

6. Die deutsche Einheit heute

Und wie steht es heute, nach dreißig Jahren, mit der deutschen Einheit? Im internationalen Vergleich ist der nationale Zusammenhalt der Deutschen exzellent, denn es gibt in vielen europäischen Ländern separatistische Tendenzen, nur nicht in Deutschland. Wir streiten uns bloß, aber niemand will ausziehen. Auch die Zufriedenheit mit der persönlichen wirtschaftlichen Lage ist in Ost und West inzwischen etwa gleichgroß. Es gibt allerdings nach wie vor wirtschaftliche Unterschiede, wenn man die ökonomischen Parameter der östlichen Länder mit denen der westlichen vergleicht. Dass im Westen mehr vererbt wird als im Osten, kann aber keine Macht der Welt schnell ändern. Die großen Konzerne werden auch nicht ohne schwerwiegende Gründe ihren Hauptsitz nach Osten verlagern. Warum sollten sie? Es gibt außerdem beachtliche Unterschiede zwischen Nord und Süd. Und wenn man Landkreise vergleicht, sieht die Sache wieder anders aus. Der ärmste liegt nämlich im Ruhrgebiet.

Es gibt aber auch mentale Unterschiede und darauf beruhende Missverständnisse oder Missdeutungen zwischen Ost und West, die periodisch aufbrechen und zu Medienereignissen werden, nicht aber zu Protestbewegungen auf den Straßen führen, wie Frankreichs Gelbwesten.

Das betrifft im Besonderen ein unterschiedliches Verhältnis zur deutschen Nation. Allerdings stehen sich bei solchen Differenzen nicht glasklar ein ostdeutscher und ein westdeutscher Standpunkt gegenüber. Es gibt überall im Land alle denkbaren Standpunkte. Aber bestimmte sind im Osten, andere im Westen häufiger.

Den Ostdeutschen sollte unter Honecker das deutsch-deutsche Zusammengehören ausgetrieben werden zugunsten eines »sozialistischen Internationalismus« der grenzüberschreitenden Klassenbruderschaft. Dies sollte sich aber mehr im Kopf abspielen als zu wirklichen grenzüberschreitenden Begegnungen führen. Es war für DDR-Bürger unmöglich, mal einfach so in die Sowjetunion zu reisen. Die SED-Genossen durften keine Verbindung zu ihren Westverwandten unterhalten. Das Bekenntnis »ich bin Deutscher im geteilten Deutschland« war insofern aufmüpfig oder gar subversiv. Insofern

war das Ende der SED-Herrschaft auch das Ende einer aufgezwunge-
nen Verleugnung Deutscher zu sein. In noch höherem Maße gilt das
für unsere östlichen und südöstlichen Nachbarn. In den baltischen
Staaten sahen viele durch gezielte Russifizierung den Bestand ihrer
kleinen Nationen gefährdet. Diese Rückkehr des Nationalen nach dem
Ende des Sowjetimperiums prangern viele im Westen als Rückfall in
einen reaktionären und gefährlichen Nationalismus an. Erschwerend
kommt hinzu, dass tatsächlich europaweit auch nationalistische Stimmen sich verstärkt Geltung verschaffen.

Namentlich in der Bundesrepublik war die intensive Auseinandersetzung mit der Nazizeit doch oft verbunden mit einer Radikalabsage
an die deutsche Nation. 1990 wurden wir überrascht von westlichen
Losungen wie »Nie wieder Deutschland«, »Deutschland muss sterben, damit wir leben können« und ungezählten Veranstaltungen unter der Zeile »Denk ich an Deutschland in der Nacht …« Da wurde
ein unheimliches mysterium Germaniae beschworen. Mit »Deutschland« verband sich der Vorwurf des Revanchismus oder der Revision
der Nachkriegsgrenzen. Manche erklärten: »Ich fühle mich nicht als
Deutscher, ich bin Europäer« – was allerdings Franzosen oder Polen
sofort als »typisch deutsch« identifizieren.

Hier kann der Unterschied zwischen Patriotismus und Nationalismus weiterhelfen. Ein Patriot liebt sein Vaterland wie andere das ihre,
wie es so schön in Brechts Kinderhymne heißt. Es ist die Sprache, die
präsente Geschichte, die Kultur, die Feste und die alltäglichen Üblichkei-
ten, die ein Vaterland vertraut machen und die diejenigen kennenlernen
sollten, die dauerhaft zu uns kommen wollen. Ein Nationalist dagegen
hält seine Nation für die größte und blickt auf andere hinab. Was heißt
also: »Ich bin Deutscher«? Nichts Besonderes, aber etwas Bestimmtes.

Im Westen besteht öfters die Gefahr, gegen ostdeutschen Patriotismus den Vorwurf des Nationalismus zu erheben, wenn nicht gleich
den des Faschismus. Der Ketzerhut »Nazi« wird sehr wohlfeil verteilt.
Im Osten besteht die Gefahr, sich von Nationalismus und Rechtsextremismus nicht gehörig und sichtbar abzugrenzen.

Etwas Ähnliches spielt sich im Umgang mit Zuwanderern ab.

Bei einer Demonstration, die kürzlich dem Willkommen für die
Zuwanderer galt, wurde empfohlen, keine deutschen Fahnen mitzu-

führen. Ja wo sollen sie denn willkommen sein? Doch nicht im Niemandsland.

Es gibt im Westen gar nicht so selten die Vorstellung, Grenzen seien etwas Inhumanes und jeder Mensch genieße überall auf der Welt Niederlassungsfreiheit. Das widerspricht allerdings weltweit sowohl dem nationalen wie dem Völkerrecht und wäre weder mit dem Sozialstaat noch mit den rechtsstaatlichen Sicherheitsgarantien vereinbar.

Andere sehen in starker Zuwanderung, zumal in kurzer Zeit und aus Ländern einer markant anderen kulturellen Prägung die Gefahr der Überfremdung. In Ostdeutschland wirkt dabei nach, dass es den Ausländer nebenan mit Familie nicht gab. Ausländer waren – außer Studenten – kaserniert, ohne Familie und nur einige Jahre per Vertrag im Lande. Ostdeutsche sehen aber auch die Parallelgesellschaften in bestimmten Stadtteilen Westdeutschlands und Berlins mit Schulklassen, deren Schüler mehrheitlich nicht hinreichend gut deutsch sprechen und sagen: so etwas möchten wir hier in Leipzig nicht haben.

Man muss unterscheiden zwischen der Angst vor Überfremdung, der Xenophobie, und dem Ausländerhass, der wohl gar übergriffig wird und dann jedenfalls bestraft gehört. Angst dagegen ist vielleicht übertrieben, vielleicht sogar eingebildet, aber jedenfalls nicht strafbar. Wenn Xenophobie mit Ausländerhass gleichgestellt wird, werden Menschen, die Ängste haben, zu Ausländerfeinden abgestempelt oder auch gleich zu Nazis. Und das empört sie verständlicherweise.

Neuerdings ist in diese Debatte ein merkwürdiger, ich sage: verrückter Zungenschlag eingedrungen. Im Osten sind Ausländerfeindlichkeit und Rechtsextremismus prozentual stärker verbreitet als im Westen. Das wird nun mit dem Wirken der Treuhand ursächlich in Zusammenhang gebracht. Aber wie bitte will man dann die viel größeren Vorbehalte gegen Zuwanderung in Polen oder Ungarn erklären? Denn eine Treuhandanstalt gab es dort nicht. Und wie war das mit Hoyerswerda und Rostock-Lichtenhagen?

Nichts wird wie es war –
Willy Brandt und die deutsche Einheit
Brigitte Seebacher

Am Vortag sind wir umgezogen. Zwar nur einen Kilometer rhein-
aufwärts und innerhalb des Städtchens, in dem wir schon zehn Jahre
wohnen – Unkel. Am Morgen des 9. November entflieht er dem häus-
lichen Chaos ins Büro im Bundeshaus. Er empfängt den ungarischen
Botschafter, einen italienischen Kommunisten und Hans-Jochen
Vogel, den Nachfolger im Amt des SPD-Vorsitzenden. Am Nachmittag geht er ins Plenum. In die Beratungen platzt die Nachricht von der
Pressekonferenz in Ostberlin. Die Abgeordneten erheben sich und
stimmen die dritte Strophe des Deutschlandlieds an. Als die Sitzung
bald nach 21 Uhr geschlossen wird, weiß Willy Brandt, dass Großes
vorgeht, aber wie und wann, weiß er nicht. Er fährt nach Hause.

Hier nimmt ihn die Unordnung gefangen. Man findet nichts und
ist müde. Bald nach zehn ab ins Bett. Radio und Fernseher sind nicht
vorhanden. Immerhin, das Telefon ist angeschlossen. Es klingelt kurz
nach sechs Uhr. Ein Redakteur des Hessischen Rundfunks stellt sich
vor, Thomas Klee sein Name, und verlangt nach Willy Brandt. Der sei
doch Bürgermeister gewesen, als die Mauer gebaut wurde. Ich reagiere
verstört und wecke meinen Mann: Da ist ein Mensch, der sagt, in Berlin liefen die Leute über die Mauer. Noch nie ist er so umstandslos
wach geworden. Ohne Worte steigt er über die Kisten, nimmt Haltung
an und greift zum Hörer: Ja, bitte? Die Antworten klingen, als habe er
nichts anderes erwartet. Keine Zögerlichkeit. Keine Zweifel. Ende von
Verlegenheiten, Ausflüchten, Formeln aller Art.

Die unbedingte Sicherheit des Gefühls war seit Monaten gewachsen.
Zum ersten Mal lehnte Willy Brandt eine Einladung aus dem Elysée
ab. Große Bewegungen kündigten sich an, und da sollte ein Bicen-
tenaire, die 200. Wiederkehr des Sturms auf die Bastille, so pompös
befeiert und beschworen werden? Im August sah er im französischen
Fernsehen, wie die Landsleute ein Loch im ungarischen Grenzzaun

nutzen und in den Westen stürmen. Er stand auf und sagte: Wozu nun noch die Mauer? Die Fluchtbewegung elektrisierte ihn. Sie hatte einst zum Mauerbau geführt. Jetzt wurde die erste Möglichkeit genutzt und wieder mit den Füßen abgestimmt. Willy Brandt hielt inne: »Ich will offen meinem Empfinden Ausdruck geben, dass eine Zeit zu Ende geht.« Die Bundestagsrede vom 1. September 1989, Anlass war der fünfzigste Jahrestag des Kriegsausbruchs, enthielt alles, was sein Bild von der Geschichte ausmachte.

Willy Brandt kannte keinen geradlinigen Verlauf und fand den Vergleich mit der Schnecke abwegig. Sie kann nicht springen. Die Geschichte aber macht hin und wieder einen Sprung. Zu einem solchen setzte das Volk gerade an. Der Teil des Volkes, der bei Kriegsende unter sowjetische Besatzung geraten war und nun die Botschaft aussandte, dass die DDR auch nach vierzig Jahren keine eigene Staatsraison hatte. Was also sollte aus diesem Staat werden, wenn die Bürger Gebrauch von der Meinungs- und Bewegungsfreiheit machen? Sie würde doch am Beginn jeder inneren Reform stehen.

Willy Brandt rührte rasch an das Tabu der Vereinigung beider Teilstaaten. Den Landsleuten sollte nichts vorgeschrieben und auch nichts verbaut werden. Über die Bürger der Bundesrepublik, die Ressentiments schürten, ärgerte er sich maßlos, zumal wenn sie seiner eigenen Partei angehörten. An ihre Adresse war die Mahnung gerichtet, die er vor dem Bundestag zu Protokoll gab: »Im Bewusstsein unserer Menschen wachzuhalten, dass die Nachbarn im anderen Teil Deutschlands zwar das kürzere Los gezogen, aber den Krieg nicht mehr als wir verloren haben, bleibt ein Gebot der Stunde.« Er nannte es »ein Gebot unserer Selbstachtung« und beschwor »Lebensliebe und Freiheitswillen« als die Pflicht, »die uns die Erinnerung an den September '39 vermittelt«.

Den Bürgerrechtlern brachte Willy Brandt Respekt, aber auch Skepsis entgegen. Er bewunderte den Mut, die Staatsmacht herauszufordern, und bemängelte gleichzeitig die sektiererischen Züge. Den Bestrebungen, die DDR zu reformieren, noch dazu mit der Kerze in der Hand, mochte er keinen Sinn unterlegen. Geschichte schrieb die Masse, die Druck auf die Grenze ausübte und dem zweiten deutschen Staat den Boden wegzog. Die Pfarrer, die am 40. Jahrestag der DDR eine sozialdemokratische Partei gründeten und sie demonstrativ SDP nannten, stimmten Willy Brandt heiter und bitter zugleich. Dass daraus etwas werden könnte, hielt er für unwahrscheinlich. Die Erinnerung an die Herkunft der deutschen Sozialdemokratie drängte sich auf. In Thüringen und Sachsen war sie groß geworden. Nach Krieg und Diktatur hatte sie hier zu altneuer Stärke gefunden, bis ihr sowjetische Besatzer und deutsche Handlanger den Garaus machten. Mit Gewalt und Gunsterweisen wurden die Sozialdemokraten in die Vereinigung mit der KPD gezwungen. Nur in Rostock hatten sie noch frei abstimmen können, das einstimmige Nein aber mit schlimmer Verfolgung bezahlt. In der gesamten Sowjetisch Besetzten Zone wurden die Delegierten für den Vereinigungsparteitag handverlesen. Am 20. April 1946 gaben sie der Sozialistischen Einheitspartei Deutschlands den Segen. Warum die SED jetzt nicht spalten und sich das eigene Erbe zurückholen? Die Frage trieb Willy Brandt um. Er dachte an den Mauerbau und die »Entpflichtung« der Parteimitglieder in Ostberlin.

Einen Monat nach der Zwangsvereinigung 1946 hatte die Alliierte Kommandantur verfügt, unter Einschluss der Sowjets, dass in allen vier Sektoren Berlins SED und SPD zugelassen würden. Die Sozialdemokraten im Ostteil konnten an Wahlen nicht teilnehmen, ihr Organisationsleben aber pflegen und enge Verbindung zur Partei im Westteil der Stadt wie in der Bundesrepublik halten. Zwei Bundestagsabgeordnete kamen aus ihren Reihen. Diesem Zustand machte die Volkspolizei in den Tagen nach dem Mauerbau ein Ende. Die acht Kreisbüros wurden besetzt und die über 5300 Mitglieder schwerem Druck ausgesetzt. Der Parteivorsitzende Erich Ollenhauer war einverstanden, dass »die Partei ihre im Osten ansässigen Mitglieder aus ihren Verbindlichkeiten« entlässt, und fügte unter Berufung auf den Viermächtestatus hinzu: »Der Parteivorstand hält an dem Recht fest, die SPD im Ostsektor wiederherzustellen.« Am 23. August 1961 pflichtete der Landesvorstand unter Leitung Willy Brandts ausdrücklich bei und ging mit seinem Beschluss an die Öffentlichkeit: »Die Entpflichtung ihrer ehemaligen Mitglieder, die im Ostsektor Berlins ansässig sind, entpflichtet die Partei nicht davon, jederzeit treu zu ihren Freunden zu stehen. Wir danken allen. Wir vergessen keinen. Wir vergessen nichts.« Warum also die SPD nicht einfach wieder ausrufen? Der Parteivorsitzende Hans-Jochen Vogel zuckte zusammen und berief sich auf die Aktion im Pfarrhaus zu Schwante. Vielleicht gefiel ihm die Neugründung sogar. Diese Geschichte in der Geschichte – die SPD und der Mauerfall – schrieb sich fort und hörte nicht auf, Willy Brandt zu beschweren. Er dachte darüber nach, den Ehrenvorsitz niederzulegen.

In jenen frühen Morgenstunden des 10. November legt sich Willy Brandt nicht wieder hin. Er zieht sich ausgehfertig an, trinkt Kaffee, macht Notizen, telefoniert. Das feine Lächeln, mit einem Anflug von Schalk, verlässt ihn nicht. Hans Simon, sein Fahrer seit Außenministerzeiten, fährt ihn ins Büro im Bundeshaus. Eine britische Militärmaschine bringt ihn nach Berlin. Begleitet wird er von seinem Mitarbeiter Klaus-Henning Rosen und zwei Sicherheitsbeamten. Egon Bahr ist nicht mit von der Partie. Er hat keinen Kontakt aufgenommen und ist von Willy Brandt auch nicht vermisst worden. Die Meinungen, den Bestand der DDR betreffend, gehen inzwischen weit auseinander und bleiben Gegenstand der Geschichtsschreibung. Das Volk ist für Bahr keine Kategorie. Er denkt in Systemen und sucht Kontrolle.

Im Flugzeug hat Willy Brandt das Gefühl, als laufe ein Film rückwärts. Wie oft hat er in den Berliner Jahren den Satz variiert, dass zusammen gehöre, was »reichlich sinnlos auseinandergerissen« wurde. Er schreibt auf einen (verlorenen) Zettel, was er wenig später am Brandenburger Tor in die Mikrofone sagen wird: »Jetzt wächst zusammen, was zusammen gehört.« Die Stadt und das Land und der europäische Kontinent gehören zusammen, aber auch Staat, Nation und Demokratie auf deutschem Boden. Wenige Stunden später, vor dem Rathaus Schöneberg, nimmt er eine andere Beschwörungsformel aus der Zeit der Spaltung wieder auf. An gleicher Stelle hat er am 16. August 1961, drei Tage nach dem Mauerbau, die aufgebrachte Menge zu beruhigen versucht: Die Mauer müsse weg, aber Berlin, bis es soweit ist, trotzdem leben. Jetzt heißt es voller Selbstgewissheit »Berlin wird leben, und die Mauer wird fallen«. Er rühmt die »Volksbewegung« und nennt den Ruf nach freien Wahlen »elementar«. Zuvor werde das Machtmonopol der SED abgeschafft sein. Der Wille ist klar und die Richtung abgesteckt.

Am 14. November begab sich Willy Brandt nach Brüssel und versuchte, antideutschen Einflüsterungen vorzubeugen. Die Vorbehalte Großbritanniens und Frankreichs waren ihm bewusst, aber kein Grund zur Besorgnis. Wer sollte welche Gründe vorbringen, um noch mit dem Status des Besiegten zu drohen, den Deutschen das Recht auf Selbstbestimmung zu nehmen und die Charta der Vereinten Nationen wie die Schlussakte von Helsinki für ungültig zu erklären? Jetzt da endlich Bewegung in die erstarrten Fronten gekommen war! Mitterrand brachte Europa in Stellung, Frau Thatcher den deutschen Nationalcharakter. Willy Brandt nahm die Einlassungen nicht wirklich ernst. Es kam auf diese Siegermächte nicht an. Das Sagen hatten die Amerikaner, an sie würden sich die Sowjets halten. Die eine Botschaft wurde in immer neue Wendungen gekleidet: Über Deutschland sollte nicht mehr verfügt werden können. Voraussetzung war, dass die Deutschen selbst wussten, was sie wollten. Die Aussagen – vor dem Bundestag, auf Kundgebungen in der zerfallenden DDR, in zahllosen Interviews – lassen sich wie auf eine Perlenschnur ziehen. Das vorläufig letzte Glied war am 1. Februar 1990 die knappe Feststellung »Die Einheit ist gelaufen«. An der Konferenz in Tutzing nahm auch Bundespräsident von Weizsäcker teil.

Woher die Gewissheit? Die frühe Ahnung und anhaltende Ruhe? Die Abwesenheit allen Zweifels? Die Überraschung war allgemein, dass Willy Brandt das Ereignis auf den Begriff des Zusammenwachsens und Zusammengehörens brachte. Auf der rechten Seite des Spektrums wich sie der Bewunderung. Dass er kein Konkurrent um irgendwelche Ämter war, erleichterte den Umgang. Auf der linken Seite, zumal in seiner eigenen Partei, reichte das Spektrum von verhaltener Zustimmung bis hin zu massiver Ablehnung. Die Deutungshoheit über die Ostpolitik übte jene Generation aus, die der Teilung einen höheren Sinn unterlegte. Willy Brandt war ein solcher Beweggrund fremd gewesen, als er 1969 vor den Bundestag trat und eine neue Deutschland- und Ostpolitik verkündete.

Schon der junge Mann an der Seite Ernst Reuters hatte über die Notwendigkeit nachgedacht, mit der Sowjetunion ins Gespräch zu kommen. Gegen sie würde die Teilung des Landes und der Stadt nie geheilt werden können. Der Zugriff auf Westberlin musste abgewehrt werden. Aber Abwehr durfte kein Selbstzweck sein. Die Tatsachen anerkennen hieß nicht sie legitimieren, sondern sie – unter Verzicht auf Gewalt – erträglich und veränderbar machen. Ohne vereinte Familien kein nationaler Zusammenhalt. Kleine Schritte tun, solange der eine große Schritt Wunschdenken blieb. Willy Brandt wusste nicht und konnte nicht wissen, in welchen Zeiträumen welcher Wandel eintreten würde. Gewiss war er auch enttäuscht, vielleicht sogar gereizt, dass sich so lange so wenig bewegte. Aber an die ewige Macht der Sowjetunion glaubte er einfach nicht. Wie er überhaupt an keine Ewigkeit glaubte, schon gar nicht an die eines Status quo. Willy Brandt war kein Metternich, anders als Bahr oder Henry Kissinger. Die Ostpolitik war der Versuch, in der Mitte Europas Bewegung zu schaffen. Jetzt war sie da, und Willy Brandt wusste um das Woher und das Wohin. Sein Bild von dem einen und freien Deutschland kam von weit her. Es war unwandelbar, ewig. Unter den neuen Umständen konnte es nun auch wirklich werden.

Seit 1970/71 hat sich Willy Brandt gegen das Wieder gewehrt und damit ein noch größeres Missverständnis heraufbeschworen als mit der De-facto-Anerkennung zweier deutscher Teilstaaten. Die Annahme des Friedens-Nobelpreises verband er mit dem Hinweis, dass eine hungernde Menschheit sich mit unserer Art von Friedensordnung nicht zufrieden geben werde. Die Überlagerung des Ost-West-Konflikts durch den Gegensatz zwischen Nord und Süd war Thema schon in Harvard gewesen, wo er 1962 über Koexistenz und gemeinsame Interessen redete. Anlässlich der Aufnahme der Bundesrepublik und der DDR in die Vereinten Nationen 1973, verlangte er, dass mit dem Krieg auch der Hunger geächtet werden müsse. Vorgestellt hatte er sich »als Deutscher und Europäer« und erläutert: »Mein Volk lebt in zwei Staaten und hört doch nicht auf, sich als eine Nation zu verstehen.« Diese eine Nation stand für ihn nie in Widerspruch zur globalen Wirklichkeit – weder im Prinzip noch in der Praxis.

In der zweiten Hälfte der siebziger Jahre hatte er den Vorsitz der Nord-Süd-Kommission übernommen. Das Vorwort zu deren erstem Bericht verfasste er in eigenem Namen. Die Einsicht, dass die globalen Interdependenzen zunehmen würden, stand am Anfang. 1980, die Sowjets hatten gerade Afghanistan besetzt, beschrieb er »die Globali-

sierung von Gefahren und Herausforderungen« und beschwor »eine
Art von Weltinnenpolitik, die über den Horizont von Kirchtürmen,
aber auch nationale Grenzen weit hinausreicht.« Der Bericht war
eines der ersten Dokumente der Globalisierung, vielleicht das erste.
Der Wandel der Welt war gewaltig.

Im sowjetischen Imperium und in der sozialistischen Ideologie
taten sich Risse auf. In den achtziger Jahren versuchte der neue Mann
im Kreml, sie auf dem Reformwege zu kitten. Es sollte sich als nicht
möglich erweisen. Willy Brandt verfolgte gebannt, wie die überkom-
mene Ordnung zerfiel. Die Ahnung, dass ein Status quo ante nie wieder hergestellt werden würde, verfestigte sich zur Gewissheit. Als er
Ende des Jahrzehnts die »Wieder«-Vereinigung mit einer misslunge-
nen Wortwahl – »Lebenslüge« – belegte, half auch die Berufung auf
das Grundgesetz nicht; darin war eine Wiedervereinigung nicht vorgesehen. Das Missverständnis, als habe sich Willy Brandt gegen jede
Einheit gewandt, wirkte fort, ob positiv oder negativ unterlegt. Dabei gehörte beides weiterhin zusammen: Der Schwur auf die ältesten
und ewigen Werte und die Erwartung jener neuen Umstände, unter
denen das eine Deutschland überhaupt erst Gestalt annehmen und
sich Volkes Wille entfalten könnte. Was sollte »wieder« kommen? Die
Ambivalenzen, die Willy Brandt in sich vereinte, blieben unerkannt.
Niemand nahm Notiz, dass er zwischen Deutschland und Nazi-
Deutschland trennte. Auch die Rechtsnachfolge der Bundesrepublik
hatte er nie für gut oder gar zwingend gehalten.

In den langen Jahren draußen, zwischen 1933 und 1946, hat Willy
Brandt Artikel und Aufsätze geschrieben, die der Erklärung des Nazi-
Regimes galten. Einer für alle, aus dem Jahr 1938, trägt den Titel
»Hitler ist nicht Deutschland«. Dieser Überzeugung hingen, soweit sie
nicht Kommunisten waren, alle Anti-Nazis an, die nach dem Zusam-
menbruch deutsches Selbstbewusstsein demonstrieren sollten: Kurt
Schumacher, der Gegenspieler Adenauers bis zum frühen Tod 1952,
den Leiden in Dachau geschuldet, wo er zehn Jahre eingesessen hatte.
Sein Nachfolger im Parteivorsitz der SPD, Erich Ollenhauer, war nach
Prag geflohen, von da durch Polen und über Dänemark nach Paris,
schließlich über die Pyrenäen und Lissabon nach London; 1945 war er
der einzige Überlebende des Parteivorstands von 1933. Ernst Reuter,

einst Oberbürgermeister von Magdeburg, in die Türkei emigriert, hatte den Westteil Berlins durch die Blockade geführt und – drei Jahre nach dem Zusammenbruch – die »Völker der Welt« beschworen, »auf diese Stadt« zu schauen. Wo war dieses Selbstbewusstsein geblieben, als Schröder und Lafontaine den Ton angaben? Und warum wurde ausgerechnet dieses Berlin als Hort des Unheils abgemalt, als es um die Hauptstadt des vereinten Landes ging? In einem »Appell für Berlin« machte Willy Brandt »eine liberale, soziale und demokratische Gegenrechnung« auf. Hier hatte er 1936 Untergrundarbeit verrichtet und sich gut dabei gefühlt. Hier war Hitler nie mit einer Mehrheit ausgestattet worden und hier hatte der deutsche Widerstand, der antinazistische wie der antikommunistische, sein Zentrum gehabt.

Der Glaube an das eine und freie Deutschland reichte tief. Hitler und die Verbrecher um ihn herum hatten es verraten. Das mitlaufende Volk nahmen die Anti-Nazis, ausdrücklich auch Willy Brandt, in Schutz: Wenn Verbrecher die Macht über ein Volk erst einmal erlangt haben, ist es (fast) immer zu spät. Der Schnitt zwischen Verbrechern und Volk ist scharf. Er erinnert daran, dass die ersten Opfer Deutsche waren. Er kennt die Täter, aber kein Tätervolk und auch keinen Sonderweg. Nichts kommt, wie es kommen muss. Die deutsche Geschichte ist nicht auf Hitler zugelaufen. Anlässlich von dessen hundertstem Geburtstag, der ins Jahr 1989 fiel, bekannte Willy Brandt, sich durch Hitler immer beleidigt gefühlt zu haben. Immer wieder nahm er das Wort vom »Verrat« auf, dem »nationalen Verrat«. Willy Brandt denkt von den Opfern her. Er hört nie auf, sie um Vergebung zu bitten. Vergebung für alles, was im deutschen Namen geschehen ist. Der Kniefall vor dem Mahnmal des Warschauer Ghettos ist der sinnfälligste Ausdruck dieser immerwährenden Bitte. Und die Geste ist die Kehrseite des erhobenen Kopfes. Scham und Stolz gehören zusammen. Im Wahlkampf 1972 ließ er plakatieren: »Deutsche, wir können stolz sein auf unser Land.«

Die antinazistische Tradition ist in der Bundesrepublik nicht gepflegt worden und hat keine Wurzeln geschlagen. In den ersten anderthalb Jahrzehnten wurde verleumdet, wer daran erinnerte, dass man auch hätte dagegen sein können. 1961 hatte Strauß gefragt, wo Willy Brandt zwölf Jahre lang gewesen sei. Vier Jahre später wurde soviel Schmutz verbreitet, dass Willy Brandt auf eine weitere Kanzlerkandidatur verzichtete; offenbar könne er seinen Lebensweg nicht begreifbar machen. Auch Adenauer hatte mit den Nazis nichts im Sinn gehabt. Nach dem Zusammenbruch war er gegen jeden Schnitt und für Schwamm drüber. Das Ruhebedürfnis der Deutschen wusste er zu bedienen. Vor allem aber war er, anders als die ausgewiesenen Antinazis, von tiefem Misstrauen gegenüber dem eigenen Volk erfüllt. Willy Brandt hat es so festgehalten: »Adenauer war sich seines Volkes nicht sicher – nach allem, was geschehen war. Dass es Maß und Mitte finde, mochte er nicht glauben und meinte deshalb, Deutschland vor sich selbst schützen zu müssen. Mir vertraute er an, noch unter dem Eindruck des Jubels, den de Gaulle während seiner Deutschland-Visite 1962 ausgelöst hatte: ›Die Deutschen verlieren leicht die Balance‹.« Das Bild des einen Landes war Adenauer schon in den Weimarer Jahren fremd gewesen und seine Nachkriegspolitik insoweit keine Überraschung. Er huldigte einem anti-preußischen Rheinstaat und einem föderativen Deutschland; soweit es östlich der Elbe lag, fühlte er sich nicht zuständig. Wie hätte er sich nach Krieg und Diktatur von dieser Sicht freimachen sollen? Keine Rhetorik täuschte darüber hinweg, dass Adenauer eine Deutschland-Politik nicht hatte und nicht einmal haben wollte.

Willy Brandt trieb es die Zornesröte ins Gesicht, wenn er nach dem Mauerfall als Westdeutscher angesprochen wurde. Er sei Deutscher, so die Zurechtweisung, und wenn man es genauer wissen wolle, eben Norddeutscher. Freiheit und Demokratie hielt er nicht für die Ausgeburt der Geografie oder gar der Vorsehung. Jedes Volk konnte einen Sonderweg in Anspruch nehmen. Die negative Ausnahmestellung, die sich die Deutschen nicht nur auf der Linken gern selbst zuschrieben, mochte Willy Brandt so wenig wie die nationale Nabelschau.

Adenauers skeptisches Deutschland-Bild verlor sich und wich Kohls pragmatischer Handhabung der durch die Ostpolitik geschaffenen Fakten. Auch in der Sozialdemokratie wandelten sich die Vorzeichen, unter denen die Teilung zunächst gestanden hatte. Mit dem Aufstieg Willy Brandts in die Parteiführung wurde der Berliner Kurs auf die Bundespolitik übertragen: Härte in der Abwehr bei gleichzeitiger Offensive gegenüber der Sowjetunion. Anlässlich seiner Kür zum Kanzlerkandidaten 1960 verkündete er: »Wir können uns eine selbstbewusste Ostpolitik leisten.« In der Regierungserklärung neun Jahre später wurde sie durchbuchstabiert: Aufgabe der Politik sei es, »die Einheit der Nation dadurch zu wahren, dass das Verhältnis zwischen den Teilen Deutschlands aus der gegenwärtigen Verkrampfung gelöst wird«. Die Idee, die Einheit der Nation zu wahren, indem die Tatsachen anerkannt und die erstarrten Fronten aufgebrochen werden, stand am Beginn der Ostpolitik. Als er sie dem Bundestag vortrug, zum Erstaunen, wenn nicht Erschrecken der Unionsparteien, hörte die jüngere Generation – außerhalb wie innerhalb der SPD – was sie hören wollte. Schon damals machte sich ein Missverständnis breit: Als liege in der Anerkennung der Existenz des zweiten deutschen Staates auch dessen Legitimität beschlossen.

Diese Linie setzte sich umso leichter durch, als die junge Linke und ihre Vordenker nicht nur die nazistische Vergangenheit aufarbeiten, sondern auch die sozialistische Gesellschaftsordnung hochhalten wollten. Der antikapitalistischen DDR nahmen sie ihr antifaschistisches Selbstverständnis ab und verstanden, ausgesprochen oder nicht, die Notwendigkeit eines Schutzwalls. Der Satz von Max Horkheimer wurde verinnerlicht: »Wer aber vom Kapitalismus nicht mehr reden will, sollte auch vom Faschismus schweigen.« In dem Augenblick, da die DDR eine höhere Weihe erhielt, war die Zweistaatlichkeit besiegelt und begründet. Alle Wege zur Einheit endeten in Auschwitz. Es war das Argument, das auch Günter Grass vortrug. In einer denkwürdigen Rede auf dem Parteitag der SPD, kurz vor Jahresfrist 1989, setzte Willy Brandt sein Bild des einen und freien Deutschland dagegen: »Noch so große Schuld einer Nation kann nicht durch eine zeitlos verordnete Spaltung getilgt werden.« Die Bürger der DDR hätten den Krieg ja wohl nicht mehr verloren als die Westdeutschen.

Auch Europa wurde in Stellung gebracht. Und die soziale Gerechtigkeit, die Oskar Lafontaine »in der DDR und in der Bundesrepublik« organisiert wissen wollte. Egon Bahr gesellte sich zu den Einheitsgegnern, mit eigenen Gründen. Er rühmte »die vorbildliche enge Zusammenarbeit beider Staaten« und forderte Abrüstung; die Einheit könne nur das Ergebnis eines europäischen Sicherheitssystems sein. Willy Brandt widersprach deutlich. Die Regelung der äußeren Verhältnisse durfte umso weniger warten, als der Druck im Inneren des

Kessels stieg. Warum und zu welchem Zweck sollten sich die Deutschen hinhalten lassen und auf Europa warten? In der Tutzinger Rede verkündete er nicht nur, dass die Sache gelaufen ist, sondern erinnerte auch daran, »dass es nicht nur Verträge gibt, die deutsche Rechte einengen, sondern auch Verträge, durch die andere den Deutschen etwas in Aussicht gestellt haben«.

Die nationalrevolutionären Ereignisse empfand er, als schließe sich sein eigener Lebenskreis. Der hundertste Geburtstag von Ernst Reuter war schon im Sommer 1989 gewesen. Jetzt, am Ende des Jahres, kam er darauf zurück. Er sprach über sich, wenn er sagte: »Sein Leben hat die einzige Art von Vollendung erreicht, die sterblichen Menschen möglich ist – die Geschlossenheit der Persönlichkeit, die vorbildlich weiterwirkt.« Die Massenkundgebungen auf dem Boden der DDR waren eine Heimkehr zu sich selbst. In Gotha, wo sich 120 000 Menschen versammelten, doppelt so viele wie die Stadt Einwohner hatte, kamen Leute, die ihm tränenreich versicherten, im März 1970 an der Strecke gestanden zu haben, als der Zug nach Erfurt durchfuhr. Die wenigen Mitglieder der sozialdemokratischen Partei, nicht die Gründer und erst recht nicht die Führer im Westen, drangen darauf, dass die Buchstaben gerade gerückt wurden. Ende Januar 1990 trat auf DDR-Boden die SPD in Erscheinung. Sie sei unverbraucht, unbelastet und könne massiv unterstützt werden, sagte Kohl, halb bewundernd halb sorgenvoll, zu Willy Brandt. Der aber hatte längst dunkle Ahnungen. Er dachte an die einstige Massenpartei in Thüringen und Sachsen. Wo sollte der Zulauf herkommen? Und welche Wirkung würden die Anti-Einheits-Redereien von Schröder haben und von Lafontaine, der als kommender Kanzlerkandidat galt? Die beschwichtigenden Worte des Vorsitzenden Vogel beeindruckten niemanden.

Im Rückblick fragte sich Willy Brandt, warum er die Führung der Partei nicht wieder an sich gezogen habe. Die Antwort gab er selbst: Dazu habe ihm die Kraft gefehlt. Ein heimlicher Vorsitzender wollte er jedenfalls nicht sein. Wer seinen Rat nicht suchte, ließ es sein. Und so ging er seinen Weg weiter. Die Einheit war im Grundsatz nicht verhandelbar, und die Sozialdemokratie, die Partei der Freiheit, war es auch nicht. Am 3. Dezember 1990, dem Tag nach der gesamtdeutschen Bundestagswahl und dem desaströsen Ergebnis, besuchte er wieder eine Sitzung des Parteivorstands. Die Bedeutung der drei Buchstaben S-P-D wurde ins Bewusstsein gerückt: Sozialdemokratische Partei nicht Westdeutschlands, sondern Deutschlands. Gleichzeitig ließ der Ehrenvorsitzende noch einmal die Abfolge Revue passieren: Vor der Einheit stand die Wahrnehmung des Rechts auf Selbstbestimmung. Schon zuvor hatte er den unauflöslichen Zusammenhang beschworen: »Sozialdemokratische Tradition und nationale Selbstbestimmung sind geschichtlich nicht von einander zu trennen.«

Je näher der Zeitpunkt der Vereinigung rückte, desto deutlicher waren jene neuen Umstände hervorgetreten, unter denen sich die Einheit vollziehen und das Wieder gebannt sein würde. Willy Brandt nannte drei Gründe.

- Deutschland ist um fast ein Drittel kleiner geworden und in dieser Form noch nie vereint gewesen.
- Deutschland ist demokratisch, so gut oder so schlecht wie die sogenannten alten Demokratien im Westen es auch sind.
- Deutschland ist eingebunden in die vielfachen europäischen und globalen Zusammenhänge – kulturell, ökonomisch, militärisch, politisch. Diese Einbindung ist keine deutsche Besonderheit oder gar nur für Deutschland notwendig. England und Frankreich unterliegen den gleichen Zwängen und Möglichkeiten.

Die Schlussfolgerung lautete: Deutschland findet seine Einheit in einer Zeit, da die Epoche souveräner Nationalstaaten an ihr Ende kommt. Seine »Erinnerungen«, im Sommer 89 beendet, stattet Willy Brandt unmittelbar nach dem Mauerfall mit einer Nachschrift aus: »Nichts wird wie es war.« Schon in seiner Rede vor dem Schöneberger Rathaus hatte er den Satz formuliert. Die Vorhersage galt den inneren wie den äußeren Verhältnissen. Eine neue Verfassung wollte er nicht. Er wollte allerdings, dass die Deutschen, in Ost und West über ihre gemeinsame neue Verfassung abstimmten. Es galt, das Selbstgefühl der einstigen DDR-Bürger zu stärken und zu trennen zwischen ihrer Tüchtigkeit und dem System, in dem sie gelebt hatten. Niemand ahnte, wie verrottet es war. Und wie notwendig es sein würde, hin und wieder daran zu erinnern.

Hinter der Mauer, die in Berlin so spektakulär einstürzte, kamen nicht nur eine Handvoll Ossis zum Vorschein, sondern auch eine halbe Milliarde Mittel- und Osteuropäer, eine Milliarde Chinesen und eine Milliarde Inder. Sie alle betraten die Bühne der Welt, im Angebot ihre Arbeitskraft und den Willen besser zu leben. Eine erst, zweite und dritte Welt ließen sich kaum noch voneinander abgrenzen. Die Globalisierung nahm ihren Lauf. In seiner letzten Rede an die SPD, anlässlich deren 125-jährigen Bestehens in Nürnberg, September 1991, sagte Willy Brandt:»Zum ersten Mal in der Geschichte können wir von einer wirklichen Globalisierung der Probleme sprechen: Verkehr und Telekommunikation, Wirtschaftsbeziehungen, Geld- und Kapitalströme. Nie zuvor haben Entwicklungen an einem Ende der Welt so unmittelbare und nachhaltige Auswirkungen überall auf dem Globus gehabt.« Freiheit und das dazugehörige Recht auf Selbstbestimmung waren damit nicht eingeschränkt, geschweige denn aufgehoben worden. Die Gelegenheit, Deutschland zu einen – auf dass zusammenwachse was zusammengehört – musste ergriffen werden. Alles andere wäre Verrat an dem einen und freien Deutschland gewesen. Damit es sich mit der Welt drehe, musste es auf sich halten. Und das hieß auch und vor allem, dass Berlin die einzige Hauptstadt wurde, genauer: bliebe.

Willy Brandt verstand nicht, dass diese Frage überhaupt erörtert wurde. Berlin war doch»der Schild geworden, hinter dem sich die drei Westzonen in die Bundesrepublik verwandeln konnten«. Hätte es nicht standgehalten, über eine Einheit wäre nicht mehr zu sprechen gewesen. In seinem Appell in der *FAZ* hatte er den Gegnern Berlins unterstellt, historische Gründe nur vorzuschieben: Es solle vorkommen,»dass ein vorgeblich schlechtes Gewissen dazu dient, die Bequemlichkeit zu legitimieren«. Vor dem Bundestag wurde er grundsätzlich:»Es geht um eine nationale Weichenstellung.«

Am Morgen des 11. November 1989, nach Rückkehr aus Berlin, hatte sich Willy Brandt in die Sitzung des SPD-Vorstands begeben. Vom Recht auf Teilnahme machte er im allgemeinen keinen Gebrauch. In der langen Debatte stimmte ihm nur ein Mitglied bei: Klaus von Dohnanyi. Sein Onkel Dietrich Bonhoeffer und sein Vater Hans waren hingerichtet worden. Bei einem Besuch in Unkel zitierte

Dohnanyi seinen Bruder Christoph. Der meine: Wir – wir die wir aus dem Widerstand kommen – dürfen reden, wie wir reden. Willy Brandt ließ offen, ob er einig ging. Musste der Freiheitswille nicht immer wieder neu bekundet werden? Als der sich regte, revidierte er seinen Entschluss, nicht noch einmal für den Bundestag zu kandidieren. Das erste gesamtdeutsche Parlament trat am 20. Dezember 1990 zusammen. Welch glückliche Fügung, so empfand er es selbst, wieder Alterspräsident zu sein und die Sitzung eröffnen zu dürfen. Die Abgeordneten brachten ihm eine kleine Ovation dar. Er rühmte »alte und schöne Traditionen« und bezog sich auf die Nationalversammlungen von 1848 und 1919. Dann stellte er fest: »Wir sind dem Erbe des deutschen Widerstands verpflichtet. In dieser Stunde denke ich an Julius Leber und an den Grafen Stauffenberg.« Und er erinnerte an die 200 Mitglieder des Reichstags, die in Konzentrationslager und Gefängnisse verschleppt worden waren, und an die mehr als 100 Abgeordneten, die ihr Leben ließen.

Den politischen Alltag des neu vereinten Landes hat Willy Brandt nicht mehr erlebt. Dass man die Einheit in Freiheit nicht haben kann, ohne die Folgen anzunehmen, darauf hätte er gern hingewiesen. Und gewiss die Frage angeschlossen, ob man in dreißig Jahren nicht weit gekommen sei.

Nachweise:
Brigitte Seebacher: Willy Brandt. München 2004
Willy Brandt: Erinnerungen. Berlin 1994

Wir hatten keinen Masterplan
Rudolf Seiters

Im Frühsommer 1945 endete der Zweite Weltkrieg, die Schreckens-herrschaft der Nationalsozialisten brach zusammen, Deutschland wurde geteilt. Im Osten entstand eine kommunistische Diktatur, auch alle osteuropäischen Länder wie Ungarn, Polen, die Tschechoslowakei wurden der Herrschaft der Sowjetunion unterworfen und zu einem kommunistischen Block zusammengefügt. Dagegen haben sich die Menschen immer wieder aufgelehnt. Am 17. Juni 1953 der Aufstand in Ostberlin, 1956 der Aufstand in Ungarn, 1968 der Prager Frühling, der ebenfalls blutig unterdrückt wurde – und als in Deutschland im-mer mehr Menschen aus der DDR in die Freiheit flüchteten, baute der kommunistische Staat mitten durch Berlin eine Mauer, am 13. August 1961, vor jetzt 58 Jahren.

Die Mauer bedeutete nicht nur die schmerzhafte Trennung von Millionen Deutschen, sie bildete mit zunehmender Einsicht in eine nur langfristig zu verwirklichende Wiedervereinigung eine scharfe Zäsur in der deutsch-deutschen Politik. Zwischen den großen Parteien in der Bundesrepublik Deutschland bildete sich im Kern der deutsch-landpolitische Konsens heraus, dass die Wiedervereinigung Deutsch-lands nicht mehr in kurzer Frist zu erreichen sei, und dass es daher kurzfristig darauf ankomme, einen modus vivendi zu finden, der eine spätere Lösung nicht ausschloss, der zunächst die Folgen der Teilung für die Menschen erleichterte und der es möglich machen würde, durch die Herstellung von Kontakten und Begegnungen das Bewusst-sein von der Zusammengehörigkeit der Nation aufrechtzuerhalten. Die Architektur der von Brandt und Bahr verfolgten neuen Ostpolitik setzte allerdings auf die Idee, man könne die DDR mit Zustimmung der Sowjetunion transformieren. Würde man im Gegenzug die Bun-desrepublik Deutschland in Richtung auf mehr Sozialismus ebenfalls anpassen, dann würden eines Tages beide Systeme derart konvergiert sein, dass auch eine Wiedervereinigung möglich sein würde.

Im Gegensatz dazu hatte Adenauer auf Zeit gesetzt, auf eine Politik des langen Atems und auf eine nur abzuwartende innere Schwächung. Westbindung und Wiedervereinigung waren darum auch keine Widersprüche, denn er war fest überzeugt davon, dass sich am Ende die Ideen der Demokratie und der Marktwirtschaft durchsetzen würden … Bis eine solche Revision der sowjetischen Politik sich abzeichnete, musste man sich darauf konzentrieren, die Voraussetzungen für eine vernünftige Lösung der deutschen Frage zu schaffen oder offenzuhalten.

Verhandlungspartner der DDR

Als ich Ende April 1989 zum Chef des Kanzleramtes berufen wurde und damit auch – das war so im Grundlagenvertrag geregelt – zum Verhandlungspartner der DDR, hat niemand gewusst oder geahnt, dass die friedliche Revolution in Europa anderthalb Jahre später zur Wiedervereinigung Deutschlands führen würde. Auch mein Antrittsbesuch am 4. Juli bei Honecker gab keinen Hinweis auf die tiefen Erschütterungen in der DDR, die im Laufe der folgenden Wochen sichtbar werden sollten.

Anfang August 1989 veränderte sich die Lage dramatisch. Ich musste die Ständige Vertretung in Ost-Berlin schließen, weil sie mit 117 Flüchtlingen absolut überfüllt war. Gleichzeitig flohen Tausende DDR-Einwohner in die deutschen Botschaften in Budapest, Warschau und Prag. Die DDR geriet international immer stärker unter Druck.

Die damalige Zeit war ja in vielen osteuropäischen Ländern geprägt von Reformversuchen. In Ungarn wurde die Einführung des Mehrparteiensystems beschlossen, in Polen begann die Vorbereitung auf die erste freie Teilwahl, und der Name Gorbatschow verband sich mit Glasnost und Perestroika. Erschreckend demgegenüber die Realitätsverweigerung, die Verknöcherung und die Ablehnung innerer Reformen durch die Führung der DDR. Ich erinnere mich, wie der stellvertretende DDR-Außenminister Herbert Krolikowski im Beisein von weiteren Politbüromitgliedern bei meinen Verhandlungen über die Flüchtlinge in der Ständigen Vertretung im Brustton der Überzeugung verkündete, die DDR-Regierung werde von ihrer Bevölkerung nicht nur anerkannt, sondern geliebt. Die Flüchtlinge seien eine winzige Minderheit. Er nannte sie Verräter.

Die anschließenden Gespräche in der Ständigen Vertretung mit den Menschen, die dort Zuflucht suchten, waren bewegend. Ich überbrachte die Botschaft des Bundeskanzlers, die Bundesregierung werde alles tun, um ihnen zu helfen. Wir sahen ja auch, wie die Lage in der DDR sich zuspitzte, wie die Empörung in der Bevölkerung wuchs. Am 14. August schloss die Botschaft in Budapest, am 23. August auch die Botschaft in Prag. Am 11. September öffnete Ungarn die Grenze zu Österreich, 7000 ausreisewillige DDR-Bewohner durften das Land verlassen, vorausgegangen war am 25. August das Geheimgespräch der ungarischen Regierung mit Bundeskanzler Kohl auf Schloss Gymnich bei Bonn.

Bruch aller Dämme

Mit anderen Worten: Erst im späteren Verlauf des Jahres 1989 rückte der Gedanke der staatlichen Einheit Deutschlands für die absehbare Zeit näher, und die Bundesregierung konnte zu einer konsequent-operativen Politik der Wiedervereinigung übergehen. Es waren neben den machtvollen und in der ganzen Welt vernehmbaren friedlichen Demonstrationen der Menschen im Osten von allem drei Ereignisse des Jahres 1989, die der Bundesregierung immer stärker die Überzeugung vermittelten, dass es zur Wiedervereinigung Deutschlands kommen könne und werde: am 30. September, am 9. November und am 19. Dezember. Ich nenne diese Daten deshalb, weil sie die Hilflosigkeit der DDR-Führung und ihren rapiden Autoritätsverlust deutlich machen.

– 30.09.1989. An diesem Morgen um 10 Uhr empfing ich in meinem Büro den Ständigen Vertreter der DDR in Bonn, Horst Neubauer, der dringend um dieses Gespräch ersucht hatte. Außenminister Genscher hatte ich dazu gebeten. Nach wochenlangen Verhandlungen mit der DDR über die Ausreise der Botschaftsflüchtlinge in Prag, Warschau und Budapest kam endlich die erlösende Nachricht, die DDR sei bereit, in einem einmaligen humanitären Akt dieser Ausreise zuzustimmen. Ich war immer überzeugt gewesen, dass es letztendlich zu einer positiven Entscheidung der DDR kommen würde, denn der 40. Jahrestag der DDR-Gründung am 7. und 8. Oktober und der Besuch von Gorbatschow zu diesem Ereignis standen bevor, und die DDR konnte nicht wollen, dass die täglichen bewegenden Bilder aus Prag, die weltweit immer wieder das Ansehen der DDR schädigten, die Jubiläumsfeierlichkeiten überlagerten. Außerdem brauchte die DDR wirtschaftliche Hilfe, Devisen, die ich zusagen konnte, aber ohne die Lösung der Flüchtlingsfrage werde es keine D-Mark geben.

So flogen Genscher und ich gemeinsam nach Prag, um den Menschen, die den Zusagen der DDR nicht glaubten, die Sicherheit zu geben, dass sie ohne Gefährdung ihrer Freiheit die Botschaft verlassen und in die Züge steigen könnten.

Was wir nach der Ankunft in der Botschaft erlebten, hat sich mir unauslöschlich eingeprägt: Frauen, Männer, Kinder – dicht gedrängt auf den Treppenstufen, die wir emporstiegen, mit einem großen Vertrauen in uns in den Gesichtern, obwohl sie nicht wussten, welche Botschaft wir mitbrachten. Wenige Momente später folgte die Szene, die heute zum kollektiven Gedächtnis der Deutschen gehört. Hans-Dietrich Genscher und ich traten gemeinsam mit dem Botschafter und mehreren Staatssekretären auf den Balkon des Palais Lobkowitz. Genscher trat ans Mikrofon und sprach die erlösenden Worte in das Dunkel des nächtlichen Gartens hinein: »Wir sind zu Ihnen gekommen, um ihnen mitzuteilen, dass heute Ihre Ausreise …« In diesem Moment brandete unbeschreiblicher Jubel auf, Genschers weitere Worte gingen im ohrenbetäubenden Lärm unter, und es gingen Bilder einer unfassbaren Freude und Erleichterung rund um die ganze Welt. Dieser Moment und die anschließende Begegnung mit unseren Landsleuten im verschlammten, nachtdunklen Garten der Botschaft, mit all ihren Emotionen, kann man kaum beschreiben. Ich hatte Tränen in den Augen.

Es blieb übrigens nicht bei dem angekündigten einmaligen humanitären Akt, denn kaum waren die 5000 Botschaftsflüchtlinge in der Bundesrepublik eingetroffen, füllte sich die Botschaft erneut mit 6000 Flüchtlingen. Die DDR musste erneut nachgeben.

So markiert dieser 30. September den Beginn des Untergangs der DDR. Die Ausreise brachte für die DDR keine Entlastung, sondern war die Vorstufe zum endgültigen Bruch aller Dämme, die die DDR jahrzehntelang um ihre Bürger errichtet hatte. Wenige Tage später sprach Gorbatschow in Ost-Berlin beim 40. Jahrestag der DDR-Gründung von den Zuspätkommenden, die das Leben bestraft.

– Die totale Öffnung der Grenzübergänge am 9. November war nicht zurückzuführen auf eine überlegte Entscheidung der DDR-Regierung, sondern Folge von chaotischen Beratungen im Politbüro, wo niemand wusste, was man konkret beschlossen hatte. Der DDR-Pressesprecher Schabowski verkündete in einer Pressekonferenz eine voreilige und falsche Botschaft, als sei die Grenzöffnung beschlossene Sache. Die Menschen strömten zu den Grenzübergangsstellen, ein besonnener Grenzoffizier, von seinen Vorgesetzten im Stich gelassen, öffnete auf eigene Verantwortung die Schlagbäume: der zweite historische Tag, der den Autoritätsverfall der DDR signalisierte.

Der Bundeskanzler war an diesem Tage auf Staatsbesuch in Warschau. Ich saß am Abend mit den Fraktionsvorsitzenden von CDU/CSU, SPD und FDP, Alfred Dregger, Hans-Jochen Vogel, Wolfgang Mischnick, Wolfgang Bötsch und mit Bundesinnenminister Wolfgang Schäuble im Kanzleramt zusammen, um innenpolitische Fragen zu besprechen, als die Tür aufgerissen wurde und der Pressesprecher Eduard Ackermann hereinstürzte mit den Worten »Die Mauer fällt, die Mauer ist offen« – und ich erinnere mich an den spontanen Zuruf von Wolfgang Schäuble: »Ackermann, als ich Chef des Kanzleramtes war, war Alkohol trinken im Dienst verboten.«

Das Parlament unterbrach seine Sitzung. Ich konnte um 20:46 Uhr in Absprache mit dem Bundeskanzler, den wir sofort in Warschau zu erreichen versuchten, eine kurze Regierungserklärung abgeben und an die Zusage von Bundeskanzler Kohl erinnern, dass wir gegenüber der DDR zu umfassender Hilfe bereit seien, wenn eine grundlegende Reform der politischen und wirtschaftlichen

Verhältnisse der DDR verbindlich festgelegt werde. Die SED müsse auf ihr Machtmonopol verzichten, unabhängige Parteien zulassen und freie Wahlen verbindlich zusagen. Danach sprachen die Vorsitzenden der Bundestagsfraktionen und dann – einer der emotionalsten Momente im parlamentarischen Leben – erhoben sich die Abgeordneten und sangen die Nationalhymne.

– Schließlich der 19. Dezember 1989, als der Bundeskanzler in die DDR reiste und die DDR-Führung ihn an der Frauenkirche in Dresden mit der eigenen Bevölkerung allein ließ, weil man offensichtlich die Gleichzeitigkeit des Beifalls für Kohl und der Pfiffe für sich selbst fürchtete. Ich habe in meinem 33-jährigen parlamentarischen Leben nie erlebt, dass ein Staatsgast zu der heimischen Bevölkerung sprechen konnte, ohne dass die eigene Regierung dabei war.

Während das Zehn-Punkte-Programm des Bundeskanzlers vom 28. November noch von einer viel längeren Zeitschiene ausging, vermittelte der 19. Dezember uns in der Bundesregierung endgültig die Überzeugung, dass es keinen Sinn machte, weitere Absprachen mit der Regierung Modrow zu treffen – mit einer Ausnahme: Möglichst schnell die freien Wahlen in der DDR durchzusetzen, die dann am 18. März 1990 folgten.

Straßburg: Eisige Atmosphäre

Hätten wir Schubladenpläne für den Fall des Falles haben müssen? Dazu zitiere ich Richard Schröder, SPD-Abgeordneter in der Volkskammer der DDR sowie im Deutschen Bundestag zur Zeit der Wiedervereinigung, 1993 Verfassungsrichter des Landes Brandenburg, Professor für systematische Theologie an der Humboldt-Universität Berlin: »Warum hat sich die Bundesregierung nicht auf die Vereinigung vorbereitet?«

Die Antwort darauf sei sehr einfach: Die Planung der deutschen Vereinigung hätte sie mit Sicherheit verhindert, denn das hätte die Entspannungspolitik ruiniert. Lautstarke Proteste aus dem Osten und verhaltene, aber entschiedene Kritik aus dem Westen Europas hätte das ausgelöst. Und er erinnerte an den italienischen Politiker Andreotti, der nicht nur für sich gesprochen habe, als er Folgendes sagte: »Wir lieben Deutschland so sehr, dass wir am liebsten zwei davon haben.«

Man darf folgendes nicht vergessen: Die Teilung Deutschlands, scheinbar stabilisiert durch die Mauer und scheinbar sanktioniert durch den innerdeutschen Grundlagenvertrag, wie ihn die internationale Öffentlichkeit verstand, war für viele, auch in den westlichen Partnerstaaten, zu einem selbstverständlichen Element der europäischen Stabilität geworden, ganz abgesehen davon, dass sie für Teile der westlichen Eliten die Funktion einer Sicherung gegen die Wiederkehr deutscher Hegemonialambitionen nie völlig verloren hatte.

Helmut Kohl hat in seinen Erinnerungen an das internationale Echo auf seine mit großer Vorsicht verkündeten zehn Punkte zutreffend geschrieben, nie habe er einen EG-Gipfel in so eisiger Atmosphäre wie den in Straßburg am 8. und 9. Dezember 1989 erlebt. Speziell die Briten und damals auch noch die Franzosen wären äußerst irritiert gewesen. Aber zu dem Zeitpunkt wären mittlerweile die Rufe nach Freiheit und Selbstbestimmung in ganz Europa unüberhörbar geworden.

Die DM kommt

Auch nach dem Fall der Mauer und der Öffnung des Brandenburger Tors hielt der Strom der Übersiedler aus der DDR an. So war die mutige, beinahe sensationelle Entscheidung des Bundeskanzlers im Februar 1990, der DDR das Angebot für eine deutsch-deutsche Währungsunion zu machen, nicht nur sachlich geboten, sondern gleichzeitig eine weitere entscheidende Beschleunigungsstufe des Prozesses zur deutschen Einheit.

Viele Fragen, für die es kein Vorbild gab in der modernen Geschichte, mussten gleichzeitig gelöst werden – beim Staatsvertrag, beim Einigungsvertrag, bei den Zwei-plus-Vier-Verhandlungen. Es ging ja beim Staatsvertrag nicht nur um den Umtausch von Ost-Mark in D-Mark, es ging um Forderungen der DDR mit Einschränkungen für den freien Handel mit Grund und Boden, es ging um die Frage, ob enteignete Immobilien zurückzugeben oder Entschädigungen zu zahlen seien. Es ging um die haushaltspolitischen Spielräume der DDR und den daraus abzuleitenden Finanzbeitrag der Bundesrepublik für den Aufbau im östlichen Teil Deutschlands. Es musste der Fonds Deutsche Einheit eingerichtet werden. Alles dies vor dem Hintergrund vieler gewerkschaftlicher Forderungen in der DDR, begleitet von Warnstreiks und Protesten, um höhere Einkommen und den Schutz des Binnenmarktes zu erreichen. Es ging um die Frage, wie der nach westdeutschem Recht strafbare, in der DDR legal praktizierte Schwangerschaftsabbruch und der Umgang mit den Stasi-Akten im vereinten Deutschland gehandhabt werden sollten. Moskau wollte Ersatz für Stationierungskosten, Erstattung der Transportkosten für die Rückführung der russischen Soldaten, Milliarden für den Bau von Wohnungen und der notwendigen Infrastruktur und auch einen erheblichen Preis für sowjetische Liegenschaften in der DDR. Vor diesem Hintergrund können wir von Glück sprechen, dass sich die Entscheidungen, die Deutschland damals im Zuge des Wiedervereinigungsprozesses getroffen hat, von den Grundlinien her als richtig erwiesen haben, auch wenn wir später feststellen mussten, dass die vom SED-Staat hinterlassene ökonomische und ökologische Erblast viel schwerer und katastrophaler war als zunächst angenommen, und dass Probleme, wie der rapide und plötzliche Wegfall der alten Ostmärkte – nach dem Zusammenbruch der Sowjetunion und der Bildung der GUS-Staaten – hinzukamen.

So gehört – noch einmal – der Vertrag über die Wirtschafts-, Währungs- und Sozialunion ganz sicher in der Rückschau zu den großen gemeinsamen politischen Leistungen des Wiedervereinigungsprozesses von beiden deutschen Seiten.

Ein herausragendes Vertragswerk

Zwei Monate später schuf der Einigungsvertrag die innerstaatliche Voraussetzung für die Wiedervereinigung Deutschlands. Er bedeutete gravierende Neuerungen für die Bevölkerung der DDR, dessen waren wir uns in Bonn immer bewusst. Er setzte aber auch in der alten Bundesrepublik zwischen den politischen Parteien, zwischen

Regierung und Opposition sowie zwischen Bund und Ländern eine Einigung über schwierigste und höchst umstrittene Fragen voraus. Nicht alles hat der Einigungsvertrag regeln können. Manche Einzelbestimmung, wie etwa das Verhältnis von Rückgabe und Entschädigung in Eigentumsfragen oder die Aufgabenstellung der Treuhand zur Verwaltung des DDR-Vermögens, mussten nachgebessert werden. Auch der Umgang mit der Stasi-Vergangenheit und das Verhältnis von Opfern und Tätern wurden dem wiedervereinigten Deutschland als ungelöste Aufgabe übertragen. Aber die Grundentscheidungen des Einigungsvertrages waren allesamt richtig. Deswegen hat auch dieses Vertragswerk einen herausragenden Platz in den deutschen und internationalen Geschichtsbüchern eingenommen.

Ein Glücksmoment deutscher Geschichte

Die Verhandlungen und Gespräche in den Zwei-plus-Vier-Verhandlungen und insbesondere in dem Dreieck Bonn-Washington-Moskau will ich nicht im Einzelnen nachzeichnen. Ausschlaggebend war letztlich, dass die sowjetische Führung zur Verminderung ihrer Rüstungslasten auf die Kooperation mit den USA und zugleich auf die wirtschaftliche und finanzielle Kooperation mit der Bundesrepublik angewiesen war. Wenn sie ihre politische Linie nicht grundlegend ändern und die Zusammenarbeit nicht abbrechen wollte, dann konnte sie nicht anders, als in der deutschen Frage einer Lösung zuzustimmen, die in der Substanz den westlichen und den deutschen Vorstellungen entsprach: Keine Friedenskonferenz mit allen 60 oder 70 kriegsbeteiligten Staaten – das hätte einen monatelangen Verhandlungsmarathon bedeutet –, sondern Zwei-plus-Vier-Verhandlungen der beiden deutschen Staaten mit den vier Siegermächten, keine singularisierenden oder diskriminierenden Sonderbestimmungen für Deutschland, volle Souveränität und damit auch die Freiheit, einem Bündnis der eigenen Wahl anzugehören, also der NATO, wenn auch mit begrenzten Sonderbestimmungen für die neuen Bundesländer.

Das war im Übrigen die Voraussetzung, unter der allein die Zustimmung der Westmächte zur deutschen Einheit zu erlangen war. Die Stabilisierung des deutschen NATO-Engagements und die Fortführung des europäischen Integrationsprozesses mussten abgesichert werden. Die wichtigste Voraussetzung der Einheit war jedoch der wirtschaftliche und politische Zusammenbruch des realsozialistischen Systems in den Ostblockstaaten und in der Sowjetunion selbst, die sich daraufhin genötigt sah, Kosten und Nutzen ihrer Westpolitik neu einzuschätzen. Es bleibt das Verdienst von Michail Gorbatschow, dass er die Klarsicht und den Mut hatte, aus der Existenzkrise des sozialistischen Systems die Konsequenz einer fundamentalen Reformpolitik zu ziehen. Dabei setzte er aber Entwicklungen in Gang, die über seine begrenzten Ziele und damit auch über ihn selbst hinweggegangen sind.

Wie außergewöhnlich die damalige Entwicklung war, kann am besten der Historiker mit einigem zeitlichen Abstand beurteilen. Deshalb möchte ich den renommierten Staatsrechtler Professor Klaus Stern zitieren, der mit Blick auf diese Verhandlungen schrieb: »Dass der Hauptbesiegte von 1945 von den Hauptsiegern von 1945 wieder Einheit und Souveränität zurückerhalten hat, ist ein großer Erfolg standfester und beharrlicher westdeutscher Politik, der erhofft, erträumt, aber gewiss nicht in der Schnelle jenes dramatischen Jahres seit Herbst 1989 erwartet werden konnte. Format der führenden Staatsmänner und Gunst des Schicksals trafen in einem glücklichen Augenblick deutscher Geschichte zusammen.«

»Der Mantel der Geschichte wehte nur ein Weilchen«

Eine Frage wird immer wieder gestellt: Ging damals alles zu schnell? Hätten wir warten sollen, können? Hätten wir statt einer Politik der schnellen Wiedervereinigung auf der Grundlage des Artikels 23 Grundgesetz (Beitritt der DDR) auf einen anderen Weg setzen sollen, auf den langwierigen Weg über Artikel 146 Grundgesetz (Ausarbeitung einer ganz neuen gesamtdeutschen Verfassung), was uns viele Monate, vielleicht sogar Jahre gekostet hätte auf dem Weg zur Einheit? Das Zeitfenster der Wiedervereinigung war sehr eng. Wer sagt, das sei alles viel zu schnell gegangen, vergisst, dass die Menschen der DDR die Einheit schnell wollten, vergisst, dass der Übersiedlerstrom,

der die DDR auszubluten drohte, mit der Ausreisefreiheit für die Botschaftsflüchtlinge nicht aufhörte, auch nicht mit dem Fall der Mauer
und nicht mit der Öffnung des Brandenburger Tores, sondern erst als
mit dem Angebot der D-Mark und der Wirtschafts- und Währungsunion die Menschen die konkrete und schnelle Perspektive der deutschen Einheit erkannten. Vor allem aber: Er vergisst das spätere Aus-
einanderbrechen der Sowjetunion, den Rücktritt von Außenminister
Schewardnadse im November 1990 (eines unserer damals verläss-
lichsten Partner), den Putsch gegen Gorbatschow 1991 und den Golf-
Krieg im gleichen Jahr mit seinen neuen erheblichen Spannungen
zwischen Moskau und Washington. Guido Knopp hat es in seinem
Buch »Kanzler – die Mächtigen der Republik« wie folgt formuliert:
»Der viel zitierte Mantel der Geschichte wehte nur ein Weilchen. Und
so konnte der bewusste Königsweg zur Einheit wohl nur so aussehen,
mit angelegten Ohren erst einmal alles unter Dach und Fach zu bringen – wie der Bauer, der bei Blitz und Donner seine Pferde mit der
Peitsche antreibt, um die Fuhre fünf vor zwölf noch in die Scheuer zu
retten. Wie man dann die Ernte lagert, welche Mühlen mahlen, mahlen dürfen – das ist eine andere Geschichte.«

Auch der *Stern* hat vor einiger Zeit in einer Analyse geschrieben:
»Im Großen und Ganzen bleibt die Wiedervereinigung ein gelunge-
ner Kraftakt von historischer Bedeutung. Bei allem Reden über das
Geld darf nicht vergessen und verdrängt werden, was die DDR wirklich war: Ein Unrechtsstaat, der die meisten seiner knapp 17 Millionen Einwohner mit Soldaten, Selbstschussanlagen und Tretminen am
Verlassen gehindert hat und der wirtschaftlich so marode war, dass er
wenig später ohnehin zusammengebrochen wäre.«

Drei wichtige Lehren

Drei wichtige Lehren lassen sich ziehen aus dem Prozess, der zur
deutschen Einheit führte:

1. Das Richtige zu erkennen und das Richtige auch gegen Widerstände nachhaltig durchzusetzen, unterscheidet eine von Werten

bestimmte von einer demoskopisch bestimmten Politik. Wäre die Bundesregierung in der Deutschlandpolitik populistischen Strömungen gefolgt oder hätte sie Widerstände gefürchtet, wäre die Entwicklung anders verlaufen. Markantestes Beispiel: Der NATO-Doppelbeschluss aus dem Jahre 1983, der den Kurswechsel in Moskau bewirkte, wie wir von Gorbatschow selber wissen. Er war ohne Zweifel eine der wichtigsten Voraussetzungen für die spätere Deutsche Einheit. Aber es gab damals keine Mehrheit für den NATO-Doppelbeschluss im deutschen Volk, das hätte jede Volksbefragung gezeigt. Die Bundesregierung hat sich jedoch von Stimmungen und Gegenströmungen nicht beeinflussen lassen, sondern mit vollem aber verantwortbarem Risiko das getan, was sie für richtig hielt.

2. Zukunftsweisende Politik bedarf nicht nur wichtiger fachlicher Entscheidungen. Ebenso wichtig ist das persönliche Miteinander der handelnden Politiker, das Vertrauensverhältnis, das Prinzip der Verlässlichkeit. Ein solches Vertrauensverhältnis in den Jahren 1989/90 herzustellen – zu Michail Gorbatschow, François Mitterrand und anderen –, ist Helmut Kohl in einer besonders kennzeichnenden Weise gelungen. Der Bundeskanzler nahm Rücksicht auf die Empfindlichkeiten im Westen und Osten Europas. Er ließ keinen Zweifel aufkommen, dass Deutschland an seinen europäischen Verpflichtungen auch nach einer Wiedervereinigung festhalten werde. Er wusste um die polnischen Empfindlichkeiten, um die wirtschaftlichen, finanziellen und politischen Schwierigkeiten von Michail Gorbatschow. Er hat den Prozess, der zur Wiedervereinigung führte, sorgsam und ganz behutsam gesteuert: Vertrauen herstellen in die Verlässlichkeit politischen Handelns.

3. Ich wünsche mir, dass wir nie vergessen, was Europa für uns bedeutet, und dass wir die Europäische Einigung auch in Zeiten, da es Verunsicherungen und Ängste gab und gibt, nicht leichtfertig verspielen dürfen. Wolfgang Schäuble hat Recht, wenn er unlängst äußerte:»Ohne die Europäische Einigung wäre der größte Glücksfall der jüngeren deutschen Geschichte, die Wiedervereinigung in Frieden und Freiheit, nicht möglich gewesen. Ohne die EU lassen sich die Probleme der globalisierten Welt nicht mehr lösen. Wir

können zentrale politische Anliegen nicht mehr alleine durchsetzen, sondern nur mit unseren Partnern. Deshalb ist die EU für jeden Einzelnen wichtig, sie ist der Schlüssel für unsere Zukunft.«
Wir brauchen auch künftig solidarische Antworten in Europa für
die Probleme unserer Zeit.

Wir haben auch Glück gehabt

Bei der Wiederherstellung der Deutschen Einheit haben wir Vieles richtig gemacht. Aber wir hatten auch Glück, dass die damalige
Entwicklung, der damalige Umbruch, die damalige Revolution so
friedlich verlaufen ist. Man hätte sich auch eine andere Entwicklung
vorstellen können – blutig, militärisch, gewalttätig. So ist es richtig,
dass wir uns dem Thema Wiedervereinigung auch immer wieder mit
einem Stück Bescheidenheit und Demut nähern – so wie es Altbun-
deskanzler Helmut Kohl in seinen Memoiren beschreibt:»Als wir uns
im Herbst 1989 auf den Weg zur Einheit machten, war es wie vor der
Durchquerung eines Hochmoores: Wir standen knietief im Wasser,
Nebel behinderte die Sicht, und wir wussten nur dass es irgendwo einen festen Pfad geben müsse. Wo er genau verlief, wussten wir nicht.
Schritt für Schritt tasteten wir uns vor und kamen schließlich wohl
behalten auf der anderen Seite an. Ohne Gottes Hilfe hätten wir es
wohl nicht geschafft.«

»Wir schaffen das«
Horst Teltschik

Am Tag, als die Mauer fiel

Am 9. November 1989 prallten zwei Ereignisse aufeinander, die beide für sich von historischer Bedeutung waren. Mittags war Bundeskanzler Helmut Kohl mit einer großen Delegation zu einem fünftägigen Besuch in Warschau eingetroffen. Polen hatte als erstes Mitgliedsland des Warschauer Paktes Wahlen durchgeführt. Mit dem Sieg der Solidarność-Bewegung war Tadeusz Mazowiecki zum ersten demokratischen Premierminister ernannt worden. Und die Sowjetunion hatte militärisch nicht eingegriffen, wie sie das noch unter Generalsekretär Leonid Breschnew im August 1968 bei der Niederschlagung des »Prager Frühlings« getan hatte. Generalsekretär Michail Gorbatschow hatte Wort gehalten. Bereits 1985 hatte er anlässlich der Trauerfeier zum Tod seines Vorgängers Konstantin Tschernenko seinen Verbündeten angekündigt, dass er sich nicht mehr in ihre inneren Angelegenheiten einmischen werde.

Gorbatschow löste sein Versprechen auch gegenüber Ungarn ein, das 1989 ein Mehrparteiensystem zuließ, freie Wahlen ankündigte und in vier Schritten seine Grenzen öffnete und zehntausenden DDR-Bürgern die Flucht über Österreich in die Bundesrepublik Deutschland ermöglichte. Diese Erfahrungen von Polen und Ungarn vermittelten dem Bundeskanzler eine gewisse Sicherheit, dass sich die Sowjetunion auch nicht mehr in die inneren Entwicklungen der DDR einmischen werde.

Bundeskanzler Helmut Kohl war nach Warschau gereist, um die erste demokratische Regierung innerhalb des Warschauer Paktes zu würdigen und die deutsch-polnischen Beziehungen auf eine neue Grundlage zu stellen. Für ihn sollten sie die gleiche Bedeutung, das gleiche Gewicht erhalten wie die deutsch-französischen Beziehungen. Noch mit dem letzten kommunistischen Regierungschef Mieczyslaw

Rakowski war 1988 verabredet worden, dass beide Außenministerien eine »Gemeinsame Erklärung« zur Verbesserung der Beziehungen vorbereiten sollten. Auf Wunsch von Rakowski wurden im Januar 1989 persönliche Beauftragte mit dem Auftrag ernannt, dieses Dokument nur in Abstimmung mit den beiden Regierungschefs fertigzustellen. Auf deutscher Seite war das meine Aufgabe.

Diese Gemeinsame Erklärung, die alle Bereiche der Beziehungen, einschließlich der schwierigen Oder-Neiße-Grenze, einbezog, sollte jetzt in Warschau von beiden Regierungschefs unterzeichnet werden. Aus diesem Grund hatten die geplanten Gespräche in Warschau politisch einen hohen Stellenwert. Auch der damalige SPD-Vorsitzende Willy Brandt hatte erfreulicherweise die Erklärung im Bundestag positiv gewürdigt. Doch ein anderes historisches Ereignis sollte dem geplanten Ablauf des Besuches in die Quere kommen.

Bereits am Nachmittag des Ankunftstages fanden die ersten Gespräche des Bundeskanzlers mit dem neu gewählten polnischen Ministerpräsidenten Tadeusz Mazowiecki und anschließend mit dem Vorsitzenden der Solidarność-Bewegung, Lech Walesa, und dem Fraktionsvorsitzenden der Solidarność im Sejm, Bronislaw Geremek, statt. Die Ausführungen Walesas sollten im Nachhinein wie eine Weissagung wirken. Die anhaltende, massenhafte Flucht von DDR-Bürgern in die Bundesrepublik und die sich ausbreitenden Massendemonstrationen in der DDR seien für ihn der Beginn eines Prozesses, der zur Wiedervereinigung Deutschlands führen werde. Unmittelbar fragte er den Bundeskanzler, was dieser tun wolle, wenn die DDR die Grenze öffnen sollte? Müsste er dann nicht selbst eine Mauer errichten? Walesa war besorgt. Er befürchtete nicht zu Unrecht, dass die Ereignisse in der DDR die Interessen Polens in den Hintergrund drängen würden. Das sollte sich noch am gleichen Abend bewahrheiten.

Wenige Stunden später sollte sich nach der Pressekonferenz von Günter Schabowski, Mitglied des ZK der SED und Sekretär für Informationswesen, in Ost-Berlin die Grenzmauer öffnen. Als die ersten Gerüchte den Bundeskanzler vor dem offiziellen Abendessen in seiner Suite im Gästehaus der polnischen Regierung erreichten, bestand die erste Dringlichkeit darin, mehr Informationen über die

Ereignisse in Berlin und in Bonn zu erhalten. Doch damals war es in den Warschauer Pakt-Staaten nicht möglich, direkt in den Westen zu telefonieren. Wir hatten deshalb ein Standgerät dabei. Mit dem Drehen einer Kurbel konnte eine direkte Sprechverbindung zum Lagezentrum im Bundeskanzleramt hergestellt werden. Von dort wurde der Bundeskanzler jeweils zum Chef des Bundeskanzleramtes, Rudolf Seiters, und zum Pressesprecher Eduard Ackermann verbunden. Sie erläuterten ihm, was sich im Deutschen Bundestag ereignet hatte. Die Abgeordneten waren nach den ersten Nachrichten aus Berlin spontan aufgestanden und hatten die Nationalhymne gesungen. Ackermann berichtete über die sensationellen Ereignisse in Berlin, wie sie über die Fernsehanstalten geschildert wurden.

Für Helmut Kohl war sehr schnell klar, dass er angesichts dieser Ereignisse seinen Besuch in Polen abbrechen und so schnell als möglich nach Berlin reisen müsse. Es gab deshalb keine Zeit für großen Jubel oder irgendeine Euphorie. Ich erlaubte mir lediglich, die in einem Sektkübel stehende Flasche zu öffnen, um gemeinsam auf die fast unglaublichen Entwicklungen anzustoßen. Meine Gedanken weilten bei meinen langjährigen Freunden in Ost-Berlin und in der DDR, für die sich jetzt endlich die Chance ergeben könnte, frei zu sein. Der Bundeskanzler trank nur einen Schluck. Er stand vor der Aufgabe, seinen polnischen Gastgebern mit viel Fingerspitzengefühl zu erklären, dass er seine Reise abbrechen müsse. Es gelang ihm mit dem Versprechen, seinen Besuch möglichst bald nachzuholen. Und er sollte das Versprechen halten.

Darüber hinaus galt es noch, ein technisches Problem zu lösen. Ein Direktflug von Warschau nach Berlin mit dem Regierungsflugzeug der Bundeswehr war damals nicht möglich. Nur alliierte Flugzeuge durften Berlin direkt anfliegen. Mit Hilfe des amerikanischen Botschafters in Bonn gelang es, am nächsten Nachmittag in ein in Hamburg wartendes US-Flugzeug umzusteigen und Berlin rechtzeitig zu erreichen. Das war auch deshalb entscheidend, weil der damalige Regierende Bürgermeister von Berlin, Walter Momper, zu einer öffentlichen Kundgebung aufgerufen und ohne Unterrichtung des Bundeskanzlers dessen Teilnahme angekündigt hatte, wissend, dass Helmut Kohl in Warschau weilte. Das allein schon war an der Grenze der Frechheit. Doch die Zumutungen für den Bundeskanzler setzten sich fort.

Nach der Landung auf dem Berliner Flughafen Tempelhof fuhr die Delegation direkt zum Schöneberger Rathaus. Dort hatten sich bereits einige wenige tausend Berliner eingefunden, die Helmut Kohl mit einem gellenden Pfeifkonzert empfingen. Spontan sagte ich zum Bundeskanzler: »Und solcher Leute wegen haben wir unseren Besuch in Warschau abgebrochen!« Doch Helmut Kohl zeigte keine Regung. Das sollte sich sehr rasch ändern. Wenige Augenblicke später erfolgte ein lauter Zornesausbruch des Bundeskanzlers, als er von Jürgen Wohlrabe, dem Präsidenten des Abgeordnetenhauses, erfuhr, dass an diesem Tag zwei öffentliche Kundgebungen stattfinden würden: die offizielle Kundgebung des West-Berliner Senats vor dem Schöneberger Rathaus und danach eine zweite Kundgebung der CDU an der Gedächtniskirche. Selbst an einem solchen Tag hatten sich SPD und CDU nicht auf eine gemeinsame Kundgebung verständigen können.

Es war deshalb keine Überraschung, dass Willy Brandt von seinen Anhängern mit tosendem Beifall begrüßt wurde, während der Bundeskanzler während seiner ganzen Rede gnadenlos ausgepfiffen wurde und weder Momper noch Willy Brandt einen Versuch unternahmen, die Menschen zu beruhigen. Helmut Kohl war darüber hinaus gezwungen, rhetorisch eine maßvolle Rede zu halten.

Während der Rede von Willy Brandt war ich plötzlich ans Telefon gerufen worden. Der sowjetische Botschafter, Julij Kwizinskij, bat mich, dem Bundeskanzler noch vor seiner Rede eine dringende Botschaft von Michail Gorbatschow zu übermitteln: »Es müsse jetzt alles verhindert werden, dass ein ›Chaos‹ entstünde. Der Bundeskanzler solle auf die Menschen beruhigend einwirken.« Ich zwängte mich auf dem kleinen Balkon des Rathauses durch den Pulk der Redner, um Helmut Kohl diese Nachricht zu übermitteln. Dieser rief daraufhin die Teilnehmer der Kundgebung zur »Besonnenheit« auf. Jetzt gelte es, »mit Bedachtsamkeit Schritt für Schritt den Weg in die gemeinsame Zukunft zu finden«. Doch das Pfeifkonzert hielt an.

Dieser aufregende Tag sollte für den Bundeskanzler dennoch sehr beglückend zu Ende gehen. Das »andere Berlin« war an der Gedächtniskirche versammelt und begrüßte Helmut Kohl mit gro-

ßem Beifall. Nach der Kundgebung forderte Helmut Kohl seinen Fahrer auf, sich von der Eskorte der Berliner Polizei zu lösen und zum
Checkpoint Charlie zu fahren. Einige hundert Meter vor dem Kon-
trollpunkt ließ er den Fahrer anhalten, und wir gingen zu Fuß weiter. Menschenmassen und Trabi-Kolonnen strömten uns entgegen.
Kaum wurden die Menschen Helmut Kohl gewahr, umringten sie ihn,
fassten ihn an, lachten und weinten zugleich. Helmut, Helmut-Rufe
tönten durch die Straße. Zurück im Auto stellte der Bundeskanzler,
noch tief beeindruckt von der Woge der Sympathie der Ost-Berliner,
mit Befriedigung fest: »Hier erlebt man, was die Menschen wirklich
denken.«

Das Ziel ist: Freiheit und Einheit für alle Deutschen

Warum konnte sich Bundeskanzler Helmut Kohl so sicher sein, dass
jetzt der Zeitpunkt gekommen war, offensiv das Ziel der Freiheit und
Einheit für alle Deutschen anzustreben? Ohne vorherige Abstimmung
mit den vier Siegermächten und mit seiner eigenen Regierung hatte er
das Ziel der Einheit nur drei Wochen nach der Öffnung der Berliner
Mauer in seiner berühmten »Zehn-Punkte-Rede« im Deutschen Bundestag angekündigt. Viele Deutsche in Politik und Gesellschaft hatten
die Wiedervereinigung Deutschlands für sich und teils sogar öffentlich abgeschrieben, selbst dann noch, als die Mauer gefallen war. Stell-
vertretend sei der Chefredakteur des *Spiegel*-Magazins, Erich Böhme,
zitiert, der noch am 30. Oktober 1989 in einem Kommentar geschrieben hatte: »Ich möchte nicht wiedervereinigt werden«.
    Doch wer die Reformpolitik in Moskau und in den einzelnen War-
schauer Pakt-Staaten wie Polen, Ungarn und auch in der DDR über
die letzten Jahre aufmerksam verfolgt hatte und seit 1985 die Entwicklung der Beziehungen zwischen den beiden Weltmächten USA
und UdSSR konnte nur einen Schluss ziehen: Die Ost-West-Beziehungen generell wie die beginnenden Reformprozesse, allen voran
in der Sowjetunion selbst und in wichtigen Warschauer Pakt-Staaten
werden, wie ich in einem öffentlich sehr umstrittenen Interview mit
dem *Bonner Generalanzeiger* am 6. Juli 1989 vorsichtig andeutete,

»zum ersten Mal Bewegung in das Gefüge Gesamteuropas bringen und damit werde sich auch die deutsche Frage neu stellen … Ich sei überzeugt, dass die deutsche Frage künftig verstärkt auf der Tagesordnung der West-Ost-Gespräche stehen wird … Die Sowjetunion habe erkannt, dass dieses Kapitel der europäischen Geschichte noch nicht zum Abschluss gekommen sci«.

Dieses ausführliche Interview schlug in Bonn hohe Wellen. Es war auf Wunsch des bekannten Bonner Journalisten Wolf J. Bell zustande gekommen, der für seine enge persönliche Beziehung zum Außenminister Hans-Dietrich Genscher bekannt war. Doch dieser wollte sich nach Aussage von Bell zu dieser Thematik nicht äußern und deshalb hatte er mich angesprochen. Die SPD forderte daraufhin öffentlich meine Entlassung. Auch Außenminister Genscher ließ den Bundeskanzler wissen, dass er meinen Rücktritt für erforderlich halte. Doch der Bundeskanzler nahm das Interview murrend hin.

Die Hintergründe meiner Aussagen waren für jeden aufmerksamen Beobachter offensichtlich. Generalsekretär Michail Gorbatschow hatte seit 1986/87 verstärkt seine Reformpolitik »Perestroika« und »Glasnost« vorangetrieben. Bereits 1985 waren die Gipfelgespräche zwischen den USA und der Sowjetunion auf Ebene der Minister und zwischen dem amerikanischen Präsidenten Ronald Reagan und dem sowjetischen Generalsekretär Michail Gorbatschow wieder in Gang gekommen. Der Bundeskanzler hatte Ronald Reagan unmittelbar nach dessen Wiederwahl im Dezember 1984 in einem persönlichen Gespräch dazu gedrängt.

Beide Weltmächte hatten die Abrüstungs- und Rüstungskontrollverhandlungen wieder aufgenommen. 1988 trat bereits der INF-Vertrag in Kraft. Washington und Moskau hatten sich auf eine doppelte Null-Lösung geeinigt. Sie waren übereingekommen, alle Raketensysteme der Reichweite zwischen 500 km und 5500 km kontrolliert zu vernichten. Im Mai 1991 waren bereits 846 amerikanische und 1846 sowjetische INF-Raketen völlig zerstört. Zehn Jahre zuvor hatte die sowjetische Führung noch mit einem dritten Weltkrieg gedroht, wenn die Europäer amerikanische Nuklearraketen mittlerer Reichweite als Gegengewicht zu den sowjetischen Mittelstreckenraketen aufstellen würden.

Es begannen Verhandlungen über die Reduzierung der strategischen Nuklearsysteme, über ein weltweites Verbot von Chemiewaffen, über die Reduzierung der konventionellen Systeme und über Vertrauens- und Sicherheitsbildende Maßnahmen (VSBM). Bereits im Juli 1991 wurde der START I-Vertrag über die Begrenzung der strategischen Raketensysteme unterzeichnet. Beide Seiten hielten damals sogar eine nuklearfreie Welt möglich.

Von entscheidender Bedeutung und Dramatik waren die aufbrechenden politischen Reformprozesse zuerst in Polen, dann in Ungarn und schließlich in der DDR. Bereits im Sommer 1980 entwickelte sich in Polen die Streikbewegung Solidarność. Unter ihrem Vorsitzenden Lech Walesa gelang es Solidarność in den Folgejahren, sich trotz Verbote, politischer Verfolgungen und Inhaftierungen zu einer politischen Bewegung weiterzuentwickeln und am 24. August 1989 als erster Staat des Warschauer Paktes eine demokratische Regierung unter Ministerpräsident Tadeusz Mazowiecki, führendes Mitglied der Solidarność, zu bilden. Und Moskau hat erstmals trotz seiner in Polen stationierten Truppen militärisch nicht eingegriffen. Als Sonderbeauftragter des Bundeskanzlers hatte ich gemeinsam mit meinem Mitarbeiter, Botschafter Dr. Uwe Kaestner, im Frühjahr die Verhandlungen noch mit dem Vertreter der letzten kommunistischen Regierung von MP Mieczyslaw Rakowski aufgenommen, um sie mit dem Beauftragten von MP Tadeusz Mazowiecki erfolgreich abzuschließen. Hautnah konnten wir damals den polnischen Demokratisierungsprozess Polens miterleben.

Ungarn öffnet die Grenzen

Nachdem Helmut Kohl 1982 zum Bundeskanzler gewählt worden war, verfolgte er gegenüber den Warschauer Pakt-Staaten eine klare Strategie. Die Ost-West-Beziehungen steuerten aufgrund der sowjetischen Aufrüstung mit nuklearen Mittelstreckenwaffen (SS 20) einem neuen Höhepunkt des Kalten Krieges entgegen. Die NATO hatte auf Initiative von Bundeskanzler Helmut Schmidt mit dem Doppelbeschluss geantwortet: Sollte Moskau die Raketen nicht wieder abbauen, werde sie amerikanische Mittelstreckenraketen in Europa stationieren. In Genf hatten beide Weltmächte entsprechende Verhandlungen aufgenommen.

Auf diesem Hintergrund schrieb Bundeskanzler Helmut Kohl noch 1982 einen Brief an den sowjetischen Generalsekretär Juri Andropov. Darin bekundete er das Interesse seiner neuen Bundesregierung, konstruktive Beziehungen zur UdSSR zu entwickeln. Von der sowjetischen Androhung, dass ein neuer Weltkrieg drohe, wenn die NATO in Europa amerikanische Nuklearraketen stationieren werde, ließ sich Helmut Kohl nicht abschrecken. Im Juni 1983 reiste er zu Gesprächen nach Moskau. Er traf auf einen bereits todkranken sowjetischen Generalsekretär, der politisch und auch buchstäblich kaum noch bewegungsfähig war.

Parallel zu den Verständigungsversuchen mit Moskau hatte Helmut Kohl alle Generalsekretäre der Warschauer Pakt-Staaten zu offiziellen Besuchen nach Bonn eingeladen, auch Generalsekretär Erich Honecker. Auf Druck Moskaus sagten alle ihre Besuche ab. Nur der rumänische Präsident Nicolae Ceaușescu wagte zu kommen. Er war jedoch am wenigsten erwünscht. Der Kalte Krieg zeigte seine Wirkung. So entschloss sich der Bundeskanzler, selbst zu reisen. Sein erster Besuch führte ihn nach Budapest. Der ungarische Generalsekretär, János Kádár, war 1984 zu einem der wenigen westlichen Anlaufpunkte innerhalb des Warschauer Paktes geworden. In Budapest reihte sich 1984 Staatsbesuch an Staatsbesuch von Premierminister Margaret Thatcher über Bettino Craxi aus Italien, Wilfried Martens aus Belgien, Olaf Palme aus Schweden bis zu Helmut Kohl. Kádár galt als Vertreter eines Art Gulaschkommunismus, der gesprächsbereit sei. Doch die Gespräche verliefen mit ihm nicht mehr sehr substantiell.

Die Beziehungen zu Ungarn sollten sich dennoch noch im gleichen Jahr 1984 grundlegend verändern. Im Sommer traf in Bonn ein neuer, junger ungarischer Botschafter, István Horváth, ein. In seinem Vorstellungsgespräch in meinem Büro unter vier Augen erläuterte er mir frei und frank, dass sich in Ungarn alles ändern müsse. Wirtschaftliche und politische Reformen seien überfällig. Dazu benötige Ungarn jedoch wirtschaftliche und finanzielle Hilfe. Auf dem Hintergrund des auf einen neuen Höhepunkt des Kalten Krieges zusteuernden Ost-West-Beziehungen war ich mir nicht sicher, wie ich diese Aussagen einschätzen sollte. Waren Sie ehrlich gemeint oder sollten sie nur für ein gutes Klima sorgen? Es sollte sich sehr schnell erweisen, dass es dem neuen Botschafter um echte Anliegen ging.

Auf seinen Wunsch hin luden wir im Mai 1985 das ungarische Mitglied des Politbüros, Ferenc Havasi, zuständig für Wirtschaftspolitik, zu Gesprächen mit dem Bundeskanzler und führenden Persönlichkeiten aus Politik, Wirtschaft und Finanzwelt nach Bonn ein. Havasi kündigte in seinen Gesprächen an, dass Ungarn gewillt sei, politische und wirtschaftliche Reformen konsequent einzuleiten und die Beziehungen zur Europäischen Gemeinschaft umfassend zu regeln.

Zwischenzeitlich war ich auf Wunsch von Botschafter István Horvath zu Gesprächen nach Budapest gereist. Generalsekretär Kadar erläuterte mir in einem Gespräch, dass er zu keinen weiteren Wirtschaftsreformen bereit sei, da sie die wirtschaftlichen Schwierigkeiten verstärken würden. In den folgenden Vier-Augen-Gesprächen berichteten mir die ZK-Sekretäre für Wirtschaft, Miklós Németh, und für Internationale Beziehungen, Gyula Horn, dass János Kádár abgelöst werden müsse. Als Nachfolger sei der KP-Chef von Budapest, Károly Grósz, vorgesehen.

Als Grósz im Juni 1987 zum ungarischen Ministerpräsidenten ernannt worden war, waren Alfred Herrhausen, Vorstandsvorsitzender der Deutschen Bank, und ich seine ersten Gesprächspartner aus dem Westen. Wir führten im Auftrag des Bundeskanzlers mit Károly Grósz und seinen Experten die ersten, vertraulichen Gespräche über einen deutschen Hilfskredit von einer Milliarde. Ein entsprechendes Kreditabkommen wurde anlässlich des Antrittsbesuches von Károly Grósz im Oktober 1987 in Bonn unterzeichnet. Gleichzeitig wurden Vereinbarungen über die Einrichtung von Kulturinstituten, ein wissenschaftlich-technisches Abkommen und ein Abkommen über die Ungarndeutschen unterschrieben. Ungarn war das erste Land im Warschauer Pakt, das bereit war, die Existenz einer deutschen Minderheit offiziell zu bestätigen und ihre Rechte einvernehmlich zu regeln. Hinzu kam eine Vereinbarung über Visaerleichterungen. Die deutsch-ungarischen Beziehungen entwickelten sich beispielhaft.

Im Januar 1988 kam Miklós Németh, ZK-Sekretär für Wirtschaft, in die Bundesrepublik. In Gesprächen mit Ministerpräsident Franz Josef Strauß in München und mit Ministerpräsident Lothar Späth in Stuttgart sagten ihm beide weitere Kredite in Höhe von jeweils 500 000 DM zu, den jedoch die Bundesregierung verbürgen musste. In Bonn traf Miklós Németh mit Bundeskanzler Helmut Kohl zusammen und erläuterte seine innenpolitischen und wirtschaftlichen Reformpläne in Richtung Demokratisierung, Marktwirtschaft und Zusammenarbeit mit der EG. In einem persönlichen Gespräch mit mir kündigte er an, dass ganz Mittel- und Osteuropa für umfassende politische und wirtschaftliche Reformen reif sei und nicht sicher sein könne, dass diese Prozesse alle friedlich verlaufen werden.

In der zweiten Hälfte der achtziger Jahre waren wir über unsere ungarischen Partner Miklós Németh, Gyula Horn und István Horváth ständig über die Entwicklung in Moskau und in den Warschauer Pakt-Staaten unterrichtet. Zum Teil auf Zuruf holten sie für uns Nachrichten vor allem aus Moskau ein. Gyula Horn, der in Moskau studiert hatte, verfügte über enge Kontakte in den Kreml hinein. Von ihm erhielten wir manches Signal, welche Reaktionen der Bundeskanzler mit seinen Entscheidungen in Moskau ausgelöst hatte.

Am 24. November 1988 wurde Miklós Németh zum neuen Ministerpräsidenten ernannt. Ungarn beschloss die stufenweise Einführung eines Mehrparteiensystems, die Erarbeitung einer neuen Verfassung und eines Parteiengesetzes. Ungarn begab sich auf den Weg der Demokratisierung. Wenige Monate später, am 18. April 1989, begannen die ungarischen Grenztruppen, die maroden Grenzanlagen abzubauen. Am 27. Juni 1989 wurde der Stacheldraht symbolisch von den beiden Außenministern Gyula Horn und Alois Mock aus Österreich durchschnitten und damit öffentlich bekannt. Dass die Grenzen in Ungarn besonders durchlässig waren, hatte sich in der DDR längst herumgesprochen. Fluchtversuche waren an der Tagesordnung. Die ungarische Regierung ging von fast 200 000 DDR-Bürgern aus, die sich in Ungarn aufhielten und nicht zurückkehren wollten.

Am 25. August 1989 kam es auf Schloss Gymnich / Bonn zu Geheimgesprächen zwischen Bundeskanzler Helmut Kohl, Außenminister Hans-Dietrich Genscher und dem ungarischen Ministerpräsidenten Miklós Németh und Außenminister Gyula Horn. Letztere kündigten vertraulich an, dass sie gewillt seien, die ungarische Grenze endgültig zu öffnen. Am 10. September war es soweit.

In Bremen hatte mit dem sogenannten Presseabend der CDU-Bundesparteitag begonnen. Den anwesenden Journalisten gab der Bundeskanzler bekannt, dass Ungarn am nächsten Tag die Grenzen zu Österreich öffnen werde. Damit könnten die DDR-Flüchtlinge in die Bundesrepublik ausreisen. In seiner am nächsten Vormittag folgenden Eröffnungsrede kündigte der Bundeskanzler an, dass er voller Zuversicht sei, dass »Deutschland jetzt die Chance habe, sein Recht auf Selbstbestimmung zu verwirklichen«.

Doch das interessierte keinen der Delegierten, soweit sie überhaupt zugehört hatten. Wichtiger war ihnen, ob der baden-württembergische Ministerpräsident Lothar Späth gegen Helmut Kohl als Parteivorsitzenden antreten werde oder nicht. Das Thema, Selbstbestimmungsrecht der Deutschen, galt vielen als Pflichtübung ohne Realitätsbezug. Doch nur ein Jahr später sollte Deutschland wiedervereinigt sein! Ein offizieller Gast des Parteitages hatte jedoch bei der Rede des Bundeskanzlers genau zugehört. Am nächsten Tag erschien der sowjetische Botschafter Julij Kwizinski in meinem Bonner Büro, um mir zu erläutern, dass der Bundeskanzler in seiner Rede in Bremen zu weit gegangen sei. Ich nahm das mit Genugtuung zur Kenntnis.

Das alles geschah seit 1984 in enger Abstimmung und Zusammenarbeit mit der ungarischen Führung, ohne dass die Sowjetunion politisch oder gar militärisch eingegriffen hat. Immerhin standen in diesen Jahren auch in Ungarn noch 80 000 sowjetische Truppen. Damit war Ungarn neben Polen für uns der zweite wichtige Präzedenzfall, dass die sowjetische Führung wahrscheinlich auch in der DDR nicht eingreifen werde.

Ein Anstoß aus Moskau

Der Sommer 1989 war mehr oder weniger geprägt von den zum Teil spektakulären Fluchtbewegungen von DDR-Bürgern über Budapest, Prag oder Warschau. Im Herbst kamen die Massendemonstrationen in zahlreichen DDR-Städten hinzu. Die Slogans der Demonstranten: »Wir sind das Volk« wechselten immer häufiger über zu dem Ruf:

»Wir sind ein Volk«. Doch offen blieb die Frage, wohin diese Entwicklung führen werde bzw. führen solle.

In diesen Herbsttagen, am 21. November 1989, besuchte mich wieder einmal ein alter sowjetischer Bekannter, der Journalist Nikolai Portugalow. Helmut Kohl nannte ihn immer scherzhaft den »KGB General«. Später sollte sich herausstellen, dass er tatsächlich einer war. Für mich war Portugalow eine Art politische Wetterfahne aus Moskau, der mir signalisierte, woher der Wind aus Moskau wehte. Portugalow sprach sehr gut Deutsch.

Diesmal trat Portugalow besonders geheimnisvoll auf. Er berichtete über intensive Gespräche auf »höchster Ebene« in Moskau, ohne die Teilnehmer zu nennen. Sie hätten viele Fragen formuliert, die er handschriftlich notiert habe. Sie sollten dem Bundeskanzler vorgelegt und von ihm beantwortet werden. Er werde die Antworten wieder mitnehmen und der höchsten Ebene übermitteln. Die Fragen konzentrierten sich faszinierenderweise allein auf die Zukunft Gesamtdeutschlands, ob eine Konföderation beider deutscher Staaten vorstellbar sei und anderes mehr. Dieses Gespräch elektrisierte mich, da es deutlich machte, wie weit Teile der sowjetischen Führung mit ihren Überlegungen zur Zukunft Deutschlands bereits vorangeschritten waren.

Jahre danach offenbarte der ehemalige sowjetische Botschafter und damalige ZK-Sekretär für Internationale Beziehungen, Valentin Falin, in einer deutschen Fernsehsendung, dass er mich im Herbst 1989 falsch eingeschätzt hätte. Er hatte Portugalow zu mir gesandt, doch er hätte nicht erwartet, dass ich dem Bundeskanzler empfehlen würde, in der Frage der Wiedervereinigung sofort die Initiative zu ergreifen. Damit hatte Helmut Kohl national wie international das Heft des Handelns übernommen und nicht wieder aus der Hand gegeben. Das sollte Bundeskanzler Helmut Schmidt veranlassen, Helmut Kohl in den Folgejahren wiederholt öffentlich zu danken und auch noch kurz vor seinem Tod in einem Interview zu bekräftigen: »Damit sei Helmut Kohl zum Staatsmann geworden.« Dagegen verkriecht sich die CDU bis heute hinter der erbärmlichen Parteispendenaffäre, für die sich Helmut Kohl mehrfach entschuldigt hat.

Kohls Zehn-Punkte-Plan

Sollte es noch Zweifel gegeben haben, ob Helmut Kohl nicht doch zu voreilig und ohne internationale Abstimmung das Ziel der deutschen Einheit angestrebt habe, so kam ihm ein Interview zu Hilfe, das Andrej Gratschow, ein Berater Gorbatschows, noch am Vortag seiner Bundestagsrede dem *RTL* gegeben hatte. Darin hatte er festgestellt, dass »die deutsche Frage wieder auf der Tagesordnung« stehe, »auch wenn eine Reihe von Politikern in Ost und West dies nicht so sehen wolle«. Den Wortlaut hatte ich dem Bundeskanzler vorgelegt, aber er brauchte diese Bestätigung nicht mehr. Er war sich seines Vorgehens sicher.

Helmut Kohl ließ in seiner Bundestagsrede keinen Zweifel daran, dass sein politisches Ziel »die Wiedergewinnung der staatlichen Einheit Deutschlands« sei. Er war sich dabei im Klaren, dass der Weg zu diesem Ziel weder vom »grünen Tisch« noch mit »einem Terminkalender in der Hand« zu planen sei. Es sollte für die Partner kein Zeitdruck aufgebaut werden. Eine Konföderation als Endziel kam für Helmut Kohl nicht in Frage, höchstens »konföderative Strukturen« als Übergang zur Föderation, d. h. zu einer bundesstaatlichen Ordnung in Deutschland. Die verschiedenen Punkte sollten eine mögliche Strategie aufzeigen, wie das Ziel der staatlichen Einheit erreicht werden könnte. So war Helmut Kohl auch bereit, den vagen Vorschlag des DDR-Ministerpräsidenten, Hans Modrow, von einer »Vertragsgemeinschaft« einzubauen, um zu erwartende Widerstände zu verringern, auch wenn niemand mit dem Begriff so Recht etwas anfangen konnte.

Das vorgegebene Ziel war klar, der mögliche Weg, die Strategie dorthin, definiert. Der zeitliche Ablauf blieb bewusst offen. Intern gab es die Einschätzung, dass es doch fünf bis zehn Jahre dauern könnte, das Ziel der Einheit zu erreichen. Am Ende waren es vom Fall der Mauer bis zur Wiedervereinigung nur 329 Tage.

Die Kritik an der Rede des Bundeskanzlers hielt sich in Grenzen, obwohl vorab niemand unterrichtet worden war. Außenminister Hans-Dietrich Genscher gratulierte dem Bundeskanzler nach dessen Aussage noch auf der Regierungsbank zu seiner »großen Rede«. Später sollte er bestreiten, dass er das gesagt habe. In seiner bekannten Art begann er gegenüber den Medien an der Rede herumzumäkeln. Es fehle eine Aussage zur völkerrechtlichen Anerkennung der Oder-Neiße-Grenze. Er übersah oder wollte es nicht zur Kenntnis nehmen, dass dazu in der gerade in Warschau von Bundeskanzler Helmut Kohl und dem polnischen Premierminister Tadeusz Mazowiecki unterzeichneten »Gemeinsamen Erklärung« alles gesagt worden war, was zu diesem Zeitpunkt gesagt werden konnte.

Natürlich stellt sich die Frage, warum die vier Siegermächte nicht vorab unterrichtet wurden? Grundsätzlich war es um ein nationales Anliegen Deutschlands gegangen. Die drei Siegermächte hatten sich in der Vergangenheit bereits mehrfach in gemeinsamen Erklärungen für das Selbstbestimmungsrecht der Deutschen ausgesprochen. Die Bundesregierung konnte sich darauf beziehen und hat das auch immer wieder getan.

Der französische Präsident François Mitterand war noch am 2./3. November zu einem bilateralen deutsch-französischen Gipfel in Bonn gewesen. Ausführlich hatte er mit dem Bundeskanzler über die aktuellen Entwicklungen in der Sowjetunion, in Polen, Ungarn und in der DDR gesprochen und über deren möglichen politischen Auswirkungen. Bundeskanzler Helmut Kohl bat ihn, doch die französische Position zur Gesamtentwicklung und zum Selbstbestimmungsrecht der Deutschen im anschließenden gemeinsamen Pressegespräch zu erläutern. Präsident François Mitterand tat dies in einer erfreulich freundschaftlichen Weise und bedankte sich später ausdrücklich beim Bundeskanzler, dass er ihn dazu aufgefordert hatte. Denn jetzt würden alle Deutschen die französische Position kennen. Hätte Helmut Kohl ihn dennoch vorab unterrichtet, wäre nicht auszuschließen gewesen, dass François Mitterand ihn gebeten hätte, doch noch einmal vorher zusammenzutreffen und sich abzustimmen.

Die britische Premierministerin Margaret Thatcher hätte mit größter Sicherheit ein vorheriges Treffen eingefordert, vermutlich selbst Präsident George Bush. Er hatte den Text der Rede von Helmut Kohl noch am gleichen Morgen vorliegen, bevor sie gehalten wurde, allerdings in deutscher Sprache. Für eine Übersetzung hatte die Zeit gefehlt. Vorauszusehen war die ablehnende Haltung von Generalsekretär Michail Gorbatschow. Vorherige Abstimmungen mit den drei Westmächten hätten nicht nur den Überraschungseffekt vermindert, sondern zeitliche Verzögerungen bedeutet und damit Chancen beeinträchtigen können.

Wir schaffen das

Rückblickend ist man fast selbst erstaunt, wie zielstrebig und selbstbewusst der Bundeskanzler und sein ganzes Team im Bundeskanzleramt die weiteren Schritte und Maßnahmen geplant und durchgeführt haben. Oft wurde die Frage gestellt, ob es in den Schubläden Pläne gegeben hätte, wie ein Prozess der Wiedervereinigung organisiert werden müsse. Es gab sie nicht – glücklicherweise. Sie wären alle obsolet gewesen. Es musste vielmehr ständig improvisiert werden. Fast täglich gab es Gespräche mit dem Bundeskanzler, mit dem Chef des Bundeskanzleramtes, in den Fachabteilungen, mit den Ressorts, mit den DDR-Verantwortlichen und auf den verschiedenen internationalen, bilateralen und multilateralen Ebenen über die nächsten erforderlichen Schritte.

Der Schlüssel lag natürlich in Moskau. In der DDR standen nach wie vor 380 000 sowjetische Truppen. Sie hätten die Grenzmauer in Berlin wie die Grenzanlagen zur Bundesrepublik jederzeit wieder schließen können. Im Zweifel hätten sie zu diesem Zeitpunkt auch noch die Unterstützung der Nationalen Volksarmee (NVA) der DDR erfahren. Doch die sowjetischen Soldaten blieben – wie zuvor in Polen und in Ungarn – in den Kasernen. Wie mir der sowjetische Außenminister Eduard Schewardnadse später einmal berichtete, hätte es jedoch noch im Januar 1990 Diskussionen in der sowjetischen Führung gegeben, ob das sowjetische Militär in der DDR eingreifen solle. Er nannte Valentin Falin als einen der entscheidenden Befürworter einer möglichen Intervention. Dieser hat das später öffentlich bestritten. Die Intervention blieb glücklicherweise aus.

Helmut Kohl war es schon im Oktober 1988 bei seinem offiziellen Besuch in Moskau gelungen, die Beziehungen zu Generalsekretär Michail Gorbatschow nach einer anfänglichen Phase von unglück-

lichen Umständen und Missverständnissen deutlich zu verbessern.
»Das Eis sei gebrochen«, bilanzierte Gorbatschow. Für den Juni des
nächsten Jahres war der Gegenbesuch in Bonn vereinbart.

Dieser Staatsbesuch in Bonn wurde zu einem Hochfest für das
Ehepaar Gorbatschow. Die Menschen jubelten ihnen zu. Helmut
Kohl und Michail Gorbatschow unterschrieben eine Gemeinsame
Erklärung, in der die sowjetische Seite erstmals bereit war, »das
Selbstbestimmungsrecht der Völker« in einem bilateralen Dokument
mit der Bundesrepublik Deutschland anzuerkennen und zu unter-
schreiben.

Beide Ehepaare kamen sich persönlich sichtlich näher. Berühmt
wurde das nächtliche Gespräch nach einem persönlichen Dinner im
Kanzlerbungalow, das Helmut Kohl und Michail Gorbatschow am
Rheinufer führten. Helmut Kohl versprach ihm, dass seine Bundesregierung alles tun werde, um Gorbatschow bei seiner Reformpolitik zu unterstützen. Und es blieb kein leeres Versprechen. Bereits ein
halbes Jahr später erinnerte mich der sowjetische Botschafter Julij
Kwizinski an diese Zusage von Helmut Kohl. Die Sowjetunion erlebte
im Winter 1989/90 eine tiefgreifende Versorgungskrise. Der Bundeskanzler zögerte keinen Augenblick zu helfen. Bis Ende des Jahres 1990 lieferte die Bundesrepublik für weit über eine Milliarde DM
Lebensmittel und andere Versorgungsgüter an die Sowjetunion. Helmut Kohl hatte Wort gehalten, und das sollte tiefes Vertrauen schaffen. Ende 1990 hatte die Bundesrepublik Deutschland mit der UdSSR
22 Verträge und Abkommen geschlossen.

Michail Gorbatschow hatte neben Bonn auch noch Düsseldorf und
Stuttgart besucht. Diese Reise hatte ihn tief beeindruckt: die sauberen
Fabrikhallen, die Infrastruktur usw. Später sagte er einmal fast weh-
mütig zu mir: »Was hätten wir alles zusammen machen können.« Er
meinte die UdSSR und Deutschland. Besonders entscheidend war für
Gorbatschow, dass im gleichen Atemzug Vertrauen geschaffen worden sei. »Hätte er nicht Vertrauen in Helmut Kohl und George Bush
gehabt, wäre vieles anders gelaufen«. Doch der Hürdenlauf hatte gerade erst begonnen.

Michail Gorbatschow gibt den Weg frei

Die Zehn-Punkte-Rede des Bundeskanzlers hatte auch in der sowjetischen Führung Unwillen und Ablehnung ausgelöst. Gorbatschow
selbst sprach gegenüber Außenminister Hans-Dietrich Genscher bei
seinen Gesprächen in Moskau von einem »Diktat«. Ein Gespräch
mit dem Bundeskanzler war überfällig. Ende Januar 1990 kam die
befreiende Nachricht, dass Generalsekretär Gorbatschow bereit sei,
den Bundeskanzler am 10. Februar 1990 in Moskau zu empfangen. Es
sollte ein unvergessliches Gespräch werden.

Nach allgemeinen, einleitenden Bemerkungen über die aktuellen
Entwicklungen erklärte Gorbatschow fast unvermittelt, dass es jetzt
die Entscheidung beider deutscher Regierungen sei, ob sie sich vereinigen wollen, wie sie das tun wollen und wann. Das klang plötzlich
alles so selbstverständlich. Das Gespräch hatte erst wenige Minuten
vorher begonnen, doch schon war die wichtigste Entscheidung gefallen. Dem Bundeskanzler war keine Regung anzumerken. Fast selbstverständlich setzte er das Gespräch fort. Das gemeinsame Abendessen
mit den Außenministern verlief in entspannter Atmosphäre. In der
anschließenden Pressekonferenz trug der Bundeskanzler das sensationelle Gesprächsergebnis fast geschäftsmäßig vor. Er hatte Geschichte
geschrieben, doch keiner der anwesenden, rund einhundert, Journalisten schien es gemerkt zu haben, denn jede erkennbare Reaktion
blieb aus. Keiner klatschte, keiner war aufgestanden. Erst am nächsten
Morgen auf dem Rückflug, als ich den Journalisten die entsprechenden Passagen von Gorbatschows Ausführungen aus der Prawda über-
setzte, verlangten sie Sekt und tranken dem Bundeskanzler zu.

Die Rahmenbedingungen: Sicherheit als Priorität

Grünes Licht für den Bundeskanzler aus Moskau: Das geteilte
Deutschland darf sich wiedervereinigen. Doch eine Reihe der wesentlichen Rahmenbedingungen harrten noch der Lösung. Für den Bundeskanzler wie für die Drei Westmächte war die Mitgliedschaft eines
geeinten Deutschland in der Atlantischen Allianz unverzichtbar. Das

setzte den völligen Abzug aller sowjetischen Truppen aus der DDR in einem vereinbarten Zeitrahmen voraus. Verhandlungen zwischen den beiden deutschen Staaten und den Vier Siegermächten sollten alle Einzelheiten der notwendigen Vereinbarungen abschließend klären und vereinbaren.

Hinzu kamen viele Gespräche der Experten im Bundeskanzleramt, auch unter Einbeziehung von Fachleuten außerhalb der Bundesregierung mit dem alleinigen Ziel, politische, wirtschaftliche und finanzielle Vorschläge zu entwickeln, um die sowjetische Führung über die noch bestehenden Hürden wie NATO-Mitgliedschaft zu bringen. Zum Schlüssel wurde das Thema Sicherheit. Eine Vielzahl von Faktoren kam der Bundesregierung zu Hilfe. Wie Helmut Kohl mit dem amerikanischen Präsidenten Ronald Reagan vereinbart hatte, hatte dieser mit Gorbatschow die Gipfeldiplomatie wieder aufgenommen. Sein Nachfolger George Bush setzte sie fort.

Gleichzeitig waren die Abrüstungs- und Rüstungskontrollvereinbarungen in Gang gekommen und führten zu den weitestreichenden Abrüstungs- und Rüstungskontrollvereinbarungen in der Geschichte. Alle nuklearen Mittelstreckenraketen der Reichweite zwischen 500 und 5000 km wurden vernichtet. Die strategischen Systeme wurden drastisch reduziert. Achtzig Prozent aller Nuklearwaffen wurden vernichtet. Die konventionellen Truppen wurden verringert, die C-Waffen verboten. Weitreichende Sicherheits- und Vertrauensbildende Maßnahmen wurden vereinbart. Heute sind wir dabei, das alles wieder leichtfertig aufs Spiel zu setzen.

Präsident George Bush hatte in seiner Mainzer Rede im Mai 1989 eine wichtige Botschaft an Gorbatschow gerichtet und angekündigt, dass die USA »die legitimen Sicherheitsinteressen« der UdSSR respektieren werden. Und er hat es getan.

Auch im Bundeskanzleramt wurde die Frage diskutiert, was könne man Gorbatschow anbieten, um seine Zustimmung in der Frage der NATO-Mitgliedschaft zu erhalten. Finanzielle Hilfen für die UdSSR für den Rückzug der Truppen, den Bau von Kasernen, für die Ausbildung ausscheidender sowjetischer Offiziere, Zahlungsbilanzkredite und anderes mehr wurden ermöglicht. Noch im Mai 1990 war ich im Auftrag des Bundeskanzlers mit dem Chef der Deutschen Bank,

Herrn Kopper, und dem Chef der Dresdner Bank, Herrn Röller, nach Moskau geflogen, um vertraulich einen 5 Milliarden Dollar-Kredit zu verhandeln, verknüpft mit der Frage der NATO-Mitgliedschaft. Entscheidend für den Erfolg und letztlich für den Durchbruch in den Verhandlungen im Juli 1990 im Kaukasus war der Vorschlag des Bundeskanzlers, noch vor der Wiedervereinigung Deutschlands einen Vertrag zwischen einem geeinten Deutschland und der UdSSR zu verhandeln, der klare sicherheitspolitische Zusagen und Garantien für die Sowjetunion enthält. Helmut Kohl hatte diesen Vorschlag im April dem sowjetischen Botschafter Julij Kwizinski erläutert. Dieser hatte darauf fast euphorisch reagiert. Anfang Mai kam der sowjetische Außenminister Edward Schewardnadse zum Bundeskanzler, um diesen Vorschlag des Bundeskanzlers nachdrücklich zu unterstützen. Dieser »Große Vertrag« mit den sicherheitspolitischen Zusagen an die UdSSR wurde nach der Wiedervereinigung Deutschlands gemeinsam unterschrieben und im November ratifiziert. Bis heute gilt, dass wir in Europa und im Westen gut beraten sind, die Sicherheitsinteressen Russlands, mögen sie auch oft übersteigert sein, ernst zu nehmen und gemeinsam – nicht gegeneinander – Lösungen zu finden.

Die Pariser Charta für ein Neues Europa

Diese geschichtlichen Prozesse 1989/90 sind absolut friedlich verlaufen, kein einziger Schuss ist gefallen, verantwortet von einem Bundeskanzler der CDU und einer von der CDU/CSU geführten Koalitionsregierung mit der FDP. Sie sind in der Nachkriegsgeschichte Deutschlands ohne Beispiel. Doch wen erfüllt heute in der Union noch Stolz oder Dankbarkeit? Es gibt bis heute keinen Platz oder Straße in Berlin, die nach Helmut Kohl benannt ist, aber es gibt eine Rudi-Dutschke-Straße.

Höhepunkt 1990 wurde im November die Pariser Konferenz, als alle 35 Staats- und Regierungschefs der KSZE-Mitgliedsländer die »Pariser Charta für ein neues Europa« unterschrieben. Das Ziel war eine Gesamteuropäische Friedens- und Sicherheitsordnung von Vancouver bis Wladiwostok, das Gemeinsame Europäische Haus, von dem Gorbatschow immer gesprochen hatte, in dem alle Mitbewohner über die gleiche Sicherheit verfügen sollten. Welch' ein Traum? Welch' eine Vision für ganz Europa? Was haben wir daraus gemacht?

Irreversible Stationen auf dem Weg zur Deutschen Einheit
Theo Waigel

Ende September 1989 wurde ich im oberfränkischen Banz gefragt, wie ich die Zukunft Deutschlands sehe. Meine Antwort: »Die deutsche Frage steht auf der Tagesordnung der Weltpolitik.« Am nächsten Tag fiel eine Flut von Kritik und politischen Beschimpfungen über mich herein. Unrealistisch, blauäugig, gefährlich, politische Umweltverschmutzung. So waren die Kommentare überschrieben. Wenige Tage später, am 26. September, empfing mich Präsident Georg Bush in Washington zu einem Gespräch. Er eröffnete die Unterredung mit einer Frage, wie ich einem jungen Deutschen die Zukunft Deutschlands erkläre. Ich gab der Hoffnung Ausdruck, dass angesichts der Ereignisse in Osteuropa und der europäischen Entwicklung die Selbstbestimmung aller Völker zum Tragen käme und damit auch die Teilung Deutschlands beendet werden könne. Die damalige stellvertretende Sicherheitsberaterin, Condoleezza Rice hat über dieses Gespräch in ihrem Buch »Sternstunde der Diplomatie« berichtet und sich gewundert, warum meine Zuversicht auf eine baldige Wiedervereinigung nicht stärker zum Ausdruck gekommen war. Natürlich nahmen wir die explosive Dynamik wahr, die sich in der DDR bei den Friedensdemonstrationen und Kundgebungen vollzog. Das Zerschneiden des Eisernen Vorhangs, des Stacheldrahts zwischen Ungarn und Österreich und die Ausreise der Flüchtlinge aus Prag hatten eine Dynamik geschaffen, die auch die DDR-Machthaber nicht negieren konnten. Vom Kreml waren die Regierenden in Ungarn und in der Tschechoslowakei nicht gehindert worden, unabgestimmte Maßnahmen gegen die DDR-Führung durchzuführen. Und doch wussten wir nicht, wie ein eventueller Konflikt zwischen der Bevölkerung und bewaffneten Machthabern enden würde. Wie würden sich über eine Million Sowjetrussen verhalten, die auf deutschem Boden lebten? Das Gebiet der DDR war die waffenstrotzendste Region Mitteleuropas.

Die wirtschaftliche Entwicklung der DDR ist in dem Werk von Dieter Grosser »Das Wagnis der Währungs-, Wirtschafts- und Sozialunion« umfassend dargestellt.

Im Frühjahr 1988 wandte sich Gerhard Schürer, einer der Chefökonomen der DDR, direkt an Erich Honecker mit Überlegungen zur weiteren Arbeit am Volkswirtschaftsplan. Schürers Vorschläge hätten eine spürbare Senkung des Lebensstandards der Bürger zur Folge gehabt. Die Nettoverschuldung werde 1990 auf 47,4 Mrd. VM ansteigen, die Investitionen würden zurückgehen, die industrielle Warenproduktion liege unter den Leistungskennziffern, die Lohnpolitik sei nicht mit dem Wachstum der Arbeitsproduktivität verbunden. Bei Fortsetzung dieser Entwicklung werde die DDR 1991 zahlungsunfähig sein. Die Parteiführung hatte nicht mehr die Kraft, diese Kursänderung durchzuführen. Noch einmal belog Erich Honecker zum 40. Jahrestag der Gründung der DDR am 6. Oktober 1989 die Menschen in der DDR. Wenige Tage danach wurde er abgesetzt und die Wirtschaftsexperten, darunter Gerhard Schürer, fertigten für den neuen Generalsekretär Krenz eine Analyse, die eine Senkung des Lebensstandards um 25 bis 30 % erfordere, wenn nicht massive Kapitalhilfe aus dem Westen komme. Die Wirtschaft der DDR konnte aus eigener Kraft nicht mehr stabilisiert werden.

Die Politik in der Bundesrepublik Deutschland musste sich auf diese Situation und Entwicklung einstellen. Wir hatten immer wieder unsere Bereitschaft erklärt für Reformen und Freiheitsrechte der Menschen in der DDR Hilfen und Unterstützung zu gewähren. Umstritten war, welche Maßnahmen den Menschen in der DDR am schnellsten und wirksamsten helfen. Der neue Generalsekretär der SED, Egon Krenz, sprach in einer Grundsatzrede die Probleme an: »Wir nehmen die Unzufriedenheit der Bürger mit zahlreichen Mängeln in der Versorgung, mit der ungenügenden Kontinuität der Produktion und ausufernder bürokratischer Gängelei sehr ernst (…). Die Lage erfordert zugleich eine grundsätzliche Änderung der Wirtschaftspolitik, verbunden mit einer umfassenden Wirtschaftsreform.« Krenz wollte seine Reformen auf den gesellschaftlichen Bereich beschränken, aber im politischen Bereich das Machtmonopol der SED beibehalten und an der sozialistischen Wirtschaft festhalten. Doch die Freiheit ist unteilbar. Politische, gesellschaftliche und ökonomische Freiheit bedingen einander.

Am 6. November 1989 formulierte ich folgende Punkte für notwendige Änderungen in der DDR:

- Umstellung der Entlohnung auf das Leistungsprinzip

- Dezentralisierung der betrieblichen Einheiten mit der Erwirtschaftung betrieblicher Gewinne

- Ein System freier Preise, die sich zwangsläufig am Weltmarkt orientieren müssen.

- Zulassung privater Handwerksbetriebe, Aufbau von Genossenschaften, Ausgabe von Betriebsaktien und Aufbau eines Aktienmarktes.

Am 9. November 1989 wurde mir ein Vermerk über die Reform des Währungssystems in der DDR vorgelegt. Dabei wurde auf das Missverhältnis zwischen Warendeckung und Geldumlauf, zurückgestauter Inflation und Geldüberhang hingewiesen. Erste Vorschläge zur Reform des Währungssystems, des Notenbanksystems und zum Ausbau der Finanzmärkte wurden formuliert.

Am gleichen Tag entstand ein Papier im Bundesfinanzministerium, das Ansatzpunkte für wirtschaftliche und finanzielle Hilfen für die DDR enthielt. Jede sinnvolle und auf Dauer tragfähige Hilfe für die DDR setze Veränderungen des DDR-Wirtschaftssystems voraus. Es wurde auf die gut ausgebildeten Arbeitskräfte in der DDR verwiesen. Was fehle, sei Kapital und Know-how. So sollte ein Hauptaugenmerk auf die Mobilisierung von privatem Kapital gelegt werden. Doch auch dafür wurden Eigentumsgarantien, Investitionsschübe und realistische Preise als Voraussetzung angesehen.

In meiner Rede vor der Gedächtniskirche am 10. November 1989 habe ich Martin Walser zitiert: »Aus meinem historischen Bewusstsein ist Deutschland nicht zu tilgen. Ich weigere mich, an der Liquidierung von Geschichte teilzunehmen.« Ich habe an Reiner Kunze erinnert, der nach seiner Übersiedlung in die Bundesrepublik Deutschland 1977 gefragt wurde, ist das Ihr neues Vaterland? Seine Antwort: »Nein, das ist mein neues Zuhause – mein Vaterland ist Deutschland.«

Die Einheit Deutschlands war Bestandteil unseres Denkens.

Am 10. November 1989 beschäftigte sich das Bundesfinanzministerium mit der Frage politisch institutioneller Strukturen im Währungsbereich und mit der Währungslage in der DDR. Dabei gingen wir noch von einer Nettoverschuldung in konvertierbaren Währungen von rund 10 Mrd. Dollar aus. Die direkten Maßnahmen der Bundesrepublik Deutschland gegenüber der DDR beliefen sich damals jährlich auf etwa 2,2 Mrd. D-Mark.

Am 14. November 1989 wurde ein erstes Papier über die währungspolitische Neuordnung in der DDR erstellt. Als notwendig wurde erachtet:

- Schaffung sachgerechter Autonomie für die Unternehmen der DDR,

- Herstellung eines funktionierenden Wettbewerbs,

- Beseitigung des Außenhandelsmonopols,

- Stufenweise Abbau der Devisenbewirtschaftung,

- Einführung eines realistischen Wechselkurses für Reisedevisen,

- Reform der Notenbank sowie

- Verselbstständigung der Geschäftsbanken,

- Flankierende Schaffung ergänzender Formen der sozialen Sicherung bei Arbeitslosigkeit.

Dazu war eine Freigabe der Preise, jedenfalls stufenweise, erforderlich.

Eine grundlegende währungspolitische Neuordnung in der DDR war unvermeidlich. Schon damals wurde vermutet, dass in der versteckten Deckung von Staatsdefiziten und öffentlichen Unternehmen eine Quelle von Geldüberhang liegen könne. Ein realistisches Austauschverhältnis würde zwischen 1:3 und 1:5 angenommen. In der Studie wird auf das Spannungsverhältnis zwischen Preisreform und seiner Auswirkung auf die Verbraucherpreise und die dadurch bedingte Einschränkung des Lebensstandards breiter Bevölkerungsgruppen hingewiesen.

Am 28. November 1989 hatte Bundeskanzler Helmut Kohl in seinem 10-Punkte-Programm zur Überwindung der Teilung Deutschlands und Europas festgestellt, es eröffnen sich Chancen für die Überwindung der Teilung Europas und damit auch unseres Vaterlandes: »Der Weg zur deutschen Einheit ist nicht vom grünen Tisch oder mit einem Terminkalender in der Hand zu planen (…). Aber wir können, wenn wir nur wollen, schon heute jene Etappen vorbereiten, die zu diesem Ziel hinführen.« Später sagt er: »Wie ein wiedervereinigtes Deutschland schließlich aussehen wird, dass weiß heute niemand. Dass aber die Einheit kommen wird, wenn die Menschen in Deutschland sie wollen, dessen bin ich sicher.« In Punkt 10 wiederholt Helmut Kohl: »Mit dieser umfassenden Politik wirken wir auf einen Zustand des Friedens in Europa hin, in dem das deutsche Volk in freier Selbstbestimmung seine Einheit wiedererlangen kann. Die Wiedervereinigung, d.h. die Wiedergewinnung der staatlichen Einheit Deutschlands, bleibt das politische Ziel der Bundesregierung.«

Damit hatte Helmut Kohl eine entscheidende Weichenstellung für die Entwicklung bis zum 3. Oktober 1990 vorgenommen.

Die Situation in West- und Ostdeutschland im Jahre 1989

Im Jahr 1989 hatte die Bundesrepublik Deutschland ihren Gesamthaushalt konsolidiert und die öffentlichen Haushalte wiesen einen Überschuss von 0,2 % aus. 1990 hätte ich nach 21 Jahren wieder einen ausgeglichenen Bundeshaushalt vorlegen können. Niemand wusste zu dem Zeitpunkt, dass die Einheit Deutschlands so nahe war. Bei aller Genugtuung über einen ausgeglichenen Haushalt im Jahr 1990, die Freude über die gelungene Wiedervereinigung nur ein Jahr später ist weit größer als die eventuelle Genugtuung über ein Plus im Bundeshaushalt.

Dagegen war eine Stabilisierung der DDR auch nach der Machtübernahme durch Egon Krenz nicht mehr möglich. Die DDR hätte als Staat nur stabilisiert werden können, wenn sie von den Siegermächten oder von der Bundesrepublik auf sich selbst verwiesen worden wäre. Der Exodus der DDR-Bürger hielt an. Neue politische Gruppierungen und Parteien bildeten sich. Die Kirchen luden zu einem Rundtischgespräch ein, in dem die Teilnehmer Vorkehrungen für eine freie Wahl am 6. Mai 1990 trafen. Die Reformkonzepte der Regierung Modrow beinhalteten noch ein Programm für eine selbstständige DDR. Schon am 14. Januar erklärte die neugegründete Sozialdemokratische Partei Deutschlands ihr Ziel sei ein geeintes Deutschland. Am 1. März 1990 beschloss der Ministerrat der DDR die Gründung einer Anstalt zur treuhänderischen Verwaltung des Volkseigentums. Im Januar und Februar verließen 137 000 Menschen die DDR. In den Demonstrationen fanden sich die Forderungen nach der Einheit Deutschlands, einer sozialen Marktwirtschaft, freie und geheime Wahlen. Am 20. November eröffnete Bundeskanzleramtsminister Rudolf Seiters eine Serie von Gesprächen zwischen beiden Regierungen. Dabei ging es um einen deutsch-deutschen Reise-Devisen-Fonds, Verbesserungen für die Infrastruktur und eine Verbesserung des Personen- und Telefonverkehrs zwischen beiden deutschen Staaten. Erstmals ließ Moskau erkennen, dass die deutsche Frage auf der Tagesordnung der Politik des Kremls stehe. Bundeskanzler Helmut Kohl und ich machten Hilfen für die DDR davon abhängig, dass eine Transformation ihres politischen und ökonomischen Systems stattfinde und Demokratie und Marktwirtschaft eingeführt werden. Am 12. November forderten die Bundestagsabgeordneten der SPD Ingrid Matthäus-Maier und Wolfgang Roth ein nationales Unterstützungsprogramm, das aber abhängig sei von Marktgerechter Preisbildung, Dezentralisierung, Privatinitiative, leistungsorientierter Entlohnung und Konvertierbarkeit der Währung.

Ministerpräsident Modrow verlangte von der Bundesrepublik für 1990/91 einen Lastenausgleich von 15 Mrd. D-Mark. Am 2. Februar wurde in Ostberlin eine Erklärung Modrows veröffentlicht, über den

Weg zur Deutschen Einheit. Das war eine Annäherung an Kohls
10-Punkte-Programm vom 28. November. Es waren dann Kurt Biedenkopf und Ingrid Matthäus-Maier, die beide am 19. Januar auf eine
schnelle Lösung der Währungsfrage hinwiesen.

Seit Mitte Dezember 1989 hatten wir uns im Bundesministerium
der Finanzen auf verschiedene Eventualitäten vorbereitet. Auf Vor-
schlag meines damaligen Staatssekretärs, Horst Köhler, hatte ich
Ministerialrat Thilo Sarrazin mit der Erarbeitung grundsätzlicher
Überlegungen beauftragt. Horst Köhler und Ministerialdirektor Gerd
Haller hatten sehr früh das Für und Wieder einer baldigen Einfüh-
rung der D-Mark in der DDR geprüft. Ende Januar lag ein präzises
Konzept vor. Mitte Januar 1990 hatte ich ein Vier-Augen-Gespräch
mit Horst Köhler und deutete dabei an, es könne schnell zu einer
Situation kommen, wo wir nach dem Motto gefordert würde »Kobra
übernehmen sie«. Das habe ich auch Bundesbankpräsident Karl Otto
Pöhl erklärt, als wir uns am 5. Februar im Finanzministerium trafen.
Am 30. Januar 1990 verließen wir die Räume des Finanzministeriums
in der Graurheindorfer Straße und begaben uns in die einladendere
Atmosphäre der Bayerischen Landesvertretung in Bonn. Dabei kam
es zu einer Abwägungsdiskussion, wie die Einführung der D-Mark in
der Form der Erweiterung des Währungsgebiets währungspolitisch
möglich ist. Voraussetzung sei die Schaffung der rechtlichen Voraussetzungen für eine Marktwirtschaft in der DDR.

Ich hatte für diese Klausurtagung ein weiteres Thema auf die
Tagesordnung gesetzt, nämlich die verfassungsrechtlichen Fragen
einer deutschen Wiedervereinigung. Es war Ministerialdirektor
Schmidt-Bleibtreu, der als Kommentator des Grundgesetzes in
verfassungsrechtlichen Fragen bewandert war und dieses Thema
behandelte. Schmidt-Bleibtreu vertrat die Meinung, dass ein Staatsvertrag zwischen der Bundesrepublik Deutschland und der DDR zur
Schaffung eines gemeinsamen Wirtschafts- und Währungsgebietes
ein erster Schritt zur Herstellung der staatlichen Einheit nach Art.
23 Grundgesetz sein könnte. Nach dieser Klausurtagung entwarf
Schmidt-Bleibtreu eine erste Skizze für einen solchen Staatsvertrag.
Wir richteten im Bundesfinanzministerium eine abteilungsübergrei-
fende Arbeitsgruppe »Innerdeutsche Beziehungen« ein und betrauten

Thilo Sarrazin mit deren Leitung. So hatten wir uns gut vorbereitet, bevor es zu dem Gespräch am 6. Februar 1990 zwischen den drei Vorsitzenden der Koalitionsparteien CDU, CSU und FDP, Helmut Kohl, Graf Lambsdorff und mir, kam. Eine entscheidende Frage war im Konzept vom 29. Januar die Frage, wie ein Umrechnungskurs zwischen der Bundesrepublik Deutschland und der DDR aussehen könne. Das DIW hatte anhand aktualisierter Warenkörbe eine Kaufkraftrelation von 1 Mark = 1,07 D-Mark festgestellt. Das damals bekannte Verhältnis der Geldbestände führte zu der Erkenntnis, dass eine Umstellung 1:1 möglich sei. Dies war erstaunlich, weil die allgemein diskutierten Überlegungen für eine Wechselkursfixierung auf 1:5 hinausliefen. Ursprünglich war die durchschnittliche Produktivität pro Erwerbstätigen der DDR mit 40 % des bundesdeutschen Niveaus angenommen worden. Da auch die durchschnittlichen Nominallöhne etwa 40 des westdeutschen Niveaus betrugen, wäre eine Umstellung der laufenden Zahlungen mit 1:1 einigermaßen kostenneutral gewesen. Später mussten wir feststellen, dass die durchschnittliche Arbeitsproduktivität weit unter 40 % des bundesdeutschen Niveaus lag. In einer Studie des Bundesfinanzministeriums vom 21. März 1990 wurden die Bruttolöhne bei verschiedenen Umrechnungskursen fixiert. Bei 2:1 wären das 625 D-Mark gewesen, bei 1:1 1250 D-Mark. Wir wussten, dass die Schuldenlast der Unternehmen und des Wohnungswesens bei einer Umstellung von 1:1 nicht tragbar gewesen wäre. Mir war klar, dass eine Umstellung der laufenden Zahlungen (Löhne und Renten) mit 1:1 die Wettbewerbsfähigkeit der DDR-Unternehmen gefährdet und den Staatshaushalt nachhaltig belastet. In den Unterlagen fand ich eine handschriftliche Bemerkung von Horst Köhler, dass sich eine 1:1 Umstellung in der ökonomischen Wirkung nicht wesentlich von einer 2:1 Umstellung unterscheide, bei der die Löhne zuerst um bestimmte kompensatorische Zuschläge für den Ausgleich von Preissteigerungen und Sozialversicherungsbeiträgen erhöht wurden.

Zur Vorbereitung der Begegnung von Bundeskanzler Kohl und Ministerpräsident Modrow kam es am 09.02. zu einem Treffen des Bundeskanzlers, der beteiligten Ministerien und Bundesbankpräsident Pöhl. Pöhl wies darauf hin, dass die Entscheidungen gefährlich wie Dynamit seien. Man solle die Wirtschafts- und Währungsunion als Angebot formulieren und im Verhandlungsangebot Fragen formulieren und eine Kommission zur Beantwortung dieser Fragen einsetzen. Offene Fragen seien:

- die Preisfreigabe,
- Errichtung von Landeszentralbanken in den Ländern,
- zweistufiges Zentralbanksystem,
- Einführung von Geschäftsbanken,
- die D-Mark als einziges Zahlungsmittel,
- Klärung der Auslandsschulden,
- Neuordnung der Staatsfinanzierung,
- Etablierung eines Steuersystems und
- Zugang zum westdeutschen Kapitalmarkt,
- Grundausstattungen der Gebietskörperschaften,
- Entwicklung der Löhne,
- Abschaffung des Außenhandelsmonopols.

Für den Bundeshaushalt ergäbe sich die Möglichkeit von Einsparungen an anderer Stelle. Die gesamtwirtschaftliche Dimension sei mit der Wirtschaftskraft von NRW oder Hessen vergleichbar. Gesamtwirtschaftlich dürfe die Lösung der DDR-Wirtschaftsprobleme kein unüberwindbares Problem darstellen. Angesichts eines Exportüberschusses von 150 Milliarden D-Mark sei dies auch kapitalmarktmäßig zu bewältigen. Wichtig sei, dass die D-Mark unter Aufwertungsdruck bleibe. Ich erwiderte dem Bundesbankpräsidenten, dass das Dynamit aus der Entwicklung der DDR komme. Wir müssten auch bedenken, dass eine neue Regierung Handlungsspielraum in Anspruch nehme und sich nicht sofort unter Druck setzen lassen werde. Es sei richtig, der Währungsunion einen Angebotscharakter gegenüber der DDR zu geben. Bundeswirtschaftsminister Haussmann riet dazu, die Priorität zunächst auf die Produktivität und nicht nur auf die Infrastrukturverbesserung zu richten. Schlüssel dazu sei Kapital. Bundesarbeitsminister Blüm verwies auf die sozialen Lösungen, so dass die Währungsunion auch eine Sozialunion bedeute. Die Runde formulierte dann die Fragen, die an Ministerpräsident Modrow im Zusammenhang mit dem Angebot der Währungsunion zu richten seien.

Am gleichen Tag gab Bundesbankpräsident Pöhl eine Erklärung vor der Bundespressekonferenz in Bonn ab. Er erläuterte in nobler Art und Weise seine Bemerkung, dass eine Diskussion über die Währungsunion wohl verfrüht sei und akzeptierte die Entscheidung des Bundeskanzlers und sprach sich für die loyale Unterstützung der Bundesbank für die Prärogative der Bundesregierung aus. Es gehe um die Schaffung eines vereinigten Wirtschafts- und Währungsgebietes zwischen der Bundesrepublik Deutschland und der Deutschen Demokratischen Republik, es gehe um die Vorstufe einer Vereinigung der beiden deutschen Staaten. Dies könne nur durch einen völkerrechtlichen Vertrag zwischen zwei selbstständigen Staaten, der von beiden Parlamenten ratifiziert werden müsse, geschehen. Pöhl erläuterte dann alle rechtlichen und ökonomischen Voraussetzungen, die dazu notwendig sind. Als er nach dem Finanzplatz gefragt wurde, äußerte er: »Der Sitz der Bundesbank ist nach dem Bundesbankgesetz ohnehin Berlin. Die Bundesbank ist nur solange in Frankfurt, wie der Sitz der Bundesregierung nicht in Berlin ist.« So stehe es im Bundesbankgesetz. Wenn die Bundesregierung morgen nach Berlin zöge und das Bundesbankgesetz in diesem Punkt nicht geändert würde, dann würde auch die Bundesbank nach Berlin gehen. Das hat sich in der Folgezeit geändert. Der Sitz der Bundesbank ist heute endgültig Frankfurt. Darüber hinaus war es auch deswegen möglich, den Sitz der Europäischen Zentralbank für Frankfurt zu erreichen. Bemerkenswert war auch, was Karl Otto Pöhl als Vorsitzender des Ausschusses der Europäischen Notenbankgouverneure zur Fortführung der europäischen Integration ausführte. Der Prozess in Richtung auf eine Europäische Wirtschafts- und Währungsunion sei umso dringlicher. Ihn fortzuführen sei wichtig, um die Nachbarn zu beruhigen und ihre Befürchtung, es entstehe eine ökomische Supermacht mit wirtschaftlicher und währungspolitischer Dominanz der Bundesrepublik, sich nicht noch verstärke. Der Prozess werde daher eher gefördert, er werde sich jedenfalls dafür einsetzen. Damit wird aber auch deutlich, dass der Prozess zuvor begonnen hat und die Deutsche Einheit und die Europäische Wirtschafts- und Währungsunion nicht der Preis Deutschlands für die Deutsche Einheit war.

Ein Tag danach erschien in der *Wirtschaftswoche* ein bemerkenswertes Interview des früheren Bundeswirtschaftsministers Professor Karl Schiller. Er spielte im Prozess der Wiedervereinigung und der Deutschen Währungsunion eine außerordentlich positive Rolle. Er unterstützte mich im Haushaltsausschuss des Deutschen Bundestages und ermunterte mich in mehreren Anrufen, die Politik fortzusetzen. Er hatte allerdings auch große Sorgen hinsichtlich des Aufwertungsdrucks und seiner Auswirkung auf die Betriebe in der DDR. In einem Interview, das am 10.02.1990 in der Wirtschaftswoche erschien, warnte er vor Katastrophengemälden und sah in der Vereinigung eine große Chance für die deutsche Wirtschaft. Schiller verweist in dem Interview auf die neue politisch-ökonomische Situation. Er fordert ein Leitsätze-Gesetz des neuen DDR-Parlaments im Hinblick auf die ausstehenden marktwirtschaftlichen Wirtschaftsreformen, er verweist auf mögliche Ausgabenkürzungen, akzeptiert eine höhere Neuverschuldung angesichts der Investitionen für die Zukunft. Er betont, er würde sich erst einmal gegen Steuererhöhungen sträuben und sie nur im äußersten Notfall akzeptieren. Später rief er mich einmal an und riet mir, Steuererhöhungen nicht völlig auszuschließen. Diesen Ratschlag habe ich beherzigt und Steuererhöhungen als letzte Möglichkeit auch in öffentlichen Reden zum Ausdruck gebracht.

Weltforum 15.02.1990

Der Zusammenhang, die Beziehung zwischen Wiedervereinigung und einer gemeinsamen europäischen Wirtschafts- und Währungsunion spielte auch auf einem Forum der Welt am 15.02.1990 eine Rolle. Längst vor der Diskussion um die Frage der Deutschen Einheit war zur schrittweisen Verwirklichung der Wirtschafts- und Währungsunion der 1. Juli 1990 als erste Stufe der Wirtschafts- und Währungsunion mit einer Freigabe des Kapitalverkehrs vorgesehen. Diese erste Stufe sollte sich als Einübung in die Stabilitätsbedingungen der Wirtschafts- und Währungsunion bewähren. Auf der Zusammenkunft der Staats- und Regierungs-Chefs der Gemeinschaft in Straßburg wurden die Außen- und Finanzminister aufgefordert, für die Regierungskon-

ferenz im Dezember 1990 eine Vertragsänderung optimal vorzubereiten. Ich habe bei dem Weltforum zum Ausdruck gebracht, dass sich
bei den weiteren Arbeiten zeigen wird, inwieweit die wirtschaftlichen
und politischen Voraussetzungen für eine Wirtschafts- und Währungsunion in der Gemeinschaft schon gegeben sind. Die Stunde der
Wahrheit komme erst noch. Bei den weiteren Arbeiten hätten die
Sachfragen absoluten Vorrang vor Zeitfragen. Diese Ausführungen
zeigen mit aller Deutlichkeit, dass Deutsche Einheit und Europäische
Wirtschafts- und Währungsunion kein Tauschgeschäft oder Bedingung für einander gewesen sein konnten.

**Treffen von Bundeskanzler Kohl und Ministerpräsident Modrow
am 13.02.1990 (Runder Tisch)**

Für Kohl war dies in seiner Einleitung ein historisches Datum. Es
gehe bei den anstehenden Problemen um innerdeutsche Probleme.
Natürlich sei Kontakt und Abstimmung mit den Siegermächten vonnöten, Kohl wandte sich aber gegen eine 4-Mächte-Konferenz. Dabei
müssten die Sicherheitsinteressen der Nachbarn berücksichtigt werden. Beide deutsche Seiten sollten die Zeit bis zum 1. März nützen.
Kohl wies auf die Zahl der Übersiedler hin, die sich im Januar und
Februar auf etwa 100 000 erhöht hätten. »Wir wünschen keinen Exodus«, sagte er wörtlich. Er sagte aber auch, das 10-Punkte-Programm
sei durch die Ereignisse bereits überholt und eine Vereinigung könne
innerhalb eines Jahres erfolgen. Bundeskanzler Kohl ging dann auf
das Angebot einer Währungs- und Wirtschaftsunion ein. Eine kleine
Expertengruppe aus Bundesregierung und Bundesbank sei mit der
Vorbereitung beauftragt. Es handele sich um eine historische Aufgabe
und die Zeit dränge.

Auch Ministerpräsident Modrow sprach von einer historischen
Stunde. Die nationale Verantwortung zeige sich durch den runden
Tisch in der DDR und die damit gezeigte Verantwortungsbereitschaft.
Er kritisierte die Medienlandschaft in der Bundesrepublik Deutsch-
land, die sich ihrer Verantwortung in der gegenwärtigen Situation
nicht voll bewusst sei. Er sprach hier von einer Destabilisierung durch

gezielte Medienpolitik. Für eine Kommission zur Vorbereitung der Wirtschafts- und Währungsunion schlug er die Herren Romberg, Eppelmann, Siegert, Grünheid und Rauchfuß vor. Sie sollten schon im Februar entsprechende Vorarbeiten liefern und Grundlagen für die Entscheidung der neugewählten Volkskammer liefern. Er verwies auf die sozialpolitische Absicherung und sprach von einem Solidarbeitrag, der nicht verzögert werden solle. Modrow äußerte sich auch zum Tempo der Wirtschaftsreformen, einem eventuellen Stufenprogramm und er warnte vor überhasteten Schritten um einer weiteren Verunsicherung zu begegnen. Er erwähnte den Prozess der europäischen Sicherheit, forderte ein klares Wort zu den Grenzfragen und verlangte, die Interessen der Sowjetunion hinsichtlich des militärischen Status' zu beachten und sie in europäische Sicherheitsstrukturen mit einzufügen. Er verlangte ein solidarisches Aufeinanderzugehen, einen Solidarbeitrag und ein Solidaropfer.

Dr. Ullmann wandte sich gegen ein Anschlussmodell nach Artikel 23 Grundgesetz. Er sprach sich für einen Bund Deutscher Länder aus. Dem entgegnete Bundeskanzler Helmut Kohl, der unsere föderale Ordnung als ein besonders geglücktes Verfassungsmodell bezeichnete.

Im Anschluss daran meldeten sich die Sprecher des Runden Tisches wie Eppelmann und Platzeck. Die damalige Wirtschaftsministerin, Frau Professor Luft, nahm zur geplanten Währungsunion Stellung. Es handele sich um tiefgreifende, ökonomische Prozesse. Die Bevölkerung der DDR wolle nicht ein zweites Mal nach dem verlorenen Krieg zu den Verlierern gehören. Sie stellte sich die Frage: »Wer hilft uns nach Aufgabe der Souveränität?« Die Errungenschaften der DDR müssten gewährleistet sein. Sie sprach dann den Schutz der Spargut-haben an, verlangte Subventionen für Industriezweige und ein soziales Netz – vor allem für Frauen, Familien –, und das betreffe die Wohnungspolitik, die Rentenpolitik und das Problem der Arbeitslosen. Es durften auch bei den Eigentumsfragen im Bereich der Landwirtschaft keine Spekulationen entstehen. Bundeskanzler Helmut Kohl erwiderte: »Wir bieten das wirksamste Mittel, nämlich die D-Mark, und damit eine Währungsunion.« Das sei eine Revolution auf friedlichem Wege. Er verwies auf die Solidarleistungen Westdeutschlands bei den Entschädigungsfragen nach dem Krieg und forderte die andere Seite

332 Irreversible Stationen auf dem Weg zur Deutschen Einheit

auf, das Angebot der Bundesrepublik Deutschland sehr ernst zu nehmen. Professor Romberg, der spätere Finanzminister forderte, dass die Stabilität gewahrt bleibe. Es fehle der DDR an Zeit, um eine neue Identität zu schaffen. Er sprach sich für die Vorbereitung einer 6-Staaten-Konferenz und einer KSZE II-Konferenz aus. Für ein gemeinsames Wort vor den Wahlen sprach sich auch Bundeskanzler Helmut Kohl aus. Er unterstützte auch eine gemeinsame Vorbereitung der Folgekonferenzen durch Experten. Zwischen Dr. Ullmann und mir entspann sich dann eine Diskussion über die Frage, welche Rolle der Artikel 23 Grundgesetz bei einer Wiedervereinigung spielen könne.

Ministerpräsident Max Streibl betonte, die Selbstbestimmung gelte für alle: »Wir wollten keinen Zentralstaat à la Bismarck.«. Er verwies aber auch auf Probleme in der Bundesrepublik Deutschland angesichts der zunehmenden Übersiedlerzahlen. Ministerpräsident Johannes Rau (NRW) sprach sich für einen föderal aufgebauten, einheitlichen Bundesstaat aus. Er beklagte das Fehlen von Ansprechpartnern für Länder und Kommunen. Der Vizepräsident der Deutschen Bundesbank, Professor Schlesinger, betonte die Verantwortungsbereitschaft der Bundesbank. Das Angebot einer Wirtschafts- und Währungsunion sei einmalig und ohne jedes Beispiel zuvor. Die Rahmendaten in der Bundesrepublik müssten erhalten und in der DDR geschaffen werden. Auch künftig müsse die Währung stabil gehalten werden. Bundesarbeitsminister Norbert Blüm verwies darauf, dass Sozialpolitik einen Beitrag zur Deutschen Einheit erbringen müsse: »Wir müssen die Sozialsysteme zusammenfügen.« Zunächst sei eine Anschubfinanzierung notwendig, dann müssten aber die Sozialsysteme sich selbst finanzieren.

Ministerpräsident Modrow warf die Frage auf, ob das künftige Deutschland ein deutscher Bund oder Bundesstaat sein solle. Die Diskussion über die Länder solle nicht unter Zeitdruck erfolgen. Ein doppelter Lastenausgleich sei notwendig. Zu mir gewandt meinte er, dass erst im Sommer oder Frühherbst eine Entscheidung über die Wirtschafts- und Währungsunion fallen könne. Ein Solidarbeitrag sei allerdings vorher vonnöten. Helmut Kohl verwies auch auf die Interessen der Nachbarn, auf die Sorgen der Sowjetunion und die Situation in Polen, Ungarn und der Tschechoslowakei. Er erinnerte an die Ängste, die es auch bei uns gäbe, und die systematisch im Ausland artikuliert würden – nicht zuletzt durch Margaret Thatcher. Wir müssten bereit sein, Risiken auf uns zu nehmen und Gespräche sofort beginnen. Dazu gelte es, die europäische Gemeinschaft in die Gespräche mit einzubeziehen. Ich fügte dem noch hinzu, dass der Solidarbeitrag der Bundesrepublik Deutschland in der Schaffung der Wirtschafts- und Währungsunion und den damit zusammenhängenden Unterstützungsmaßnahmen stattfinde.

In einem späteren Gespräch mit Frau Wirtschaftsministerin Luft herrschte eine eisige Atmosphäre, weil ich ihre Forderung nach einem Solidarbeitrag von 15 Milliarden D-Mark entschieden zurückwies. Die DDR-Delegation war enttäuscht, von uns nicht wenigstens die Zusage über 5 bis 10 Milliarden DM Soforthilfe zu bekommen. Ich lehnte dies mit der Begründung ab, ohne entscheidende vorhergehende Reformen gehe jeder Finanztransfer in ein Fass mit offenem Boden oder sei wie Saatgut auf gefrorenen Feldern. In einem Begleitpapier zu dem Treffen zwischen Kohl und Modrow hatten alle Beteiligten des Runden Tisches, d.h. die in der DDR etablierten neuen Gruppierungen, Gewerkschaftsbund und andere Organisationen ihre Forderungen artikuliert. Darin fand sich auch die Forderung nach einem Solidarbeitrag zwischen 10 und 15 Milliarden D-Mark über dessen Verwendung eine gemeinsame deutsche Kommission konstituiert werden solle. Einer vorschnellen Preisgabe der Finanzhoheit der DDR stimme der Runde Tisch nicht zu. Die Regierung werde nicht legitimiert, jetzt schon eine Währungsunion oder einen Währungsverbund zu vereinbaren. Ein gemeinsamer deutscher Rat solle die Regelung des Einigungsprozesses vorbereiten. Außen- und sicherheitspolitisch trat der Runde Tisch für eine Entmilitarisierte Zone in Mitteleuropa, für eine Truppenreduzierung der nationalen Kontingente und für den Abzug ausländischer Streitkräfte von deutschem Boden ein. Der Runde Tisch wandte sich strikt gegen jeden Versuch der direkten oder indirekten Ausdehnung der NATO auf das Gebiet der heutigen DDR. Allein diese Forderungen ließen erkennen, wie weit die Vorstellungen auch demokratischer Kräfte in der DDR von der Realität und den Notwendigkeiten eines wiedervereinigten Deutschlands entfernt waren. Ich habe deswegen Herrn Modrow bei einem bilateralen Gespräch unverblümt darauf hingewiesen, dass ein Runder Tisch nicht den notwendigen Sachverstand ersetze. Die humanitäre Hilfe laufe, für Umweltschutzprogramme und Verkehrsprojekte werde einiges in Angriff genommen, eine ERP-Unterstützung stehe in Aussicht. Ein ungebundener Finanzkredit allein sei kein Hoffnungssignal für mehr Vertrauen und Investitionen in der DDR. Basis dafür sei allein ein überzeugendes Wirtschafsprogramm.

Mit Schreiben vom 30. März 1990 hatte der Präsident der Deutschen Bundesbank Karl Otto Pöhl dem Bundeskanzler und mir die Vorstellungen des Zentralbankrats zur Währungsunion mitgeteilt. Im Punkt 1 hieß es, eine Umstellung 2:1 ist vor allem im Interesse der Wettbewerbsfähigkeit der DDR notwendig. (…) Ein Umstellungssatz von 2:1 bedeutet für Löhne und Renten nur auf dem ersten Blick eine auch nach unserer Auffassung unzumutbare Halbierung gegenüber den jetzigen nominalen Werten. Die Renten sollen ja ohnehin nach einer neuen Formel berechnet werden. (…) Bei den Löhnen ist es Sache der Betriebe und Gebietskörperschaften der DDR mit den Arbeitnehmern und ihren Vertretungen neue Lohnverträge auszuhandeln. Ein Umstellungssatz von 2:1 ermöglicht dafür die notwendige Differenzierung. Auch im Vorschlag der Deutschen Bundesbank war die Möglichkeit vorgesehen, gewisse DDR-Beträge mit 1:1 gegen D-Mark umtauschen zu können. Des Weiteren findet sich auch noch der Hinweis auf die Nutzung des sogenannten »volkseigenen Vermögens« für die Private Vermögensbildung. Hier sollten großzügige Angebote vorgesehen werden, um den Sparern den Verlust beim 2:1 Umtauschsatz zu erleichtern. Im Protokoll der 794. Sitzung des Zentralbankrats der Deutschen Bundesbank vom 15. März 1990 findet sich allerdings auf Seite 11 auch der Hinweis, dass in einzelnen Beiträgen die Umstellung aller Aktiv- und Passivposten sowie der Strom- und Bestandsgrößen im Verhältnis 1:1 für vertretbar gehalten werde. Der spätere Bundesbankvizepräsident Johann Wilhelm Gaddum teilte mir in einem Schreiben vom 13. September 2007 in aller Offenheit mit, er habe schon im Juli 2000 den Vorschlag der Bundesbank, die Stromgrößen 2:1 umzustellen als blauäugig bezeichnet. Es heißt in seinem Schreiben: »Die Ihrem Beschluss zugrundeliegende Erwartung der Bank trog und war insoweit falsch.« Dann folgt allerdings

der kritische Satz: »Dass die der 1:1 Umstellung folgenden Tarifverein-
barungen auf die Produktivität der Betriebe keine Rücksicht nahmen,
wurde das eigentliche Umstellungsproblem.«

Auch ein in seinem Ordnungsdenken überzeugter Mann wie Hans
Tietmeyer musste erkennen, dass eine Durchsetzung der vom Zen-
tralbankrat aus seiner Sicht überzeugenden ökonomischen Gründe
für eine Umstellung bei Löhnen und laufenden Zahlungen im Verhältnis 2:1 kaum eine Chance hatte. Ein solcher Umstellungssatz wäre
gegen die Verhandlungspartner der DDR und vieler Stimmen in der
Bundesrepublik Deutschland nicht durchsetzbar gewesen.

Das Umstellungsverhältnis makroökonomisch betrachtet, ergab
1:1,81 und lag damit relativ nah an den Vorstellungen der Deutschen
Bundesbank. Die Deutsche Bundesbank hat diese Gespräche und
Verhandlungen bis zum 18. Mai 1990 intensiv und erfolgreich begleitet. Mit Hans Tietmeyer als Leiter des Verhandlungsteams war ein in
Wirtschaft-, Finanz- und Währungsfragen erfahrener Experte betraut
worden. Prof. Schlesinger war der Repräsentant der Bundesbank in
den Expertengesprächen und Bundesbankpräsident Karl Otto Pöhl
beteiligte sich an den Beratungen des Bundeskabinetts und bereitete
die währungspolitischen und technischen Vorkehrungen der Bundesbank für die Einführung der D-Mark in der DDR. Die Wirtschaftsordnung der Bundesrepublik Deutschland sollte künftig auch in der DDR
gelten. Entscheidend war eine eindeutige Zuständigkeitsregelung für
die Bundesbankpolitik. Dies war für die DDR ein schwerwiegender
Souveränitätsverzicht, aber nur mit einer solchen Regelung war die
Stabilität der D-Mark und das Vertrauen in die Währungsumstellung
zu gewährleisten.

Als am 18. Mai 1990 im Palais Schaumburg im Beisein von Bundeskanzler Helmut Kohl und Ministerpräsident Lothar de Maizière
die Unterzeichnung des Staatsvertrags stattfand, und Finanzminister
Romberg und ich die Urkunden unterschrieben, übergab ich dem
Kollegen Romberg eine der Ausfertigungen mit den Worten: »Gott
segne unser Vaterland.« Er antwortete als überzeugter Lutheraner:
»Gott segne es.« Diese Abschlussworte werde ich nie vergessen, wenn
ich an die bewegenden Wochen und Monate erinnere, die dieser
Zeremonie vorausgegangen waren.

Als dann am 1. Juli 1990 der Umtausch und die Ausgabe der
D-Mark-Währung in Ostberlin und der DDR stattfand, hatte die Bundesbank alle logistischen und organisatorischen Fragen glänzend gelöst. Die Geldtransporte waren ohne Zwischenfälle an die Ausgabestel-
len gelangt. Am Tage der Währungsunion setzte die Bundesbank etwa
250 Mitarbeiter aus der Bundesrepublik in der DDR ein. 900 Mitarbeiter der Staatsbank der DDR wurden mit zunächst befristeten Anstel-
lungsverträgen eingestellt. Fast 25 Mio. Konten wurden umgestellt. Auf
den Spar- und Spargirokonten der Bürger befanden sich rund 180 Mrd.
Mark. Nach der Währungsumstellung verfügten somit die Bürger der
DDR über rund 120 Mrd. D-Mark. Im Ganzen war durch die Umstellung die D-Mark-Geldmenge M3 um 180 Mrd. D-Mark um fast 15 % gewachsen. Ein befürchteter Inflationsstoß trat nicht ein. In dem grundlegenden Werk von Dieter Grosser wird die Währungsumstellung durch
Arvid Mainz umfassend beschrieben. Es war eine Meisterleistung in
kurzer Zeit, auf die die Bundesbank stolz zurückblicken kann.

Nicht vergessen werde ich die Pressekonferenz am 1. Juli in Ostberlin gemeinsam mit dem Kollegen Romberg. Sie fand unter der Leitung
einer schüchternen, zurückhaltenden Dame, der stellvertretenden
Pressesprecherin von Ministerpräsident de Maizière statt. Ihr Name war
Angela Merkel. Auch daran sieht man, wie sehr sich die Dinge verändert
haben. Sie ist die weltweit anerkannte Bundeskanzlerin Deutschlands.
Unser ehemaliger Bundespräsident Joachim Gauck entstammt der Bür-
gerbewegung der DDR. Auf die Fragen der anglo-amerikanischen Kor-
respondenten antwortete ich lakonisch: »Everything is under controll.«

Das konnte ich dank der vorzüglichen strategischen und logistischen Arbeit der Bundesbank getrost sagen.

Die finanziellen Herausforderungen

Der Finanzbedarf in den ersten Monaten und Jahren nach Inkrafttreten der Währungsunion ergab sich aus ökonomischen Zwängen. An
erster Stelle standen die materielle Versorgung der Übersiedler und
die Zukunftsperspektiven der Daheimgebliebenen. Dies wurde im
Rahmen des Haushalts und mehrerer Nachtragshaushalte in Angriff

genommen. Dem schlossen sich Maßnahmen zur sogenannten Anschubfinanzierung an. Die grundlegende System-Transformation war mit einem Umbau der Verwaltung und mit weitreichenden sozialen Umwälzungen verbunden. Ich nenne als Stichworte: Umschulung und Arbeitslosenfinanzierung, Überführung des Rentensystems und das Krankenversicherungssystems sowie die finanzielle Ausstattung der neuen Bundesländer und ihrer Kommunen.

Es folgte die Inangriffnahme der grundlegenden Aufgaben:

- Über 40 000 Betriebe und Kombinate mussten im Laufe der Jahre privatisiert werden.

- Durch gezielte Investitionshilfen wurde der Wiederaufbau der Infrastruktur angepackt, wobei enorme Investitionen von Post und Bahn hinzukamen.

- Zur Mobilisierung westdeutschen und ausländischen Kapitals wurde eine umfangreiche steuerliche Förderung privater Investitionen über Investitionszulagen und Sonderabschreibung auf den Weg gebracht.

- Ferner galt es, die neuen Länder an den Struktur- und Regionalbeihilfen der EU teilhaben zu lassen. Darüber mussten durch gezielte Hilfen Existenzgründungen gefördert und schrittweise ein wirtschaftlicher Mittelstand aufgebaut werden.

- Der entscheidende Punkt war dann am Ende die Einbeziehung der neuen Länder in den bundesstaatlichen Finanzausgleich.

Der Finanzierungsbedarf

Ein Problem bei der finanzpolitischen Bewältigung der Wiedervereinigung war der Mangel an realistischen Finanzdaten.

Unsicherheit bestand über das Ausmaß des Finanzbedarfs im Hinblick auf die Infrastruktur und die Investitionsförderung. Die Daten des innerdeutschen Ministeriums waren so wenig realistisch wie die Berichte wichtiger Forschungsinstitute. Bei den Verhandlungen über die Währungsunion und den Staatsvertrag überwog die Meinung die Privatisierung der Betriebe und Kombinate werde zu einem Milliardengewinn der Finanzminister des Bundes und der Länder führen. Selbst der auf tragische Weise ums Leben gekommene Präsident der Treuhandanstalt Detlef Karsten Rohwedder ging noch 1991 von einem Nettobetrag in dreistelliger Milliardenhöhe aus. Kurz danach kam er auf Grund realistischer Daten auf einen Fehlbetrag von nahe an 300 Mrd. D-Mark. Bezüglich der Daten-Unsicherheit will ich nur drei Beispiele anführen:

• Der von mir sehr geschätzte Wirtschaftsexperte Prof. Horst Siebert ging von einem öffentlichen Finanzbedarf von etwa 300 bis 400 Mrd. D-Mark insgesamt für die nächsten 10 Jahre aus – eine Summe, die ich damals fast aus der »Portokasse« hätte zahlen können.

• Das anerkannte Deutsche Institut für Wirtschaftsforschung hielt für die Sanierung der Infrastruktur jährlich 50 Mrd. D-Mark für erforderlich, während die Sanierung der Betriebe ausschließlich durch privates Kapital finanziert werden sollte.

• Noch optimistischer war das Rheinisch-Westfälische Institut für Wirtschaftsforschung, das den gesamten Nachholbedarf der neuen Länder bei privaten und öffentlichen Investitionen auf maximal 500 bis 750 Mrd. D-Mark bezifferte.

Das tatsächliche Ergebnis ist bekannt. Die Summe der Verbindlichkeiten aus den Schulden des Republikhaushalts, der Verbindlichkeiten gegenüber dem Ausgleichsfonds, der Schlussbilanz der Treuhand und der Altschulden der Wohnungsbauunternehmen beliefen sich auf gut 370 Mrd. D-Mark. Hinzu kamen die Schulden des Fonds Deutsche Einheit und später der Bahnreform. Unter dem Strich führte dies zu einem Anstieg des Schuldenbestandes des Bundes um rund 570 Mrd. D-Mark.

Der gesamtwirtschaftliche Aufwand zur Finanzierung der Wiedervereinigung machte ein Transfervolumen von jahresdurchschnittlich 4 %–4,5 % des BIP erforderlich. Die Netto-Transfers beliefen sich bis zur Jahrtausendwende (2000) auf über 1000 Mrd. D-Mark, wovon der Bund rund 600 Mrd. D-Mark zu tragen hatte. Wenn hiervon zu viel auf konsumtive Zwecke fiel, war dies nicht der Fehler des Finanzministers, sondern das Ergebnis einer Lohnpolitik, die nicht in Einklang mit der Produktivitätssteigerung stand. Hinzu kamen rund 160 Mrd. D-Mark zur Stabilisierung der politischen und finanziellen Situation in den Nachfolgestaaten der Sowjetunion und den osteuropäischen Reformstaaten.

Die finanzpolitischen Herausforderungen wurden überlagert durch zusätzliche Belastungen. In den 90er-Jahren verdoppelten sich die Aufwendungen für die EU. Steuermindereinnahmen- und Ausgaben für die Arbeitslosigkeit in Folge der zweit schwersten Rezession erreichten eine zweistellige Milliardenhöhe. Ferner musste der Bund die Finanzierung der Bahnreform und den Kohlepfennig übernehmen.

Die politische Umsetzung

Zunächst wurden die Transfers über jährliche Haushaltsgesetze und Nachtragshaushalte abgewickelt. Hinzu kam das gemeinsame Instrument von Bund und Ländern »Fonds Deutsche Einheit«. Am Anfang 1993 wurde nach äußerst zähen Verhandlungen der Solidarparkt abgeschlossen. Insgesamt kam es durch Subventionsabbau und Ausgabeneinsparung zur Entlastung des Bundeshaushaltes von fast 120 Mrd. D-Mark. Hinzu kam die Einführung des Solidaritätszuschlages und höhere Mineralöl- und Vermögensteuer. Der Rest musste durch eine begrenzte Ausweitung der Neuverschuldung finanziert werden.

Die Erblasten wurden zusammengefasst im Erblasttilgungsfonds, wobei vorgesehen war, Zins und Tilgung auf den Zeitraum einer Generation zu strecken und dies aus den öffentlichen Haushalten und teilweise aus Gewinnen der Bundesbank zu finanzieren. Mit Gesetz vom 21. Juni 1999 wurden diese Schulden in den Bundeshaushalt und die Bundesschuldenverwaltung übernommen.

Elemente der Finanzierung

Voraussetzungen einer reibungslosen Finanzierung der Wiedervereinigung waren eine gute Haushalts- wie eine befriedigende gesamtwirtschaftliche Lage. Beides war 1990 gegeben. Dank der damaligen
Steuerreform befand sich die Wirtschaft auf cincm befriedigenden
Wachstumskurs, der bald durch die einigungsbedingte Sonderkon-
junktur angeheizt wurde.

Unter nahezu allen Experten bestand damals Einigkeit, die finanzpolitischen Lasten durch einen Finanzierungsmix in Angriff zu nehmen. Ein solcher Finanzierungsmix war makroökonomisch richtig.

- Die Finanzierung ausschließlich über Ausgabekürzungen war politisch nicht machbar, weil Ausgabenkürzungen in dreistelliger Milliardenhöhe nur durch einen radikalen Abbau staatlicher Sozialleistungen möglich gewesen wäre.

- Die Finanzierung ausschließlich über Kredite wäre gesamtwirtschaftlich äußerst fragwürdig gewesen, weil sie zu einer Abwäl-
  zung der Kosten auf die künftigen Generationen geführt und das
  Vertrauen der Finanzmärkte in den politischen Kurs untergraben
  hätte.

- Eine Finanzierung ausschließlich über Steuer- und Abgabeerhö-
  hungen wäre ebenfalls nicht vertretbar gewesen, weil Steuern über
  die Funktion der Deckung des Finanzbedarfs hinaus weitreichende
  Auswirkungen auf die Allokation der Produktionsfaktoren sowie
  auf Konjunktur und Wachstum haben. Eine Belastung der deutschen Steuerzahler in dreistelliger Milliardenhöhe hätte mit Sicherheit die Konjunktur abgewürgt und damit der Wiedervereinigung
  den ökonomischen Boden entzogen.

- Deshalb kam es im Rahmen des Sozialpakts zum bekannten
  Finanzierungsmix im Rahmen der Gesetze zur Umsetzung des
  Spar-, Konsolidierungs- und Wachstumsprogramms sowie des
  Gesetzes zur Umsetzung des föderalen Konsolidierungsprogramms.

- Der von uns gewählte Finanzierungsmix entsprach auch den Anforderungen einer gerechten Lastenverteilung. Die Erhöhung der Sozialabgaben betraf Unternehmen und Arbeitnehmer gleichmäßig. Und der Solidaritätszuschlag richtete sich nach Progression des Steuertarifs aus. Generell gilt: Die 25% einkommensstärksten Steuerzahler tragen rund 73% des Aufkommens an Lohn- und Einkommenssteuer.

Prof. Ullrich Heilemann (RWI) stellt in einem Aufsatz »Die Finanzierung der Deutschen Einheit« im Jahr 2000 fest, dass sich die Finanzierungsstruktur in 1995 Lehrbuchvorstellungen genähert hatte.

Finanzpolitik im Vereinigungsjahr 1990

Finanzpolitik im Jahre 1990 sah sich immer wieder ändernden neuen Herausforderungen und Zahlen gegenüber. Noch Ende August 1990 rechneten wir im BMF mit einem Kreditbedarf im Jahre 1990 von 20 Milliarden und im Jahr 1991 von 50 Milliarden D-Mark. Für den öffentlichen Gesamthaushalt mit Einbeziehung auch der DDR-Länder und -Gemeinden und der Sozialversicherung gingen wir für 1990 von einer Nettokreditaufnahme von 91 Milliarden D-Mark und 1991 von 142 Milliarden D-Mark aus. Der DDR-bedingte Mehrbedarf wurde in 1990 mit rund 20 und 1991 mit rund 50 Milliarden D-Mark angesetzt. Die Nettokreditaufnahme würde sich damit 1990 auf 68 und 1991 auf 100 Milliarden D-Mark belaufen.

In einer Gesamtbetrachtung würde sich für das vereinte Deutschland 1990 ein Finanzierungsdefizit von 4,3, in 1991 von 6,8, in 1992 von 5,9, in 1993 von 5,2 und in 1994 von 4,3 ergeben. In der volkswirtschaftlichen Gesamtbetrachtung wurde für 1991 bis 1994 ein durchschnittliches Wachstum von 3% unterstellt. Die Voraussetzungen für eine kalkulierbare Finanzpolitik waren günstig, weil das Finanzierungsdefizit der Gebietskörperschaften von fast 5 % in 1981 auf 1,1 % im Jahre 1989 gesunken war. Rechnete man die Sozialversicherung mit ein, hatte es sogar einen Überschuss in 1989 von 0,2 % gegeben.

Steuererhöhungen wurden von den Sachverständigen aber auch intern im BMF zu diesem Zeitpunkt abgelehnt. Sie hätten einen Wachstumsverlust mit sich gebracht und damit ein falsches wirtschaftspolitisches Signal dargestellt. Gerade zu diesem Zeitpunkt war es notwendig, steuerlich attraktive Standortbedingungen zu haben, um Kapital zu vernünftigen Konditionen im Inland zu binden und aus dem Ausland zu gewinnen. Zu diesem Zeitpunkt beauftrage ich meinen Mitarbeiter im Finanzministerium, Überlegungen anzustellen, ob eine Deutschlandanleihe zu attraktiven Bedingungen einen Beitrag zur Lösung der Finanzprobleme leisten könne. Auch Professor Biedenkopf und der Bundesverband mittelständischer Wirtschaft hatten ähnliche Vorschläge gemacht. In einer Klausurtagung im schwäbischen Irsee hatten wir uns mit dem Thema umfassend beschäftigt und mein damaliger Staatssekretär Horst Köhler hatte die betroffenen Abteilungsleiter aufgefordert eine umfassende strukturierte Aufzeichnung zu der gesamt-politischen Gesamtaufgabe zu fertigen. Die Diskussion und Schlussfolgerung war für mich enttäuschend. Der Appell an den Patriotismus und eine Steuerfreiheit der Zinsen einer solchen Anleihe würde wohl dazu führen, dass die Mittel im Wesentlichen durch Umschichtung bereits gebildeter Kapitalanlagen innerhalb der laufenden Ersparnisbildung aufgebracht werde. Mit größeren Beträgen aus zusätzlicher Ersparnis sei nicht zu rechnen. Hinzu kommt, dass eine solche Steuerbegünstigung wohl zu einer allgemeinen Zinserhöhung führen würde und damit zu einer Marktspaltung. Die widerspreche dem finanzmarktpolitischen Anliegen, liquide und transparente Märkte zu schaffen. Vermutlich sei auch mit dem Widerstand der Bundesbank zu rechnen.

Die Nettokreditaufnahme wurde für 1990 mit 114 Milliarden (4 %), 1991 mit 196 Milliarden (7 %), 1992 mit 188 Milliarden (6,3 %), 1993 mit 182 Milliarden (5,8 %) und 1994 mit 169 Milliarden D-MARK (5,1 %) prognostiziert.

Damit war klar, vor welchen Herkulesaufgaben die deutsche Finanzpolitik in der mittelfristigen Sicht stehen würde. Nur ein Finanzierungsmix von beträchtlichen Einsparungen, Erhöhung der Sozialabgaben, evtl. Steuererhöhungen und eine vertretbare Erhöhung der Nettokreditaufnahme waren in der Lage, Wirtschafts-,

Finanz- und Sozialpolitik in einem Gleichgewicht zu halten, das auch unserer Vorbildfunktion in einer europäischen Wirtschafs- und Währungsunion entsprechen würde.

Dr. Olaf Schuhmann hat in einem Gutachten des Karl-Bräuer-Instituts 2012 die finanzpolitische Situation 1996 beleuchtet. Durch Einnahmeausfälle aufgrund sinkender Steuereinnahmen drohte Deutschland das Maastricht-Kriterium 3,0 % des BIP zu verletzen. Eine Verletzung durch Deutschland im Evaluierungsjahr 1997 hätte wohl das Aus für die Wirtschafts- und Währungsunion bedeutet. Steuererhöhungen kamen nicht in Frage. Das Ausgabeniveau musste abgesenkt werden. Das zahlte sich auch mittelfristig aus. Die Nettokreditaufnahme des Bundes sank bis 2011 kontinuierlich und unterschritt im Jahre 2000 mit 23,75 Mrd. D-Mark das Niveau von 1995.

Die für das Maastricht-Kriterium maßgebliche gesamtstaatliche Neuverschuldungsquote sank von 3,4 % des BIP in 1996 auf 2,7 % in 1997 und 1,6 % in 1999. Leider verpuffte dieser Effekt in den Jahren nach 2002, weil Deutschland und andere Länder die Stabilitätsvorgaben nicht ernst genug nahmen.

Was die Entwicklung der Staatsverschuldung betrifft, hat die Bundesbank eine bemerkenswerte Analyse vorgelegt. Im Monatsbericht April 2000 schreibt sie, »… dass die Finanzpolitik im letzten Jahrzehnt trotz der überwiegend schwachen Wirtschaftsentwicklung auf Konsolidierungskurs war. Über den gesamten Zeitraum hinweg wurde das konjunkturbereinigte Defizit stark reduziert, und zwar von 4 % des BIP im Jahr 1991 auf 0,5 % in 1999«.

Eine Bemerkung kann ich mir nicht versagen: Die Finanzierung der Einheit und die Übernahme der Schulden der DDR musste überwiegend der Bund tragen.

In zwei bemerkenswerten Gutachten von Prof. Klaus Schroeder für die Freie Universität Berlin und von Joachim Ragnitz, Simone Scharfe und Beate Schirwitz für das Ifo-Institut, Niederlassung Dresden, werden schon 20 Jahre nach dem Fall der Mauer beachtliche Erkenntnisse zur Annäherung der beiden Teile Deutschlands festgestellt. Im Jahre 2007 lag das BIP der Einwohner im Osten bei etwa zwei Drittel des westdeutschen Niveaus, die Produktivität in etwa bei drei Viertel. Schon Mitte der 90er-Jahre lebten etwa 75 % der Deutschen in Ost und West unter fast gleichen materiellen Bedingungen. Im Jahre 2007 betrug das verfügbare Einkommen der privaten Haushalte je Einwohner in Ostdeutschland 15 064 € und in Westdeutschland 19 242 €. Der Ausgangspunkt in Ostdeutschland lag 1991 bei 6903 € und in Westdeutschland bei 16 695 €. Die Steigerung in Ostdeutschland betrug 110,8%, die in Westdeutschland 39,6 %. Es gab Gewinner und Verlierer der Wiedervereinigung. Alle haben aber mehr Freiheit gewonnen, wohl das Wichtigste in einer Gesellschaft. Zu den großen materiellen Gewinnern der Vereinigung und der Sozialunion gehören die ostdeutschen Rentner. Sie bezogen zwischen 80 % und 100 % der gesetzlichen Rente. Die ostdeutschen Renten wurden zu etwas mehr als der Hälfte aus Einnahmen finanziert, der Rest über Westtransfers.

Die Gesamtkosten der Deutschen Einheit in den letzten 25 Jahren werden von Forschungsinstituten und Wissenschaftlern auf 1500 bis 2100 Mrd. € beziffert. Davon flossen 60 % bis 65 % in den Sozialbereich. Prof. Ragnitz vom Ifo Institut Dresden stellt fest: »Insgesamt ist der Osten gut mit den Finanzmitteln des Westens umgegangen.« und Prof. Karl-Heinz Paqué von der Universität Magdeburg hält den Aufbau Ost für einen Erfolg. Das Glas im Osten sei dreiviertel voll.

Für bemerkenswert halte ich, was die KfW in einer großen Studie im September 2014 über die Entwicklung in Ostdeutschland konstatiert. Keines der anderen osteuropäischen Transformationsländer habe derart beeindruckende Fortschritte erzielen können. Heute gehört Ostdeutschland zum Mittelfeld Europas. Das Gutachten fordert zu einem interessanten Vergleich heraus. Wenn man das Wirtschaftswunder der Nachkriegszeit von 1950 bis 1956 mit der Entwicklung in Ostdeutschland von 1991 bis 1997 vergleicht, ist ein etwa ebenso starker Anstieg zu verzeichnen. In beiden Vergleichsräumen wurde ein Anstieg des BIP pro Kopf von 60 % erzielt. Natürlich ist die Arbeitsproduktivität in Ostdeutschland wegen der Wirtschaftsstruktur und der unterschiedlichen Branchenstruktur noch geringer als in Westdeutschland. Es gibt weniger große Unternehmen und die geringere Produktivität ist auch Ausdruck der niedrigeren Investitionstätigkeit. Doch man muss auch feststellen: Seit 1991 investierten Unternehmen, Kommunen und private Bauherren rund 1600 Mrd. € in Ostdeutschland. Das ostdeutsche Bruttoanlagevermögen hat sich von 1991 bis 2011 mehr als verdreifacht. Das Nettoanlagevermögen liegt bei 90 % des westdeutschen. Die Arbeitslosigkeit die 2005 mit 1,6 Millionen Arbeitslosen 18 % betragen hatte, ging auf 870 000 und die Arbeitslosenquote auf 10,3 % zurück. Zusätzlich waren Ende 2013 rund 258 000 Erwerbspersonen in ausgewählten Maßnahmen der staatlichen Arbeitsförderung beschäftigt. Allerdings sind von 1990 bis 2012 knapp 1,8 Millionen Menschen von Ost nach West gezogen. Der Export ist ein Wachstumstreiber für die ostdeutsche Wirtschaft. Der Anteil der Auslandsumsätze stieg von knapp 12 % in 1995 auf 34 % im Jahr 2013. Was die Bildungssituation anbelangt, liegen ost- und westdeutsche Hochschulen hinsichtlich der Ausbildungsqualität gleich auf. Gute Kinderbetreuung ermöglicht sogar mehr Erwerbsteilnahmen der Frauen als in anderen Regionen. Ein Hemmschuh bleibt die demografische Entwicklung.

Wenn man den Transfer von West nach Ost bilanziert, muss auch eine Gegenrechnung aufgemacht werden. Von 1949 bis 2014 sind etwa 4 Millionen Deutsche aus Ost- und Mitteldeutschland nach Westdeutschland gegangen oder früher geflüchtet. Die Vertreibung der wirtschaftlichen Eliten durch die SED hat sich auch nach 1990 als eines der größten Probleme erwiesen. Dieses Humankapital hat beim Wiederaufbau gefehlt. Wenn man den Anteil der von Ost nach West gegangenen am Bruttosozialprodukt Gesamtdeutschlands berechnet und bei den Transferleistungen in Rechnung stellt, dann sieht die Gesamtbilanz zwischen West und Ost wesentlich anders aus. Dem Max-Planck-Institut für demografische Forschung in Rostock verdanken wir die Erkenntnis, dass es heute im Osten eine höhere Lebenserwartung gibt als früher. 1989 noch lebten Ostdeutsche etwa 2,5 Jahre weniger als Westdeutsche. Diese Differenz ist bis heute fast verschwunden. Das geht nicht zuletzt auf die Ausgaben im Gesundheitssystem und die bessere Versorgung der Rentner zurück. Es sind nicht die schlechtesten Investitionen, die zu einem längeren Leben führen. Und noch ein Momentum: Die Selbstmordquote in Ost- und Mitteldeutschland ist in den letzten 25 Jahren entscheidend zurückgegangen.

Ich möchte auch bei dieser Gelegenheit mit der Legende aufräumen, der Euro sei der Preis für die Einheit Deutschlands gewesen. Dies wird immer von französischen Kreisen und auch deutschen

Historikern, Zeitgeschichtlern und Politikern vertreten. Ich bin kein Historiker, doch ich war dabei. Der Zeitzeuge ist bisweilen ein erbitterter Feind der Historiker. Schon 1988 fiel auf einem EU-Gipfel in Hannover die Entscheidung für die Einsetzung der Delors-Kommission zur Ausarbeitung eines Konzepts für eine gemeinsame europäische Währung. Schon im März 1989 lag der Delors-Plan, der diesen Weg aufzeichnete auf dem Tisch. Zu diesem Zeitpunkt ahnte noch niemand, dass die Wiedervereinigung ein halbes Jahr später auf der Tagesordnung der Weltpolitik stehen werde. Richtig ist: Bundeskanzler Helmut Kohl und seine Bundesregierung haben den europäischen Prozess nicht unterbrochen als sich die Chance der Deutschen Einheit auftat. Das hat Ängste und Besorgnisse unserer Nachbarn und Partner beseitigt, die sich um die künftige Rolle Deutschlands in Europa Sorgen gemacht hatten. Weder der Bundeskanzler noch der Bundesfinanzminister hätten 1989 oder 1990 das Versprechen abgeben können, dass eine Europäische Wirtschafts- und Währungsunion acht oder neun Jahre später mit zwei Drittel Mehrheit im Bundestag und im Bundesrat ratifiziert werden würden.

Das *Handelsblatt* stellt im September vergangenen Jahres in einem großen Artikel fest: Es ist ein neues starkes Deutschland entstanden. Eine geglückte Fusion. In der Zeit sind Freiheit und Demokratie nicht nur für 17 Millionen Menschen in Ostdeutschland, sondern für Bürger in ganz Osteuropa einschließlich des Baltikums geschaffen worden. Berlin ist heute ein Symbol für Einheit und Versöhnung. Deutschland ist ein neues Kraftwerk im Zentrum Europas. Und Prof. Marcel Fratzscher vom DIW in Berlin formuliert, die wirtschaftliche Seite der Wiedervereinigung ist eine große und beeindruckende Erfolgsgeschichte. Ein erfolgreicher amerikanischer Großmanager fragte mich vor 15 Jahren: »Theo, to buy the DDR I think was a bad acquisition.« Ich habe mich am Anfang über diese Frage geärgert, aber dann doch eine Antwort gefunden. Ich habe ihm gesagt: 17 Millionen Menschen in Ost- und Mitteldeutschland haben Freiheit und Demokratie erreicht. Die Sicherheit der NATO ist auf ganz Deutschland ausgeweitet worden und die Sicherheitsstruktur der Welt hat sich entscheidend verbessert. Kein sowjetischer Soldat steht mehr auf deutschem Boden. Und dann habe ich noch hinzugefügt: Wenn ihr im Irak in 20 Jahren die gleiche Bilanz vorweisen könnt, dann darfst du mich wieder fragen, ob dies eine »bad acquisition« gewesen sei. So oft ich ihn treffe, lacht er und fügt hinzu: »I will never repeat the question.«

Vor über einem Jahrzehnt habe ich den damaligen russischen Wirtschaftsminister Alexander Schokin gefragt, wie es denn dem früheren sowjetischen Finanzminister Stepan Sitarjan gehe, mit dem ich den Überleitungsvertrag über den Rückzug der russischen Truppen und den Abtransport der Waffen vereinbart hatte. Schokin erwiderte, mein damaliger Gegenpart leide unter einem Waigel-Trauma. Er habe beim Abschluss des Vertrags vergessen, eine Null hinzu zu fügen. Wir hatten nämlich als Gesamtkosten für den vollständigen Abzug in dreieinhalb Jahren 12 Mrd. D-Mark plus 3 Mrd. Kredit vereinbart. Mir erschien dies damals sehr viel, die Gegenseite sieht dies heute anders.

Nie allerdings werde ich den Refrain des Liedes vergessen, den die letzten Soldaten von Generaloberst Burlakow bei der Überreichung des Schlüssels von Karlshorst auf Russisch und Deutsch sangen:

Deutschland wir reichen Dir die Hand
und kehr'n zurück ins Heimatland.
Die Heimat ist empfangsbereit,
wir bleiben Freunde allezeit.
Auf Frieden, Freundschaft und Vertrauen
Woll'n wir unsere Zukunft bau'n.

Mit dem Staatsvertrag zur Währungs-, Wirtschafts- und Sozialunion, der am 30. Juni 1990 in Kraft trat, begann der staatsrechtliche Prozess der Deutschen Einheit.

Er fand seine Fortsetzung im Vertrag zwischen der Bundesrepublik Deutschland und der Deutschen Demokratischen Republik über die Herstellung der Einheit Deutschlands, den Wolfgang Schäuble und Günther Krause aushandelten.

Bundesaußenminister Hans-Dietrich Genscher und Markus Meckel verhandelten für Deutschland den Vertrag über die abschließende Regelung in Bezug auf Deutschland, der am 12. September 1990 abgeschlossen wurde.

Am 9. Oktober 1990 durfte ich als Vertreter des wiedervereinigten Deutschland gemeinsam mit Botschafter Terechow das Abkommen zwischen der Regierung der Bundesrepublik Deutschland und
der Regierung der Union der Sozialistischen Sowjetrepubliken über
einige überleitende Maßnahmen unterzeichnen.

Das Jahr 1990 war wohl das beste Jahr für Deutschland in der
Geschichte des letzten Jahrhunderts.

Schritte und Stationen auf dem Weg zur Deutschen Einheit

Kabinettsitzung am 11.09.1989 (2 Tage nach dem Fall der Mauer).
Bundeskanzler Dr. Helmut Kohl berichtete über die Lage und den politischen Prozess in Polen und Ungarn. Er brachte auch seinen Ärger
über die Senatskundgebung am 10.09. in Berlin zum Ausdruck, wo es
zu Protestdemonstrationen während seiner Rede gekommen war. Diese
Kundgebung sei angesetzt worden, obwohl die Verantwortlichen noch
gar nicht wussten, ob er seine Polenreise unterbrechen konnte. Kohl
berichtete von seinen Kontakten mit dem amerikanischen Präsidenten George Bush, dem französischen Präsidenten François Mitterand,
der britischen Premierministerin Margaret Thatcher. Er habe ja auch
Kontakt mit Moskau gehabt. Noch heute werde er ein Telefongespräch
mit dem neuen Generalsekretär der SED, Egon Krenz, haben. Kohl
berichtete dann später über sein Gespräch mit Egon Krenz. Er habe
die Genugtuung über die Öffnung der Grenze zum Ausdruck gebracht. Ziel unserer Politik sei es, dass die Menschen drübenbleiben
können. Am Montag, den 20.11., werde Bundesminister Seiters ein Treffen haben. Sobald die neue Regierung in Ostberlin stehe, solle es zu
einer Zusammenkunft zwischen Bundeskanzler und Krenz kommen.
Wolfgang Mischnick äußerte die Überzeugung, dass die Äußerungen
von Professor von Ardenne auch die Meinung von Modrow widerspie-
geln würden. Helmut Kohl brachte noch zum Ausdruck, dass er keine
Viermächtekonferenz wünsche. Dabei würden sonst vier Außenminister
ohne deutsche Beteiligung über Deutschland reden. Genscher bemerkte
dazu, die Forderung nach einem Friedensvertrag sei eine »Aufforderung
zum Kampf«. Weltweite Forderungen würden dann auf uns zukommen.

Kabinettsitzung 04.10.1989

Bundeskanzler Helmut Kohl äußert sich erstmals nach seiner Operation zu den Problemen im Zusammenhang mit der Tschechoslowakei. Er dankte allen, die bei der Lösung des Problems in der Deutschen Botschaft mitgewirkt haben. Kohl wandte sich auch gegen Äußerungen von Helmut Schmidt, der glaubte, die Sicherheitsinteressen der Sowjetunion in besonderer Weise betonen zu sollen. Die Breschnew-Theorie sei tot.

Gespräch am 12.01.1990 in Ostberlin mit Ministerpräsident Hans Modrow, seiner Finanzministerin Uta Nickel in Begleitung vom Bundestagsabgeordneten Eduard Lintner

Für die Dauer dieses Gesprächs wurde sogar die Sitzung der Volkskammer unterbrochen. Ich informierte zunächst Ministerpräsident Modrow über die Schaffung des Devisenfonds und das Gerüst des Nachtragshaushalts. Zwei Punkte äußerte ich gegenüber Modrow die uns in der Bundesrepublik Deutschland Sorge bereiteten. Die neuen Parteien hätten bisher keine echte Chance, weil die Infrastruktur fehle. Sie seien klar gegenüber der SED benachteiligt.

Es herrsche in der Bundesrepublik Enttäuschung über die ökonomischen Weichenstellungen. Die DDR bleibe hinter den anderen Ländern des RGW zurück. Der echte Schub für die DDR-Volkswirtschaft müsse durch Investitionen privaten Kapitals kommen. Begriffe wie »Lastenausgleich« seien nicht die richtige Metapher für die bereitstehende Solidarität. Modrow sagte allerdings in voller Offenheit »Ich weiß, dass ich einer Übergangsregierung vorsitze«. Finanzministerin Nickel bat um Hilfe und Erfahrungsaustausch im finanzpolitischen Bereich, der in der DDR unterentwickelt sei. Sie sage »Ja« zu einer Preisreform, aber »Nein« zu einer Währungsreform. Erstmals seien Subventionen abgebaut worden und eine behutsame Öffnung der Preise werde vorbereitet. Sie deutete an, dass die Sowjetunion ab 1990/1991 auf konvertible Währungen umsteigen wolle. Sie gab zu, welches Manko in der Umweltpolitik der DDR herrsche, sie seien aber nicht in der Lage, die Produktion der Kohlekraftwerke einzustellen.

Interne CSU-Überlegungen über mögliche Entwicklungen in der DDR

Schon Anfang November 1989 hatte ich eine interne CSU-Studie vorbereitet, wie wir auf mögliche Entwicklungen in der DDR reagieren sollten. Ich war mir darüber im Klaren, dass eine Politik der halbherzigen Zugeständnisse, wie Krenz sie verfolgen wollte (also eine begrenzte Liberalisierung bei grundsätzlichem Festhalten am Machtmonopol der SED und der Zentralplanwirtschaft), den Druck auf der Straße und die Fluchtwelle noch verstärken würden. Am ehesten war eine Revolution von oben mit Aufgabe des SED-Machtmonopols und wirtschaftliche Reformen in Anlehnung an Polen und Ungarn zu erwarten. Eine Defensiv-Strategie, nämlich Stabilisierung des gegenwärtigen Systems, kam für mich nicht in Betracht. Abwehrmaßnahmen gegen Übersiedler durch Einschränkung bei Sozialleistungen, Verzicht auf Diskussion über Wiedervereinigung und materielle Unterstützung der DDR ohne Gegenleistung lehnte ich ab. Unverzichtbar waren politische Reformen in der DDR, Zulassung eines Mehrparteiensystems, demokratische Wahlgesetze, Schaffung demokratischer Legitimität, Gewährung des Selbstbestimmungsrechts mit freien Wahlen der DDR-Bevölkerung und letztlich freie Wahlen in Gesamtdeutschland mit einer Entscheidung über die Wiedervereinigung. Dies musste begleitet sein von gesellschaftlichen Reformen, wie Meinungsfreiheit, Pressefreiheit, Reisefreiheit und Vereinigungsfreiheit und wirtschaftlichen Reformen durch Abkehr der zentralen Planung, Dezentralisierung der Entscheidungsstrukturen, Zulassung privater Eigentumsformen, Übergang zu leistungsorientierter Entlohnung, Abbau der Monopolstellung der Kombinate und Herstellung eines Systems freier Preise bei Abbau der Subventionswirtschaft. Dazu gehörte eine neue Ordnung des Geldwesens durch Abbau des Geldüberhangs und durch Schaffung einer konvertiblen Währung, wobei auch über die Zulassung der D-Mark als Parallelwährung nachgedacht werden sollte. Im Vertrauen auf die Kräfte der Marktwirtschaft erwartete ich einen Leistungsschub in der DDR, ähnlich dem Wirtschaftswunder Ludwig Erhards in den 50er-Jahren. Zu diesem Zeitpunkt hielt ich eine Erhöhung der Lohn- und Einkommensteuer oder einen Zu-

schlag zur Lohn- und Einkommensteuer in Form einer Ergänzungs-
abgabe für kontraproduktiv. Dies entsprach auch der Auffassung der
Deutschen Bundesbank, des Sachverständigenrats und der SPD. Als
wirksamste Wirtschaftshilfe für die DDR hielt ich den Export unseres Konzepts der sozialen Marktwirtschaft. Eine Marktwirtschaftliche
Reform allerdings müsste die DDR selbst durchführen. Schon damals
hielt ich ein deutschlandpolitisches Gesamtkonzept über die künftige
Form von Gesamtdeutschland für notwendig. Grundlage musste das
Selbstbestimmungsrecht sein. Die Errichtung eines Gesamtdeutschlands mit militärischem Status wie Österreich und gleichzeitig voller
Einbindung in die EU – ein Gedanke der damals auch aktuell war –,
lehnte ich kategorisch ab.

Schon im Dezember 1989 hatte ich mich mit Bürgerrechtlern aus
der DDR und mit einigen Persönlichkeiten, von denen ich wusste,
dass sie das kommunistische System ablehnten, getroffen. Aus dem
Gespräch ließ sich kaum ableiten, wie die künftige politische – vor
allen Dingen: parteipolitische – Struktur in der DDR aussehen konnte.
Mir ging es vor allem um die Frage, ob die bisherigen Parteien der
DDR Akzeptanz finden würden oder ob es völliger Neugründungen
bedürfe, um das politische Willensbild der DDR darzustellen. Damals
hatte ich den Eindruck, dass wohl Neugründungen, die völlig unabhängig vom bisherigen Parteiensystem der DDR waren, wie auch unabhängig von Parteien der Bundesrepublik Deutschland die größten
Aussichten für die Zukunft besäßen. Das war ein Irrtum. Überall in
der DDR, vor allem aber in Sachsen und Thüringen, entstanden spontane Parteigründungen unter besonderer Bezugnahme und Nähe zur
CSU. Einzelpersonen und Gruppen aller oppositioneller Richtungen
der DDR frequentierten damals die Landesleitung in München oder
Bundeswahlkreisgeschäftsstellen, vor allem in Grenznähe. Mitglieder
aus Basisverbänden des Neuen Forums, aber auch Vertreter der neu-
en Sozialdemokratischen Partei erklärten ihre Bereitschaft, in eine
nicht-sozialistische Partei überzutreten, auch im »Demokratischen
Aufbruch« und bei »Demokratie Jetzt« gab es eine Reihe von Personen, die der CSU politisch nahestanden. Auch Mitglieder der Ost-
CDU suchten den Kontakt zur CSU, nachdem Generalsekretär Erwin
Huber auf dem Ostberliner Parteitag der CDU aufgetreten war. Viele

CSU-nahe Gruppierungen wollten bewusst eine Distanz zur alten Blockpartei Ost-CDU und wollten über die CSU die Strahlkraft des Modells »Bayern« auch in der DDR zu nutzen. Das »C« erschien in diesem Zusammenhang auch in einer in weiten Bereichen atheistischer DDR-Gesellschaft nicht störend, es gab aber auch eine andere Richtung, die sich strikt gegen eine Einmischung der CSU aussprach und nach einer anderen Bezeichnung für eine neue Partei suchte. Dabei wurden CSPD, CSP – daneben wurden aber auch PWD (Partei für die Wiedervereinigung Deutschland) und Freie Deutsche Union (FDU) ins Kalkül gezogen. Daneben wurde die Forumspartei Thüringen am 29.12. schon gegründet, die der CSU nahestand. Wir konnten diesen Gruppen nur mitteilen, dass die CSU Bayern alle Kräfte in der DDR unterstütze, die für den demokratischen Rechtsstaat, für die soziale Marktwirtschaft und für die bundesstaatliche Einheit Deutschlands eintreten.

Vom 15.–17.12.1989 weilte eine JU-Delegation in Leipzig, um den Gründungsparteitag des Demokratischen Aufbruchs zu beobachten und Kontakte zu bürgerlichen Kräften in der DDR herzustellen bzw. zu vertiefen. In Gesprächen mit Pfarrern und Freundeskreisen wurde die Unübersichtlichkeit der bisherigen lokalen C-Initiativen diskutiert. Der 6. Januar wurde als Termin für ein erstes informelles Treffen möglichst vieler solcher derartiger Strömungen vorgesehen. Die Landesleitung informierte alle Initiativen von diesem Termin – gleichzeitig wurden die Organisatoren ersucht, mit Pfarrer Ebeling in Kontakt zu treten. Am 6. und 7. Januar 1990 fand im katholischen Pfarrheim zu Leipzig/Wiederitzsch die Gründung einer CSU-FDU statt. Anwesend war eine JU-Delegation aus Niederbayern mit den JU-Bezirksvorsitzenden Wolf und Altendorfer. Pfarrer Ebeling, der anwesend war, vertrat die Meinung, der Name CSU sei in Leipzig und im Norden der DDR nicht zu kräftig genug. Er behauptete, mit Kurt Masur in Verbindung zu stehen, der sich zwar parteipolitisch nicht binden wolle, aber ihm und seiner Bewegung nahe stünde. Es gab scharfe Auseinandersetzungen zwischen Nowak und Ebeling über die Namenswahl und den künftigen Kurs. Später kam es dann zu einer Parteigründung unter dem Namen »DSU« (Deutsche Soziale Union). Dazu hatten die CSU-Politiker Otto Wiesheu und Eduard Lintner gedrängt, auch

Professor Walther (der spätere Vorsitzende der DSU und zeitweiliger Bundesminister ohne Geschäftsbereich) hatte sich mit einem Appell in diesem Sinn an die Anwesenden gerichtet. Pfarrer Ebeling wurde zum ersten Vorsitzenden gewählt, seine Stellvertreter per Akklamation Professor Walther (Thüringen), Martin Wisser (Mecklenburg) und Dr. Nowak (Sachsen). Der stellvertretende CSU-Vorsitzende und Bundesminister, Dr. Jürgen Warnke, betonte in einem Grußwort die politische und weltanschauliche Nähe zur CSU.

In dieser historisch bewegenden Zeit fand die Klausurtagung der CSU-Landesgruppe in Kreuth statt. Eingeladen, der wenige Monate zuvor den Stacheldraht zwischen Ungarn und Österreich durchschnitten hatte. Wir entschlossen uns, spontan nicht im idyllischen Wildbad Kreuth zu verharren, sondern mit einer Sondermaschine nach Leipzig zu fliegen, um dort mit den sich neu etablierenden demokratischen Kräften zu diskutieren und zu überlegen, welchen Beitrag die CSU zur Parteienbildung und demokratischen Stabilisierung Ostdeutschlands beitragen könne. 45 Mitglieder der Landesgruppe nahmen dabei unter Führung des Landesgruppenvorsitzenden Wolfgang Bötsch teil. Als Gäste hatten wir noch eingeladen den Fraktionsvorsitzenden der CSU im Bayerischen Landtag Alois Glück, Staatssekretär Alfred Sauer, Landtagsabgeordneten Dr. Otto Wiesheu (der sich im Besonderen um die neuen Kräfte in der DDR bemühte) und der Europäische Kommissar, Peter Schmidhuber. 25 Journalisten waren mitgeflogen und 50 Persönlichkeiten aus verschiedensten Parteien und Gruppierungen waren der Einladung gefolgt. Es waren schließlich insgesamt 120 Vertreter von Oppositionsparteien und wirtschaftlichen und sozialen Gruppierungen, die unserer Einladung gefolgt waren. Zuvor war ich noch in Ostberlin mit Ministerpräsident Hans Modrow zusammengetroffen. Meine Aufforderung ging dahin, die nicht-sozialistischen Kräfte zu bündeln, um gegenüber der SED (später: PDS) bestehen zu können. Als wichtigste Ansprechpartner stellten sich bei diesem Treffen und auch danach der neue Vorsitzende der DSU, Wilhelm Ebeling, und sein Generalsekretär, Dr. Diestel, heraus. Beide wurden nach den demokratischen Volkskammerwahlen Minister in der Regierung *de Mazière*: Ebeling für Entwicklungshilfe und Diestel hatte sich das Innenministerium unter den Nagel gerissen. Beide wechselten später in die CDU über, weil sie in der DSU ihre persönlichen politischen Perspektiven nicht auf die Dauer verwirklicht sahen.

Verlautbarungen, Äußerungen, Aussichten und Perspektiven unserer Deutschlandpolitik

Schon auf der Klausurtagung des CSU-Landesvorstands am 11.09.1989 stellte ich die Notwendigkeit in den Vordergrund, zu konkretisieren, wie nach unserer Vorstellung ein vereinigtes Deutschland aussehen könne: Gesamtstaat oder Konföderation, Blockzugehörigkeit, EU-Mitgliedschaft, Garantie der Großmächte. Wir mussten nach meiner Auffassung schon damals das Thema »Wiedervereinigung« wieder auf die Tagesordnung der Ost-West-Gespräche setzen. Auf dem Deutschlandtag der Jungen Union am 05.11.1989 in Erlangen nahm ich wiederum zur Deutschen Frage Stellung. Der Wechsel von Honecker zu Krenz löse die Probleme nicht. Reformen in der DDR müssten letztlich freie Wahlen über Gesamtdeutschland umfassen. Die Unionsparteien müssten das Thema »Deutsche Einheit« besetzen, nachdem von Präsident Bush in den USA über seinen Außenminister Baker, Henry Kissinger die polnische Solidarität und Deutsche wie Martin Walser und Reiner Kunze und nicht zuletzt Helmut Schmidt dieses Thema nachhaltig angesprochen hätten. Wir müssten am Selbstbestimmungsrecht aller Deutschen festhalten und das Ziel der Herstellung der Deutschen Einheit nie aus den Augen lassen. Dazu sei es erforderlich, durchgreifende Reformen zum Gegenstand der öffentlichen Diskussion zu machen, die DDR-Opposition zu unterstützen und die Deutsche Frage in internationalen Gremien aufzuwerfen.

Schon am 30. Oktober 1989 hatte ich auf einer Sitzung des CSU-Landesvorstands die Grundsatzposition der CSU wie folgt beschrieben:

1. Festhalten am Selbstbestimmungsrecht, Deutsche Einheit, Staatsbürgerschaft und Friedensvertragsvorbehalt,

2. pragmatische Zusammenarbeit mit dem SED-Regime im Interesse der Menschen,

3. Aufrechterhaltung der Kontakte mit allen Gruppierungen in der DDR, um unser Ziel zu realisieren,

4. öffentliche Rückendeckung für die Bürger in der DDR, die sich auf der Straße für Reformen einsetzen,

5. Fortsetzung der Diskussion über die Deutsche Frage, denn die Reformprozesse im Osten böten die Chance für eine schrittweise Lösung der Deutschen Frage,

6. Verknüpfung weiterer wirtschaftlicher Hilfen mit wirtschaftlichen und politischen Reformen in der DDR.

Das Gebot der Stunde heiße: Über Deutschland reden.

Den Leitantrag zur Deutschlandpolitik, den wir auf dem Parteitag verabschiedeten, wurde ergänzt mit der Forderung nach freien Wahlen in der DDR sowie mit der Aufforderung an den Bundeskanzler, diese Forderung einschließlich des Rechts auf Selbstbestimmung vor dem Europaparlament, dem Europarat und der UNO-Vollversammlung zu erheben.

Die Deutschlandpolitik bildete einen wichtigen Bestandteil der CSU-Landesvorstandssitzung am 11.12.1989. Ich begrüßte dabei ausdrücklich das 10-Punkte-Programm des Bundeskanzlers, womit er das Gesetz des Handelns in die Hand genommen habe. Es sei der geeignete Ansatz zu Herstellung der Einheit. Es schien mir wichtig in diesem Zusammenhang, der Distanz unserer Verbündeten die bestehenden Abmachungen und Zusagen entgegenzusetzen. Im Deutschlandvertrag hatten sich die Westmächte zum Ziel eines wiedervereinigten Deutschlands bekannt.

Im »Harmel-Bericht« haben die NATO-Staaten die Lösung der Deutschen Frage und die Überwindung der Teilung Deutschlands zum Kernpunkt einer europäischen Friedensordnung erklärt.

Im NATO-Kommuniqué vom 30.05. haben sich die Partner zum Ziel der Deutschen Einheit in freier Selbstbestimmung bekannt und in der deutsch-sowjetischen Erklärung vom 13.06.1989 hatte sich auch Michail Gorbatschow zur Achtung des Selbstbestimmungsrechts der Völker bekannt. In dem Zusammenhang verwies ich allerdings auch darauf, dass die Anerkennung der Westgrenze für Polen zur Entscheidung anstehe, sobald ein gemeinsamer Souverän auf deutschem Boden bestehe.

Im Wahlkampf zur ersten freien Volkskammerwahl am 18.03.1990 kam es zu einmaligen Erlebnissen im Leben eines Politikers

Nach dem Gründungskongress der DSU in Leipzig war für 17.00 Uhr eine Kundgebung angesagt. Eine Stunde zuvor hatten sich auf dem großen Platz vor dem Theater nur eine Handvoll Menschen versammelt. Ich machte noch einen Spaziergang zum Bahnhof und rechnete schon mit einem bescheidenen Verlauf der öffentlichen Kundgebung. Plötzlich entdeckte ich, dass immer mehr Menschen sich auf den Weg zu dem Kundgebungsplatz machten. Als wir gegen 17.00 Uhr die Kundgebung eröffneten, waren es fast 70 000 Menschen, die sich dort versammelt hatten. Ich gebe gerne zu, dass man jedes Wort abwägt angesichts der Dramatik dieser Zeit für die Zukunft Deutschlands. Als CSU-Repräsentant erwartete man von mir klare politische Aussagen. Andererseits wusste niemand, wie sich die nächsten Monate entwickeln würden, wie wir die Herausforderungen bewältigen würden und welche Haltung die Sowjetunion einnehmen werde. Am Ende der Menschenmenge sah ich ein großes Plakat, das in die Höhe gehalten wurde: »Tausche Ost-Mark und Luft (DDR-Wirtschaftsministerin) gegen D-MARK und Waigel.« Ich gebe gerne zu, dass mich dieses Transparent ausnehmend gut gefallen hat und bis heute einen wichtigen Platz in meiner Erinnerung besitzt.

Ähnliche Kundgebungen fanden in einer Reihe anderer Städte statt. Bei strömendem Regen fuhr ich an einem Samstag von Regensburg nach Chemnitz. Ich erwartete ein Häuflein Anhänger, mehr war bei diesem Wetter nicht zu erwarten. Es waren 30 000 – 40 000 Menschen, die im Regen ausgeharrt hatten, um dem Vorsitzenden der Christlich-Sozialen-Union zuzuhören. Als ich in die durchnässten Gesichter sah, wurde mir wiederum bewusst, wir dürfen diese Menschen nicht enttäuschen. Sie haben Jahre und Jahrzehnte auf diese Stunde gehofft und erwarten zu Recht, dass ihre Erwartungen auch erfüllt werden.

Die DSU hatte sich im Interesse der gemeinsamen Sache zu einem Wahlbündnis »Allianz« mit dem »Demokratischen Aufbruch« und der Ost-CDU bereit erklärt. Dies war ein breites Bündnis, um Helmut Kohl zu unterstützen, der nach unserer Auffassung auch erster gesamtdeutscher Bundeskanzler werden sollte. Bis zu diesem Zeitpunkt waren viele unserer Freunde davon ausgegangen, dass die Christdemokraten und die Liberalen zwar die Voraussetzungen für die Wiedervereinigung geschaffen hatten, die Ernte aber von der SPD eingefahren werden, die ja auch vor 1933 die bestimmende Kraft in Ostdeutschland gewesen war. Umso überraschender war das Ergebnis. Die CDU erreichte 40,91 % und wurde damit zur weitaus stärksten Partei in die Volkskammer gewählt. Der »Demokratische Aufbruch« blieb mit 0,92 % weit hinter seinen Erwartungen zurück. Die »Deutsche Soziale Union« konnte 6,32 % erreichen und wurde damit zu einem wichtigen Koalitionspartner der CDU. Lothar de Mazière, der Spitzenkandidat der CDU in der DDR, bildete zunächst eine Große Koalition aus CDU, SPD, DSU und DA (Demokratischer Aufbruch). Später verließen die Sozialdemokraten diese Koalition. Umso wichtiger war es, dass die CDU gemeinsam mit der DSU über eine Mehrheit in der Volkskammer verfügte. Die DSU war auch die treibende Kraft für einen möglichst schnellen Anschluss der DDR nach Artikel 23 Grundgesetz an die Bundesrepublik Deutschland. Mehrfach stellte sie diesen Antrag in der Volkskammer und setzte damit auch die CDU unter politischen Druck. Im Verlauf der Legislaturperiode wurde allerdings das Werben der CDU um Spitzenleute der DSU immer stärker erkennbar. Am 1. Juli, als die D-MARK in Ostberlin eingeführt wurde, bat mich noch der damalige Minister im Kabinett de Mazière, Ebeling, ihn beim Umwechseln seines ersten DM-Geldes zu begleiten. Auf der Heimfahrt nach Bayern erfuhr ich dann, dass er am gleichen Tag seinen Übertritt zur CDU vollzogen hatte, ohne mir bei unserer Begegnung ein Sterbenswörtchen gesagt zu haben. Auch der Generalsekretär der DSU, Diestel, vollzog seinen Wechsel zur CDU wie eine Reihe anderer Mandatsträger. Sie waren von der Sorge beseelt, dass die DSU nicht auf die Dauer ohne direkte Anbindung an eine Westpartei überleben werde. Leider kam es auch innerhalb der DSU zu erheblichen Auseinandersetzungen über den künftigen Kurs. Nachdem eine Verbindung der Listen von CSU und DSU für die Bundestagswahl Ende des Jahres vom Bundesverfassungsgericht gekippt wurde, vollzog sich der Niedergang der DSU auch bei den folgenden Wahlen. Die inneren Auseinandersetzungen und einige merkwürdige Richtungswechsel in das rechte Spektrum der deutschen Politik veranlassten mich, den Ehrenvorsitz der DSU zurückzugeben. Mit dem Erfolg der DSU bei den Volkskammerwahlen hat die CSU auch ihren Beitrag zum politischen Prozess in der DDR im Jahr 1990 geleistet. Sie hat allerdings darauf verzichtet, sich in der DDR oder den neuen Bundesländern als Konkurrenz zur CDU darzustellen. Für mich war 1990 die Haltung bestimmend, die ich schon 1976 beim Kreuther Trennungsbeschluss vertrat. Wenn CDU und CSU in den neuen Bundesländern in gegenseitiger politischer Konkurrenz gestanden hätten, wäre diese Auseinandersetzung auch in der übrigen Bundesrepublik nicht ausgeblieben. Der lachende Dritte wäre die Sozialdemokratische Partei gewesen. Im Interesse der Einheit der Union verzichteten wir damals auf eine mögliche Ausdehnung nach Sachsen und Thüringen. Im Nachhinein war diese Entscheidung richtig und für beide Parteien – CDU und CSU – notwendig. Die CSU behielt ihre bayerische Identität und die CDU ist die politische Interessenvertretung der christlichen Demokraten in den anderen Bundesländern Deutschlands.

Post Scriptum

Gedanken zum 9. November 1989
Ferdinand Bitz

»Die Überwindung der Teilung in uns selbst
können wir nur von uns erwarten.«
(Martin Walser, *FAZ* vom 8. Oktober 1989)

Glaubt man den Augenzeugen, war der am 9. November 1989 auf Berliner Straßen am häufigsten zu hörende Ausdruck freudetrunken in den Armen liegender Menschen »Wahnsinn!« Der Fall nicht irgendeiner, sondern **der** Mauer schien ihnen offensichtlich eine ihren Realitätssinn übersteigende Erfahrung. Sie hatten diese zur Normalität gewordene Mauer als Symbol einer versteinerten Politik erlebt, die jahrzehntelang eine Nation gespalten und die Welt im atomaren Wettrüsten an den Abgrund geführt hatte. Wer in der DDR gegen sie zu opponieren wagte, wurde nicht selten auch ein Fall für die Psychiatrie. Mit dem durch das Volk mutig erzwungenen Ende des Systems aus Unterdrückung und Kontrolle kam der von diesem erzeugte »Gefühlsstau« (Hans-Joachim Maaz) mit zum Ausbruch. Auf einmal schien alles möglich zu sein, und von allem Druck befreit, ließ der in der Wendezeit aufblühende Möglichkeitssinn die Erwartungen vieler ins »Himmelblaue« aufsteigen. Der Rhythmus des Fortschritts, von der politischen und persönlichen Freiheit über die staatliche und soziale Einheit hin zur nationalen Identität, »Wir sind ein Volk«, konnte nicht schnell genug sein, und endlich sollte »zusammenwachsen, was zusammengehört« (Willy Brandt).

Heute, 30 Jahre nach der Einheit, kann sich die rechtsstaatliche, ökonomische und sozialpolitische Bilanz sehen lassen. Fraglich aber ist, ob das auch für unser Zusammengehörigkeitsgefühl gilt. Sind wir wirklich schon ein einig Volk und Vaterland? Zweifel sind angebracht: Der rauschhaften Euphorie des Augenblicks folgte im Osten schon bald der Katzenjammer über die Ignoranz des Westens gegenüber dem Wunsch nach gemeinsamer Gestaltung der Einheit auf Augenhöhe. Viele waren herausgefordert und nicht wenige überfordert durch Umbrüche in Biografie und Weltbild; die meisten hatten mehr als nur den Arbeitsplatz, sie hatten ihre Identität verloren. Der Vertrauensvorschuss, den man dem Westen anfangs entgegengebracht hatte, schmolz mit jeder realen oder vermeintlich schlechten Erfahrung dahin. Nun meldete sich wieder der Wirklichkeitssinn, und der hatte einzusehen, dass man leicht Institutionen, aber nur schwer Identitäten austauschen kann. Als hätte keine Revolution stattgefunden, war sie plötzlich wieder da, die Mauer, diesmal die in den Köpfen. Während im Westen nichts Neues, eher mentales Desinteresse zu vermelden war, verstärkte sich im Osten der Widerwille gegen die als ungerecht empfundenen Zumutungen und arrogant wirkenden Etikettierungen zu »Bürgern zweiter Klasse«. Die wiedergefundene Erinnerung, dass nicht alles schlecht in der DDR gewesen war, und der wiederbelebte Stolz auf die eigene Lebensleistung, waren der Stoff, aus dem sich eine alternative Ost-Identität post mortem dichten ließ[1]. 30 Jahre nach der Einheit lautet in der Sprache der Migrationspolitik der analytische Befund: »Integriert doch erst einmal uns.«[2]

Staatsrechtliche und mentale Verfassung klaffen offenbar auseinander, und somit besteht Aufklärungs-, womöglich auch Handlungsbedarf. Die folgenden Gedankengänge versuchen in unterschiedlichen Deutungsperspektiven, Verständnis für die Komplexität der innerdeutschen Beziehungskrise aufzuschließen, durch anamnetische Erinnerung der Vorgeschichte (I.), durch kritische Erörterung der Rolle von Erinnerungskultur und Geschichtspolitik für die Herausbildung personaler, sozialer und nationaler Identität (II.) sowie durch eine reflexive Lesart des Gedenkens an den 9. November 1989 (III.). Darauf aufbauend wird abschließend ein Lerntransfer mit Blick auf die globalen Herausforderungen unserer politischen Identität als engagierte Bürger einer »res publica« gewagt (IV.).

---

1 Vgl. Michael Meyen: »Wir haben freier gelebt«. Die DDR im kollektiven Gedächtnis der Deutschen. Bielefeld 2013.
2 Petra Köpping: Integriert doch erst mal uns! Eine Streitschrift für den Osten. Berlin 2018.

I. Unzeitgemäße Betrachtungen über eine deutsche (Kranken)Geschichte

>*Zur Nation euch zu bilden,*
ihr hofft es, Deutsche, vergebens«
(Schiller/Goethe)

Otto Friedrich Bollnow hat in einer anthropologischen Reflexion über das Nachholen des Versäumten darauf aufmerksam gemacht, dass diesem im Unterschied zum Verpassen eine «schuldhaft gewordene Unterlassung« anlaste[3]. Das in der Vergangenheit Unbewältigte hindere uns daran, dass wir uns unbefangen in der Gegenwart aufhalten und offen der Zukunft zuwenden können; wir befinden uns ständig im Modus des Nachholens und Hinterherlaufens. Wenn es zutrifft, dass sich Nation und Staat in Deutschland erst »verspätet« (Helmuth Plessner) zum Nationalstaat zusammengefunden haben, dann liegt in dieser Verspätung möglicherweise der Schlüssel zum Verständnis dafür, dass wir uns bis heute so abarbeiten an unserer nationalen Identität. Es geht dabei nicht um die Einhaltung eines teleologischen Fahrplanes, wie Reinhart Koselleck moniert[4], sondern um die Synchronisierung von äußerer Verfasstheit und innerer Bewusstheit. Timothy Garton Ash hat die psychotischen Folgen dieser Identitätskrise auf den Punkt gebracht: »Niemand misstraut den Deutschen mehr als die Deutschen selbst!« Es ist dieses fehlende Vertrauen in uns selbst, unsere »Charakterlosigkeit« (Fritz René Allemann), die die Weltgemeinschaft misstrauisch gegenüber das »Täusche-Volk« (Friedrich Nietzsche) gemacht hat. Realpolitik braucht, nach innen wie nach außen, Berechenbarkeit und Verlässlichkeit, um zu Interessensausgleich und Stabilität zu kommen. Das war mit den Deutschen lange Zeit schwer zu machen. Heute, als Nation vereint, in Europa fest verankert, mit der Weltgemeinschaft multilateral verbunden, und bereit, mehr Verantwortung zu übernehmen, wäre die Zeit reif für

---

3 Otto Friedrich Bollnow: Maß und Vermessenheit des Menschen. Göttingen 1962, S. 232.
4 Reinhart Koselleck: Zeitschichten. Frankfurt/a. M. 2000, S. 362.

die Überwindung unserer Identitätskrise als Reifungskrise, und der
»Patient Deutschland« könnte als von seinem krankhaften Leiden an
der eigenen Identität geheilt in die Geschichte der modernen, multilateral agierenden Nationalstaaten entlassen werden.

Die Gründe dieser Selbstverunsicherung reichen tief in die deutsche Geschichte zurück. Der deutsche Bildungsroman unerfüllter
Sehnsucht nach Identität sei hier als Kurzgeschichte nacherzählt:
Am Anfang standen die Stammesidentitäten und die Bindekraft der
Gefolgschaft. Auf diesem Humus konnte über Jahrhunderte hinweg
der starke Stammbaum des Regionalismus wachsen, dessen Veräste-
lungen bis in den bundesrepublikanischen Föderalismus der Gegenwart hineinreichen, und der neben guten Früchten auch exotische
Wildblüten wie im Bildungswesen oder gefährlichen Wildwuchs wie
den Separatismus hervorgetrieben hat. Über Kleinstaaterei konnte das
kaum hinauswachsen, und so glich die Landkarte Mitteldeutschlands
am Ende des 18. Jahrhunderts einem pointilistischen Landschafts-
gemälde. Auch das berühmte Reich »teutscher Nation«, das sich
1806 wie ein Dieb aus der Geschichte schlich, hat sich wesenhafter
römisch-christlich und weniger deutsch verstanden. Erst im Gefolge
der Befreiungskriege gegen Napoleon drängte sich die Frage auf:
»Was ist des Deutschen Vaterland?« (Ernst Moritz Arndt). Was damals einigen romantischen Geistersehern und national erregten Köpfen an Identifikationsfiguren entsprang, war eine aus heutiger Sicht
skurril anmutende Fantasy aus Germanentum und Mittelalter. Johann
Gottfried Herder und Turnvater Jahn beschworen den »Volksgeist«
herauf, den Johann Gottlieb Fichte in seinen »Reden an die deutsche
Nation« nur bei den Deutschen am Werke zu sehen glaubte. Der
Exil-Deutsche Heinrich Heine disqualifizierte mit kühlem Kopf das
wilde Denken um Hermannschlacht und Meistersinger in ironischer
Manier als »Teutomanismus«. Faktisch herausgekommen sind dabei
ein Zollverein und die »blutleere Reißbrettkonstruktion«[5] eines kleinen wie kleinlichen Bundes. Allein in den Farben der Lützower Frei-
corps (Schwarz-Rot-Gold) konnte der Sturm und Drang nach Freiheit

---

5 Michael Salewski: Deutschland. Eine politische Geschichte. Band 2. München
   1993, S. 18.

und Einheit weiterleben. Wartburg, Hambach und Walhalla wurden in der Folgezeit zu geschichtspolitischen Orten utopischer Erinnerungskultur, eingehüllt in den beizenden Geruch verbrannter Bücher. Der gescheiterten Professorenrepublik folgte der Nachtwächterstaat, derweil das Volk »im Wartesaal (saß) und … Ausschau nach dem Zug in Richtung Nation«[6] hielt. Das Bürgertum seinerseits flüchtete sich in die Scheinwelt aus Bildung und Biedermeier und baute an der Ersatzidentität einer Kulturnation. Man wollte fortan gebildeter Weltbürger und nicht deutscher Staatsbürger sein, denn »politisch Lied, (ist) garstig Lied«. Die gewählte politische Ohnmacht des Untertanengeistes in Verbindung mit der bürgerlichen Ironie ästhetischer Unverbindlichkeit wurde zum roten Faden einer verfehlten Identitätsbildung. Die deutsche Frage sollte am Ende von einem »weißen Revolutionär« mit Gewalt beantwortet werden, 1866/67, als Deutschland in den Sattel der Geschichte gesetzt, und 1871, als das neue Deutsche Reich »aus Blut und Eisen« geschmiedet wurde. Beide, Schöpfer und Geschöpf, waren gleichermaßen Kunststaaten; die deutsche Einheit war eine, die mehr nach außen zielte (»Deutscher Kaiser«) und weniger nach innen (»Kaiser von Deutschland«). Die von der Kulturnation frei gelassene Identifikationslücke schmerzte und wollte endlich gefüllt werden, und so schlug das Pendel deutscher Sonderbefindlichkeiten fatalerweise in das andere Extrem um: Preußischer Militarismus wurde zum Sinnbild nationalistischer Identität. Der folgende, lange Marsch in die deutsche Katastrophe begann mit kontinentalen Großmachtallüren, dem Kampf um einen »Platz an der Sonne«, und mündete ein in den Rassenwahn und dem »Griff nach der Weltmacht« eines verbrecherischen Regimes, das im Pakt mit dem Bösen vor Völkermord und Vernichtungskrieg nicht zurückschreckte und dabei den eigenen Untergang in Kauf nahm. Der Bruch mit allem endete im Zusammenbruch von allem, und danach konnte und durfte politisch und moralisch nichts mehr so sein wie zuvor; das »Nie wieder!« stand wie ein Menetekel an der Hauswand der deutschen Nation.

In der »Stunde Null« räumten die Davongekommenen in West-Deutschland, zumeist Frauen, erst einmal die Trümmer weg, bau-

---

6 Harald Steffahn: Glanz und Elend der Deutschen. Berlin 2006, S. 149.

ten zusammen mit den Heimkehrenden Deutschland, oder das, was davon übriggeblieben war, neu auf. Es ging zuvörderst um die nackte Existenz, »Hurra, wir leben noch!«, und um Ruhe und Normalität. Nach Marshallplan und Währungsreform nahm die junge Republik Fahrt auf, und es ging aufwärts, hinein in das Wirtschaftswunderland der »D-Mark« und des Konsumversprechens »Wohlstand für alle«. Damit das so blieb, teilte die Mehrheit die Warnung: »Keine Experimente!« Aber die Dämonen lauerten »Draußen vor der Tür« (Wolfgang Borchert): Man war »entnazifiziert« und »reeducated« worden, aber konnte man uns Deutschen wieder trauen? Erste Selbstzweifel kamen auf. Es folgten die Nürnberger Prozesse und uns wurde von Hannah Arendt mit »Eichmann in Jerusalem« der Spiegel der »Banalität des Bösen« vorgehalten. Immer mehr Deutsche stellten sich die Frage: »Wie war das möglich?« Es folgten erste psychoanalytische Erklärungsversuche für Erinnerungsverlust und Verdrängung mit Alexander und Margarete Mitscherlichs These von unserer »Unfähigkeit zu trauern«. Das Vergessene oder Verdrängte ließ sich indes nicht länger unter der Decke der bürgerlichen Behaglichkeit verstecken, und mit der Kulturrevolution der 1968er kam alles zum Ausbruch. West-Deutschland hatte sich seiner Vergangenheit zu stellen – und hatte damit zugleich ein neues Identitätsproblem. Als Therapieform wurde von der Avantgarde Selbstverleugnung verordnet, die man analytisch auch als verspäteten Ungehorsam deuten konnte, weil die Demokratie »zum nachträglichen Empörungsziel eines gegen die totalitäre Diktatur versäumten Aufstands«[7] geworden war. Nach dieser Lesart stellte sich die damalige Elite der Linksintellektuellen vor allem deshalb an die Spitze der moralischen Revolution, um selbst der Guillotine des Gewissens zu entkommen. Der logische Schluss im Frankfurter Diskurs mündete in einen Doppelbeschluss: Erstens dürfe Deutschland aus historischer Verantwortung heraus keine nationale Identität herausbilden, und zweitens sei jedermann aufgefordert, gegen einen repressiven Rechtsnachfolgerstaat Widerstand zu leisten – in Deutschland wurde es Herbst. In einer der letzten Schlachten der zyklisch aufflammenden Historiker-Kriege versuchte

7 Odo Marquard: Zukunft braucht Herkunft. Stuttgart 2003, S. 16.

Daniel Goldhagen mit seiner Theorie vom »Tätervolk« (1996) allen weiteren Versuchungen, eine legitime nationale Identität herauszubilden, ein endgültiges Ende zu setzen. Dieser Spur folgend verstieg sich Günter Grass zu der Nemesis-These, Deutschland sei als Strafe für seine Verbrechen im Nationalsozialismus auf ewig dazu verdammt, eine gespaltene Nation zu bleiben, um den bösen Willen zur »Willensgemeinschaft« (Ernest Renan) zu brechen. Allein das enfant terrible unter den Zeitgeistkritikern, Karl Heinz Bohrer, erdreistete sich, die rabulistischen Pirouetten der Linksintellektuellen zu attackieren, indem er von »Erinnerungsschmelze«[8] sprach, wonach deutsche Geschichte nur noch als Schuldgeschichte erzählt werden dürfe. Damit habe sich Deutschland mental eine Art »zweite Haut« zugelegt, eine maskenhafte Selbstverleugnungsidentität, wozu auch das vom politischen Mainstream propagierte Angebot von Teilidentitäten in einem Europäischen Haus passen würde. Das war geschichtspolitisch starker Tobak. Gleichwohl blieb die sozialanthropologische Binsenweisheit, dass es ohne einen identitätsstiftenden Ideen- und Wertekonsens nichts werden würde mit uns als Gemeinschaft, eine offen blutende Gralswunde, und zugleich blockierte gerade das moralische Verbot, dieses offene Geheimnis öffentlich auszusprechen und auszudiskutieren den heilenden Selbstfindungsprozess. Anläufe, dieses Tabu öffentlich zu durchbrechen, gab es immer wieder. So stritten Helmut Kohl und Helmut Schmidt 1979 leidenschaftlich über die Frage, ob unser Grundgesetz nicht nur als formaler Rechtsrahmen, sondern auch als materieller Wertekatalog zu verstehen sei. Dolf Sternberg und Jürgen Habermas boten große Mühen auf, so etwas wie einen legitimen Verfassungspatriotismus zu begründen[9]. Republikanische Leidenschaften konnten sie damit leider kaum entfachen. Den Wellenbewegungen des Zeitgeistes folgend, tauchte episodisch die zumeist künstlich herbeigeführte Debatte um eine sogenannte »Leitkultur« auf – bis heute ergebnisoffen. Was für den Hausgebrauch übrig blieb, waren Ersatz-

---

8 Karl Heinz Bohrer: Erinnerungslosigkeit. In: Ekstasen der Zeit. München 2003, S. 20.

9 Vgl. aktuell hierzu die positive Konnotation des Patriotismus durch Staatspräsident Emmanuel Macron in kritischer Absetzung zum Begriff des Nationalismus.

titel wie Exportweltmeister oder Fußballweltmeister. Deutschland als Begriff, so das Fazit Martin Walsers, tauge wohl nur für den »Wetterbericht«. Mit einer derart psychotischen Vorgeschichte belastet, war in West-Deutschland bis 1989 in der Tat keine echte nationale Feiertags-Kultur zu kreieren. Da aber auch wir Deutschen »mythenpflichtige« (Odo Marquard) Wesen sind, kommen auch wir nicht umhin, um unser Selbst zu ringen. Mir scheint, dieses Ringen gleicht selbst einem alten Mythos, dem des Sisyphos. Ob wir mit Albert Camus damit auch in Zukunft glücklich werden wollen, nämlich den Stein des Anstoßes immer neu den Berg hochzurollen, das müssen und können nur wir selbst entscheiden.

In Ost-Deutschland erfolgte mit der Staatsgründung der DDR die Reinwaschung von Schuld nicht durch Sühne, sondern durch radikale Verdrängung der deutschen Geschichte in Verbindung mit einem öffentlichen Bekenntnis zum Kommunismus. Die Rhetorik vom Antifaschismus wurde zur magischen Identitäts- und damit zur Leerformel für alles, vor allem für die Begrenzung von Freiheit, notfalls mit dem Einsatz sowjetischer Panzer und der Einmauerung des eigenen Volkes. Das ging einher mit einer nicht kritisch hinterfragten Assimilation überlieferter patriarchal-autoritärer Strukturen und Denkweisen. Was sich den Bürgerinnen und Bürgern im real existierenden Sozialismus an zu wählender Lebensalternative diesseits der Republikflucht anbot, war die resignative oder opportunistische Anpassung, die innere Immigration, die Erfindung von Freiheitsnischen im Gartenlaubenformat, die Solidarität in (Not)Gemeinschaften oder die versteckte Opposition mit dem Risiko der Diskriminierung, Inhaftierung und Ausbürgerung. Im Unterschied zu den Westdeutschen, die sich längst mit dem Status quo der Teilung arrangiert zu haben schienen, schöpften in Ost-Deutschland die einen ihre Identität aus der Idee eines sozialistischen Internationalismus und die anderen aus dem Glauben an die Wiedervereinigung Deutschlands, das sie entweder nur aus der Erinnerung oder aus dem Westfernsehen kannten.

Der 9. November 1989 traf beide Teile Deutschlands in jeder Hinsicht unvorbereitet, auch mental. Nach der Wiedervereinigung stießen »zwei deutsche Teilgesellschaften aufeinander, die nach 45-jähriger Trennung in vielerlei Hinsicht verschiedener kaum hätten sein können.«[10] Die offene deutsche Frage, ob Deutschland auf immer ein »fernes Land« (Marion Gräfin Dönhoff) bleiben würde, stand plötzlich befremdlicher denn je im Raum. In einer Zeit indes, wo der Rechtspopulismus salonfähig geworden zu sein scheint, ist die Frage hochaktuell, »wie man aus der Tradition des linken Postnationalismus herausfindet, ohne in die Falle eines rechten Nationalismus zu tappen«[11] und damit einen »Weg der Mitte, der Normalität, der Absage an jeden Sonderstatus«[12] beschreitet. Unsere Mühen und Bemühungen um nationale Identität gleichen einstweilen immer noch der Quadratur des Kreises, Deutschland als Dunkelland-Saga und Schlaraffenland-Märchen zu lesen. Es gäbe freilich einen Ausweg: Bleibt man in der Metaphorik der Erzählungen, könnte man deutsche Erinnerungsgeschichte zur Gattung der sentimentalischen Dichtung zählen. Im Gegensatz zur naiven Dichtung, so hatte Friedrich Schiller definiert, werde in der sentimentalischen Dichtung ästhetische Identität nur durch eine Idee vermittelt. Wir, die zu spät Gekommenen »erblicken in ihnen also ewig das, was uns abgeht, aber wonach wir aufgefordert sind, zu ringen, wenn wir es gleich niemals erreichen«.[13] Das muss kein Nachteil sein. Zum Schicksal des Epigonentums gehört der Vorzug der Reflexivität, denn die Eule der Minerva fliegt bekanntlich in den späten Abendstunden. Statt resignativer »Aufgabe« sollten wir Deutschsein als reflexive »Aufgabe« an- und ernstnehmen, so wie es Bundespräsident Richard von Weizsäcker auf dem Evangelischen Kirchentag 1985 gefordert hat. Mauern zu schleifen alleine reicht jedenfalls nicht aus; man muss aus den Bruchsteinen der eigenen Geschichte geschichtspolitisch die Ecksteine aussuchen, mit denen sich ein neues Haus bauen lässt, indem sich alle Mitbewohner zuhause und für das sich alle verantwortlich fühlen können – und das offen für die Welt

---

10 Klaus Schroeder: Die veränderte Republik. Deutschland nach der Wiedervereinigung. München 2006, S. 117.
11 Aleida Assmann: Geschichte im Gedächtnis. München 2007, S. 188.
12 Wolfgang Schäuble: Nationale Identität und die innere Einheit Deutschlands. In: Gerd Langguth (Hrsg.): Die Intellektuellen und die nationale Frage. Frankfurt/a. M. 1997, S. 295.
13 Friedrich Schiller: Sämtliche Werke, Band 5, München, 1974, S. 435.

der Anderen ist. Mit Fritz Stern könnten wir die Deutsche Einheit als »zweite Chance« begreifen, nicht nur Nationalstaat zu sein, sondern auch endlich unsere nationale Identität finden zu können.

II. Was uns zu dem macht, was wir sein wollen, aber nie sein werden

> »*Ein Mann, der Herrn K. lange nicht gesehen hatte,*
> *begrüßte ihn mit den Worten: ›Sie haben sich gar nicht verändert.‹*
> *›Oh!‹ sagte Herr K. und erbleichte.*«
> (Bertolt Brecht)

Danach gefragt, wer wir sind, antworten wir in der Regel mit einer kleinen Geschichte über uns. Wir erzählen, wo wir herkommen und zu demjenigen wurden, der wir heute sind – »narrare necesse est« (Odo Marquard). Dieses Erzählen braucht Zeit, das Erzählte hingegen ist zeitlos. Wie geht das zusammen? Ludwig Wittgenstein hatte uns zu Recht Beulen angedroht, wenn wir unsere Sprache zu solch logischem Unsinn missbrauchen. Suchen wir die Bedeutung der Sprache mit ihm in ihrem Gebrauch, vermittelt sie uns überraschenderweise doch einen Sinn: Als Autor erzählen wir unsere Lebensgeschichte und erschaffen damit das die Zeit des Lebens und Erzählens Überdauernde. Diese, unsere Identität, wird stillschweigend bezeugt durch unsere Identität als Erzähler. Identität nach dieser Erzählweise verstehen wollen setzt voraus, dass jeder schon vorher weiß, was sie ist. Warum erliegen wir dann aber der Illusion, dass jedermann sein Leben selbst machen und aus dem Strom der Zeit aussteigen kann. Maurice Halbwachs kommt das Verdienst zu, uns daran erinnert zu haben, das sich durch das Re-Produzieren unserer Erinnerungen »wie in einer kontinuierlichen Verkettung das Gefühl unserer Identität«[14] erhält. Aus neurobiologischer Sicht liest sich diese verblüffende Einsicht so: »Erst das Gedächtnis stattet uns mit einer individuellen Persönlichkeit und mit einer Ich-Perspektive aus und lässt uns dadurch

---

14 Maurice Halbwachs: Das Gedächtnis und seine sozialen Bedingungen. Berlin 2016, S. 132.

zu kulturellen Wesen werden mit einer Identität in der Welt, in der wir leben. Anders gesagt: Wir Menschen sind unser Gedächtnis – und unser Gedächtnis sind wir.«[15]

Freilich sind wir das nicht in Gänze und nicht zu jeder Zeit. Davon ausgenommen sind beispielsweise unsere ersten Lebensjahre und auch unsere letzten, sofern uns das Schicksal der Demenz ereilt. Ein großes Rätsel ist auch unsere Traumzeit, denn wir wissen weder genau, dass wir träumen, noch erinnern wir genau, was wir träumen. Es braucht eine gewisse Zeit des Erwachens, bis das wir realisiert haben, dass wir es ganz selbst sind und wir uns weder in einem kafkaesken Ungeheuer noch in einer virtuellen Matrix befinden. Vieles von dem, was wir sind, bleibt also auf ewig verborgen im Nebel des Unbewussten. Hinzu kommen die vielen kleinen Tücken unseres Gedächtnisses. Wie wir heute wissen, ist unsere Vorstellung vom Gedächtnis als einem zentralen Ort im Gehirn falsch. Ebenso falsch ist die landläufige Vorstellung seiner Arbeitsweise, es würden kleine Videoaufzeichnungen von der Wirklichkeit gemacht, die man, um sich zu erinnern, nur abspielen müsste, wie eine Art Kopfkino. Das wäre schon aus evolutionsgenetischen Gründen ein sehr ineffizienter Mechanismus. Die Flut der Sinnesdaten muss effizient gefiltert werden, und was wir später als wahr erinnern, entspricht darum nicht dem, was objektiv wirklich wahr war. Unser Gedächtnis arbeitet nicht mit wahrheitsgetreuen Fakten, sondern mit uns nützlichen Fiktionen. Da unsere Erinnerungen in verschiedenen Hirnregionen gespeichert werden, müssen sie permanent (re)konstruiert werden. Dabei geht vieles verloren, und vieles wird mit anderem kombiniert, so dass am Ende der Erinnerungsarbeit eine ganz eigene, neue Erinnerung entsteht. Diese hängt ab von unseren zwischenzeitlich gemachten Erfahrungen, dem aktuellen Kontext, und vor allem von unseren Emotionen. Der Wahrheitsgehalt unserer Erinnerungsgeschichten entspricht also eher den Abschriften mittelalterlicher Schreibkanzleien, in die sich mit jeder Übersetzung neue Interpretationen und Fehler eingeschlichen haben. Diese Volatilität geht so weit, dass sich Erinnerungen noch posthum manipulieren lassen, mit der Folge, dass etwas nicht Erlebtes erinnert,

---

15 Martin Korte: Wir sind Gedächtnis. München 2017, S. 15.

als authentisch wahrgenommen und als wahr empfunden wird[16]. Der Sinn dieser scheinbaren Paradoxie erschließt sich im eigentlichen Zweck unseres Gedächtnisses, wonach die Bedeutung der Erinnerung nicht in der Bezeugung von objektiver Wahrheit liegt, sondern in der »subjektiven Überzeugung, dass sie wahr seien, also zu ›mir‹ und meinem Selbst gehören«.[17] Sie machen also im Bezug zu meinem Selbstkonzept Sinn und verstärken damit mein Gefühl von Identität: Erinnerung ist wesenhaft innere Aneignung! Das führt uns zu einem noch viel grundsätzlicheren Problem. Wenn wir uns erinnern, müssen wir uns fragen, woher wir wissen, dass sich dasselbe (idem) und nicht ein gleiches oder gar ein ganz anderes Ich erinnert. Wer identifiziert hier eigentlich wen? In unserem Gehirn fehlt sozusagen ein Lügendetektor oder ein oberster Richter, der vergleichen und objektiv entscheiden könnte. Auf der Erklärungsspur eines Homunkulus als oberster Kontrollinstanz ergeht es uns wie beim Spiel mit den russischen Matroschkas, bei dem sich in jeder Figur eine andere verbirgt. Der Sinn des Spiels erschließt sich nicht durch die Spielfiguren, sondern durch das Spielen selbst. Unsere Suche nach der letzten Instanz gleicht darum der Suche nach dem Ende der Welt, die erfolglos bleiben muss, weil unser Ich eben nicht »nur« Gehirn ist und weil es »die eine« Welt gar nicht gibt.[18]

Nun ist unser Gedächtnis nicht nur an unsere Person und an evolutionsgeschichtliche Präformationen[19] gebunden, sondern auch konstitutiv abhängig vom intersubjektiven Kontext, weil wir uns überlieferter Interpretationsinstrumente wie Zeichen und Regeln bedienen. Eine Geschichte von Robinson Crusoe ohne Freytag wäre nur in einer Privatsprache möglich und darum nicht erzählbar. Wir können eben nicht nicht kommunizieren (Paul Watzlawick): Nur im gespie-

---

16 Das erklärt das bekannte Phänomen, warum Augenzeugen vor Gericht nicht selten falsche Erinnerungen bezeugen. Vgl. hierzu Julia Shaw: Das trügerische Gedächtnis. München 2016.

17 Harald Welzer: Das kommunikative Gedächtnis. München 2017, S. 220.

18 Vgl. Markus Gabriel: Warum es die Welt nicht gibt. Berlin 2013; ders.: Ich ist nicht Gehirn. Berlin 2015.

19 Vgl. Michael Gazzaniga: Die Ich-Illusion. München 2012.

gelten Anderen[20] erkennen wir uns selbst und was wir dem Anderen schuldig sind. Unsere Einbettung in Herkunft und Mit-sein ist von der Moderne aus zwei Gründen gerne übersehen worden. Zum einen setzte man vor allem in westlichen Ländern einseitig auf den Individualisierungsprozess als Arbeit am Selbst[21]. Zum anderen sah man eine Gesellschaft, die mit ihren gesamtgesellschaftlichen Rollenerwartungen den individuellen sozialen Aufstieg behindert, als »ärgerliche Tatsache«[22] an. Mit Helmuth Plessner wäre dagegen festzuhalten, dass wir »Doppelgänger« sind, die sich selbst nie einholen können, »homo absconditis« bleiben, weil immer eine Differenz zwischen unserem Selbst- (I) und unserem Fremdbild (Me) bleiben wird. Und auch diese Differenz selbst will noch vermittelt sein.

Soziale Gruppen bedienen sich einer Vielzahl von Methoden zur Herausbildung von Zugehörigkeit, zur Stärkung der Wir- und Gruppenidentität; eine archetypische ist die Erinnerungskultur. Zu den uns geläufigen Ausdrucksformen kollektiver Erinnerung in vorschriftlichen Kulturen zählen der Mythos, die Genealogie und die Magie.[23] In allen Religionen wird noch heute über die Praxis der Liturgie der überlieferte Normkodex als rituell gelebte Erinnerung vermittelt. Das entlastet von Transaktionskosten der Neuverhandlung und stabilisiert die Gemeinschaft. Ebenso verhält es sich mit politischen Institutionen. Die Vorteile der Gruppenidentität werden nach dem Gebot der Gegenleistung allerdings auf Kosten von Differenz erkauft; es kommt sehr leicht zum »groupthink« (Irving Janis) und zur Diskriminierung von allem und jedem, was von der Gruppennorm abweicht. Der einfachste und schnellste Weg zur Identität verläuft über die totale Abgrenzung nach außen, gegenüber dem Anderen und gegenüber dem Fremden, der rigoros zum Feind erklärt wird. Dieser Weg ist jedoch energetisch bestandsaufwändig und läuft zudem Gefahr, in der Sackgasse von Totalitarismus und Inhumanität zu enden. Viele kennen die berühmten Konformitätsexperimente von Milgram und

---

20 Wolfgang Prinz: Selbst im Spiegel. Berlin 2016.
21 Ferdinand Bitz: In Sachen Dürr gegen Elias. In: *Zeitschrift für Erlebnispädagogik* 8/9-1990, S. 3 ff.
22 Ralf Dahrendorf: Homo Sociologicus. 16. Auflage, Wiesbaden 2006, S. 24.
23 Jacques Le Goff: Geschichte und Gedächtnis. Frankfurt/a. M. 1992, S. 91.

Zimbardo, insbesondere in der Version des deutschen Psychothrillers »Das Experiment«. Lässt sich eine Gesellschaft erst einmal von dem Virus einer eindimensionalen Kohäsion infizieren, obsiegt schnell der autoritäre Kollektivismus, wie die Gleichschaltung im Nationalsozialismus, der Steinzeitkommunismus der Roten Khmer in Kambodscha und ganz aktuell Chinas Sozialkreditsystem bezeugen.

Mit wachsendem Geltungsanspruch einer wachsenden Wir-Gruppe kommt es zu einem fließenden Übergang hin zur öffentlichen Erinnerungskultur. Was durch vielfaches Nacherzählen einer »story« an der Oberfläche unseres kollektiven Erinnerns am Ende in der Gestalt von »history« sichtbar wird und bleibt, hat darum nur wenig gemein mit den zahllosen faktischen Artefakten, die mit der Zeit nur noch von Geschichtsarchäologen im kulturellen Gedächtnis verwaltet werden. Die »Arbeit am Mythos« (Hans Blumenberg) hört nie auf, und ständig müssen wir ihn an unsere Bedürfnisse wie Legitimation oder Distinktion anpassen. Auch hier geht es nicht darum, zu erinnern, »wie es eigentlich gewesen« ist (Leopold von Ranke). Das Problem reicht über die vordergründige Prüfung von historischen Quellen weit hinaus, wo es darum geht, historische Fälschungen wie beispielsweise die Urkunden zur Konstantinischen Schenkung zu entlarven. Wir müssen konzedieren, dass es historische Tatsachen an sich nicht gibt, weil jedes historische Artefakt einer Auslegung bedarf. Wenn Brutus mit einem Messer Caesar zu Fall bringt, dann interessiert uns an diesem Fall nicht, was der Fall ist, also die Fallgesetze der Physik, sondern was zu Fall kommt, also die Fallgesetze der Politik; wir wollen wissen, was mit dem Fall Caesars als politischer casus zu Fall gebracht wird oder werden sollte, und darüber lässt sich bekanntlich trefflich streiten.

Damit zusammen hängt das Problem der Differenz des persönlich Erinnerten zu dem kollektiv Erinnerten. Das radikale Credo erinnerungskritischer Skepsis lautet darum: »Alles, was sich bloß der Erinnerung verdankt, hat prinzipiell als falsch zu gelten.«[24] Der Zeithistoriker weiß immer mehr als der Zeitzeuge, so wie der Literaturkritiker mehr als der Dichter. Das liegt in der Natur des hermeneutischen Pro-

---

24 Johannes Fried: Der Schleier der Erinnerung. München 2012, S. 48.

zess. Die Differenz zwischen der Konnotation des persönlich Erinnerten und dem kollektiv Erinnerten löst sich auch dann nicht auf, wenn man darauf verweist, letztlich könnten sich nur Individuen erinnern, und das Kollektive sei eine rein hypothetische Konstruktion, weil nämlich auch das Kollektive im Bewusstsein eines jeden Individuums erinnert werden muss. Zum Problem wird diese Differenz immer dann, wenn sie normativ aufgeladen wird. In demokratischen Gesellschaften stellt sich der Umgang mit dieser Differenz so dar, dass es »einen Geschichtsmarkt (gibt), auf dem unterschiedliche Geschichtsnarrative angeboten und von den Medien kontrovers aufgegriffen und diskutiert werden … was bedeutet, dass Geschichte auch permanent zum Streitfall wird und immer wieder ausgehandelt werden muss.«[25] Das fällt in die Zuständigkeit von Geschichtspolitik, die Geschichten mit Blick auf ihre identitätsstiftende Leistungskraft auswählen muss. Ein klassischer Fall solcher Rekonstruktionskonstruktionen ist die Bewertung des 8. Mai durch Bundespräsident Richard von Weizsäcker als »Tag der Befreiung«. Mit diesem normativen Perspektivwechsel wurde, 40 Jahre nach Ende des Zweiten Weltkrieges, ein neues Erinnerungsangebot zum Zwecke einer neuen Selbstverortung geschaffen.

Der geschichtspolitische Streit dreht sich also immer um die Deutungshoheit von Meta-Erzählungen. Wir erinnern alles, was wir zum Gedenken brauchen, aber wir gedenken nicht alles und allem, was wir erinnern. Was am Ende obsiegt, sagt weniger über die wahre Geschichte, aber umso mehr darüber aus, wie sich eine Gesellschaft und eine Nation über ihre Geschichte selbst verstehen will. Sie wird analog zur Person mit sich identisch, indem sie sich dazu macht, wer sie sein will. Der Referenzpunkt nationaler Identität ist insofern nicht die Herkunft, sondern die »gehoffte Zukunft« (Harald Welzer). Die Herausbildung von nationaler Identität über eine geschichtspolitisch definierte Erinnerungskultur ist damit keine Frage, »ob wir eine Nation sein wollen oder nicht, sondern die, wie wir die Nation, die wir sind, bestimmen wollen«.[26] Wer aber, so bleibt zu fragen, entscheidet über unsere Zukunft? In einer offenen, pluralistischen und

---

25 Aleida Assmann: Geschichte im Gedächtnis. a.a.O., S. 181.
26 Christian Meier: Das Verschwinden der Gegenwart. München 2004, S.141.

demokratischen Gesellschaft findet der geschichtspolitische Diskurs ganz selbstverständlich öffentlich statt, und in einer parlamentarischen Demokratie nicht zuletzt auch im Parlament, also im Deutschen Bundestag, als die legitime Repräsentationsinstanz des gesamten deutschen Volkes. Es sind erfreulicherweise zumeist Sternstunden des Parlaments, wenn außerhalb der vom Geschichtskalender vorgegebenen Gedenkfeierlichkeiten um geschichtspolitische (Selbst-) Deutungen gerungen wird.

Die Rückseite der Erinnerung: Das Vergessen

> *»Der Engel der Geschichte ... hat das Antlitz der Vergangenheit zugewendet*
> *... da sieht er eine einzige Katastrophe.«*
> (Walter Benjamin)

Ein Zuviel an Erinnerungen belastet zuerst unser Gedächtnis, dann unser Lernen und schließlich unser Gewissen – somit gehört das Vergessen untrennbar zur Ökonomie des Geistes, ja, glaubt man Nietzsche, auch zur Ökonomie des Glücks, denn »Wer sich nicht auf der Schwelle des Augenblicks, alle Vergangenheiten vergessend, niederlassen kann, ..., der wird nie wissen, was Glück ist, und noch schlimmer: er wird nie etwas tun, was andere glücklich macht.«[27] Es geht hier um mehr als um flüchtige Kulturkritik am Geschichtsboom und am Trend zur Musealisierung. Man sagt, die Zeit heile alle Wunden, und der Schleier des Vergessens lege sich auf jede noch so schmerzliche Lebenserfahrung. Es gibt aber Erinnerungen, die zu Traumata werden, die wir nicht loswerden und die unser Leben an die Vergangenheit ketten. Gegen dieses erdrückende Zuviel an Erinnerung müsste kompensatorisch in Erinnerung gerufen werden, das Vergessen nicht zu vergessen. Der Althistoriker Christian Meier hat ganz bewusst gegen den moralischen Grundtenor der Rede von Bundespräsident Richard von Weizsäcker zum 8. Mai, wonach »Ohne Er-

---

27 Friedrich Nietzsche: Vom Nutzen und Nachteil der Historie, Werke, Band 1,
    WBG Darmstadt 1997, S. 212.

innerung ... die Gefahr der Wiederholung (besteht)«, die gegenteilige
Praxis in der Menschheitsgeschichte in Erinnerung gerufen, wonach
erst das Vergessen (Amnesie) die Kette ewiger Vergeltung zu unterbrechen und somit das Fundament des Friedens (Amnestie) zu schaffen vermöchte.[28] Braucht es also ein Gegengewicht zum Erinnern,
braucht unsere Kultur der Erinnerung eine Kultur des Vergessens?
Das kann natürlich nur geschichtspolitisch gefragt werden, denn
(psycho)logischerweise kann man schwerlich willentlich vergessen.

Ein geschichtspolitisches Lösungsformat bieten die sogenannten
Wahrheits- und Versöhnungskommissionen zur Aufarbeitung von
Kriegsverbrechen und Menschenrechtsverletzungen. Sie sind auf das
Geständnis von Unrecht, die Anerkennung von Leid sowie eine Entschädigung der Opfer ausgerichtet. Damit legitimieren sie zugleich
den notwendigen nationalen Dialog über einen Neuanfang. Der Ansatz wurde mehr oder weniger erfolgreich in Südafrika, Ruanda, Kambodscha, Guatemala, Chile, Peru, Osttimor, Sierra Leone und Hon-
duras praktiziert. Dieser öffentliche, politische Erinnerungsdiskurs
soll die Wahrheit(en) offenlegen und die Vergangenheit aufarbeiten,
getreu der Leitidee des südafrikanischen Erzbischof Desmond Tutu
»Without truth no reconciliation!« Der Deutsche Bundestag hat am
12. März 1992 die Einsetzung der »Enquete-Kommission zur Aufarbeitung von Geschichte und Folgen der SED-Diktatur in Deutschland«
und am 22. Juni 1995 die Einsetzung der »Enquete-Kommission zur
Überwindung der Folgen der SED-Diktatur im Prozess der deutschen
Einheit« beschlossen. Hiermit sollte Ähnliches geleistet werden. Solche Projekte sind jedoch nicht risikofrei, können und sollen sie doch
die eigentlich gebotene strafrechtliche Verfolgung und Bestrafung der
Täter nicht ersetzen. Die ostdeutsche Bürgerrechtlerin Bärbel Bohley
hat einmal öffentlich beklagt, »Wir wollten Gerechtigkeit und bekamen den Rechtsstaat.« Zudem können solche Kommissionen Opfer
zum zweiten Mal in die Opferrolle zwingen. Darüber hinaus gibt es
historisch einmalige Verbrechen, wie die des Nationalsozialismus,
für die dieser Weg versperrt ist. Es gehört zum völkerrechtlichen,

---

28 Vgl. Christian Meier: Das Gebot zu vergessen und die Unabweisbarkeit des
   Erinnerns. München 2010.

weltethischen und geschichtspolitischen Konsens, dass es für solche Verbrechen gegen die Menschlichkeit keinen Schlussstrich und kein Vergessen geben kann und darf. Die in Auschwitz von Menschen an Menschen begangenen Verbrechen sind so ungeheuerlich, dass für sie eine Aufarbeitung nicht möglich ist, mehr noch, sich im Namen der Humanität verbietet. Wenn wir mit den Augen Walter Benjamins den Angelus Novus von Paul Klee auf die historischen Katastrophen zurückschauen lassen, dann müssen wir es in dem Wissen tun, »Das Geheimnis der Versöhnung ist Erinnerung, nicht Vergessen.«[29]

III. Gedenken hat mit Denken zu tun:
Kann man aus der Geschichte lernen?

>*»Die Misere zu feiern, dazu braucht keiner das Wort zu ergreifen.*
>*Die Misere ist das, was von selbst ist. Aber wir klammern uns an das Gegenteil.*
>*An den Sinn. Der ist nicht von selbst. (…) Wie jeder Wurm, sterb ich für immer.*
>*Aber … Aus diesem Aber bauen wir den unterirdischen Himmel, den der Geschichte.«*
>
> (Martin Walser, 1989)

Gedenken hat in der ritualisierten Praxis zumeist mit Pathos und Empathie zu tun. Wir sollten aber das Denken im Gedenken nicht gering schätzen. Fraglich daran ist, woran wir denken, wenn wir gedenken: Denken wir mehr an das Unbewältigte der Vergangenheit oder wenden wir uns der Zukunft zu? Das führt zu der Frage: Lassen sich überhaupt Lehren aus der Geschichte ziehen? Die säkulare Geschichte hat es im Unterschied zur eschatologischen Heilsgeschichte (Karl Löwith) mit dem Dilemma der Singularität in der Zeit und damit der Relativität von Ereignissen zu tun, die nach Leopold von Ranke alle »unmittelbar zu Gott« sind und ihren Sinn nicht einfach in sich selbst tragen. Die Wissenschaft hingegen hat es mit den Gesetzmäßigkeiten der Natur zu tun, die vom Anbeginn der Zeit gelten. 1744 versuchte sich Giambattista Vico als erster an der Rettung der antiken Kunst-

---

29 Norbert Lammert: Zukunft braucht Erinnerung. In: Kulturpolitik und kulturel-les Gedächtnis. Essen 2010, S. 32.

figur der »historia magistra vitae« (Cicero), indem er die Verhältnisse auf den Kopf stellte: »Doch in dieser Nacht voller Schatten …
erscheint das ewige Licht … von jener Wahrheit … dass diese historische Welt ganz gewiss von den Menschen gemacht worden ist: und
darum können (denn sie müssen) in den Modifikationen unseres eigenen menschlichen Geistes ihre Prinzipien gefunden werden.«[30] Da
Geschichte von vernünftigen Wesen gemacht wird, kann sie auch von
vernünftigen Wesen verstanden werden – Hegel ante portas. Fortan
hatte es in der Weltgeschichte vernünftig zuzugehen, und wer »die
Welt vernünftig ansieht, den sieht sie auch vernünftig an«.[31] Wer den
listigen Weltgeist auf seiner Seite wusste, musste nicht länger zimper-
lich sein, auch dann nicht, wenn auf der Schlachtbank der Geschichte
für den Endzweck ordentlich hehobelt wurde. Die dabei abfallenden
blutigen Späne dürften insofern in Kauf genommen werden, als es
den Geschäftsführern des Weltgeistes ohnehin nicht um das Glück
der Menschen gehe, weil diese in der Endabrechnung nur leere Blätter
seien. Immanuel Kant indes, der einsame Riese unter den transzen-
dentalen Zwergen, hatte den Menschen noch realistischer zwischen
naturgebundener Tierheit und vernünftigem Weltbürgertum in die
Welt gestellt. Er gab sich skeptisch und bescheiden, was die Aussicht
betraf, eine »planmäßige Geschichte« aufdecken zu können, und
wenn überhaupt, dann nicht für das aus krummem Holz geschnitz-
ten Individuum, aus dem »nichts ganz Gerades gezimmert werden«[32]
könne, sondern nur für die Gattung insgesamt, und das auch nur der
Idee nach. So wie es im biblischen Gleichnis von der Brotvermeh-
rung keineswegs um profanes Brot gegangen sei, so meinte ein neu
ernannter Geschichtsprofessor aus Jena, genau so wenig dürfe es
im Studium der Universalgeschichte um irdisches Brot gehen. Der-
selbe Friedrich Schiller führte weiter aus, es gehe hierbei um nichts

---

30 Giambattista Vico: Die neue Wissenschaft über die gemeinschaftliche Natur der
   Völker. 2. Auflage, Berlin 2000, S. 125.
31 G.W.F. Hegel: Vorlesungen über die Philosophie der Geschichte. In: Werke 12,
   Frankfurt/a. M. 1995, S. 23.
32 Immanuel Kant: Idee zu einer allgemeinen Geschichte in weltbürgerlicher
   Absicht. In: Werke VI, Darmstadt 1998, S. 41.

Geringeres, als einen »vernünftigen Zweck in den Gang der Welt«[33] zu bringen. Wilhelm Dilthey hat diese panlogischen Spekulationen später zu relativieren versucht, indem er das Allgemeine im Besonderen des menschlichen Erlebens (be)gründete, was aufgrund des seelischen Zusammenhangs hermeneutisch leicht zu verstehen sei. Zur Kritik der historischen Vernunft wie die der Unvernunft, so wäre zu ergänzen, gehört aber auch, dass jedes Verstehen und Deuten selbst ein historisches Haltbarkeitsdatum hat, also selbst historisch bedingt ist. Damit wären wir wieder bei der Geschichtspolitik.

Gegen den neuen Glauben an die Macht der universellen Vernunft und die Machbarkeit des humanen Fortschritts wurden sehr früh kritische Stimmen laut. Vor dem Hintergrund des Erdbebens von Lissabon im November 1755 spitzte Voltaire seine Skepsis in »Candide« auf die Frage zu, »Wenn dies die beste aller möglichen Welten ist, wie sind dann bloß die anderen?«[34] Damit war die Hiobs-Frage nach dem Sinn von Leid, nach dem Sinn von Geschichte zurück in der Welt. Heute vertritt niemand mehr ernsthaft die metaphysische These von einer Geschichte innerhalb der Geschichte. Geschichte ist mit dem Philosophen Theodor Lessing nur noch Sinngebung des Sinnlosen, denn sie findet »nicht den Sinn der Welt (vor); sie gibt ihn«[35], und das aus einem einzigen Grund: Wir Menschen können ohne Sinn nicht leben! Folglich finden wir nicht, sondern erfinden Geschichtssinn! Voltaire lässt Candide zum Schluss sagen, »aber wir müssen unseren Garten bestellen«.[36] Man ist geneigt zu ergänzen, und das ohne eine Metaphysik des Gartenbaus zur Hand zu haben.

Das Problem der Identitäts-Paradoxie von Heraklit bleibt uns also erhalten und muss in jedem Fall neu ausgehandelt werden. Reinhart Koselleck hat als Lösungsansatz den Begriff der »Zeitschichten« eingeführt, worunter er historische Erfahrungen versteht, die über die Zeitspanne von Individuen und Generationen hinausgehen. Dieses plastische Kontinuum erlaubt beides: Identität und Differenz. Wenn

---

33 Friedrich Schiller: Werke 6, Darmstadt 1980, S. 764.
34 Voltaire: Candide: München 2002, S. 26.
35 Theodor Lessing: Geschichte als Sinngebung des Sinnlosen. München 1919, S. 7 und S. 168.
36 Voltaire: Candide, a.a.O., S. 126.

wir uns heute sinnsuchend mit Geschichte befassen, läuft das im
Kern auf eine heuristische Anthropologie hinaus.[37] Als wesenhaft
geschichtliche Wesen versuchen wir uns, in Modi des Daseins, wie
Krieg und Frieden oder Freiheit und Knechtschaft, wiederzuerkennen,
um uns damit der eigenen Geschichte zu vergewissern und unsere
Identität zu bestimmen.

Der 9. November – Datum oder Fatum deutscher Geschichte?

»Dass aber einer aufsteht und sagt: hier, in diesem entscheidenden Augenblick,
habe ich etwas falsch gemacht, lernt daraus und macht es besser –
dies scheint gegen die menschliche Natur zu sein.«

(Golo Mann, 1999)

Gedenken braucht Orte und Tage des Erinnerns. Da es bei Gedenktagen um Denkwürdiges geht, sollten sie nicht nur Tage des Feierns,
sondern immer auch Tage des Nachdenkens sein. Es gibt im Leben
eines jeden Menschen Tage, die einen existentiellen Einschnitt bedeuten. Auch Nationen und Epochen kennen solche Zäsuren, sofern sie
kollektiv als Überschreitung eines Rubicon erlebt und erinnert werden. In der Krise geht es um Peripetie, »es werden gleichsam Schwel-
len überschritten, nach denen vieles, vielleicht alles, ganz anders aussieht«[38]. Darum kommt den Gedenkorten und Gedenktagen in der
geschichtspolitisch codierten Selbstvergewisserung eine besondere
Rolle zu; sie spiegeln den »erreichten gesellschaftlichen Konsens bei
der Aufarbeitung historischer Abläufe und Ereignisse«[39] und haben
damit eine einheitsstiftende Orientierungsfunktion. Wenn wir
Geschichte als Anleitung zur Selbstbestimmung lesen wollen, dann
haben wir mit einem kritischen Auge auch auf Fehlinterpretationen
und Selbsttäuschungen zu achten.

---

37 Norbert Elias spricht in diesem Zusammenhang von »Figurationen«, Claude
Levi-Strauss von »Strukturen« und Norbert Furrer von »Modulationen menschlichen Tuns«.
38 Koselleck: Zeitschichten, a.a.O., S. 265.
39 Hilmar Sack: Geschichte im politischen Raum. Tübingen 2016, S. 96 f.

»Im traurigen Monat November war's, …, da reist ich nach Deutsch-land hinüber«, so beginnt Heinrich Heine seine Deutschlandreise als »Wintermärchen« und endet mit der Hoffnung, »Lass mich das künf-tige Deutschland sehn.« Der November gilt im deutschen Geschichts-kalender als ein bedeutungsschwangerer Monat. Hinzu kommt die jahreszeitlich bedingte düstere Stimmung, die mit dem der deutschen Seele nachgesagten Hang zur Metaphysik und Melancholie korres-pondiert. Insbesondere ist der 9. November ein deutungsbeschwerter und darum schwieriger Gedenktag in der deutschen Geschichte, wo-möglich gar unser Schicksalstag. Er erinnert nämlich beides, »Licht und Schatten«, wie Bundespräsident Frank-Walter Steinmeier in seiner Rede bei der Gedenkstunde des Deutschen Bundestages zum 9. November 2018 betont hat. Mit der Ambivalenz seiner Ausdeu-tung verbinden sich ambivalente Gefühle wie Freude und Scham. Der 9. November steht symbolisch für die Irrungen und Wirrungen einer brüchigen und widersprüchlichen Geschichte auf einem langen Weg zur Demokratie. Zu den **Big Five** zählen: **1848**: Die Ermordung von Robert Blum, dem Abgeordneten der Frankfurter Nationalversamm-lung, die das Ende der freiheitlich-nationalen Bewegung markiert. **1918**: Der Ausruf der Deutschen (Weimarer) Republik durch Phil-ipp Scheidemann, die den Sieg der Demokratie über die Monarchie markiert. **1923**: Der Hitler-Ludendorff-Putsch, der die erfolgreiche Verteidigung der Weimarer Republik und zugleich die fortschreiten-de Erosion der demokratischen Kräfte markiert. **1938**: Die Exzesse in der sogenannten »Pogromnacht«, die den Beginn der Umsetzung der verbrecherischen Politik der vom Rassenwahn besessenen National-sozialisten markiert, und die in den Holocaust mündete. **1989**: Der Fall der Mauer, der die Selbstbefreiung des ostdeutschen Volkes vom DDR-Regime, den Weg zur Deutschen Einheit und das Ende des Ost-West-Konfliktes markiert.

Dieser Novembertag markiert sehr viel, zu viel für eine einfache und eindeutige Identitätsbildung. Er bietet als Vexierbild das notwen-dig zu denkende, aber schwer zu fühlende: Identität im Plural! Damit wäre unsere Nation im Wunsch nach unzweideutigem Sinn und un-getrübter Freude an einem Gedenktag überfordert, wollte sie ihn zu ihrem Nationalfeiertag machen. Als geschichtspolitischer Gedenktag kann dieser Tag jedoch die Fragilität von Geschichte in Erinnerung rufen. Es gibt keine Garantie auf das Gelingen von Geschichte, keinen Automatismus des Fortschritts. Was lernen wir daraus: Eine Identifikation mit einer Nation, die sich durch Diskontinuität auszeichnet, ist naiv und natürlich nicht zu haben. Zur Not und Notwendigkeit der uns verbleibenden reflexiven Identität hätten meiner Meinung nach so etwas wie »reflexiv-kritische Gedenktugenden« hinzutreten, die Optimismus mit Skepsis und Besorgtheit mit Gelassenheit verbinden. Derart eingespannt wären wir aufgefordert, achtsam und selbstkritisch auf das eigene Engagement für das Gemeinwesen zu schauen und dabei die Brüchigkeit von Geschichte mitzudenken, weil alles immer auch ganz anders hätte kommen können, denn »Jede Epoche ist nicht nur unmittelbar zu Gott, sondern auch unmittelbar zum Teufel.«[40]

Der 9. November 1989 – ein Glückstag in der deutschen Geschichte

»Angst ist der Schwindel der Freiheit«
(Sören Kierkegaard)

Am 11. November 1989 notierte Martin Walser in der *FAZ*: »Zum erstenmal in diesem Jahrhundert, dass deutsche Geschichte gut verläuft. Zum erstenmal, dass eine deutsche Revolution gelingt.« Es war eine friedliche Revolution, eine, die sich auf naturrechtliche Freiheit berief und auf rechtsstaatliche Freiheit abzielte. Sie wurde allein von der Zivilcourage des Volkes getragen und zum Erfolg geführt. Die Einsicht in die einmalige Chance, Geschichte anders schreiben und gestalten zu können, und der Mut, den Schopf des Kairos auch zu ergreifen, das ist ganz allein das Verdienst der Bürgerinnen und Bürger der Reformbewegungen in der DDR im Herbst 1989. »Glücklich zu sein, sich zu freuen, dass Deutschen auch einmal Geschichte gelingt«, sich daran selbst ermutigend zu erinnern, ist das gute Anrecht all derer, die sich mit diesem Freiheitswillen identifizieren. Der 9. November

---

40 Alexander Demandt: Philosophie der Geschichte. Köln 2011, S. 226.

1989 ist uns ein Festtag der Freiheit. Wenn wir ihn mit Freude und Stolz erinnern, haben wir mit zu bedenken: Unbedingte Freiheit ist eine unmögliche Bedingung, bedingte Freiheit ist eine unbedingte Zumutung. Freiheit steht »auf einem dunkeln Grunde« (Schelling), weil sie angesichts der Offenheit der Zukunft den Gebrauch von Mut abfordert, auch den, zu scheitern und schuldig zu werden. Alexis de Tocqueville hat uns in seinem zweiten Buch über die Demokratie in Amerika (1840) hellsichtig davor gewarnt, unser Ringen um Freiheit aufzugeben, weil wir sie entweder für gefährlich oder für unmöglich halten. Weil man sich nicht nicht entscheiden kann, ist auch die Unentschiedenheit eine Entscheidung. Das macht das Problem jeder Opposition in autokratischen Regimen aus. Kontrolle und Gewalt sind die offenen Feinde der Freiheit, aber vergessen wir die falschen Freunde nicht, wie Sicherheit und Rundum-Betreuung. Wenn jedes Individuum und jedes Volk Rede und Antwort für sein Handeln und Unterlassen stehen muss, dann stehen wir alle unvertretbar in der Verantwortung für unsere eigene Geschichte. Darum erinnern wir den 9. November 1989 mit Respekt, weil wir mit Immanuel Kant wissen, dass es viel bequemer ist, unmündig und konformistisch zu sein, statt die Bürden der Widerfahrnisse zu schultern und das Risiko eines ungewissen Ausgangs zu wagen, zumal niemand in den Oktober- und Novembertagen 1989 sicher sein konnte, dass nicht auch eine »chinesische Lösung« hätte zum Zuge kommen können.

Wer den Blick in die Geschichte wagt, kann der Freiheit bei der Arbeit zuschauen, und er sieht Sieg und Niederlage, und er sieht, dass diese Arbeit Opfer kostet. Geschichte ist nur insoweit voraussagbar, als nur die Bewahrung der Freiheit ihre Offenheit garantiert; die ist nur in einer offenen Gesellschaft zu haben. Darum müssen immer wieder neu ihre Feinde identifiziert und bekämpft werden, wie Sir Karl R. Popper zu betonen nicht müde wurde.[41] Freiheit darf darum in unserem Grundgesetz nicht »zum ewigen Frieden« (Immanuel Kant) beigesetzt, sie will von engagierten Bürgern in einer lebendigen Demokratie Tag für Tag in die politische Praxis umgesetzt werden. Es grenzt an die Kunst des Unmöglichen, im magischen Viereck von

---

41 Vgl. Karl R. Popper: Die offene Gesellschaft und ihre Feinde. München 1980.

Identität und Differenz, von Freiheit und Gerechtigkeit, eine Politik möglich zu machen, die sich dieser Ausbalancierung nicht nur verpflichtet fühlt, sondern ihr auch zur Verwirklichung verhilft. Es geht nicht um die Rettung der Welt, sondern darum, Fehler einzusehen, sie zu korrigieren und die Gesellschaft für Verbesserungen offen zu halten. Wenn wir den 9. November 1989 zu Recht als Glückstag in der deutschen Geschichte feiern, ohne die anderen Novembertage deutscher Geschichte zu vergessen oder zu verdrängen, dann sollten wir uns mit dem mutigen Gebrauch der Freiheit solidarisieren und dazu bekennen, dass es letztlich von unserem eigenen Engagement abhängen wird, ob auch unsere nachkommenden Generationen noch in einer offenen Gesellschaft leben können. Das Ererbte muss nämlich nicht nur erinnert, es muss neu erworben werden, »um es zu besitzen« (Goethe). Aus dieser Verpflichtung zur Freiheit sollen zum Abschluss noch einige besorgte Schluss-Gedanken vorgetragen werden.

IV. Finis res publica universalis?

> *»Verteidigungsregel Nr. 11: Demokratie bedarf*
> *der ständigen Übung in Autonomie«*
> (Michael Plauen / Harald Welzer, 2015)

Die Geschichte kennt ein ganz besonderes Geschichtsformat: Endzeit-Geschichten. Sie gehören zur Gattung der unendlichen Geschichten, denn wir können sie nur deshalb erzählen, weil ihre gnostischen Erfüllungsgeschichten gerade nicht das von ihr vorhergesagte Ende gefunden haben. Und dennoch gewinnen sie immer wieder unsere Aufmerksamkeit, weil sie uns mit der Botschaft überlisten, das nächste Mal sei wirklich das letzte Mal, nicht weil es ist das Ende der Geschichte, sondern das Ende von Geschichte überhaupt sei. So hatte uns Francis Fukuyama 1989 glauben machen wollen, die Hegel & Kojève-Weltgeist GmbH habe sich nur im Datum geirrt, und der definitive Endpunkt der ideologischen Evolution der Menschheit, der »Endsieg« der Vernunft, sei mit der Demokratie als Staatsform des Liberalismus nicht nur als Siegerin aus dem Kalten Krieg hervorgegangen, sondern damit auch zu einer universalen Regierungsform geworden; was übrig bleibe, sei eine farblose Perlenkette langweiliger Ereignisse ihres Vollzugs. Das erinnert auffällig an die These Alexis de Tocqueville vom Ende des Fortschritts im Erreichen des Zustandes betreuter Knechtschaft, wie sie sich in der Form der auf Gleichheit und Wohlstand ausgerichteten Demokratien weltweit zu etablieren anschicke. Was mir in der Hitze der postmodernen Hegel-Debatte unterbewertet geblieben scheint, das ist die im letzten Kapitel über den »letzten Menschen« versteckte nihilistische Dialektik Fukuyamas, dass nämlich mit dem Wegfall der Geschäftsgrundlage der Geschichte, dem Versiegen des Thymos (Platon) als Treibstoff des Fortschritts, auch die Bestandsgarantie für das Erreichte entfalle und ein Rückfall in die Geschichte drohe, um wieder »blutige Schlachten (zu) schlagen«[42]. Hier blitzt brandgefährlich durch die Hegel-Rezeption die Lust am Krieg als Vater aller Dinge durch, als ob dieser unser Leben interessant, lebenswert und, wie von Carl Schmitt behauptet, erst politisch mache. Ich denke, wir sind im rettenden Rekurs auf scheinbar überholte »bürgerliche Denk- und Lebensformen« (Panajotis Kondylis) gut beraten, die historische Arbeitsteilung beizubehalten: Für biblische Paradiese sind die Religionen zuständig, für den irdischen Himmel die Politik, und was die Hölle angeht, dafür sind entgegen existenzialistischer Meinung nicht immer nur die anderen verantwortlich zu machen.

Um nicht in den Verdacht einer »Übelstandsnostalgie der Wohlstandswelt«[43] zu geraten, sei Stefan Zweig als Zeitzeuge bemüht, der 1942 kurz vor seinem Freitod im Vorwort zu »Die Welt von gestern. Erinnerungen eines Europäers« protokollierte: »Wir haben den Katalog aller nur denkbaren Katastrophen durchgeackert … und sind noch immer nicht beim letzten Blatt«. Heute, 30 Jahre nach dem »Ende der Geschichte«, hat uns diese selbst und schmerzhaft eines Besseren belehrt, dass wir uns nämlich von dem diagnostizierten Endzustand meilenweit entfernt haben und sogar wieder eine »Renaissance der

---

42 Francis Fukuyama: Das Ende der Geschichte. München 1992, S. 26
43 Odo Marquard: Zukunft braucht Herkunft. a.a.O., S. 213

Mauer«[44] erleben. Über den »Kampf der Kulturen« (Samuel P. Huntington) hinaus, droht uns eine Welt(un)ordnung, in der wir von alten Plagen wie Armut, Hunger, Pest und Krieg, sowie neuen apokalyptischen Reitern wie Extremismus, Umweltkatastrophen und Cyberwar heimgesucht werden.[45] Der Fortbestand der liberalen Demokratien ist heute gefährdeter denn je, auch bei uns in Europa, und das nicht allein deswegen, weil sich die Gleichung Fukuyamas »Kapitalismus = Demokratie« als falsch herausgestellt hat, wie das Aufstreben von so grundverschiedener Staaten wie China, Russland und Saudi Arabien bezeugt. Zur »Entropie der Demokratie«[46] gehört gleichfalls das von uns zu lange geduldete Versagen von Pseudoeliten, mit der Folge, dass Fundamentalisten, Populisten und Autokraten weltweit auf dem Vormarsch sind. Gleichzeitig haben wir erfahren müssen, dass im Vorfeld einer antizipierten Weltregierung Demokratie nur in einem funktionstüchtigen Nationalstaat, der Grundbedingungen wie Teilhabe, Rechtsstaatlichkeit und Solidarität institutionell zu garantieren vermag, stabil und nachhaltig aufgebaut und weiterentwickelt werden kann. Unstrittig ist ferner, dass es letztlich die Identifikation der Bürger mit diesen Grundbedingungen ist und ihre Bereitschaft, nicht nur grundgesetzlich verbriefte Abwehrrechte in Anspruch zu nehmen, sondern auch gesellschaftlich einzufordernde Staatsbürgerpflichten zu übernehmen, die das Überleben und die Lebendigkeit einer Demokratie sichern, denn die »wichtigste politische Funktion gemeinsamer Identität« besteht nach Paul Collier zu Recht darin, »Nationen als Instrumente für ein wachsendes Netz reziproker Verpflichtungen nutzbar zu machen«.[47] Und so wäre es denkbar, dass am Ende der Unübersichtlichkeiten nicht unsere Geschichte zu Ende ist, sondern nur unsere Fähigkeit und Bereitschaft zur Politik. Die Trompeten von Jericho, die die Mauern unser Polis zum Einsturz bringen wollen, würden demnach von ganz anderen Bläsern bespielt. Von ihnen soll im Folgenden skizzenhaft die Rede sein.

---

44 Vgl. Tobias Prüwer: Welt aus Mauern. Eine Kulturgeschichte. Berlin 2018, S. 116 ff.
45 Vgl. Ferdinand Bitz/Manfred Speck (Hrsg.): Helden des Helfens. a.a.O., S. 107 ff.
46 Colin Crouch: Postdemokratie. Frankfurt/a.M. 2008, S. 20
47 Paul Collier: Sozialer Kapitalismus. München 2019, S. 290

Das Verschwinden der Politik durch den Angriff des Ökonomismus

>*Mackie Messer war zu hoffnungsfroh, als er meinte:*
>*›Erst kommt das Fressen, dann kommt die Moral.‹*
>*In der Regel folgt nur das Dessert.«*
>(Alexander Demandt, Endzeit 1993)

Die Anwendung der ökonomischen Vernunft zur Lösung von Optimierungsproblemen ist von Hause aus eine wertneutrale Methode, mit der vor allem erfolgreich Wirtschaftswachstum generiert werden kann. Das stellt an sich keine Bedrohung der politischen Freiheit dar, im Gegenteil, es kann sie sogar befördern. Nun verdanken wir Aristoteles eine fundamentale Unterscheidung, nämlich die zwischen der maßvollen Hausverwaltungskunst zur autarken Lebensführung und der maßlosen Kaufmannskunst des Gelderwerbs. Damit stellt sich der Politik in ihrem Verhältnis zur Ökonomie die Frage nach dem rechten Maß des Wirtschaftens, zu Ende gedacht danach, wer ist Koch und wer ist Kellner. Die Gefahr der Reduzierung der Vernunft auf die Rationalität des »homo oeconomicus« liegt zum einen in der Illusion einer hedonistischen Glücksökonomie, unsere unstillbare Habgier lasse sich durch ein unbegrenztes Haben befriedigen (Erich Fromm), zum anderen im Glauben an den logischen Mythos von der »unsichtbaren Hand« (Adam Smith), eine Art maxwellscher Dämon der Selbstregulation des Marktes. Die magischen Kräfte dieses Dämons gleichen freilich mehr denen eines Rumpelstilzchen, welches der Gründervater der Public Relation, Edward Bernays, einmal bei seinem richtigen Namen genannt und damit entzaubert hat: Propaganda!

Die Antwort des »rheinischen Kapitalismus« (Michel Albert) auf dieses Problem lag in der politischen und sozialethischen Einhegung des Ökonomismus: Nach Walter Eucken und der Freiburger Schule hat der Staat als subsidiärer Ordnungsstaat die regulative Aufgabe, die Freiheit des Marktes zu sichern, und als Sozialstaat die ethische Verpflichtung, für gerechten Ausgleich zu sorgen. Nach Joseph Kardinal Höffner und der katholischen Soziallehre kommt der Wirtschaft nur eine der Gemeinschaft und dem Gemeinwohl dienende Funktion zu, denn Werte und Ziele liegen jenseits von Angebot und Nachfrage. Der einzelne Akteur konnte sich in der Praxis an der verantwortungs-ethischen Leitfigur des »ehrbaren Kaufmanns« orientieren.

Leider ist das erfolgreiche Modell der sozialen Marktwirtschaft in der neoliberalen Ära von Reaganomics und Thatcherismus zu-nehmend unter die Räder einer neuen Abart des Wirtschaftens, dem »Turbo-Kapitalismus«, geraten. Die Freiheit des Handels sollte weder durch nationalstaatliche Grenzen noch von sozialrechtlichen Standards behindert werden. Nach 1989 schien das neoliberale Wirt-schaftsmodell über Nacht sogar alternativlos geworden zu sein und wurde nach dem Strategem »Wenn du deinen Gegner nicht besiegen kannst, mache ihn zu deinem Kunden« selbst von autokratischen Sys-temen unterschiedlichster Kulturen erfolgreich implementiert. Das konnte nicht zuletzt deshalb gelingen, weil ökonomisches Handeln wesenhaft auf Differenz und Pluralität aus ist, was sein ubiquitäres Einsetzbarkeitspotential erhöht. Produkte und Kunden sind im Grun-de austauschbare Größen. Im Zeitalter des Ökonomismus gilt: »cuius oeconomia, eius regio« (Reinhart Koselleck).

In vormodernen Zeiten waren politische Herrscher immer auch Herren des Geldes, und dieses Machtverhältnis wurde mit ihrem auf allen Münzen eingeprägten Konterfei für jedermann sichtbar. Im Zeitalter des Ökonomismus residieren die wahren Herren des Gel-des unsichtbar im Reich der Schattenbanken. Ermöglicht durch das Internet und den Hochfrequenzhandel katapultierte die explosive Booster-Mischung aus Geld & Gier eine neue Finanzökonomie auf die nächste Entwicklungsstufe des Ökonomismus, den »Casino-Kapi-talismus«. Abgekoppelt von der Realökonomie treibt dieser nicht nur die Vergütungen für CEOs in astronomische Sphären, sondern mit schöpferischer (Selbst)Zerstörungskraft (Joseph Schumpeter) auch immer größere Tulpen-Blasen des »Schuldenkapitalismus« (John Kenneth Galbraight) hervor, deren Eruptionswellen zum Tsunami für jedes nationale Bankensystem werden. Bei Crashs und Krisen haben dann zumeist die Bürger für die zu tilgenden Schulden und die zu er-leidenden Kollateralschäden aufzukommen. Derweil sich die globale Schuldenmenge zu einer nicht nur fiskalpolitisch kritischen Masse von 250 Billionen US-Dollar aufgebläht hat, spekulieren die Anhänger

der surrealen Negativzinspolitik bereits mit der Idee des Helikop-
tergeldes oder der Abschaffung des Bargeldes und dem Einsatz von
Kryptowährungen wie Bitcoin oder Libra. Immer mehr Staaten sind
durch dieses System politisch erpressbar geworden, weil es als größter Kreditgeber für ihr eigenes Fortbestehen systemrelevant ist. Hinzu
kommt, dass die oberhalb der Wachstumsrate liegende Kapitalrendite
den Scheren-Graph wachsender sozialer Ungleichheiten (Thomas
Piketty) einbetoniert und Arbeitskräfte in gefährlichen Größenordnungen freisetzt. Für den Ökonomismus ist die Natur primär ein
gigantischer Rohstofflieferant, die Erde ein riesiges Warenlager und
die Welt ein einziger Marktplatz. Da wir uns von der Wachstumsideo-
logie, wonach Stillstand Niedergang bedeutet, nicht trennen wollen
oder können, haben wir bis auf Weiteres unter dem von uns selbst
verursachten Leiden unserer Biosphäre zu leiden.

Die DNA des Ökonomismus durchdringt die Genetik ganzer
Gesellschaften und erfasst immer mehr Lebensbereiche, sowohl private (u. a. Erziehung, Haushalt, Pflege, Sterben) als auch öffentliche
(u. a. Bildung, Energie, Verkehr, Post, Telekommunikation, Gesundheit, Sicherheit). Alles soll möglichst an privatwirtschaftliche Dienstleister ausgelagert und nach kommerziellen Kriterien gemanagt werden. Der Ökonomismus greift auf die Politik selbst über, indem er
ihr die Steuern zum Steuern entzieht, Inhalte okkupiert, wenn etwa
Umweltpolitik an Umweltbörsen delegiert wird, oder das politische
Agieren ökonomischen Spielregeln unterworfen wird, wie beispielsweise beim »nudging«. Dabei lebt der Ökonomismus von Voraussetzungen, die er selber nicht schafft, aber durch sein maßloses Agieren
abschafft. Setzt sich die Politik des Laissez faire und der Rückzug des
Staates und seiner Institutionen im mörderischen Unterbietungswett-
bewerb weiter fort, wird auch sein letzter Posten, der Nachtwächter-
posten, privatisiert sein. In der Schlussphase des Libertarismus, wo
administrative Inkompetenz auf aggressive Impertinenz trifft, droht
uns eine Demokratie, die sich »auf eine Kombination von Rechtsstaat
und öffentlicher Unterhaltung reduziert«.[48]

---

48 Wolfgang Streeck: Gekaufte Zeit. Frankfurt/ a. M. 2016, S. 70.

Wenn wir den 9. November 1989 gedenken und dabei an die Botschaft der Freiheit denken, dann werden wir angesichts dieser Entwicklungen an einem Remedur unserer Politik-Strategeme kaum
vorbeikommen: Wir selbst müssen uns von dem Märchen des
grenzenlosen Wirtschaftswachstums, weil Plünderungseffekte,ebenso
befreien wie vom Mythos einer entkoppelten »green economy«, weil
Rebound-Effekte, und frei machen zum Aushandeln eines neuen
Gesellschaftsvertrages für ein uns dienliches und ein mit unserer
Natur verträgliches Wirtschaften. Das verlangt von uns allen auch
die Bereitschaft, unseren eigenen Lebensstil zu ändern. Damit würde
zugegebenermaßen weder das Gute noch das Glück garantiert, aber
die Freiheit für uns und unsere Nachkommen, es selbst suchen zu
können. Die Politik müsste einsehen, dass mit der These »There
is no such thing as society« kein Staat zu machen ist. Solange es an
international verbindlicher Regulierung mangelt, ist und bleibt es das
ureigene Anliegen der Nationalstaaten, eine gemeinwohlorientierte
Ordnungspolitik zu gestalten. Das beinhaltet um ihrer und damit
unserer eigenen Freiheit willen die Rückführung des Ökonomismus
zu einer Ökonomie mit Maß und Mitte – zurück zur guten alten sozialen Marktwirtschaft[49]!

Das Verschwinden der Politik durch den Angriff
des Technokratismus

> *»und aus dem Homo sapiens den Homo deus machen«*
> (Yuval Harari)

Die Fähigkeit, einen Hammer mit der Hand zu ergreifen, »um« damit
einen Nagel in die Wand »zu« schlagen, gilt allgemeinhin als anschau-
liches Beispiel für das funktionale Prinzip des »um zu« von (Hand-)
Technik. Es ist zugleich unsere auszeichnende differentia specifica
als »homo faber«, begründet in der Not und Notwendigkeit, unsere

---

49 Vgl. dazu auch den neuen Ansatz eines »sozialen Maternalismus« von Paul
    Collier; a.a.O., S. 39.

biologischen Mängel technisch zu kompensieren. Mit dem Sprung
der instrumentellen Vernunft auf die Ebene der System-Technik und
deren Vernetzung, vor allem in Verbindung mit ihrer Digitalisierung,
stehen wir heute an einer Epochenschwelle: Wir sind kurz davor, die
Kontrolle über dieses »um zu« an die Algorithmen von autopoetischen
Systemen zu verlieren. Je mehr Lebens- und Handlungsbereiche davon
betroffen sind, desto mehr droht uns das Abdriften in eine Techno-
kratie und damit auch das Ende als Wissensgesellschaft. An die Stelle
politischer Entscheidungsfreiheit tritt der technologische Sachzwang
nach dem TINA-Prinzip (»There is no Alternative«) mit dem impe-
rativen Mandat: Das System ist stärker! Die Technologien der Virtu-
alisierung lassen unsere traditionelle Welt der Dinge per Artificial
Intelligence zum bloßen »Projekt« (Vilem Flusser) werden, uns selbst
als Artificial Life mit eingeschlossen, beginnend beim »enhancement«
und einmündend in Hans Moravecs postbiologische »mind child-
ren«-Phantasien oder Peter Sloterdijks zynische Menschenpark-Visi-
onen. Nanotechnologisches und Genetisches Engineering liefert dem
»homo deus« (Yuval Harari) Anthropotechniken, die den »homo
sapiens« als »antiquiert« (Günther Anders) erscheinen lassen. Die
neuen Funktionswelten verdrängen die alten Erfahrungswelten und
schaffen zugleich Gleichförmigkeit. In der »virtual reality« weiß niemand mehr, was Original und was Kopie, was Wirklichkeit und was
Simulation, was sinnlich präsent und was medial repräsentiert ist[50].
Auch unsere eigene personale und soziale Identität steht dabei auf
dem Spiel. Der antiquierte Mensch spürt instinktiv den Bedeutungs-
verlust seines biologischen Leibseins. Je virtueller die reale Welt wird,
desto realistischer soll ihm die virtuelle Welt werden. Daneben sucht
er falschen Trost in neuen Körperkulturen wie dem Extremsport[51],
esoterischen Wohlfühloasen, meditativen Wellnesstempeln oder prä-
historischen Ritualen, wobei man sich seine Identität buchstäblich in

---

50 Vgl. Ferdinand Bitz: Simulationskompetenz als Schlüsselqualifikation für Stu-
    dium und Beruf. In: Werner Heldmann (Hrsg.): Was macht das Gymnasium zu
    einer guten Schule? Krefeld 1992, S. 140 ff.; ders.: »Zum Sehen geboren …« Pro-
    legomena zu einer neuen Schule des Sehens. In: Erich E. Geißler/Sylvia Huber
    (Hrsg.): Aufbruch und Struktur. Leipzig 1994, S. 176 ff.
51 Vgl. Ferdinand Bitz: Abenteuer und Risiko. Lüneburg 2005

die eigene Haut brennt. Frei Haus mitgeliefert, bekommen wir mit der Systemtechnologie die »Technologiefalle« (Stanislaw Lem), beispielsweise in Gestalt der mit der Komplexität und den Hackerattacken zunehmenden Anfälligkeit von Gesamtsystemen oder des Wettrennens zwischen wirksamen Antibiotika und aggressiven multiresistenten Erregern.

Die Frage, wer beim Autopiloten »autos« und wer »Pilot« ist, ist an die Kybernetik gerichtet. Der qualitative Unterschied zwischen Hand-Technik und System-Technik liegt gerade darin, dass die Systeme die Steuerung selbst übernehmen und dabei eine Eigendynamik entwickeln, was beispielsweise an der Börse mit überwiegend automatisierten Transaktionen in Echtzeit dazu führen kann, dass einem im Notfall nichts anderes mehr übrigbleibt, als den Stecker zu ziehen, will man den Totalcrash vermeiden. Und wenn es um Fragen von Haftung und Verantwortung geht, scheint uns unsere klassische personale Verantwortungsethik im Stich zu lassen, denn Künstliche Intelligenz wird nicht vor Gericht gestellt, während eine komplementäre Institutionenethik noch in den Kinderschuhen steckt.[52] Was den Regierungen von Technopolis am Ende des Tages zu regieren übrig bliebe, wäre die technische Umsetzung systembedingter Sachzwänge, die Risikominimierung, die Schadensbegrenzung oder die Technikfolgenbeseitigung. Das unvermeidliche Restrisiko in einer radikal alternativlosen Risikogesellschaft würde wie gehabt individualisiert und damit an das Individuum und die von ihm zu erwerbende Superkompetenz Resilienz delegiert.

Ökonomismus und Technokratismus für sich alleine genommen stellen eine nicht zu unterschätzende Gefahr für die Freiheit des Individuums und die Gestaltungsfreiheit der Politik dar. Diese Gefahr spitzt sich noch einmal dramatisch zu, indem beide Kräfte Hand in Hand arbeiten. Schlimmer noch: Die strategische Tiefe ihres Angriffs reicht tiefer, denn sie zielen als Dream Team auf das Fundament, auf Raum und Zeit.

---

52 Vgl. Ferdinand Bitz/Manfred Speck (Hrsg.): Im Mittelpunkt Res publica. München 2002, S. 452 ff.

Der Angriff auf die Politik durch das Verschwinden der Zeit

»Wir haben nicht zu wenig Zeit, aber wir verschwenden zu viel davon.«
(Seneca)

Alles hat, zutreffender gesagt, hatte einmal seine Zeit. Mit der Zauber-
kraft der Aufklärung wurde auch die Zeit entzaubert: Der vormals
sakrale Reife-Zyklus verwandelte sich in profane Nutzen-Linearität.
In der Moderne wird die Zeit technisch vermessen und ökonomisch
zu Geld gemacht (Benjamin Franklin/Frederic Taylor). Selbst Kinder
hatten unter dem Diktat der Aufklärung früh zu lernen, mit dieser
Ressource sparsam umzugehen und sie ökonomisch wirksam, also ef-
fektiv und effizient, einzusetzen. Die neuen »Kinderfreunde« (Joachim
Heinrich Campe) verstehen Erziehung wesenhaft als Kampf gegen
die Zeit[53], und die wissensökonomisch zu optimierende Relation des
Kompetenzerwerbs zum Zeitverbrauch eröffnet das Rennen gegen
die kürzer werdenden Halbwertzeiten des Humankapitals. Dabei
müssen die Schlagzahlen ständig erhöht werden, um mit dem Tempo
der Innovationszyklen von Informationen, Produkten und Techniken
mithalten zu können. Geschwindigkeit war gestern, Beschleunigung
ist heute die negative Kraft, die das morgen schafft. Im Kampf um
totale Präsenz soll alles möglichst simultan, in Form von Multitasking
stattfinden. Überall gilt: Schnell & Schlank frisst Lahm & Large.
Rendite und Bedürfnisbefriedigung dulden keinen protestantischen
Aufschub, sie wollen Erfüllung in Echtzeit. Widerstand gegen das
Wegwerfen ist unrational, denn Renovieren und Reparieren gelten
als unrentabel; Uneinsichtigen hilft die Planned Obsolescence auf die
Sprünge in die neue Zeitökonomie.

Auf der individual- wie sozialpsychologischen Erlebnisseite machen
wir dabei die paradoxe Zeiterfahrung, dass mit jedem Beschleuni-
gungsschub das für ökonomische und technologische Transaktionen
benötigte Zeitbudget zu wachsen, wohingegen die für uns selbst übrig
bleibende (Eigen)Zeit zu schrumpfen scheint. Wir werden zu Zeitzeugen einer sich beschleunigenden Inkongruenz von »Lebenszeit

---

53 Vgl. Ferdinand Bitz: Kinder der Angst. Bonn 1986, S. 163 ff.

und Weltzeit« (Hans Blumenberg). Aus dem Dampf verkochter Traditionen und bedeutungslos gewordener Erfahrungen lassen sich keine soliden Identitäten mehr bilden; wir geraten in eine »tachogene Weltfremdheit« (Odo Marquard). Nicht Stabilität und Identität, sondern Flexibilität und Fluidität sind gefragt. Immer mehr Menschen sind den Herausforderungen der abgeforderten Dynamisierung unserer Persönlichkeit nicht gewachsen. Eine postmoderne Coping-Strategie, dem Diktat »Du musst dein Leben ändern« (Peter Sloterdijk), zu entkommen, besteht in der Herausbildung von »situativen Identitäten«[54], sozusagen Identitäten im Plural, freilich zu dem Preis, dass sich in einer hoch erregten »Erlebnisgesellschaft« (Gerhard Schulze) das hybride und »außengeleitete« Selbst (David Riesman) in seinen konformistischen Anstrengungen, nonkonformistisch in einer Welt von »Eigenschaften ohne Mann« zu leben, psychisch allmählich »erschöpft« (Alain Ehrenberg). Die Zahl der Zeitgenossen, die quasi zu Zeitopfern[55] eines »Zukunftsschocks« (Alvin Toffler) werden, nimmt rapide zu. Sie fühlen sich von den Turbulenzen dieses Zeittornado aus der Bahn gerissen, in einen »rasenden Stillstand« (Paul Virilio) versetzt, in dem sie seelisch ausbrennen (burn out), weshalb Depression heute zur Volkskrankheit Nummer 1 geworden ist.

Auch die Politik kann sich dem Geschäftsmodell der grauen Herren von der Zeitsparkasse nicht entziehen. Bedauerlicherweise sprechen viele Indizien dafür, dass sie sich diesem Problem eher rat- und hilflos gegenüber verhält. Einerseits hatte sie sich lange Zeit mit dem Selbstanspruch der Allzuständigkeit überfordert und ohne Not selbst unter Zeitnot gesetzt, andererseits erweist sich ihr klassisches Zeitmanagement der parlamentarischen Problemlösung als den gegenwärtigen Beschleunigungseffekten nicht gewachsen. Sie sitzt in der Zeitfalle fest, weil sie die Komplexität und Tragweite von Innovationen erst begreift und angeht, wenn gestaltendes Eingreifen fast immer schon zu spät ist. Ihr Wettrennen mit dem technologischen Fortschritt und allen Spielformen der Globalisierung gleicht dem von Hase und

---

54 Hartmut Rosa: Beschleunigung. Frankfurt/a.M. 2005, S. 352 ff.
55 Vgl. Ferdinand Bitz: Holochronie versus Chronokratie. In: *Zeitschrift für Erlebnispädagogik* 8/9-90, S. 61 ff.

Igel. Proaktives Handeln gewinnt Seltenheitswert; statt zu agieren, verlegt sich die Politik darauf, zu reagieren. Zu weiteren beliebten postpolitischen Verkehrsformen erlernter Hilflosigkeit gehören das Moderieren oder Delegieren. Nach dem »muddling through«-Prinzip fährt man auf kurze Sicht und verfügt Probleme grundsätzlicher Natur gerne auf Wiedervorlage für nachfolgende Wahlperioden. Will Politik nicht durch technokratische Entscheidungssurrogate ganz abgelöst werden, müsste sie sich radikal neu erfinden. Sie müsste sich auf die Überlebensvorteile des »langsamen Denkens« (Steven Pinker) besinnen, vor allem auf ihr ureigenes Anliegen, dass des Schutzes und des Gebrauchs der Freiheit. Dazu müsste sie sich frei machen vom Diktat der Beschleunigung und Gegenstrategien der Entschleunigung ins Feld führen. Praktische Lösungsansätze stehen zur Verfügung; das reicht von abstrakten Leitprinzipien wie dem der Nachhaltigkeit oder der Reversibilität bis hin zu konkreten Instrumenten wie einer Transaktionssteuer. Verantwortung braucht bekanntlich Reflexion, und Reflexion braucht bekanntlich Zeit. Eine der Verantwortung verpflichtete Politik sollte sich heute die Zeit nehmen, bevor uns allen morgen keine mehr bleibt.

Der Angriff auf die Politik durch das Verschwinden des Raums

> *»Wenigstens ein Obdach ... aber nein, nicht mal das ...*
> *Nichts als der nackte Mensch.«*
> (Maxim Gorki, Nachtasyl)

Die Evolutionsgeschichte von »homo sapiens« gleicht einer großen Wanderschaft, aber erst mit dem Sesshaftwerden beginnt seine Kulturgeschichte; Geschichte ist darum wesentlich Stadtgeschichte. »homo viator« verortet sich in der Weite des Raums, gewinnt einen Standpunkt, den er eingrenzend markiert. Der Ort, wo er Wurzeln schlägt, wird sein Zuhause, dem er und seine Sippe zugehören, wo sie gegenseitige Geborgenheit stiften und gemeinsame Heimat finden. Er identifiziert sich mit der zeitüberdauernden Identität des Ortes und all den Menschen, die mit ihm an einem Ort bleiben. Der umfriedete

Wohn- und Lebensraum schafft Ordnung und Sicherheit, von der alle profitieren und für die alle mitverantwortlich sind; es ist der Anfang der Polis und der Politik. Der Ort, wo man geboren wurde (»natus«), wurde somit zur Keimzelle einer Nation und nationaler Identität. Vormals war man entweder an die Scholle gebunden, weil die Natur zum Bewirtschaften des Ackerbodens das Vorortsein und das Zuwarten abverlangte, oder man lebte in der Stadt, deren Luft frei machte und für die man als Stadtgemeinschaft einzustehen hatte. Umherschweifend waren zumeist nur Kriegsleute und Kaufleute – und die Vogelfreien. Einmal über die Säulen des Herakles hinausgefahren, veränderte sich der Blick auf die Welt, und aus der Scheibe wurde über Nacht eine Kugel, die im Umfang endlich, in der Fläche aber unbegrenzt ist. Wer sich auf ihr schnell genug bewegen kann, der überwindet die Gebundenheit des Ortes und dem gehört der ganze Raum. Darum wird die allgemeine Mobilmachung zum Kernprogramm des Projektes der Moderne: Kapital und Humankapital, Produkte und Dienstleistungen, Wissen und Informationen sollen sich frei und schnell bewegen und austauschen können, rund um den Globus und rund um die Uhr. Die Globalisierung lässt das Gefühl aufkommen, dass wir alle in einem Boot sitzen, das »Raumschiff Erde« heißt. Die letzte »terra incognita«, der virtuelle Raum, sind wir gerade dabei zu erobern. An die Stelle des »gestirnten Himmel« (Immanuel Kant) tritt uns die »gegooglete Cloud«, und Heimat und soziale Gemeinschaft sind etwas, was man per Smartphone und »social media« überall hin mitnehmen kann. Derweil leiden die ortsansässigen authentischen Heimatkulturen in abgeschriebenen Provinzstädten unter Auszehrung; im Gegenzug löst die sterile Uniformität der neu entstehenden Weltstadtkultur Fremdeln und Frösteln aus. Angekommen im »land of confusion« (Genesis) verlieren wir die Übersicht und unsere Orientierung. Real und virtuell mobil gemacht, sind wir auf dem Weg zurück, wieder zu Nomaden zu werden. Es wäre ein Irrtum zu glauben, die stattfindende große Transformation vollziehe sich verschwörungstheoretisch gesteuert von einem »Master of the Universe«. Nein, sie tut es autochthon und aufgrund systemimmanenter Synchronisation und Distinktion, denn es gibt keine Klassen mit gemeinsamen Zielen, und es ist am Ende nur das Geld, welches die Unterschiede sichtbar macht. Die Neonomaden der Raum- und Zeitlosigkeit lassen sich freilich in zwei Kategorien aufteilen, in die der Globalisierungsgewinner und die der Globalisierungsverlierer.

Wir beobachten, wie die Bindung an Grund und Boden zusehends verloren geht. Die kleinbäuerliche Subsistenzwirtschaft scheint aus eigener Kraft nicht länger überlebensfähig zu sein und löst Landflucht aus. Die internationale Agrarindustrie, die u. a. mit Hedgefonds aggressives Land-Grabbing betreibt, arbeitet schon heute überwiegend mit wandernden Saisonkräften und Leiharbeitern; gleichzeitig ziehen die schnell wachsenden Megacities magnetisch immer mehr Menschen an. Bis 2050 wird sich ihre Zahl verdoppeln und Dreiviertel aller Menschen wird in Städten leben. Diese Städte werden aber nichts mehr mit der uns noch vertrauten klassischen Stadtkultur gemein haben. Was ehemals Stadtmitte und lebendiger Ort des öffentlichen Zusammenlebens war, ist vielerorts schon heute nur noch eine Enklave für Disneyland-Touristen oder ein Spielplatz für Immobilien-Spekulanten. Für jeden Bürgermeister ein Alptraum, gleichen diese Städte immer mehr urbanisierten Flüchtlingscamps oder überdimensionierten Transit-Räumen, wo ein ständiges Kommen und Gehen herrscht, das zu steuern ein Ding der Unmöglichkeit ist. Mit dem Verfall räumlicher Bindungen verfällt auch der soziale Zusammenhalt. Im Zuge fortschreitender Gentrifizierung schirmen sich die Globalisierungsgewinner in »gated communities« vom Rest der Stadtgemeinschaft ab. Das Parfum, das den jede nationale Identität verachtende WEIRD[56]-Kosmopolitismus kleidet, ist ein »Flair von Offenheit für alles, was gegen Geld zu haben ist.«[57] Das Massenheer der Überflüssigen hingegen haust in Nachtasylen, die zu »no go areas« verkommen und deren Zukunftsperspektiven so durchsichtig sind wie ihre dünne Infrastruktur. An den Rändern solcher babylonischen Moloche des unbehausten Hausens findet unkontrolliertes Wachstum von Favelas und Slums statt, die zu Aufnahmelager für den ungebremsten Zustrom verelendender Glücksritter werden, die zuerst

---

56 WEIRD bedeutet im Englischen »seltsam, eigenartig« und steht als Akronym
     für Western, Educated, Industrialized, Rich and Democratic.
57 Peter Sloterdijk: Der Weltinnenraum des Kapitals. Frankfurt/a. M. 2005, S. 307.

ihr Land und dann ihre Würde verlieren. Diesen »locals« bietet man als Jobersatz einen Cocktail aus Clan-Kriminalität, Drogenkartellen, Prostitution, Versklavung, Organhandel, politischen Extremismus oder terroristische Söldnerexistenz. Im Zwischenraum zwischen Stadt und Land bewegt sich derweil ein Millionenheer von Migranten im Modus des »Exodus« (Paul Collier) – auf der Flucht vor Armut, Epidemien, Fundamentalismus, Hunger, Klimawandel oder Krieg – und auf unbestimmte Zeit in Zeltstädten einquartiert, in denen man nicht leben kann und nicht sterben möchte.

Angesichts eines vom Verschwinden bedrohten menschlichen Habitats wäre eine starke Weltinnenpolitik gefragt, aber schon auf nationaler Ebene kommt der Politik weltweit der eigene, der politische Raum abhanden. Für Platon, Aristoteles und die meisten Griechen war ein Individuum, das sich nur um sich selbst bemühte, unvorstellbar und darum ein »Idiot«. Der Mensch war wesenhaft ein »zoon politicon«, also ein Wesen, das nur in politischen Gemeinschaften leben und sich auch nur dort selbst verwirklichen kann. Dieser politische Raum war ein öffentlicher Ort des Diskurses, wo politisch und ethisch um das rechte Handeln argumentativ gerungen wurde, also ein Ort »des öffentlichen Gebrauchs der Vernunft«[58]. Je mobiler und ortsungebundener die Menschen aber werden, und je weniger sie sich mit einem Ort und einer Gemeinschaft identifizieren können (»ubi bene ibi patria«), desto weniger werden sie dazu bereit und fähig sein, sich politisch zu organisieren und die Zukunftsgestaltung ihrer Lebenswelt selbst in die Hand zu nehmen. Was jenseits eines aggressiven Schweigens auf der einen und eines verweigerten Zuhörens auf der anderen Seite bleibt, wenn das Sozialkapital aufgebraucht ist, sind flüchtige Sozialbewegungen und partikuläre Interessensgruppen, die sich schlimmstenfalls in flashmobartigen Wutbürgeraktionen organisieren und im Sinkflug ihrer Verrohung nicht selten in der Sprache von Gewalt und Vandalismus Aufmerksamkeit verschaffen. Im Format virtueller »Blasen-Crowds« fallen sie genauso schnell wieder in sich zusammen wie sie entstanden sind; der verbleibende Rest an Kommunikation verliert sich in den monadenhaften

58 Oskar Negt: Der politische Mensch. Göttingen 2010, S. 380 ff.

Echokammern von »social media«, wo der Eigensinn mit sich selbst
einen kompromisslosen Diskurs führt. Worum es also raumpolitisch
zur Verteidigung der Freiheit, der individuellen wie der politischen,
gehen müsste, das wäre »die Wiederbelebung und Neugestaltung der
verwaisten Agora ... des in Vergessenheit geratenen Handwerks der
Bürgerexistenz«.[59] Unsere Marktplätze sollten wieder mehr Markt für
die öffentliche Sache und mehr Platz für das Gemeinwohl sein, also
Raum für die »res publica«.

Der Faden der Penelope

> *»Alles ist in die Krise gekommen.«*
>
> (Karl Jaspers)

Am Ende unserer Geschichte über unsere Geschichte können wir,
30 Jahre nach dem Fall der Mauer, festhalten, dass die so oft Totgesagte
nach wie vor höchst lebendig ist, was bedeutet: Unsere Odyssee geht
weiter! Im Ausblick auf neue Herausforderungen haben wir freilich
eine Option ausmachen können, die im Geschichtskosmos von Homer
undenkbar gewesen wäre, nämlich, dass der Faden der Penelope, aus
dem der Mantel der Geschichte(n) gewebt wird, auch reißen könnte.
Indem der Mensch, verblendet durch die Wirksamkeit instrumenteller
Vernunft, das Messen zum olympischen Maß seiner Lebenswelt
gemacht hat, schickt er sich an, über seine natürlichen Verhältnisse
zu leben und damit Opfer seiner Maßlosigkeit zu werden, und nicht
länger selbst Maß aller Dinge zu sein (Protagoras). Selbstbefreiung
ohne Selbstbegrenzung ist Vermessenheit und mündet in Unfreiheit:
Hybris reloaded. Die Krise der Politik als Krise der Freiheit sollte uns
allen ein Weckruf sein, uns frei zu machen von Fehlformen wie Ökonomismus und Technokratismus, um wieder frei zu werden für politische Selbstbestimmung. Wenn wir uns auf das Abenteuer der Freiheit
einlassen, können wir unsere menschliche Furcht vor der Freiheit in
bürgerliche Ehrfurcht gegenüber der »res publica« verwandeln. Die

---

59 Zygmunt Baumann: Flüchtige Moderne. Frankfurt/a.M. 2003, S. 53 f.

Botschaft vom 9. November 1989 an uns ist die der Freiheit, aber auch die der Entschlossenheit und des Engagements. Sich mit dem Geist des 9. November 1989 zu identifizieren, heißt, in der besseren deutschen Tradition von »Schwarz-Rot-Gold« den »vitalen Kampf um die Freiheit«[60] weiterzuführen. Können oder wollen wir dieser Verpflichtung nicht nachkommen, könnte mit der drohenden Vernichtung unserer biologischen und politischen Lebensgrundlagen im Anthropozän tatsächlich jene letzte Seite des Buches unserer Geschichte aufgeschlagen werden, die vom Postanthropozän handeln würde. Diese Geschichte aber würde von uns überhaupt nicht mehr erzählt werden können, weil in ihr Denken und Gedenken keinen Sinn mehr machen. Das riskierte Zukunftsszenario »Nach uns die Sintflut« vor Augen, sollte uns eine Auszeit des Überdenkens wert sein, bedenkend, »etwas Besseres als den Tod finden wir überall« – und jederzeit.

---

60 Udo di Fabio: Die Kultur der Freiheit. München 2005, S. 225.

Fenster der Erinnerungen
Manfred Speck

Stiftungen werden ins Leben gerufen um Gutes zu tun. Sie arbeiten für das Wohl der Gesellschaft. Sie leisten dies in verschiedenen Disziplinen. Sie sind u. a. Anker im Sozial- und Bildungsbereich. Dort unterstützen sie Aufgaben für das Gemeinwohl. Ein weiteres bedeutendes Feld ist die Pflege und Erhaltung der Erinnerungskultur. Öffentliche und Private Stiftungen dienen der Erhaltung der Erinnerung an historische Persönlichkeiten und Orte durch authentische Gedenkstätten, Bibliotheken, Archive und Denkmäler. Damit wird für nachfolgende Generationen epochales historisches Wissen gesichert. Dies ist eine entscheidende Quelle für das kollektive Gedächtnis unseres Staates.

In unserem Land gehören z. B. Bundesstiftungen für bedeutende Staatsmänner zu den wichtigen Anliegen, um Vergessen zu verhindern und Erinnerung wach zu halten für die nachfolgenden Generationen. Für die deutschen Präsidenten und Kanzler nimmt diese Aufgabe in unserem föderalen Staat naturgemäß der Bund wahr. Otto von Bismarck, Friedrich Ebert, Konrad Adenauer, Theodor Heuss, Willy Brandt und Helmut Schmidt werden jeweils durch eine Bundesstiftung gewürdigt und in Erinnerung gehalten.

Helmut Kohl wurde die Ehrenbürgerschaft Europas am 11. Dezember 1998 durch die europäischen Staats- und Regierungschefs im Europäischen Rat verliehen. Die *FAZ* schrieb damals: »Helmut Kohl ergriff mit der Wiedervereinigung die Chance Weltgeschichte zu machen. Einen Deutschen, der es als Kanzler der Einheit zum Ehrenbürger Europas gebracht hat, gab es vor ihm nicht.«

Es geht darum, die Zeugnisse von Leben und Wirken dieser herausragenden Persönlichkeiten und ihrer Zeit jeder Bürgerin, jedem Bürger sowie Institutionen wie z. B. der Wissenschaft, Wirtschaft, Politik und Publizistik zugänglich zu machen und anschaulich zu präsentieren.

Übergreifender Zweck der vom Bund durch Gesetz gegründeten Stiftungen und Gedenkstätten ist es, nicht nur das Andenken an das Wirken der Staatsmänner zu wahren, sondern auch den Nachlass zu sammeln, zu verwalten und für die Interessen der Allgemeinheit in Kultur und Wissenschaft, Bildung und Politik auszuwerten.

Dies geschieht nicht zum Selbstzweck. Vielmehr ist es ein wesentliches Anliegen der Stiftungen und Gedenkstätten, Kenntnisse der wechselvollen Geschichte der Deutschen vom Kaiserreich bis zur Jetztzeit zu vermitteln und damit zum Verständnis der Entwicklung Deutschlands beizutragen.

Eine wesentliche Aufgabe bei der Vermittlung zeitgeschichtlicher politischer Bildung nimmt auch das Haus der Geschichte der Bundesrepublik Deutschland in Bonn wahr. In 2019 ist es 25 Jahre her, dass es gegründet wurde. In Leipzig hat es ein zeitgeschichtliches Forum eingerichtet und in Berlin lädt das Haus der Geschichte zum Besuch in den Tränenpalast und in das Museum in der Kulturbrauerei ein.

Gedenkstätten sind geöffnete Fenster auf ein epochales Ereignis wie z.B. die deutsche Einheit und die Einheit Europas. Das Fundament für ein wirtschaftlich und politisch vereintes Europa haben neben anderen verdienten Europäern vor allem vier Persönlichkeiten gelegt:

Konrad Adenauer (D), Alice de Gasperi (I), Jean Monnet (F) und Robert Schuman (F). Die Idee Europas hat der Generation nach dem Zweiten Weltkrieg Stabilität und Frieden in den Ländern gebracht. Der Wunsch nach Zusammenhalt und Frieden ließ das Haus Europas weiter wachsen. Heute sind in der EU 28 Staaten vereint.

»Die Einheit Europas war ein Traum von wenigen. Sie wurde eine Hoffnung für viele. Sie ist heute eine Notwendigkeit für uns alle«, so Konrad Adenauer am 15.12.1954 vor dem Deutschen Bundestag.

Helmut Kohl schrieb im Juni 2013 in einem Vorwort für eine gemeinsame Schrift der Museen der Väter Europas: »Europa ist mehr als ein Kontinent. Europa ist eine Idee. Europa ist unsere Zukunft. Wir alle in Europa brauchen dieses Europa. Europa bleibt auch in Zukunft eine Frage von Krieg und Frieden.«

Willy Brandt schrieb in seinen »Erinnerungen«, »zur Summe meines Lebens gehört im Übrigen, dass es Auswegslosigkeit nicht gibt«.

Die Gründung unserer sechs Bundesstiftungen verdanken wir dem Deutschen Bundestag, der zwischen 1978 und 2017 die Einrichtungen ins Leben rief und mit diesen Entscheidungen geschichtspolitische Zeichen setzte.

Einziger Zweck der Bundesstiftungen ist es, das Andenken an die jeweiligen historischen Persönlichkeiten zu wahren. Was würdevoll, aber auch ein wenig schlicht klingt, ist in Wirklichkeit eine sehr anspruchsvolle und dynamische Aufgabe. Alle sechs Häuser sind vergleichsweise kleine, aber doch ungemein lebendige Einrichtungen, die in ganz vielfältiger Art und Weise ihre Aufgabe erfüllen.

Es sind Erinnerungs- und Lernorte an den historischen Schauplätzen, die mit Leben und Wirken der Staatsmänner auf's Engste verbunden sind. Mit Ihren authentischen Orten und Ausstellungen sind die Bundesstiftungen Museen und Träger historisch-politischer wie auch kultureller Bildung. Außerdem leisten sie mit ihrer wissenschaftlichen Arbeit einen gewichtigen spezifischen Beitrag zur historischen Forschung. Längst haben diese Stiftungen einen festen Platz in der Erinnerungskultur unseres Landes.

Neben diesen sollen auch die Gedenkstätten, wie z. B. die Museen der ehemaligen Konzentrationslager und das Holocaust Denkmal in Berlin an das menschenverachtende Regime der NS-Diktatur erinnern. 1949 gründete der Bund gemeinsam mit den Ländern das Institut für Zeitgeschichte IfZ in München/Berlin als eine ausseruniversitäre Forschungseinrichtung, die nationalsozialistische Diktatur Wissenschaftlich zu erschließen. Ferner ist ihre Aufgabe die gesamte deutsche Geschichte des 20. Jahrhunderts bis in die Jetztzeit in ihren europäischen und globalen Dimensionen zu erforschen.

Die verheerenden Folgen der SED-Herrschaft werden von der Bundesstiftung zur Aufarbeitung der SED-Diktatur wach gehalten. Darüber hinaus erinnern auch Landesstiftungen, wie z. B. die »Gedenkstätte Berlin-Hohenschönhausen«, die zu gleichen Teilen vom Bund mitfinanziert wird, an das mutige Ringen der Bürgerinnen und Bürger für demokratische Teilhabe und Mitgestaltung innerhalb der DDR.

Alle Erinnerungsstätten stehen doch gemeinsam mit den Politikergedenkstiftungen in einer Reihe, die deutsche Geschichte erzählt.

Demokratie ist nicht selbstverständlich. Sie muss immer wieder neu erkämpft und verteidigt werden. Deshalb darf nie Vergessen werden.

Eine Gemeinschaft bzw. Gruppe von Menschen erinnert sich an Ereignisse und hält sie aktuell für nachfolgende Generationen in einem demokratischen und freiheitlichen Staat. Sie pflegt die Erinnerung und gibt weiter, was es zu erzählen gibt. Die Form des Gedächtnisses ist von Menschen geprägt, weil es von einer Weitererzählung und Berichten lebt. Dies kann im wahrsten Sinne des Wortes mündlich, aber auch schriftlich geschehen. Nicht der Einzelne, sondern mehrere Menschen gestalten die Erinnerung an Ereignisse von Gestern und Heute.

Dies führt uns auch in eine neue Zeit, in das Jahrhundert der Weltgesellschaft. Vorneweg die global agierenden Unternehmen sind heute beispielsweise – dank der Digitalisierung – als Global Player unterwegs und schaffen eine völlig neue kreative nationale und Internationale Berufswelt für die jetzigen und nachfolgenden Generationen.

Ich denke, die Stiftungen und Gedenkstätten für das kollektive Gedächtnis sind aufgefordert, sich diesen Herausforderungen zu stellen.

Autorenverzeichnis

Dr. Ferdinand Bitz, Ministerialrat, M.A., Dipl.-Psychol., Dipl.-Verw., Staatsexamen. Jahrgang 1957; 1984–1988 Wiss. Mitarbeiter von Prof. Dr. Josef Hitpaß (Institut für Erziehungswissenschaft U Bonn/Institut für Bildungs- und Begabungsforschung U Köln), 1988–1989 Wiss. Mitarbeiter von Prof. Dr. Erich E. Geißler (Institut für Erziehungswissenschaft U Bonn), 1989–1990 Wiss. Mitarbeiter in der Enquete-Kommission des Deutschen Bundestages »Bildung 2000« (Vorsitz: Eckart Kuhlwein), 1990–1991 Referent bei der Bundesvereinigung der Deutschen Arbeitgeberverbände (Präsident: Klaus Murmann), 1991–1998 Gutachter im Wissenschaftlichen Dienst des Deutschen Bundestages, 1999–2000 Referent beim Wehrbeauftragten des Deutschen Bundestages (Claire Marienfeld), 2000–2002 Büroleiter von Bundestagsvizepräsident Dr. h.c. Rudolf Seiters, 2002–2003 Leiter Fachbereich Bildung, Forschung, Wissenschaft, Umwelt und Reaktorsicherheit im Wissenschaftlichen Dienst des Deutschen Bundestages, 2003–2005 Leiter des Sekretariats der Enquete-Kommission des Deutschen Bundestages »Kultur in Deutschland« (Vorsitz: Gitta Connemann), 2005–2006 Leiter des Sekretariats des Ausschusses für Wirtschaft und Technologie (Vorsitz: Edelgard Bulmahn), 2006–2009 Leiter des Büros des Direktors beim Deutschen Bundestag (Staatssekretär Dr. Hans-Joachim Stelzl), 2009–2010 Leiter Planungsgruppe, Reden und Texte im Bundespräsidialamt (Bundespräsident Prof. Dr. Horst Köhler), seit 2010 Leiter des Sekretariats des Ausschusses für wirtschaftliche Zusammenarbeit und Entwicklung des Deutschen Bundestages (Vorsitze: Dagmar G. Wöhrl; ab 2017 BM a.D. Dr. Peter Ramsauer); Lehraufträge U Bonn und IUBH Bad Honnef.

Dr. Claus J. Duisberg, Botschafter a.D., geboren 1934 in Frankfurt am Main, 1955 bis 1958 Studium der Rechtswissenschaften in Bonn und Genf. Erstes und Zweites juristisches Staatsexamen (1958 bzw. 1963), Promotion zum Dr. iur. (1962). 1964 Eintritt in den Auswärtigen Dienst; Posten in der Zentrale und an den Botschaften Moskau (1964/65), Washington (1967 bis 1972) und New Delhi (1972 bis 1975) sowie an der Ständigen Vertretung in Ost-Berlin (1978 bis 1982). Von 1986 bis zur deutschen Wiedervereinigung Leiter des Arbeitsstabs Deutschlandpolitik im Bundeskanzleramt. Danach Leiter der Dienststelle des Auswärtigen Amtes in Berlin mit Zuständigkeit u. a. für die Abwicklung des Außenministeriums der DDR und Beauftragter für den Vertrag über Aufenthalt und Abzug der russischen Truppen. Von 1995 bis 1999 Deutscher Botschafter in Brasilien.

Harald Elster, geboren am 7.11.1952 in Morsbach, ist verheiratet und hat fünf Kinder. Seine Beratungsschwerpunkte sind: Unternehmensteuerrecht, Betriebswirtschaftliche Beratung, Wirtschaftsprüfung. Seit 1978 im steuerberatenden Beruf (Steuerbevollmächtigter / Steuerberater) tätig, seit 1987 Wirtschaftsprüfer und seit 2003 Prüfer der Qualitätskontrolle nach § 57a Abs. 3 WPO. Bis Ende 1985 Kaufmännischer Leiter in einem mittelständischen Familienunternehmen, 1986–2005 Steuerbüro Harald Elster als Einzelkanzlei, Reichshof, seit 2005 Sozietät Elster & Dr. Dietrich, Reichshof. Ehrenamtliches Engagement: 1996 Wahl zum Vorsitzenden des Bezirks Oberberg des Steuerberater-Verbandes e.V. Köln, Verband der steuerberatenden und wirtschaftsprüfenden Berufe, 2000–2008 Vizepräsident des Steuerberater-Verbandes e.V. Köln, Verband der steuerberatenden und wirtschaftsprüfenden Berufe, seit 11/2008 Präsident des Steuerberater-Verbandes e.V. Köln, Verband der steuerberatenden und wirtschaftsprüfenden Berufe, 2009–2013 Vizepräsident sowie Schatzmeister des Deutschen Steuerberaterverbandes e.V., Berlin, seit 06/2013 Präsident des Deutschen Steuerberaterverbandes e.V., Verband der steuerberatenden und wirtschaftsprüfenden Berufe, Berlin, 2013–2017 Vizepräsident und Schatzmeister des Bundesverbandes der Freien Berufe.

Rainer Eppelmann, ehrenamtlicher Vorstandsvorsitzender der Bundesstiftung zur Aufarbeitung der SED-Diktatur, Pfarrer, DDR-Bürgerrechtler, ehem. Minister für Abrüstung und Verteidigung der DDR, ehem. Bundestagsabgeordneter; geboren am 12.02.1943 in Berlin, Vater Zimmermann, Mutter Schneiderin; bis zum Mauerbau am 13. August 1961 Besuch des Johannes-Kepler-Gymnasiums in Berlin (West), da ihm der Weg zum Abitur im Osten verweigert wurde; nach dem Mauerbau 1961/62 in Berlin (Ost) Dachdeckerhilfsarbeiter, 1962–64 Ausbildung zum Maurer, anschließend im Beruf tätig; 1966 Verweigerung des Wehrdienstes mit der Waffe und des Fahneneids, acht Monate Haft, dann Bausoldat; 1969–75 Studium der Theologie an der Predigerschule Paulinum in Berlin, 1975 Ordination; 1974–89 Hilfsprediger bzw. Pfarrer in der Berliner Samaritergemeinde, zugleich Kreis-Jugendpfarrer in Berlin-Friedrichshain; Organisation von innerkirchlich umstrittenen Bluesmessen und anderen Veranstaltungen der kirchlichen Jugendarbeit; 1982 gemeinsam mit Robert Havemann Autor des Berliner Appells »Frieden schaffen ohne Waffen«, beteiligt an der Organisation und Unterstützung zahlreicher Aktivitäten kirchlicher Friedens- und Menschenrechtsgruppen; massive Bearbeitung durch das MfS; Sept. 1989 Mitbegründer der Partei Demokratischer Aufbruch (DA), Okt. DA-Sprecher; Dez. 1989–März 1990 DA-Vertreter am Zentralen Runden Tisch; Febr. 1990 Minister ohne Geschäftsbereich in der zweiten Regierung Hans Modrow; ab März Vorsitzender des DA; Abgeordneter der Volkskammer in der Fraktion CDU/DA; ab April Minister für Abrüstung und Verteidigung in der Regierung Lothar de Maizière. Seit 1990 CDU; 1990–2005 Abgeordneter des Deutschen Bundestags; 1992–98 Vorsitzender der Enquete-Kommission »Aufarbeitung von Geschichte und Folgen der SED-Diktatur in Deutschland«, anschließend der Enquete-Kommission »Überwindung der Folgen der SED-Diktatur im Prozeß der deutschen Einheit« des Deutschen Bundestags, seit 1998 Vorstandsvorsitzender der Bundesstiftung zur Aufarbeitung der SED-Diktatur; 1994–2001 Bundesvorsitzender der Christlich-Demokratischen Arbeitnehmerschaft in der CDU; 1995–2002 Mitglied des Bundesvorstands der CDU; 1996–2000 Mitglied des Präsidiums der CDU.

Catherine von Fürstenberg-Dussmann wurde am 26. Januar 1951 in St. Louis/Missouri/USA geboren. Sie studierte Literatur an der Regis University in Denver/Colorado sowie Schauspiel an der The Drama Studio Royal Academy in London und arbeitete nach ihrer Ausbildung in den USA als Schauspielerin und Model. Später machte sie sich als Interior Designerin selbstständig. 1980 lernte sie in den USA den Unternehmer Peter Dussmann kennen und zog nach der Heirat zu ihm nach Deutschland. 28 Jahre lang war Catherine von Fürstenberg-Dussmann die Frau an seiner Seite, bevor sie selbst unternehmerische Verantwortung übernahm: Als Peter Dussmann im Herbst 2008 einen schweren Schlaganfall erlitt († 2013), wurde sie Mitglied des Aufsichtsrates der Dussmann Verwaltungs AG und im April 2009 dessen Vorsitzende. Seit der Umwandlung in eine Stiftung steht sie seit Januar 2011 als Vorsitzende des Stiftungsrates an der Spitze des Familienunternehmens. Mit ihrer unternehmerischen Stärke ist sie ein Motor für Innovation und Wachstum und setzt mit kreativen Ideen Impulse für die Weiterentwicklung der Dussmann Group. Diese konnte 2018 beim Umsatz im 15. Jahr in Folge auf 2,34 Mrd. Euro signifikant zulegen und bietet mit 66 122 Mitarbeitern in 17 Ländern Dienstleistungen rund um den Menschen an: Facility-Management (Dussmann Service), Technical Solutions (DTS), Betreuung und Pflege von Senioren (Kursana) sowie Kinderbetreuung (Dussmann KulturKindergärten). Die Group ist auch im Medienhandel tätig (Dussmann das KulturKaufhaus). Catherine von Fürstenberg-Dussmann engagiert sich, wo Hilfe nötig ist, und setzt sich besonders für die kulturelle Bildung von Kindern und Jugendlichen ein. Jedes Jahr ruft sie den Dussmann Musikwettbewerb für Schüler des Musikgymnasiums Carl Philipp Emanuel Bach aus, unterstützt Einrichtungen durch den Social Day und spendete bereits mehrere Hundert mit Büchern gefüllte Boxen an Einrichtungen für Kinder und Jugendliche. Catherine Dussmann ist stellvertretende Vorsitzende des Kuratoriums des Aspen Institutes, Mitglied im Owners Forum, im Kuratorium des Vereins der Freunde und Förderer der Staatsoper Unter den Linden Berlin und im Kuratorium des Bach Archivs Leipzig.

Dr. Gregor Gysi, Abgeordneter im Deutschen Bundestag, Rechtsanwalt, Publizist, Moderator. Dr. Gregor Gysi, geboren am 16. Januar 1948 in Berlin, ist von Beruf Facharbeiter für Rinderzucht und nach einem erfolgreichen Jurastudium an der Humboldt-Universität zu Berlin Rechtsanwalt. Seit 1971 übt er seinen Beruf aus. Von Ende 1989 bis Januar 1993 war er Vorsitzender der Partei des Demokratischen Sozialismus (PDS). Er gehörte vom März bis Oktober 1990 der Volkskammer der DDR an und war Vorsitzender der PDS-Fraktion. Von Ende 1990 bis Januar 2002 war er direkt gewähltes Mitglied des Deutschen Bundestages und Vorsitzender der Gruppe bzw. der Fraktion der PDS. Vom Januar bis Juli 2002 war er Mitglied des Abgeordnetenhauses von Berlin und bekleidete das Amt des Bürgermeisters und Senators für Wirtschaft, Arbeit und Frauen, danach war er als Rechtsanwalt und Publizist tätig. Seit Oktober 2005 ist Dr. Gysi als in seinem Berliner Wahlkreis Treptow-Köpenick direkt gewählter Abgeordneter Mitglied des Bundestages. Von Oktober 2005 bis Oktober 2015 war er Vorsitzender der Fraktion DIE LINKE. im Deutschen Bundestag. Er ist geschieden und hat zwei Söhne und eine Tochter. Im Dezember 2016 wurde er zum Präsidenten der Europäischen Linken gewählt. Im Oktober 2017 ist seine Autobiografie unter dem Titel »Ein Leben ist zu wenig« erschienen.

Dr. Peter Hartmann, geboren am 9. Oktober 1935 in Aachen, 1955 Abitur am Couven-Gymnasium in Aachen anschließend Studium der Philosophie, Geschichte und Politikwissenschaft in Frankfurt a. M., Rom, Köln und Fribourg. 1962 Volontariat bei der »Aachener Volkszeitung«, Promotion zum Dr. phil. im Dezember 1964 in Fribourg, 1965–1968 Ausbildung zum Höheren Auswärtigen Dienst in Bonn, 1966 Attaché an der Deutschen Botschaft Washington, 1968–1971 Leiter Wirtschaft am Generalkonsulat Karachi, 1971–1975 Pressesprecher der deutschen Ständigen Vertretung bei der Europäischen Gemeinschaft in Brüssel, 1975–1978 Referent im Berlin- und Deutschlandreferat des AA, 1978–1981 Leiter Kultur an der Deutschen Botschaft Buenos Aires, 1981–1984 Leiter des Büros für auswärtige Beziehungen der CDU, 1984–1993 im Bundeskanzleramt: Referatsleiter, stellvertretender Abteilungsleiter, ab 1991 Leiter der Abteilung für Außen-und Sicherheitspolitik, 1993–1995

Deutscher Botschafter in London, 1995–1998 Staatssekretär des Auswärtigen Amtes, 1998–2001 Deutscher Botschafter in Paris, 2001 Ruhestand.

Alfons Hörmann, Jahrgang 1960, ist seit 2013 ehrenamtlicher Präsident des Deutschen Olympischen Sportbundes (DOSB). Von 2005 bis 2013 stand er als ehrenamtlicher Präsident dem Deutschen Skiverband (DSV) vor; davor war er Präsident des Bayerischen Skiverbandes und Vorsitzender des Allgäuer Skiverbandes. Seit 2010 gehört Alfons Hörmann ehrenamtlich dem Vorstand des Internationalen Skiverbands (FIS) an; von 2006 bis 2010 war er Vizepräsident Marketing der Internationalen Biathlon Union (IBU). Im Hauptberuf ist Alfons Hörmann seit 35 Jahren in unternehmerischen Führungspositionen mit dem Schwerpunkt Bau/Baustoffe tätig. Seit Januar 2018 hat er die Position als Vorstandsvorsitzender der Schöck AG in Baden-Baden inne. Darüber hinaus ist Hörmann Vorsitzender und Mitglied in verschiedenen Aufsichtsrats- und Beiratsgremien und engagiert sich unternehmerisch im Bereich Erneuerbare Energien. Alfons Hörmann ist verheiratet und hat drei Söhne. Er ist Gründer und Vorsitzender der Alfons Hörmann Stiftung für soziale, kirchliche und kulturelle Projekte, ebenfalls Gründer und Vorsitzender der PROSPORT Stiftung Allgäu-Kleinwalsertal.

Dr. Dieter Kastrup, geb. 1937, nach 2. jur. Staatsexamen und Promotion 1965 Eintritt in den Auswärtigen Dienst, Auslandsverwendungen in Rio de Janeiro, Teheran und Washington, im Auswärtigen Amt Referatsleiter und Unterabteilungsleiter mit Schwerpunkt Deutschlandpolitik, Sowjetunion und Osteuropa, 1988 Politischer Direktor, Verhandlungsführer der bundesdeutschen Delegation bei den Zwei-plus-Vier-Verhandlungen, 1991–1995 Staatssekretär, 1995–1998 Botschafter in Rom, 1998–2001 Ständiger Vertreter bei den Vereinten Nationen, 2002 Außenpolitischer Berater des Bundeskanzlers Schröder, 2000–2008 Vorsitzender des Kuratoriums der Stiftung »Erinnerung, Verantwortung und Zukunft«.

Dr. Johannes Ludewig, ehemaliger Vorsitzender des Vorstands der Deutschen Bahn AG, Staatssekretär a.D., Vorsitzender des Nationalen Normenkontrollrats. Geboren am 6. Juli 1945 in Hamburg; römisch-katholisch; verwitwet; drei Kinder; 1965 Abitur, Aloisiuskolleg, Bonn-Bad Godesberg, 1967–1971 Studium der Wirtschaftswissenschaften in Hamburg, 1971–1972 Stanford University, California, USA (Industrial Engineering), 1972–1973 Universität Hamburg (Promotion), 1973–1974 École Nationale d'Administration (ÉNA), Paris, France, 1975–1983 Bundesministe-

rium für Wirtschaft, insbesondere Grundsatzfragen der Energie- und Wirtschafts-
politik, 1983–1994 Bundeskanzleramt, seit 1991 Abteilungsleiter Wirtschafts- und
Finanzpolitik sowie »Koordinator neue Bundesländer«, 1995–1997 Staatssekretär im
Bundesministerium für Wirtschaft sowie Beauftragter der Bundesregierung für die
neuen Bundesländer, 1997–1999 Vorsitzender des Vorstandes der Deutsche Bahn
AG, 2000–2002 Ludewig Consulting, Geschäftsführender Direktor, 2002–2011
Generaldirektor der Gemeinschaft der Europäischen Bahnen und Infrastruktur-
gesellschaften (CER), Brüssel, seit September 2006 Vorsitzender des Nationalen
Normenkontrollrats im Bundeskanzleramt.

Dr. h.c. Lothar de Maizière, Ministerpräsident a.D., Bundesminister a.D., Rechts-
anwalt; geboren am 2.3.1940 in Nordhausen, evangelisch, in 2. Ehe verheiratet, drei
Kinder. Seit 1956 Mitglied der CDU, 1958 Abitur am »Berlinischen Gymnasium zum
Grauen Kloster« anschließend Studium an der Musikhochschule »Hanns Eisler«
Fach Viola, 1969–1975 juristisches Fernstudium an der Humboldt-Universität zu
Berlin, bis 1975 tätig in verschiedenen Theater- und Kulturorchestern, u. a. im Berliner Rundfunk-Sinfonieorchester anschließend Rechtsanwalt mit Schwerpunkten
Steuer- und Wirtschaftsrecht, stellvertretender Vorsitzender des Kollegiums der
Rechtsanwälte in Berlin, seit 1985 Mitglied der Synode des Bundes der Evangelischen Kirchen der DDR, 1986–1990 einer der beiden Vizepräsides, 1987 Mitglied
der Arbeitsgruppe Kirchenfragen der CDU, November 1989 Vorsitzender der CDU
der DDR, Mitglied des Modrow-Kabinetts, März–Oktober 1990 Mitglied der Volkskammer, April 1990 Wahl zum Ministerpräsidenten der DDR, Oktober 1990 einziger stellvertretender Vorsitzender der CDU Deutschlands, Oktober 1990 Mitglied
des Deutschen Bundestages, Oktober–Dezember 1990 Bundesminister für besondere Aufgaben, Oktober 1991 aus dem Deutschen Bundestag ausgeschieden, seither
Rechtsanwalt in Berlin; Ehrenvorsitzender des Petersburger Dialogs, Vorsitzender
der Stiftung Denkmalschutz Berlin, Vorsitzender des Hauptverbandes INFRANEU,
Vorsitzender der Deutschen Gesellschaft, Ehrenvorsitzender des BWA, Mitglied in
div. Aufsichtsräten und Beiräten.

Dr. Bertram Meier, Prälat und stellvertretender Generalvikar im Bistum Augsburg;
geboren am 20. Juli 1960 in Buchloe; 1978–1980 Studium an der Universität Augsburg, Priesterseminar, 1980–1986 Studium an der Päpstlichen Universität Gregoriana
in Rom, Aufenthalt am Collegium Germanicum, 10.10.1985 Priesterweihe in Rom,
1986–1989 Dissertation in Dogmatik über das Kirchenverständnis des Pastoraltheo-

logen und Regensburger Bischofs Johann Michael Sailer; Promotion an der Päpstlichen Universität Gregoriana zum Dr. theol., 15.09.1989 Kaplan in Neu-Ulm (St. Joh. Bapt.), 01.09.1990 Freigestellt für die Ausbildung an der Päpstl. Kirchl. Akademie und für den diplomatischen Dienst des Hl. Stuhles in Rom, 10.03.1991 Kaplan in Neuburg (St. Peter), 10.10.1991 Dekanatsjugendseelsorger für das Dekanat Neuburg/ Donau, 1992–1996 Stadtpfarrer in Neu-Ulm (St. Joh. Baptist), 01.05.1993 Geistlicher Beirat für den Kath. Dt. Frauenbund in der Diözese Augsburg, 1991–1996 Mitglied im Priesterrat, 15.07.1994 Dekan des Dekanates Neu-Ulm, 25.09.1994 Regionaldekan des Dekanates Neu-Ulm, 01.09.1995 Hochschulseelsorger der FH Kempten für die Abteilung Neu-Ulm, 1996–2002 Freigestellt für die Tätigkeit am Vatikanischen Staatssekretariat (Leitung der deutschsprachigen Abteilung); stv. Rektor am Priesterkolleg »Campo Santo Teutonico« in Rom; Lehrauftrag im Fach Dogmatik und ökumenische Theologie an der Päpstlichen Universität Gregoriana, 06.07.2000 Ernennung zum Monsignore, 01.08.2000 Wahl zum Domkapitular und Ernennung zum Leiter der Referate Ökumene und interreligiöser Dialog; Weltkirche, Mission und Entwicklung; Orden und der Diözesanstelle Berufe der Kirche und Päpstliches Werk für geistliche Berufe (PWB), 07.12.2001 Ernennung zum Päpstlichen Ehrenprälaten, 2002–2011 Vorsitzender der Arbeitsgemeinschaft christlicher Kirchen (AcK) Augsburg, 2005 gewählt zum Vertreter der katholischen Bistümer in der AcK Bayern, 2007 Ernennung zum Domprediger, 2007–2014 Ernennung zum Geistlichen Beauftragten der Freisinger Bischofskonferenz für das Landeskomitee der Katholiken in Bayern, 2011–2014 Vertreter der sieben bayerischen Diözesen in der »Konferenz Weltkirche«, 2011–2014 Vorsitzender der Konferenz der Ordensreferenten der deutschen Bistümer, 2011–2014 Berater der Unterkommission für Missionsfragen der Deutschen Bischofskonferenz, 2012 Mitglied der von der deutschen Bischofskonferenz bestellten Delegation für die AcK Deutschland, 01.07.2012 Stellvertretender Generalvikar der Diözese Augsburg, 09.07.2012 Domdekan der Diözese Augsburg, 2013 Wahl zum ersten Vorsitzenden der Arbeitsgemeinschaft christlicher Kirchen (AcK) in Bayern, 2014 Ernennung zum Hauptabteilungsleiter II – Seelsorge und Bischofsvikar für Ökumene und interreligiösen Dialog, 08.07.2019 Wahl zum Diözesanadministrator des Bistums Augsburg.

Dr. Dr. h.c. mult. Angela Merkel, geboren am 17. Juli 1954 in Hamburg; evangelisch; verheiratet; 1973 Abitur in Templin, 1973–1978 Physikstudium an der Universität Leipzig, Diplomphysikerin, 1978–1990 Wissenschaftliche Mitarbeiterin am Zentralinstitut für physikalische Chemie an der Akademie der Wissenschaften, 1986 Promotion, 1989 Mitglied des »Demokratischen Aufbruchs«,

1990 Eintritt in die Christlich Demokratische Union Deutschlands (CDU), 1990 Stellvertretende Regierungssprecherin der DDR-Regierung de Maizière, seit 1990 Mitglied des Deutschen Bundestages, 1991–1998 Stellvertretende Vorsitzende der CDU Deutschlands, 1993–2000 Vorsitzende der CDU Mecklenburg-Vorpommern, 1991–1994 Bundesministerin für Frauen und Jugend, 1994–1998 Bundesministerin für Umwelt, Naturschutz und Reaktorsicherheit, 1998–2000 Generalsekretärin der CDU Deutschlands, 2000–2018 Vorsitzende der CDU Deutschlands, 2002–2005 Vorsitzende der CDU/CSU-Fraktion im Deutschen Bundestag, seit November 2005 Bundeskanzlerin der Bundesrepublik Deutschland.

Dr. h.c. Klaus Naumann, General a.D., geboren am 25.5.1939 in München trat 1958 in die Bundeswehr ein. Nach Verwendungen in der Truppe, im Verteidigungs-ministerium und in der NATO wurde er 1991 der 10. Generalinspekteur der Bundes-wehr. Seine Aufgaben in dieser Verwendung: Aufstellung der Armee der Einheit unter Auflösung der Nationalen Volksarmee der DDR und Umstellung der Bundes-wehr auf Auslandseinsätze. Von Februar 1996 bis Mai 1999 war er als Vorsitzender des NATO Militärausschusses der oberste Soldat der NATO. Die Aufgaben dort: Erarbeitung der bis 2010 gültigen NATO Strategie, Erweiterung der NATO 1999, Beginn der Kooperation mit Russland und die NATO Operationen in Bosnien ab 1996 und die Intervention im Kosovo 1999. Im Ruhestand Mitwirkung in zahlrei-chen internationalen Gremien, so vor allem im Brahimi Panel der Vereinten Nati-onen, in der Internationalen Kommission zu Intervention und staatlicher Souverä-nität, die 2001 Kofi Annan die Studie »Responsibility to Protect« übergab und dann 2009 in der International Commission on Nuclear Non Proliferation and Disarma-ment. Er war 1999 der erste Soldat der in den Beirat des Internationalen Roten Kreu-zes berufen wurde und er ist seit 2006 der bislang einzige Soldat, der in den Senat der Deutschen Nationalstiftung berufen wurde. Er erhielt 2004 die Ehrendoktor-würde. Naumann ist seit 1964 verheiratet und lebt mit seiner Frau am Südrand von München. Sie haben einen Sohn und eine Tochter und insgesamt vier Enkelkinder.

Dr. Arend Oetker wurde vor Ausbruch des Zweiten Weltkriegs im März 1939 ge-boren. Von 1962 bis 1966 absolvierte er ein Studium der Betriebswirtschaftslehre sowie der politischen Wissenschaften in Hamburg, Berlin, Köln und Marketing an der Harvard Business School. Er promovierte 1967 zum Dr. rer. pol. an der Uni-versität zu Köln. Arend Oetker, geschäftsführender Gesellschafter der Dr. Arend Oetker Holding GmbH & Co. KG, ist Ehrenvorsitzender des Verwaltungsrats des

Nahrungsmittelunternehmens Hero AG. Er ist Ehrenmitglied des Aufsichtsrats der KWS Saat SE & Co. KGaA sowie Mitglied des Aufsichtsrates der COGNOS AG und der Leipziger Messe. Arend Oetker engagiert sich unter anderem als Präsidiumsmitglied der Bundesvereinigung der Deutschen Arbeitgeberverbände (BDA), als Ehrenmitglied des Präsidiums des Bundesverbandes der Deutschen Industrie e.V. (BDI) sowie als Beiratsmitglied der Deutschen Bahn Stiftung. Als dessen ehemaliger Präsident (1998–2013) ist Arend Oetker Ehrenmitglied des Stifterverbandes für die Deutsche Wissenschaft e.V. Der ehemalige Präsident der Deutschen Gesellschaft für Auswärtige Politik e.V. (DGAP, 2005–2019) ist ihr erster Ehrenpräsident. Als Liebhaber von Musik und zeitgenössischer Kunst nimmt Arend Oetker eine Reihe von Mandaten in diesem Bereich wahr. Unter anderem hat er den Vorsitz im Kuratorium der Stiftung Bach Archiv Leipzig inne und ist Vorstandsmitglied im Kulturkreis der Deutschen Wirtschaft im BDI. Er förderte u.a. die Sanierung der St.-Petri-Kirche in Lübeck und die Gründung der Galerie für Zeitgenössische Kunst in Leipzig. Arend Oetker ist außerdem Vorstandsvorsitzender der Stiftung Bildung und Gesellschaft. 2007 wurde ihm das Große Verdienstkreuz der Bundesrepublik Deutschland verliehen. Dr. Arend Oetker ist verheiratet und hat fünf Kinder.

Friedhelm Ost wurde am 15. Juni 1942 in Castrop-Rauxel geboren. 1961–1965 studierte er Volkswirtschaft an den Universitäten Freiburg und Köln und schloss mit dem Dipl. rer. pol. ab. 1966–1969 war er in der volkswirtschaftlichen Abteilung der Commerzbank AG, Düsseldorf tätig, 1969–1972 war er Referent von Karl Otto Pöhl im Bundesverband deutscher Banken. 1973–1985 arbeitete Friedhelm Ost als Wirtschaftsredakteur, Filmautor, Moderator und Kommentator beim ZDF und wurde Chef der ZDF-Wirtschaftsredaktion (u.a. WISO). 1985–1989 wurde er als Staatssekretär zum Chef des Presse- und Informationsamtes der Bundesregierung und Sprecher der Bundesregierung berufen. Danach war er von 1989–1990 als wirtschaftspolitischer Berater des Bundeskanzlers – insbesondere für Wirtschafts- und Europafragen – und als freier Journalist und Publizist tätig, sowie von 1990–2000 Mitglied des Deutschen Bundestages. In den Jahren 1990–1998 war er als Vorsitzender des Wirtschaftsausschusses vor allem zuständig für Vorbereitung der Europäischen Währungsunion, der Einführung des EURO usw. 1998–2002 war er Mitglied des Ausschusses für Wirtschaft und Technologie des Deutschen Bundestages. Seit Oktober 2002 ist Friedhelm Ost als Unternehmerberater tätig (Politik-, Kommunikations- und Strategieberatung), mit Büros in Bad Honnef und Berlin.

Dr. Wolfgang Schäuble wurde am 18. September 1942 in Freiburg geboren. Er ist evangelisch, verheiratet und hat vier Kinder. Schäuble studierte Rechts- und Wirtschaftswissenschaften an den Universitäten Freiburg und Hamburg und promovierte 1971 zum Dr. jur. Seit 1972 ist Schäuble Mitglied des Deutschen Bundestages, von 1981 bis 1984 als Parlamentarischer Geschäftsführer der CDU/CSU-Bundestagsfraktion. Anschließend war er Bundesminister für besondere Aufgaben und Chef des Bundeskanzleramtes, bevor er von 1989 bis 1991 Bundesminister des Innern wurde. Seit 1989 ist Schäuble Mitglied im Bundesvorstand der CDU. Von 1991 bis 2000 war er Vorsitzender der CDU/CSU-Bundestagsfraktion, ab 1998 zudem Bundesvorsitzender der CDU. Seither ist er Mitglied im Präsidium der CDU Deutschlands. Ab 2002 war Schäuble Stellvertretender Vorsitzender der CDU/CSU-Bundestagsfraktion für Außen-, Sicherheits- und Europapolitik. Von 2005 bis 2009 war er erneut Bundesminister des Inneren. Von 2009 bis 2017 war er Bundesminister der Finanzen. Am 24. Oktober 2017 wurde Schäuble zum Präsidenten des Deutschen Bundestages gewählt. Publikationen: *Der Vertrag. Wie ich über die deutsche Einheit verhandelte* (1991), *Und der Zukunft zugewandt* (1994), *Und sie bewegt sich doch* (1998), *Mitten im Leben* (2000), *Scheitert der Westen? Deutschland und die neue Weltordnung* (2003), *Zukunft mit Maß. Was wir aus der Krise lernen können* (2009), *Anders gemeinsam. Ein deutsch-französisches Gespräch über Flüchtlinge, Griechenland, Europa, den Euro und die schwarze Null* (2016, mit Michel Sapin).

Dr. Klaus-Dieter Schnapauff, Jahrgang 1945; 1965–1967 Abitur, Wehrdienst, Leutnant der Reserve; 1967–1971 Studium der Rechts- und Staatswissenschaften in Bonn, erste juristische Staatsprüfung; 1972–1977 juristischer Vorbereitungsdienst, Wissenschaftlicher Assistent Universitäten Bonn und Köln, Promotion zum Dr. iur., zweite juristische Staatsprüfung; 1978–2002 Bundesministerium des Innern, u. a., 1990 Leiter der Arbeitsgruppe »Deutsche Einheit« (Einigungsvertrag), 1992–2002 Abteilungsleiter »Verfassungsrecht, Staatsrecht, Verwaltungsrecht, Europarecht« (Ministerialdirektor); seit 2003 wissenschaftliche Tätigkeiten.

Prof. Dr. Dr. h.c. Richard Schröder geboren 1943 in Frohburg/Sachsen. Nach Ablehnung von der Oberschule Ausbildung an kirchlichen Ausbildungsstätten. Assistent am »Sprachenkonvikt« (Kirchliche Hochschule Ostberlin); 1973–77 Pfarrer; 1977–1991 Dozent für Philosophie an den Kirchlichen Hochschulen in Ostberlin und Naumburg; 1990 Fraktionsvorsitzender der SPD in der frei gewählten Volkskammer; 1990–2001 Mitglied der Grundwertekommission der SPD; 1991–2009

Hochschullehrer an der Theologischen Fakultät der Humboldt-Universität Berlin; 1991–1997 Mitglied des Rates der Evangelischen Kirche in Deutschland; 1993–2009 Verfassungsrichter in Brandenburg; 1993–2003 Vorsitzender des Senats, 2003–2018 des Vorstands der Deutschen Nationalstiftung; 1993–2018 Mitglied, 1998–2018 Vorsitzender des Beirats beim BStU; 2001–2007 Mitglied des Nationalen Ethikrates; 2010–2014 Mitglied der Enquetekommission des Brandenburger Landtags »Aufarbeitung der Geschichte und Bewältigung der Folgen der SED-Diktatur und des Übergangs in einen demokratischen Rechtsstaat im Lande Brandenburg«; 2015–16 Stellvertretender Vorsitzender der Expertenkommission zur Zukunft der Behörde des Bundesbeauftragten für die Unterlagen des Staatssicherheitsdienstes der ehemaligen DDR (BStU); seit 2003 Mitglied der Berlin-Brandenburger Akademie der Wissenschaften, seit 2004 Vors. des Fördervereins Berliner Schloss; seit 2018 Vorsitzender des wissenschaftlichen Beirats des Projekts »Geschichte der Treuhand« beim Institut für Zeitgeschichte München. 1992 Großes Verdienstkreuz des Verdienstordens der Bundesrepublik; 1996 Lutherpreis »Das unerschrockene Wort«; 2001 Heinz Herbert Karry-Preis; 2004 Hermann-Ehlers-Preis; 2009 Gustav-Heinemann-Bürgerpreis; 2010 Ferdinand-Tönnies-Medaille; 2015 Großes Verdienstkreuz mit Stern des Verdienstordens der Bundesrepublik; 2016 Point-Alpha-Preis.

Prof. Dr. Brigitte Seebacher, Jahrgang 1946, in Bremen aufgewachsen. Studium der Germanistik und Geschichte in Bonn und Berlin. Volontariate bei Radio Bremen und dem Sender Freies Berlin. Redakteurin der Berliner Stimme 1971–77 und anschließend in der Pressestelle der SPD in Bonn. Heirat mit Willy Brandt. Promotion mit einer Arbeit über Erich Ollenhauer, Biografie über August Bebel. 1989 Mitarbeiterin der FAZ und des Bayerischen Fernsehens. 1995 bis 2000 Leiterin der Abteilung Kultur und Gesellschaft der Deutschen Bank. 2001 bis 2013 Honorarprofessorin für Politische Wissenschaft an der Rheinischen Friedrich-Wilhelms-Universität Bonn.

Dr. h.c. Dr. h.c. Rudolf Seiters, geboren am 13.10.1937 in Osnabrück, katholisch, verheiratet mit Ehefrau Brigitte, drei Töchter, wohnhaft in Papenburg/Ems. Abitur am Gymnasium Carolinum in Osnabrück, Studium der Rechts- und Staatswissenschaften in Münster, Regierungsassessor. 1958 Eintritt in Junge Union und CDU, 1969–2002 Bundestagsabgeordneter, Parlamentarischer Geschäftsführer, 1989 Bundesminister für besondere Aufgaben und Chef des Bundeskanzleramtes, 1991 Bundesminister des Innern, 1993 Rücktritt, 1994 Stellvertretender Vorsitzender der CDU/CSU-Fraktion, 1998 Vizepräsident des Deutschen Bundestages. 2003–2017

Präsident des Deutschen Roten Kreuzes, seit 2017 Ehrenpräsident. Auszeichnungen: Großes Bundesverdienstkreuz mit Stern und Schulterband, 2000 Ernennung zum Dr. rer. pol. h.c. der Bundeswehruniversität München, 2019 Ernennung zum Dr. med. h.c. der Medizinischen Fakultät der Universität Bonn, internationale Auszeichnungen, Ehrenbürger der Stadt Papenburg.

Manfred Speck, geboren am 10. April 1946 in Neuss, römisch-katholisch, verw. eine Tochter, wohnhaft in Bad Honnef, aufgewachsen am Mittelrhein, Verwaltungsausbildung beim Landschaftsverband Rheinland LVR, Köln, Abschlussprüfung bei der Städt. Verwaltungs- und Sparkassenschule Köln. Nach dem Berufsabschluss Tätigkeiten bei Bundesbehörden und WDR. Seit 1972 in der politischen Zuarbeit im Bundestag, in der CDU/CSU-Bundestagsfraktion, Gruppenleiter beim Chef des Bundeskanzleramtes, Ministerialdirektor a.D. (Bundesinnenministerium), Staatssekretär a.D. (Innenstaatssekretär im Freistaat Thüringen). Enger Mitarbeiter von MdB und Parl. Staatssekretär a.D. Dr. Dieter Schulte und von den Bundesministern Dr. rer. pol. h.c. Rudolf Seiters und Manfred Kanther sowie von Ministerpräsident a.D. Prof. Dr. Bernhard Vogel. Selbstständiger Berater in der Kommunikation für Wirtschaft, Stiftungen und Politik, Bonn/Berlin. Ehrenämter: Vorsitzender des Vorstandes der Bundesstiftung Bundeskanzler Adenauer Haus, Bad Honnef, Wahrnehmung von ehrenamtlichen Tätigkeiten in der politischen Bildung, im Spitzensport sowie in den Bereichen von Kultur und Kirche.

Prof. Dr. h.c. Horst M. Teltschik, Ministerialdirektor a.D., International Consultant Foreign and Security Affairs and Economics; Mitglied des deutsch-koreanischen Konsultationsgremiums zu Vereinigungsfragen; Mitglied des Präsidiums des Deutsch-Russischen Rohstoff-Forums; Mitglied des Kuratoriums der Konrad-Adenauer-Stiftung; Mitglied von Advisory Boards deutscher und internationaler Organisationen. Frühere Positionen: Vorsitzender, Münchner Konferenz für Sicherheitspolitik, München; Honorarprofessor, Fakultät für Wirtschaftswissenschaften, Technische Universität München; Honorarprofessor der St. Petersburger Bergbau-Universität »Gorny«; Präsident, BOEING Deutschland, Berlin; Mitglied des Vorstands, BMW Group, München; Beauftragter für Mittel- und Osteuropa, Asien und Mittlerer Osten, BMW-Vorstand, München; Vorsitzender des Vorstands, BMW-Stiftung Herbert Quandt, München; Geschäftsführer, Bertelsmann-Stiftung, Gütersloh; Abteilungsleiter (Ministerialdirektor), Auswärtige und Innerdeutsche Beziehungen, Entwicklungspolitik und Äußere Sicherheit, Bundeskanzleramt, Bonn; Stellv. Chef, Bundeskanzleramt, Bonn; Leiter, Büro des Vorsitzenden der CDU/CSU-Bundestagsfraktion, Bonn; Leitender Ministerialrat, Staatskanzlei, Mainz; Abteilungsleiter, Außen-, Deutschland- und Sicherheitspolitik, CDU-Bundesgeschäftsstelle. Hochschulassistent am Lehrstuhl für Internationale Beziehungen und Studium der Politischen Wissenschaft, Neueren Geschichte und Völkerrecht an der Freien Universität Berlin.

Dr. Theo Waigel, geboren am 22. April 1939 in Oberrohr (Schwaben); katholisch; verheiratet, drei Kinder. 1959 Abitur in Krumbach. Studium der Rechts- und Staatswissenschaften in München und Würzburg, 1963 erstes juristisches Staatsexamen, 1967 Promotion und zweites juristisches Staatsexamen. Gerichtsassessor bei der Staatsanwaltschaft am Landgericht München I. 1969 bis 1970 persönlicher Referent von Anton Jaumann im Bayerischen Staatsministerium der Finanzen und 1970 bis 1972 im Bayerischen Staatsministerium für Wirtschaft und Verkehr. 1961 bis 1970 Kreisvorsitzender der Jungen Union Krumbach, 1967 bis 1971 Bezirksvorsitzender der Jungen Union Schwaben, 1971 bis 1975 Landesvorsitzender der Jungen Union Bayern. 1973 bis 1988 Vorsitzender der Grundsatzkommission der CSU, 1987 bis 1988 Bezirksvorsitzender der CSU Schwaben. November 1988 bis Januar 1999 Vorsitzender der CSU. 1966 bis 1972 Mitglied des Kreistages Krumbach. Mitglied des Bundestages von 1972 bis 2002. Oktober 1982 bis April 1989 Vorsitzender der CSU-Landesgruppe und 1. stellvertretender Vorsitzender der CDU/CSU-Fraktion; 21. April 1989 bis 26. Oktober 1998 Bundesminister der Finanzen. Er war von März 1999 bis Dezember 2014 in der Kanzlei GSK Stockmann + Kollegen tätig. Seit dem Januar 2016 ist er als Of-Counsel in der Kanzlei WAIGEL Rechtsanwälte in München tätig. Von 2009 bis 2012 war er als Compliance Monitor bei Siemens tätig.

Personenregister